禹羌文化研究丛书

禹羌文化研究

第一辑

《禹羌文化研究》编委会　编

民族出版社

禹羌文化研究丛书总序

党中央、国务院最近做出重大战略决策——建设世界一流大学和一流学科，打造具有中国特色和世界影响的新型高校智库，建立健全具有中国特色、中国风格、中国气派的哲学社会科学学术评价和学术标准体系，这对于提升我国教育发展水平、增强国家核心竞争力、奠定长远发展基础，具有十分重要的意义。

建设一流大学和一流学科，必须重视学术研究，以高端的学术科研做支撑。在高水平大学建设中，学术应该是第一位的追求，没有高水平的学术，高水平的教学、高水平的科研和高水平的社会服务都无从谈起。高水平的学术可以形成尊重学术的良好氛围、校风，这对高水平大学建设来说是不可或缺的。学术研究是高水平大学核心竞争力的根基，没有学术研究与学术水平的提升，就不可能建设出高水平大学。

阿坝师范学院作为地处全国唯一藏族羌族自治州内的最高学府，有志坚守自己的学术传统，创新自己的学术理念，培育自己的学术人物，拓宽自己的学术影响，造就自己的学术未来，自觉地担当起了对禹羌文化学的研究，正在雄心勃勃地打造“禹羌文化学”。

羌族是一个非常古老的民族，历史非常悠久。仰韶文化末期（约公元前3000年），黄河流域出现了炎、黄两大部落。传说炎帝姓姜，是我国农业的始祖“神农氏”。“姜”和“羌”是同一字分化出的两个形体，甲骨文中有“姜”也有“羌”，经常互用。历史学家徐中舒考证认为，羌族是中国西部地区最原始的部落之一；章太炎也曾在《西南属夷小记》中指出：“姜姓出于西羌。”今日之中华民族，把炎帝和黄帝尊为自己的先祖，因此有“炎黄子孙”之称。

羌族出了个了不起的“禹”。禹在历史上被敬称为大禹，所处的洪灾水患的时代，这对他是严峻的考验。禹总结前人经验教训，采疏导治水方针，终于完成排洪除患的艰巨任务。禹在治水实践中，因顺自然地势，导江导山，分杀水势，分疏洪流，终于根治洪水并建立了中国历史上的第一个国家——夏，中国从此进入文明社会。

《史记》说“禹兴于西羌”，这一记载是华、戎融合的体现，其纽带来自相互联姻。姬、姜族群迭世婚媾，促进各族走向融合，使传承炎、黄的华夏族顺利形成。禹入主大统所行政策，关注民众生计，因地制宜，发展生产，使华夏大地重展新颜，民众走向康乐，继而兴学倡教，开我国学校教育之初曙。总之，禹、羌合流所形成的文化，确已造福万民，光照千秋。

“禹兴于西羌”之说在华夏自古流传，证明夏朝的建立与羌人关系密切。事实上，即使在今天，地处汉、藏之间的羌人也确实崇拜大禹，将他视之为治水救难、护佑羌民的“先祖”，由此形成了颇有“在地性”特色的叙事及符号系统，并且体现在从物质到非物质文化的方方面面。由此说明，大禹与羌族共同构成的禹羌文化对中国历史的发展、文化的形成产生了深刻的影响。正是因为“禹—羌”文化对中国历史发展、文化形成发展影响十分重大，禹羌文化与华夏族的形成，与“大一统”国家观念，与中国传统思想文化，与中国国家体制等等，联系十分紧密，所以，建立禹羌文化学，将涉及中国历史、文化的方方面面，对今天的社会繁荣和各民族和谐发展大有裨益。深入研究禹羌文化，有助于挖掘优秀民族文化传统，弘扬优秀民族文化，推进中华文化振兴步伐，早日实现中国梦。

按照阿坝师范学院加强学术研究的规划，该学院为对禹羌文化进行深度挖掘、拓展，弘扬民族文化和民族精神，要形成“五个一”研究成果（包括创办一本刊物、出版一批专著、创作一批影像作品、申报一批课题、培养一批研究人才），以提升阿坝师范学院的整体学术研究水平，抢占“禹羌文化研究”制高点，树立其独特的学术品牌和学术地位。为此，以学院领导、教授和校外专家共同组成“阿坝师院禹羌文化研究编委会”，成立“禹羌文化研究所”，创办《禹羌文化研究辑刊》，广泛约请“禹羌文化研究”方面的专家撰写高质量的研究论文，以形成一定的品牌和口碑传播效应。同时，争取在三五年内，撰写并出版“禹羌文化研究丛书”。在开展“禹羌文化研究”的基础上，争取用五年的时间编撰两部大型工具书:《禹羌文化研究资料汇编》《禹羌文化大辞典》。对“禹羌文化学”的研究、发展或建设,起到贡献和推动作用,并产生良好的社会反响,提高学院的知名度。

我们相信,“禹羌文化学”的建立和发展,一定会提升阿坝师范学院的教学和科研水平,扩大知名度,推动学院建设发展到新的高度。

目　录

大一统思维源于大禹治水

——兼论禹为军事君长 …………………………………… 冯广宏（1）

大禹存在性的疑和辨………………………………………… 冯广宏（11）

大禹出生“江源”与华夏族兴盛 …………………………… 祁和晖（26）

对长江上游早期文明做出贡献的禹羌族群

——基于文献、考古和民族学资料的初步探讨………… 彭邦本（34）

论羌人对夏朝立国的贡献…………………………………… 李殿元（48）

秦汉至南北朝氐、羌部落

名号与姓氏研究…………………………………… 杨　铭　李　锋（64）

汉代以来史籍中“白马”考辨 ……………………………… 曾穷石（82）

蜀图腾崇拜 ………………………………………………… 屈小强（106）

大禹神话传说中人与动物关系解析 ……………………… 刘丽萍（136）

与大禹有关的远古歌谣 ……………………… 刘立云　张　放（145）

禹陵演变过程考略 …………………………… 龚剑锋　叶　洁（165）

中岳嵩山乃帝禹圣山论 ……………………… 常松木　王巧玲（180）

羌族的时间符号：“六月二十四日”解读 ………………… 罗　曲（188）

迁居羌民的族群生活与文化记忆 ………………………… 李祥林（201）

对羌族民间民俗文化传承创新的思考

——以羌族节俗文化为例 ……………………………… 刘汉文（214）

川西地区在西藏对外经济往来中的作用 ………………… 黄辛建（221）

北川祭禹习俗的发展和变迁 ………………… 朱　静　杨　柳（229）

羌族的火葬历史文化分析 ………………………………… 黎明春（240）

试论羌族的民族记忆符号 ………………………………… 肖　燕（254）

清水出芙蓉，天然去雕饰
——论羌族情歌的内容、特点及艺术风格 …………………… 侯丁月（272）
古羌之声：羌笛音乐文化考源及保护 ………… 李天义　侯李游美（279）
《羌族释比图经》的武术文化特征解读 …………………… 卢永雪（293）
羌族传统体育文化起源与发展探析 ……………… 余宗贤　甲　华（301）
羌族刺绣在旅游工艺品设计开发中的应用研究
——以首饰为例 ………………………………………… 刘　珂（307）
羌族核心区发展低碳旅游的SWOT分析 …………………… 廖光萍（317）

大一统思维源于大禹治水

——兼论禹为军事君长

冯广宏

一、西羌大禹长于治水

禹生于西羌，史料中并无二说。古《孟子》经文称禹“西夷人也”；其《传》云“禹生自西羌是也”[①]；而且《新序》载子夏“禹学乎西王国”之语，荀子说同；西汉早期陆贾、司马迁皆谓禹兴于西羌，此后文献都口径一致，皆承认禹是西羌人。笔者追溯禹父鲧的生地有“若阳”[②] 之说，即若水之北，而《史记》明言若水为黄帝次子昌意降居之地，鲧禹祖先颛顼生长在若水，地属西汉越嶲郡、沈犁郡；《蜀王本纪》言“禹本汶山广柔县人也”[③]，西汉蜀郡旧有冉、駹族为上古西夷；故禹生于西羌是无法推翻的史实。

《后汉书·西南夷列传》说，汶山郡“其山有六夷七羌九氐，各有部落。其王侯颇知文书，而法严重。贵妇人，党母族。死则烧其尸。土气多寒，在盛夏冰犹不释，故夷人冬则避寒，入蜀为佣，夏则违暑，反其邑。皆依山居止，累石为室，高者至十余丈，为邛笼”。至今岷江上游羌区的邛笼碉楼所在多有，仍称奇观。冬季来到成都平原避寒为佣的羌人，主要从事水工。20 世纪 40 年代，卫聚贤《石纽探访记》[④] 指出，羌民有一定

---

① 刘宋裴骃《史记集解》根据皇甫谧所引《孟子》：“禹生石纽，西夷人也”；并强调“《传》曰：禹生自西羌是也。”

② 郭璞注《大荒西经》“天穆之野”引古《竹书》：“颛顼产伯鲧，是维若阳。”

③ 《太平御览》卷八十二引西汉扬雄《蜀王本纪》：“禹本汶山广柔县人也。”

④ 卫聚贤：《石纽探访记》，载《说文月刊》，1939（2）。

的治水经验："现在成都一带，标明为'专修河堰，包打水井'的工人，都是羌人；而且灌县的修堰，亦多用羌人。羌人之善于治水，或自古而然。"

近年民族学者在岷江上游搜集到羌族巫师（释比）吟唱的史诗，描写羌人迁移到此时，曾经与土著戈基人发生冲突，该史诗今称《羌戈大战》，说羌人原住甘青大草原，因北方魔兵入侵，逃到松潘境内热补草原。那时戈人住在茂县日补坝，善于治水，务农、种粮、养猪，比较富裕，羌人把他们驱赶到终年落雪的地方去，承袭他们的事业。今人或以戈人为氐族，"氐羌"自古经常连称，两者关系亲密，冲突之处不过是兄弟阋墙而已。

根据这些史料和传说，可以推知出自羌区的鲧禹，是治理水土的行家里手，说是"治水世家"也不过分。尧舜时代洪灾严重，召唤这一世家发挥所长，是理所当然的事。《太平御览》卷二百八引《尚书刑德放》："禹长于地理水泉，得括象图，故尧以为司空。"汉董仲舒《春秋繁露·三代改制质文》谓大禹"性长于行，习地明水"。羌区山高谷深，客观环境锻炼了大禹善于行走，熟悉地形水脉，具有治理水土的素养，从而获得尧舜的选拔。

二、尧舜禹轮为二头君长

文化人类学研究指出，原始社会的母系氏族体系，君长多有男女二人，女性君长主管行政，财物分配采取民主方式，男性君长体力较强，负责狩猎和战事，称为"二头君长制"（或作二头军长制）。过渡到父系社会，初期也实行这种制度，郭沫若《中国古代社会研究》举尧舜禹禅让为例，"在尧未退位以前是尧舜二头，在尧退位以后是舜禹二头"①。翦伯赞《尧舜禹的禅让与二头军长制》② 文中说："母系氏族社会之最主要的特征，第一是氏族共有财产掌握在女子手中，其次是婚姻以女子为中心，最后是氏族评议会掌握在女子的姊妹手中。但为了公共事务的处理，尤其对敌人的防御，男子可以被选为军务酋长，这在梭罗门诸岛的土人中，苏门

① 郭沫若：《中国古代社会研究》（修改版），北京，人民出版社，1954。

② 翦伯赞：《中国史论集》，《民国丛书》，第二编第72册，上海，上海书店据文风书局，1947年版影印。

答腊的米兰巴人中，还是如此。因为婚姻以母系为中心，男子皆来自外族，这些男子的儿子，也同样要嫁到外族，所以军务酋长，不能父子相传。”他赞赏郭沫若首先指出传说中的尧舜、舜禹属于二头君长，是个最有力的发现：“包含在这一个世系中之真实的历史素地，乃是母系氏族中二头军务酋长的相续系统。他们都是来自不同的氏族，并没有什么血统的关系，而只有先后的秩序。尧舜共同执政三十一年，舜禹共同执政十七年，禹益共同执政十年，皆有传说可考。唯尧以前，则不见传说。”翦伯赞推测“传说中尝有共工与颛顼争为帝的神话，或者颛顼与共工为二头，亦未可知。总之，我们所要知道的不是谁与谁为二头，而只是证明从传说中之神农黄帝以至尧舜禹的时代，曾有过二头军长制之存在”。

根据《尚书·尧典》得知，舜是民间一个单身汉，在比较恶劣的家族内创造出和谐局面，被尧所选拔任用，因舜比尧年轻，体力也强得多，所以尧为共主，舜担任军事君长，形成尧舜共治局面。当尧年老需要隐退时，则通过部族联盟议事会，将共主的帝位让给舜，这时舜就无法再兼军事君长了，必须再选拔一个年轻人来承担，于是就看中了禹，随后，禹就继任二头中的军事君长。揣想当初尧同样担任过军事君长，只是共主为谁，难以确定。《荀子·议兵》说“尧伐驩兜，舜伐有苗，禹伐共工”；《庄子·人间世》说“昔者尧攻丛枝、骨敖，禹攻有扈”；《吕氏春秋·恃君览·召类》说“尧战于丹水之浦，以服南蛮；舜却苗民，更易其俗；禹攻曹、魏、屈骜、有扈，以行其教”；说明尧舜禹都带过兵、打过仗。《大戴礼记·五帝德》引孔子赞美大禹“举皋陶与益以赞其身，举干戈以征不享、不庭、无道之民”，亦可证禹曾任军事君长。

儒教盛传的“禅让”制度，实际上是“二头君长制”的轮流更替。尧舜二头，尧老而继之以舜；舜禹二头，舜老而继之以禹。《墨子·尚贤上》云：“禹举益于阴方之中，授之政，九州成。”禹选拔了年轻的益做接班人，曾经有过禹益二头的时期，益是作为军事君长而就任，不过文献中只记有益协助禹治水编志，而无战事，可能那时九州已经太平，没有什么纷争了。后来禹老而继之以益，但《孟子·万章上》说“朝觐讼狱者不之益而之启”，益没有得到过半数的选票，共主地位让启抢了过去。

三、全局治水须有强力指挥权

《尧典》记舜在议事会上咨询四岳（四方部族代表）意见，任禹为司空，要求他“平水土”。《尧典》的可信度，一是今古文《尚书》一致，记录非常原始，绘声绘色；二是谈到观测四仲中星制历，科学证实是4000年前情况；三是四方民风的称谓，与《山海经》和殷墟出土甲骨文相符。所以史料绝非虚构。

禹是在其父鲧九载治水无功受罚的情况下承担这一重任的，因此必须改变鲧的局部治水观念，采取全局治水方式。《尚书·皋陶谟》记有大禹自述疏导江河的次序，先治大江大河，排涝入海：“予决九川，距海”；然后再治小型的河沟，涝水排入大的江河：“浚畎浍，距川”。这种次序十分合理，如果大川不事先疏通，小沟的水就无法排走。由此可见，禹是按河流从上游到下游通盘考虑，遇有阻塞就要疏导，完成大河后再治小河，有计划、有重点地进行，并非遍地开花。宋罗泌《路史·后纪》讲到大禹治水次序一段非常精辟：“河之患为甚，济次之，淮次之，江汉次之。浊河所被，冀、兖重而雍轻；济之所被，则徐轻而兖、青、冀重。兖之流皆自其东北海，而冀又上京，故治水之急，先于河。”大禹必然以治理黄河为重点。按从北到南的地势，黄河治好后，在扬州治淮，在荆州治江，江淮平定了，洪水就不能危害了。

治水工程消耗量大，人、财、物需要集中储备、集中分配，这必须有统一的计划、统一的安排、统一的号令，各地必须服从统一的指挥，才能做到全国一盘棋。但那时的政治形势，却是城邦、酋邦林立，政权分散割据，号称“万国”，根本无法统一。要想达到一盘棋的效果，非以武力做后盾不可。现存诸子书把大禹归纳在推行仁道的圣君一类，有关动武的史事，往往加以回避，只有《山海经》《墨子》还留下一些真实记录。

北方的阻力来自共工族。《大荒西经》有“禹攻共工国山”，上文有“不周负子”山。《西次三经》第三山“不周之山”，能“东望泑泽”，郭璞注认为就是蒲昌海，即今罗布泊。那么禹所攻的共工国，应该在今甘肃、青海境内了。《海外北经》还说禹杀了共工之臣相柳氏；《大荒北经》也有相同的内容，但相柳写作“相繇”；指出“其地多水，不可居也”，所以急需治理，由于禹是二头中的军事君长，调兵遣将不成问题。

南方的阻力来自三苗族。《海外南经》里有三苗国，又称三毛国："在赤水东，其为人相随"。"相随"说明那个酋邦内部很团结，是一块硬骨头。三苗是中原心腹大患，《尚书》多篇皆有反映，《吕刑》谓"鳏寡有辞于苗"，通过征伐"乃绝厥世"。禹征有苗《墨子》上谈得最多，《兼爱下》中还有《禹誓》一段；《非攻下》明确说："昔者三苗大乱，天命殛之。"所谓天命，实际上就是治水政令，远古时代行事，都要借口上天的意旨，才行得通。书中叙述禹征伐时雷电大作，鸟身神也来帮忙，弓箭射中三苗的指挥部，大获全胜。大禹将那里水土治理一番，社会秩序就平静下来："禹既已克有三苗，焉磨为山川，别物上下，卿（乡）制大极，而神明不违，天下乃静。"三苗原在长江流域，《战国策·魏策》吴起云："昔者三苗之居，左彭蠡之波，右有洞庭之水，文山在其南，而衡山在其北；恃此险也，为政不善，而禹放逐之。"苗区在今湘鄂之境，后来被禹全族放逐到西北地区，即《尧典》所谓"窜三苗于三危"，三危或说在甘肃敦煌。

《墨子·明鬼下》录有《夏书·禹誓》，是大禹征扈的檄文，称"大战于甘"，责备有扈氏"威侮五行，怠弃三正"，五行、三正，可以理解为治水方针、理论，有扈氏全不接受。《庄子·人间世》指出："禹攻有扈，国为虚厉，身为刑戮。"表明战争中禹曾受过伤，财力、物力也遭到削弱，《博物志·史补》云："处士东里块责禹乱天下事。禹退作三章：强者攻；弱者守；放者战。"汲取教训，采取灵活战法，转变了形势。有扈地域旧说在今陕西户县，有人按战场在甘考证，认为在今河南。

《吕氏春秋·恃君览·召类》说除了征扈，还有"禹攻曹、魏、屈骜"之事。曹位于山东，魏位于晋豫一带，屈骜与有扈地域相近。可见大禹征伐的轨迹，已从西北转入中原，指向东海，明显是打通治理黄河的路线。尽管战争造成的损失很大，但为了推行政令，迫不得已，这可能是当时的实情。禹以武力扫除障碍，给全国统一治水创造了良好条件。

四、划分九州五服达大一统结局

政令统一以后，江河治理便能按规划有序进行，《禹贡》表明大禹除填堵、疏导策略以外，还采取分、滞二策，黄河下游段采取分洪方式，“播为九河，同为逆河，入于海”。长江中游则采取滞纳方式，将涝水汇集到滞洪区内，形成湖泊：“东汇泽为彭蠡”。下游段也分三洪：“东为北江，入于海”；“东为不江，入于海。”利用多种手段，平息水患，最后达到“九山刊旅，九川涤原，九泽既陂，四海会同”的太平局面。《墨子·兼爱中》说大禹治水，西方建立“西河渔窦”，以泄梁孙皇之水。北方修建堤防，将黄河水注入“后之邸”，再建“嘑池之窦”，下经底柱，凿开龙门，使燕、代、胡貉与西河之民免除水患。东方以“漏”（排水）为主，在陆泽、孟诸泽四周围堤，以滞纳洪涝，以下洒分九股，使东土不再有泛滥之灾，以利冀州之民。南方主要治理江、汉、淮、汝，使其顺畅东流，注入五湖，以利荆、楚、於越与南夷之民。运用疏、分、阻、滞四种手段，相互穿插，所述详细合理，应是春秋时人的共识。

治水成功以后，大禹进行了政治改革，一是依自然地理条件划分“九州”政区，以收纳贡赋，形成上下沟通的纽带；二是边远地区分为“五服”，按等级要求做出一定贡献。这种开明的政治经济体制，既有约束力又有一定弹性，非常符合当时的社会条件。

唐孔颖达《尚书正义》解释《禹贡》一篇的性质：“禹分别九州之界，随其所至之山，刊除其木，深大其川，使得注海。水害既除，地复本性，任其土地所有，定其贡赋之差。史录其事，以为〈禹贡〉之篇。”《禹贡》列举每州的疆界及治理山河简况，以及土壤、田亩的等级，并涉及当地特产、民族风情等人文地理现象，指明通往冀州的贡道。以山脉、河流等自然地理实体为标志，划出9个国土分区，称为“九州”。冀州为政治中心，是为王畿；黄河与济水之间是兖州；滨海与泰山标志是青州；滨海临淮而泰山以南是徐州；滨海与淮河以南是扬州；荆山与衡山之南是荆州；荆山与黄河之间是豫州；华山南部黑水一带是梁州；黑水与西河之间是雍州。宋郑樵《通志略》指出：“州县之设，有时而更，山川之形，千古不易；所以《禹贡》分州，必以山川定经界，使兖州可移，而济、河之兖不能移；使梁州可迁，而华阳黑水之梁州不能迁；是故《禹贡》为万世不易之书。后之为史者，主於州县，故州县移易，而其书遂废矣。”大禹打破当时邦国割据的界限，采用自然地理分区，体现了前无古人、后无来者的政治勇气。

《禹贡》叙述以王畿为中心，由近及远分为“甸、侯、绥、要、荒”5个区段，称为“五服”，对各服提出不同的贡赋或守土要求。甸服最接近核心地区，要求离王畿最近的一百里范围内，收割的整捆禾麦直接纳贡；离王畿二百里处只缴纳禾麦的穗，三百里处仅缴纳带谷壳的麦秆，四百里处缴纳粟（小米），五百里处缴纳米（大米）。其外的侯服为守卫地区，从近到远负担采邑、男邦、诸侯各级领地的保卫工作、服差役、通险阻和治盗贼。再外的绥服为绥靖地区，任务是推行文教，强调武卫。再外的要服为结盟地区，要求遵守各种约法。再外的荒服为羁縻地区，不做硬性要求，各随其俗，允许迁徙流动。这种分区打破了上古部族割据、邦国林立的局限，而以大一统思维为基础，只要服从中央，可以自由行政，为后世的民族自治做出了榜样。

《国语·周语上》周穆王时祭公谋父谈到先王之制：“邦内甸服，邦外侯服，侯卫宾服，蛮夷要服，戎狄荒服。甸服者祭，侯服者祀，宾服者享，要服者贡，荒服者王。日祭、月祀、时享、岁贡、终王。”可见五服的划分是历史事实，影响深远。顾颉刚有《畿服》[①] 一文，认为周代仍有这种痕迹存在，“五服”制度并非虚构：

> 甸者，田也，王朝所赖以食者。周代之郑与虢，即甸服。
>
> 侯，诸侯也，王所封建以自卫者。周之齐、鲁、卫是也。
>
> 宾（绥）者，客也，前代王族之有国者，以客礼待之，蕲其能安于新政权，亦为我屏卫也。周之杞、宋、陈是也。
>
> 蛮夷者，久居中原，文化程度已高；特与新王室之关系较疏，故屏之使不得齐于华夏之列，然犹服我约束，故谓之要服，要者约也。徐、楚、邾是也。
>
> 戎狄者，未受中原文化之陶冶之异族，性情强悍，时时入寇，虽欲齐之华夏而不可得，故谓之荒服，荒犹远也。山戎、赤狄、群蛮是也。

---

① 顾颉刚：《畿服》，见顾颉刚编：《史林杂识初编》，北京，中华书局，1963。

五、大禹时代空前统一源于治水

大禹留下最宝贵的思想遗产，就是大一统理念。所谓“大一统”，始见于《春秋公羊传·隐公元年》；西汉王吉提出了一个非常恰当的定义，见于《汉书·王贡两龚鲍传》：“《春秋》所以大一统者，六合同风，九州共贯也。”华夏版图广大，民族众多，需要在政治上、经济上、文化上达到统一取向，形成一种向心力，不能四方各自为政、分散割据，这样，中华大家庭才能立足于世界民族之林。《皋陶谟》大禹所说“光天之下，至于海隅苍生，万邦黎献，共惟帝臣”，“外薄四海，咸建五长，各迪有功”，就是这个意思。

中国人在宇宙论上很早就有“四海”概念，认为大地中心是一块平板，四周皆被海水环绕，与“四海”对立的必须有个核心，这便是中原。横贯中国的黄河、长江两大水系，基本上自西向东流，大的山脉走向多半是东西格局，大的气候区是高处干寒、低处温湿，唯有在西与东、高与低、上与下的中间，才能享受到“中和”。这就使位于“四海”中心的中原区域天然地形成一种优越地位，成为社会能量集聚的焦点，这就是大一统理念的客观环境基础。

有些专家觉得，中国人对“中”有一种偏爱，甚至崇拜。在北纬30度到40度之间，能够明显看到北斗星的绕极旋转，这种天象给古人的启示是，大地上也要建立一种四方环绕中央的社会结构，这种“天人合一”观念，也推动着大一统理念的巩固。

中国古人有着强烈的祖先崇拜意识，各个民族都有认祖归宗的情结，在千百年古老的记忆中，许多民族都能够追溯出同一祖先，这种情结特别有利于民族认同和国家认同。比如史称尧舜禹的共祖就是黄帝，曾经阋墙的炎黄二帝，也同为少典氏之子，这也是“四海归中”观念的延伸。

大禹利用上述天、地、人三方面积极因素，在治水行动上采取大一统方针，行政区划上依靠大一统指导，以神道设教统一人心，强调崇拜祖先的观念。《论语·泰伯》孔子赞美大禹把祭祀敬神放在衣食生活的前面，把宫殿建设放在水利建设的后面，无疑是一种深得民心的路线。《尚书大传·洪范五行传》：“惟王后元祀，帝令大禹步于上帝。维时，洪范六沴用咎于下，是用知不畏而神之怒。若六沴作见，若是共御，帝用不差，神则不怒，五福乃降，用章于下。若六沴作见，若不共御，六伐既侵，六极其下。禹乃共辟厥德，受命休令，爰用五事，建用王极。”汉代郑玄解释，“王后”指禹，“帝”指舜，“步”就是推步，“令禹推衍天道，五事象五行，则王极象天也”。可见大禹对巫史的推步法比较在行，借巫教信仰号召各部族民众，听从指挥，则如顺水推舟。

神道设教属于软实力，还须有硬实力配合才能收全效，这就是武与刑，而使用武力和法律也不离开神道。相传大禹定有刑法，加强约束力。《尚书大传》称“夏刑三千条”，“大辟二百，膑辟三百，宫辟五百，劓墨各千”。又说“夏后不杀、不刑，罚有罪而民不轻犯”；“夏后氏不杀、不刑，死罪罚二千馔”。据云一馔是六两米。那么，法律条文只是起震慑作用罢了。

在社会条件方面，要形成大一统，还须有畅达的交通线围绕政治中心，广泛的驿站群促进物资交易和文化交流，这在《禹贡》中说得特别清楚。四方通向中心的贡道，是大一统的客观基础，那时应有档案制度，因此《禹贡》与《山海经》才有丰富的物产记录。《列子·汤问》言“大禹行而知之，伯益知而名之，夷坚闻而志之”，档案的存在象征着中央政权的巩固。很可能当时已有民情呈报制度。还须统一度量衡，强调一些交易方面的约定规章，同时经济交流也促进了文化交流，各地方言直接统一到官方的规定语上，以便贸易，由此也推动了文字的使用。夏代文字虽未正式发现，但这一时期的原始文字图像，近年考古工作中业已纷纷出土。

当然，大一统的形成主要表现在政治制度上，不按行政界域划分的九州，就是最具体的表现；《禹贡》所规定的五服制度，更能说明对远方异国、异族的怀柔原则，有利于形成大中华文化圈。中华民族从分散归结为凝聚，便是大禹留下的最珍贵遗产。

大禹治水推动了大一统局面的形成，应该是不争的事实，治水为中国政治制度提供了光明的前景。大禹所定九州各自有行政长官统辖，旧有邦国虽仍存在，但已缩水，实际上是聚居一隅的部落或氏族居住区。当时似乎以州统国，《禹贡》谓“州十有二师”，旧说每师六百国，十二师为“七千二百国”，八州综计“九千六百国”。罗苹《路史注》说当时耕地数字：“九州，二千四百三十万八千二十四顷；定赋九百一十万八千二十四顷，不垦者千五百万有二千顷”。当时人口数：“得齿千三百五十五万三千九百二十三”。这些统计数字虽然并不可靠，但却能体现出大一统拥有无限向心力，以及一种兼收并蓄的胸怀。

（作者系四川省人民政府文史研究馆馆员）

大禹存在性的疑和辨

冯广宏

一、疑古思潮冲击大禹的存在

“尧舜禹汤”是中原圣王，大禹更加杰出，因为他做出很大牺牲，救民于巨灾大难，故千年颂声不绝。《左传·昭公元年》载，刘定公在雒汭对赵孟子说：“美哉禹功，明德远矣！微禹，吾其鱼乎！吾与子弁冕端委，以治民临诸侯，禹之力也！”刘定公说禹的功绩太显著了，他的美德流芳万古。如果不是禹，我们现在可能做了鱼啦！你我二人还能衣冠楚楚地治民众、会诸侯吗？

大禹是否真正存在，古人从来没有怀疑过。禹有父鲧，《山海经·海内经》“鲧腹生禹”可证。禹有子启，《尚书·皋陶谟》载禹自述“启呱呱而泣”可证；禹有妻涂山氏，同书自述“娶于涂山”可证。他完全是个上有老下有小、有血有肉的人。而且启还建立了夏后氏王朝，载入史册，《国语·鲁语》《礼记·祭法》皆言夏后氏“郊鲧而宗禹”；古本《竹书纪年》还从禹算起：“自禹至桀十七世，有王与无王用岁四百七十一年”；近年夏商周断代工程，将夏朝起始时间定在公元前 2070 年附近……均可证大禹其人的实际存在。

大禹出生在西羌地域，公元前 2 世纪陆贾《新语·术事》明确说“大禹出于西羌”；司马迁在《史记·六国年表》引言说西方属于“物之成熟”，因而“禹兴于西羌”。刘宋裴骃《史记集解》据晋代皇甫谧引证《孟子》：“禹生石纽，西夷人也”；并强调“《传》曰：禹生自西羌是也。”刘向《新序·杂事》记子夏会见鲁哀公时说“禹学乎西王国”，子夏是孔子大弟子卜商（约公元前507—前420年），比孟子更早。《太平御览》卷八十二引西汉扬雄《蜀王本纪》："禹本汶山广柔县人也，生于石纽，其地名痢儿畔。"《三国志》裴松之注引谯周《蜀本纪》亦云"禹本汶山广柔县人也"，故乡在西蜀羌区。东汉王符《潜夫论·五德志》称禹为"白帝文命戎禹"；纬书《尚书帝命验》也称姒戎文禹；所谓"戎"是相对于华夏的西方民族，古代称羌称戎皆有贬义，如果大禹不是西羌人，绝不可能有这种提法，何况古文献中也并无他说。凡此，都能充分证明大禹的存在性。

可是20世纪初，中国史学界掀起一股疑古思潮，领军人物是著名学者顾颉刚，开始怀疑大禹的存在性。有人认为顾氏实受北京大学教授钱玄同的影响。钱玄同在"五四"运动时期即热衷于废止汉字，认为"二千年所谓学问，无非推衍孔二先生一家之学说"或"道教妖言"，要"废孔教灭道教最彻底的办法，唯有将中国书籍一概束之高阁"，同时必须废止汉文，断言汉字"断不能适用于二十世纪之新时代"，主张用世界语代替汉语，而以英文、法文为过渡。如此狂热的思想，必然导致对古书、古史进行一次空前的"大扫荡"。

顾颉刚在1923年5月《努力周报》增刊《读书杂志》上发表了《与钱玄同先生论古史书》①。这并不是一般的论学信函，而是近5000字的大胆立论，提出"层累地造成的古史说"，认为古书所述古史，"时代愈后，传说的古史愈长"，比如周代人心目中最早的帝王是禹，到孔子时就有了尧、舜，到战国时又有黄帝、神农，到秦时更有三皇，三皇之上又有庖羲，到汉代时又有盘古作为开天辟地的祖先。而且"时代愈后，传说中的中心人物愈放愈大"，从战国到西汉，由于尊古贱今、托古自重的心理，伪上古史被一步步创造出来。因此，形成历史学上"时代越后，知道的古史越前；文籍越无征，知道的古史越多"现象，这种伪造的上古史"譬如积薪，后来居上"。

《与钱玄同先生论古史书》最引人注目的是"禹从何来"问题。顾颉刚根据字义提出："禹，《说文》云，'虫也，从内，象形'。内，《说文》云，'兽足蹂地也'。以虫而有足蹂地，大约是蜥蜴之类。我以为禹或是九

① 刊于《古史辨》，第一册，1926年由朴社出版，2005年海南出版社重印。

鼎上铸的一种动物，当时铸鼎象物，奇怪形状一定很多，禹是鼎上动物的最有力者，或者有敷土的样子，所以就算他是开天辟地的人。流传到后来，就成了真的人王了。”这种“禹的演进史”考证，当时被形容成“禹是一条虫”的新解。由于“大禹治水”事迹家喻户晓，他举《说文》字义把古代英雄一笔抹杀，自然引起很多人的反感。当时同情顾颉刚论点者有钱玄同、胡适、魏建功、容庚、罗根泽、童书业、杨宽等人；反对者有刘掞藜、胡堇人、柳诒征、张荫麟等人。此外，王国维、傅斯年、钱穆、冯友兰等也参与发表过意见。以此为标志，引发了中国近代史学上著名的“古史辨运动”。从1926年到1941年的15年间，这些争论考辨文章被陆续编辑成《古史辨》七大册，其中一、二、三、五册为顾颉刚编纂，四、六册由罗根泽编纂，七册上、中、下三编由吕思勉、童书业编纂。①

二、对疑古假说的前期批评与反响

针对顾颉刚说禹是神而不是人，当时许多人曾撰文加以反驳，文章都收录在《古史辨》第一册上。1923年，柳诒征的学生刘掞藜在《读顾颉刚君〈与钱玄同先生论古史书〉的疑问》② 中说：“把‘禹敷丁下上’的‘下土’说作对于‘上天’而言，并不见得遂有‘禹是上帝派来的神，不是人’的意思。”如果按照顾氏的思路，根据《诗经》中《閟宫》《下武》《玄鸟》《文王有声》《皇矣》同样的资料，按照同样的推理逻辑，那么后稷、商契、商汤、周文王、周武王等也就都该是神不是人了。文中还指出顾氏的默证问题，《生民》诗“因用不到牵入禹的事而不将禹牵入诗去，顾君乃遂谓作此诗的诗人那时没有禹的观念”。然则此诗也因未提公刘、太王、王季、文王、武王，难道可说《生民》作者那时没有公刘、太

① 《古史辨》第一册正文分为上、中、下三编，大致按照时间顺序收录了“古史辨派”学者的信件、论文以及与反对派的辩论文字。上编起于1920年11月，讫于1923年2月；中编起于1923年2月，讫于1924年2月；下编起于1923年5月，讫于1926年1月。《古史辨》正文之前有顾颉刚长达6万字的自序，详述顾本人从事疑古辨伪活动的整个过程。1926年《古史辨》第一册由顾颉刚编辑，由朴社于当年出版。随后，第二册于1930年、第三册于1931年、第四册于1933年、第五册于1935年皆由朴社出版，嗣因抗战爆发，朴社停业，第六册于1938年、第七册于1941年皆由上海开明书店出版。上海古籍出版社在1981年重新编辑为全七册合订本，并在顾颉刚建议下增加了历史地理内容的第八册，于1982年出版。2005年海南出版社重印。

② 刊于《古史辨》，第一册，1926年由朴社出版，2005年海南出版社重印。

王、王季、文王、武王的观念吗？以其人之矛攻其人之盾，驳得有理有节。

同时，胡适的族叔胡堇人《读顾颉刚先生论古史以后》① 认为：《生民》是郊祀的乐歌，所以提后稷“缵禹之绪”而不提禹，并不表明没有禹的观念；禹为九鼎动物之说荒谬至极，夏代可能不会有九鼎；而且《尧典》不见得是假，“古史官是世传的，他们父传子、子传孙，容易把史料保存。就是突遭兵火，他们因职务上的关系，不能不尽法搜辑。况列国有史官，一国失传，还有别国可以参互考订，绝不能各国同时间对于某时代造出一色的假货”。柳诒征本人更是对顾氏用《说文解字》象形来揣测禹是条虫大为不满，批评他不懂《说文解字》义例。连最“疑古”的钱玄同对他的大禹研究也不敢赞同，在《答顾颉刚先生书》中说：“中国的历史应该从禹说起”，但据《说文》以为大约是蜥蜴之类，“窃谓不然”。因为顾颉刚提出这个假设，并没有任何证据。

随后，顾颉刚发表《讨论古史答刘胡二先生》② 长文进行辩解：“我上一文疑禹为动物，出于九鼎，这最引起两先生的反对，我与此并不抗辩，因为这原是一个假设。”但仍然坚持大禹是神、大禹治水是子虚的神话故事：“至于禹，他的来踪去迹不明，在古史上的地位是独立的（父鲧子启全出于伪史，不足信）。他不是周族的祖先而为周族所称，不是商族的祖先而亦为商族所称，他的神话是普遍的。地位的独立，神话的普遍，唯有天神才能如此。”根据他定为西周的《诗经》《尚书》篇什所述禹事：禹是受上帝之命平水土，“禹的功绩是‘敷土’‘甸山’‘治水’”，以及后起之说（或是鲁国特有之说）“禹是一个耕稼的国王”。“《论语》上不说禹甸山治洪水的大功绩，而只说禹‘躬稼’‘尽力沟洫’，这是很奇怪的事。”言外之意，前面那些功绩本不存在。他还表示“始终不解土是怎样的敷法？山是怎样的甸法？敷，前人解作分，以为即是分州；又解作赋，以为是分配九州的赋役。这种解法，很觉牵强”。“《长发》的‘禹敷下土方’，敷是动词，当然是铺放之意。这一句的意思，即是说在茫茫的洪水中，禹铺放土地于下方。”甸的意思是陈列，亦即“土为禹所铺，山亦为禹所陈”。“人的力量怎能够铺土陈山？”

---

① 刊于《古史辨》，第一册，1926 年由朴社出版，2005 年海南出版社重印。

② 刊于《古史辨》，第一册，1926 年由朴社出版，2005 年海南出版社重印。

他推测大禹治水之事，“乃是受了《孟子》《禹贡》等书的影响”。指出“尧舜的传说本来与治水毫没干系，《论语》上如此，《楚辞》上也是如此。自从禹做了他们的臣子之后，于是他们不得不与治水发生关系了。但治水原是禹的大功，口碑载道，尧舜夺不得的；没有法想，只得请尧做了一时的蒙瞳，由他任鲧治水；等到‘九年，绩用弗成’，尧没有办法，就做了尧、舜交替的关键，并为舜举禹的地步。如此，禹的功绩既没有减损，而尧举了舜，舜举了禹，成就了这件事，尧、舜也很有间接的功勋，治水的事是他们三人合作的成绩了”。他又分析，全国山川统一管理，要耗费多少时间，“就说全国的人民全来工作，他只是监工，试问他一个人到各处查勘一周已经要费多少日子？何况《皋陶谟》明说他‘予乘四载，随山刊木……予决九川，距四海，浚畎浍，距川’，而益、稷的帮助只在‘奏庶鲜食’，试问在我们的理性上能说他是一个‘人’吗？”

顾颉刚在文中对禹的性质下了一个假定：“西周中期，禹为山川之神；后来有了社祭，又为社神（后土）。其神职全在土地上，故其神迹从全体上说，为铺地，陈列山川，治洪水；从农事上说，为治沟洫，事耕稼。耕稼与后稷的事业混淆，而在事实上必先有了土地然后可兴农事，易引起禹的耕稼先于稷的观念，故《閟宫》有后稷‘缵禹之绪’的话。又因当时神人的界限不甚分清，禹又与周族的祖先并称，故禹的传说渐渐倾向于‘人王’方面，而与神话脱离。”“《周颂》三十一篇没有‘禹’的一字，那时人竟没有禹的伟大功绩的观念；一到穆王末年的《吕刑》，禹就出现了；到西周后期，社祀也举行了，《大、小雅》及《商、鲁颂》屡屡把禹提起，看得出他在古史中的地位是最重要的了。”

此文后面，顾氏又以默证法讨论“禹与夏的关系，《诗》《书》上没说，《论语》上也没说，直至战国中期方始大盛，《左传》《墨子》《孟子》等书即因此而有‘夏禹’的记载。依我考订，《左传》是纪元前三百年间所著，约当赧王初元。《墨子》书决是‘墨分为三’之后所作。诸子著书都在战国后期，若前期则并无著书观念”。“《论语》中以夏、商为‘二代’，又单言尧、舜、禹；以尧、舜、禹置于夏、商之上，则禹与夏最为近，故有合一的趋势。”“《诗》《书》中屡言‘有夏’‘时夏’，此是对四夷而言之‘中国’，疆域既不大，且含有种族之义。至于‘禹迹’，是无远弗届的。春秋以后种族观念日微；‘诸夏’的境界日事扩张，与理想中的禹迹相当，遂使‘夏’与‘禹’合二为一。‘诸夏’之夏改指夏代言，禹遂为夏代首王。”

后文对禹的来历再下一个假定：“禹是南方民族的神话中的人物。”理由是《楚辞·天问》对于鲧、禹有很丰富的神话；越国自认为禹后，奉守禹祀；传说中有禹会诸侯于涂山、娶于涂山的故事，周代时涂山在淮夷与群舒之间；传说中又有禹致群神于会稽的故事，会稽山在今浙江绍兴县东南。中原人藐视四方民族，常以南方的民族为虫种：“东南之越号为闽，西南岷江间号为蜀，而总名南方种族曰蛮。”“禹名从虫，恐亦此例。”商、周间南方的新民族有平水土的需要，于是酝酿为禹的神话。“这个神话的中心点在越（会稽）；越人奉禹为祖先。自越传至群舒（涂山），自群舒传至楚，自楚传至中原。流播的地域既广，遂看得禹的平水土是极普遍的；进而至于说土地是禹铺陈的，山川是禹陈列的，对于禹有了一个‘地王’的观念。”

顾颉刚的大禹研究，在学术界反响巨大，《古史辨》第二册中收录了当时的不少批评文章。[①] 王志刚称顾颉刚等“且疑及神禹为古之怪兽，直使神州古史与神话同一荒唐。古籍昭然，欲强天下人舍古以从今，恐非易事”。张荫麟批评顾氏文中涉及尧舜禹者“完全违反默证适用之限度”，“其所以致误之原因，半由于误用默证，半由于凿空附会”。陆懋德《评顾颉刚〈古史辨〉》一文说：“顾君就此点与其友人刘掞藜、胡堇人二君往返辨论，凡数万言，可谓极诙诡之能事矣。余独惜其至终未有结论，此皆因两方面所根据之材料，均不出故纸堆中之旧文字故也。夫禹为历史前的人物，自不待言，而诸君所据以为辨论之材料，如《商颂》，《论语》，《说文》，又皆东周以后之纪（记）载，岂能得其结果乎？”傅斯年指出：“应该充量用尚存的材料，而若干材料阙的地方即让他阙着”；“找出证据来者可断其为有，不曾找出证据来者亦不能断其为无”；“独立来源资料，必须独立进行分析，不可以用来互相演绎其中内容的先后变化”。王国维在 1926 年致容庚信中说：“今人勇于疑古，与昔人之勇于信古，其不合论理正复相同，此弟所不敢赞同者也。”当时南开大学的范文澜，在题为《整理国故》的讲演中讲：“近来有人一味狐疑，说禹不是人名，是虫名，

① 刊于《古史辨》，第二册，1930 年由朴社出版，2005 年海南出版社重印。

我不知道他有什么确实证据?”鲁迅也以小说《理水》① 讥刺,说有位“鸟头先生”(《说文》“顾”字从鸟),人们议论大禹治水时,他鼻尖涨得通红吃吃地说:“你们是受了谣言的骗的。其实并没有所谓禹,‘禹’是一条虫,虫虫会治水的吗?我看鲧也没有的,‘鲧’是一条鱼,鱼鱼会治水水水的吗?”小说里又设定一个乡下人在辩解:“人里面,是有叫做阿禹的”,“连叫阿狗阿猫的也有”。并且取笑说:“您叫鸟头先生,莫非真的是一个鸟儿的头,并不是人吗?”仍然以其矛攻其盾。

顾氏在《古史辨》第二册《自序》中表态:“最使我惆怅的,是有许多人只记得我的‘禹为动物,出于九鼎’的话,称赞我的就用这句话来称赞我,讥笑我的也就用这句话来讥笑我,似乎我辨论古史只提出了这一个问题,而这个问题是已经给我这样地解决了的:其实,这个假设,我早已自己放弃。就是不放弃,也是我的辨论的枝叶而不是本干;这一说的成立与否和我的辨论的本干是没有什么大关系的。”

虽然做出如此殷切的辩解,事实上,顾氏“禹为动物”这个基本判断并没有真正放弃,20 世纪 50 年代他还在思考禹的神性问题,有人发现他的笔记中有“禹之为虫,又得一证”之语,当参观中央民族学院见到高山族的器物,于是在笔记中写道:“其族以蛇为图腾,其器物刻镂亦必若此。”“观殷周铜器,所有盘螭、盘虺纹者,疑即禹图腾之遗留也。”因为这项学术考证,既是他上古史研究的原始出发点,也是“层累地造成的中国古史”理论建设的基础,绝不能回避。当时一些提出反对意见的学者,正是牢牢抓住了这个问题加以针砭。

三、对疑古派论点的新近驳议

顾颉刚及所倡疑古派的大禹研究结果,在于否定鲧禹的存在性。如果确是这样,那么大禹事功和文化表现就没有讨论的必要了,因此现代学术界仍然认为需要做出认真辨析。

首先,现代学者对顾颉刚及疑古派治学方法,曾进行过不少客观评论,特别是“古史层累说”作为这一学派学术思想的精髓,需要严格审

① 《理水》刊于鲁迅《故事新编》,1936 年由上海文化生活出版社初版。

查。胡新生《略论“古史辨”派的古史研究方法》① 就公允地指出，“古史层累说”远比以往任何学派更为坚决和彻底，所显示的气魄，是以前的史学家所不能梦想的。然而其说重在揭示传说演变和史料作伪，对古代传说基本上采取完全推倒的处理方式，表现出一种明显的“疑古过甚”倾向。传说时代的历史，虽不能靠照搬传说来复原，但传说中也包含相当可信的成分，它在一定程度上反映了某些史影。但其说却不能借以恢复古史的真相，如果不与社会学、考古学方法相结合，就只能起到破坏作用，甚至会对重建信史产生一些负面影响。实际上“古史辨”派兴起前，王国维已提出著名的“二重证据法”，“古史辨”派在考辨古史时却没有充分利用当时的考古学成果。

胡适提出“大胆的假设，小心的求证”一说，对这一学派影响较大，《古史辨》中许多论点就是运用这种研究方法所形成，但在实际研究中并未彻底贯彻小心求证原则，不少疑古论文给人以“能服人之口不能服人之心”的感觉。他们用得最频繁的考证方法是默证法，在这方面存在的问题也最大。譬如他们认为禹与夏最早并无联系，理由是《诗》《书》中都未曾以夏、禹联言。实际上西周早期的《虞人之箴》谈到“芒芒禹迹，画为九州”时，已言帝夷羿“用不恢于夏家”（《左传·襄公四年》）；齐灵公时叔夷钟铭“翦伐夏后”，“处禹之堵”，说明西周春秋时人确已将禹与夏联系在一起。再如，疑古派认为除《左传》襄公四年、哀公元年与《史记·吴世家》的记载外，东汉以前人谈夏史者没有涉及“少康中兴”的故事，由此便断定这段历史是东汉以后人编造的，而《左传》《史记》所记都是后人羼入。实际上，屈原《离骚》“启九辩与九歌兮，夏康娱以自纵”以及“及少康之未家兮，留有虞之二姚”，都与《左传》所载足以互相印证。徐旭生《中国古史的传说时代》② 在肯定疑古学派的成绩后，也指出他们的不足：“主要的就是太无限度地使用默证。这种方法就是因某书或今存某时代之书无某史事之称述，遂断定某时代无此观念。对这一方法，法国史学家色诺波说得不错：现存之载籍无某事之称述，此犹未足为证也，更须从来未尝有之。故于载籍湮灭愈多之时代，默证愈当少用。”

① 胡新生：《略论“古史辨”派的古史研究方法》，载《史学月刊》，1993（6）。

② 《中国古史的传说时代》初版题为徐炳昶著，1946 年商务印书馆“万有文库”本。增订本题名徐旭生，由科学出版社 1960 年出版，广西师范大学出版社 2003 年重印。

今人分析顾颉刚学说的失误和局限时，首先批评疑古派未能结合考古发现来考辨古史，致使“古史辨”在一定程度上变成了“古书辨”；其次是不少地方怀疑过头，造成“玉石俱焚”，如《左传》本是一部优良的古代史，但古史辨派疑为伪作，就给研究者添加了许多麻烦；再就是对于史料，常常不能做到审慎处理，或者视而不见，或者有意抹杀一些不利于自己的证据。徐旭生《中国古史的传说时代》里指出：“他们对于掺杂神话的传说和纯粹神话的界限似乎不能分辨，或者不愿意去分辨。”“在春秋和战国的各学派中间所述的古史，固然有不少歧异矛盾，可是相同的地方实在更多……而疑古派的极端派却夸张他们的歧异、矛盾。”

上海大学朱渊清在2004年1月上海“中国上古史：历史编纂学的理论与实践”国际会议上宣读的论文《古史的证据及其证明力——以顾颉刚先生的大禹研究为例》中，首先评判了顾颉刚所论禹神身份缺乏依据，因为所谓“天帝命禹”这样的说法，实为古人所习用。说禹治水敷土，非神力莫能为，是不明其所以的猜测之词；至于说禹的“来踪去迹不明，在古史上的地位是独立的，他不是周族的祖先而为周族所称，不是商族的祖先而亦为商族所称，他的神话是普遍的。地位的独立，神话的普遍，唯有天神才能如此”，更完全没有证明力。顾氏纯以故事的眼光看待古史，根据他所认定的古书先后次序，排队演绎古史内容，编出一部禹的造神史，但事实决非如此。

顾氏重点依据的《诗经》《尚书》，二书本身性质就有不同，资料来源也不同，凡是独立来源的资料可以用来互相证真，但难以互相否证（除非另有大量旁证）；故独立来源资料必须独立进行分析，不能用来互相演绎其中内容的先后变化。在这里，顾氏不但无限度地使用默证，而且完全采用梳理故事传播流变的方式来处理经典文献，把独立来源的文献资料看成了故事流变的不同版本。

至于大禹治水，顾氏“深信他治水之故，乃是受了《孟子》《禹贡》等书的影响”，认为《禹贡》不过是战国时人将地域加以整理而托之于禹迹，原无原始意义可寻，不必为之讲通。他不顾历史真实的存在性，强调“对于那时的古史，应当和现在的故事同等看待”，也不相信有真实历史的记录。顾氏将晚近古书中记载的史实大都视为作伪，《孟子》《禹贡》既定为战国时代的古书，所以记载的古史必定都是伪造。他没有考虑到古人并没有明确的著作权，古书的“作者”“述者”还有“撰人”，时间可以拉得很长，因此不能简单地用“人”的年代和“书”的年代来判断真伪。春秋以前古书里多有大禹治水史述，如《山海经·海内经》“禹鲧是始布土，均定九州”，《诗·商颂·长发》“洪水芒芒，禹敷下土方”，《左传·襄公四年》辛甲太史所传《虞人之箴》“芒芒禹迹，画为九州，经启九道。民有寝庙，兽有茂草，各有攸处，德用不扰”，春秋时期《叔夷钟》铭“咸有九州，处禹之堵”和《秦公簋》铭“丕显朕皇祖，受天命，鼏宅禹迹”，均表明周代史官系统早就肯定大禹治水的事实。从《遂公盨》《禹贡》到《史记·夏本纪》，“禹敷土”这几句话代相传承，由此可窥见史官传述的严谨性。事实证明，顾氏所谓战国伪造的《禹贡》“无原始意义可寻”的观点，完全错误。

证真历史事实，除包括文物、档案、文献等在内的文字证据之外，只要能确定其时间，并与历史事实或背景相关，乃至于基本不受人类活动影响的地质、天文、气候、生物等各种资料，理论上都可以作为历史事实的证据。这些资料与文字资料互为异质，可称“异质资料”，一起形成证据链。如果各种异质证据独立得出的结论指向惊人一致，那么只能认定被证明的就是历史事实。上古文献留存甚少，尤其是夏史茫昧难稽，今天得见的只有周代及其后的文献，因此需要采用异质证据。早在 20 世纪 60 年代，考古工作者就对渤海湾西部河口堆积和海岸线进行过富有成就的研究；20 世纪 80 年代韩嘉谷利用贝壳堤、古文化遗址、地质和生物等资料，对《禹贡》下游河道进行了考察，明确论证古黄河初次在天津入海的时间，证明《禹贡》所述内容远远早于春秋时期。此后，王青也多次撰文讨论黄河下游改道和大禹治水的关系。战国人恐怕无论如何也不能根据当时的地理状况想象禹时黄河南流故道的状况，所以顾氏说《禹贡》是战国人根据当时地理伪造的话，根本错误。

朱渊清郑重指出：“历史记载的时间远近与历史真实之间并没有必然关系，历史研究追寻的是过去事实的真相，不能简单以晚出或伪书为托词。辨伪以存真为目的，因此是有其限度的，绝不是完全不顾历史真实的彻底破坏和推翻。”他举 2002 年北京保利艺术博物馆专家在海外文物市场上发现的西周中期遂公盨（又名豳公盨、燹公盨）为例，其铭文 10 行 98 字，刊布于《中国历史文物》2002 年第 6 期：“天令禹尃（敷）土、随

（随）山、（浚）川，乃［厘］方、埶（设）征。降民、监德，乃自作配卿（享），民成父女（母）、生我王、作臣。”首句“禹敷土，随山浚川”与《尚书·禹贡》和《书序》的说法几乎完全一样，表明至少是周代史官对于古史载录的概说之辞，因此不能遽断《禹贡》为伪作。这一驳议很有说服力，有一定代表性。

四、走出疑古误区的呼声

当代学者对于疑古派论点的评议，还有吉林大学古籍研究所黄海烈《试论顾颉刚古史层累说》①，指出顾颉刚古史研究，实际上都从“古史层累说”演化而来，其余响至今仍在回荡。随着地下出土材料的纷纷涌现，使过去被认为是伪书的古籍得以重新认识，过去模糊的古史认识也日益清晰，疑古思想则遭到了前所未有的挑战。为此，应该看到“古史层累说”在理论方法和研究对象上的局限。具体言之，此说一是忽略了古史剥蚀现象与层累现象的客观并存，故在史料残缺的情况下，对史实轻加断言，过度使用默证法，显然会造成失误。二是没有意识到古史的层累除了有人为伪造以外，还有自然形成的情况。当“层累说”意识形成思维定势时，容易走向极端，夸大诸子的造伪能力，认为战国秦汉间人有意无意地普遍伪造古史，以致古典文献中所有内容都蒙上了伪造嫌疑，连其中史实素地也一概忽视，导致有些辨伪不免过头，论断不免武断。三是以“不立一真，唯穷流变”为原则，造成只注重历史认识的衍生发展，忽视对“客观历史事实”一真的探求，易于造成研究对象的错位。四是主要研究领域多属史料学和传统文献学的范畴，随着地下新出土材料的发现，使得史料范围不断扩大，内容不断扩充，使“层累说”核心观点受到一定冲击，如“禹的神化问题”即是。

李锐《由新出文献重评顾颉刚先生的层累说》② 同样认为，“古史层累说”的特别之处在于据《诗经》史诗来分析古史，以大禹为“截断众流”的关键点，而不采信传统的《尚书》等文献。其目的是要从文献出

① 黄海烈：《试论顾颉刚古史层累说》，载《史学批评与史学文化研究》，哈尔滨，黑龙江人民出版社，2009。

② 李锐：《由新出文献重评顾颉刚先生的层累说》，载《人文杂志》，2008（6）。

发，构建东周以来系统的信史。根据近来公布的遂公盨铭文，以及战国竹简《子羔》《容成氏》和新蔡楚墓竹简等出土文献，发现“层累说”中的许多观点存在问题；对于《诗经》提及的禹之分析，也存在史料选择和解释上的疑问，故“层累说”恐难成立。

笔者以为，疑古派对于大禹存在性的怀疑，实际上是建立在“大胆假设”的基础上，如顾氏仅凭《说文》字义就猜测“禹”是画在九鼎上的蜥蜴之类，历史上并没有这个人，这纯粹是一种空中楼阁式的奇想。可是既然提出了这个假设，便需要以种种文献来“小心求证”，而实际做法则是以这些文献来牵合自己的假设。顾氏设定禹是神话传说里的乌有先生，当然会推论出他是天神，其主要根据就是他所信任的诗书中“天命”“敷土”“甸山”等语，由于古文献文字十分精简，文义不完全显明，可以做多方面诠释，这些话完全可以理解成人力所做不到的事，于是就从侧面证明了禹确是一个天神。如果文献中提供的是相反的证据，那么就怀疑那些文献是伪造或者晚出，比如《尧典》《禹贡》明确记述禹担任过治理水土的职官，而且也具体做出了实绩，并不是神，可是这些古书就被一笔抹杀。对于明显可靠的文献，则尽量采用默证法，为所设的命题作证，比如顾氏认为禹与“夏”并无关系，因为《诗》《书》上没说，《论语》上也没说，直至战国中期的《左传》《墨子》《孟子》才有“夏禹”的记载。由于这些文献并非上古百科全书，不可能网罗全史，自然就给默证留下广阔的空间。按照这种模式，所有主观想象的论题，都能得到圆满的证实。虽然疑古派有很多科学建树，但这种论证方式，显然负面影响大于正面。

随着考古文物和简帛文献的大量出土，表明现存古籍中的文字状态并不代表文献原本，因为在传播过程中发生了很大演变。疑古派不太了解这种情况，完全依靠古籍文字立论，无论明证或默证，基础都很不牢靠。特别是考辨某书晚出，某书伪造，也存在着不少任意性。当前考古发现常常只是偶然碰巧，相信地下埋藏的大量证据，仅仅出土了一小部分，可是这些仅有的考古结果，已足以证明在前人辨伪工作中制造过不少“冤假错案”，经常在厚诬古人，某些曾经被疑为神话人物或事件，至今也往往被证实确系真实历史。所以，利用现存古籍记载寻觅古史信息，不宜处处“疑”字当头，把上古传说的传播者视为编造者，秉笔者视为说谎者，应该看到中原古国具有史官纪事传统，其中加工现象虽然难免，但绝不会占主流地位。这应该是一种客观态度，与盲从古籍的做法根本是两回事。

鉴于疑古派方法上的流弊，现代学者曾经提出“信古·疑古·释古”的见解。近年学者李学勤还提出“走出疑古时代”的口号，他说：“疑古思潮本身在当时是一种进步思潮，起了非常重要的进步影响，但我们今天不能以疑古为限，只有怀疑没有建设是不行的，更重要的是去论证。”所以不能限于疑古，而要释古。“古书辨伪于古有之，宋代尤为兴盛。到了晚清，结合于疑古思潮，我称之为对古书的第一次大反思，在文化史、学术史上起了很大作用。现在经过层出不穷的简帛书籍（以及其他古代文献原本）的发现，大家由个别古书真伪的重新考订，逐渐走向对辨伪方法本身的再认识，这可以说是第二次的反思。”① 这些看法应该说比较客观。

可能“疑古时代”一词过于沉重，因而李氏这个口号引起了学术界一些争论和批评，但他本人并未置辨。虽然讥评者有些中肯的意见，但可以看出，其中仍有不少概念化、情绪化或门派化的痕迹。20 世纪以来，中国人的思维似乎存在着一种定势，革命、改革这些概念基本等同于进步，而传统、保守则是落后乃至反动的同义语，“疑古”在先天上就是一种进步精神，而“信古”当然与之相反了。比如“走出疑古”的本意是扬弃疑古派滥用默证、大胆假设等主观方式，有些专家却在强调怀疑精神之可贵，担心放弃了疑古可能导致盲目信古，导致文化保守主义，这就太概念化了。批评疑古派者，指责他们以疑为荣，只破不立，产生了一些副作用，造成古史一片空白，认为古籍多是伪书；而支持疑古派者就说历史的真相就是如此，古史没有空白没有伪造本是一种假象。在讨论中，倾向疑古派者指责李学勤全盘否定顾颉刚疑古成果，甚至因李氏主持的“夏商周断代工程”存在一些不足之处，就说他迎合中枢意图，有沽名欲利之嫌。这种牵扯方式，与某些人指责顾颉刚“层累地造成的中国古史”一说来源

① 李学勤：《走出疑古时代》，沈阳，辽宁大学出版社，1995 年出版，1997 年修订再版。

于日本白鸟库吉的《尧舜禹抹杀论》①，无意间做了日本侵略者的帮凶，其诬陷之词竟然如出一辙。

不少学者曾做出中肯的“信古·疑古·释古”论述，还有人提出“寻古”和“正古”的概念。至于“走出疑古时代”的提法是否恰当，首先要看有没有一个“疑古时代”。据与顾颉刚同时代学者徐旭生的说法：疑古思潮自1923年至1941年达到全盛，在1950年以前“近三十余年，疑古学派几乎笼罩了全中国的历史界”，“当时在各大学中的势力，几乎全为疑古派所把持”。② 直至现在，仍有余波。如范文澜说过：“神话里说是洪水被禹治得‘地平天成’了。这种克服自然、人定胜天的伟大精神，是禹治洪水神话的真实意义。考洪水的有无或禹是否治洪水，都是不必要的。”③ 这段话衬托出仍然视大禹治水为神话，只是肯定了这种精神而已，这充分说明疑古思潮确实统治了古史学界。因此，“疑古时代”确实是一种客观存在。由于疑古带来不少负面影响，所以须要走出来，进入一个新的天地。今人所批评的“信古”，实际上是指盲目的信，不加鉴别的信，而不是信任大多数古人具有史德，不会任意作伪。这与疑古派“疑”字当头，反对信古有着本质上的区别。

“走出疑古”的提法受到指责一事，充分说明疑古派影响至今仍然未减，所以坚持“走出疑古”一派反过来指责坚持“疑古”者从来就没有反省过自己。清华大学教授廖名春说：在疑古思潮下，传统文化的典籍几乎被一网打尽，当今疑古学人在出土材料面前“步步退却”，西汉文献出

① 1909年白鸟库吉提出“尧舜禹抹杀论”，认为《尚书》中的《尧典》《舜典》《大禹谟》以“曰若稽古”起句，表明皆非当时所记。据载尧测天文、舜管人事、禹管理地（治水土），三人分管天、地、人三大政事，过于规整，颇可怀疑。故可推知“尧、舜、禹三王传说之作者，应是心中先有自太古即存在之天、地、人三才说，始构成此传说”。故而尧舜禹实非“相继之事”，而是“并立”之事。舜始用禹父鲧治水，九年无功，改用禹，十三年后，“终治浩浩之水，烝民赖之以安，禹之事业，唯此一宗”。他引法国学者伯希和的观点：中国举国之大河，加在一起总长1500公里，加上其他的河流则又有延长，禹以十三年之功，不可能塞之。长城延四五百里，非始皇一代之经营，中国滔滔之洪水也非大禹十三年所能治。大禹治水既不可能，这个人物的存在也同样不可能。1921年3月，内藤湖南发表《尚书稽疑》一文，支持白鸟库吉“尧舜禹抹杀论”，说中国古史人物的出现，与学派竞争求胜的心理有关。如墨家推崇禹为理想人物，儒家则祖述尧舜。这样，历史上本来没有的人物就被创造了出来，时间愈后的学派，创造的历史人物愈古老，“其后，六国时更有祖述黄帝、神农的学派产生”，他得出的结论是，愈是古老的历史，都是后人“其后附加上去的”。顾颉刚“层累说”与此逼似。

② 徐旭生：《中国古史的传说时代》，科学出版社1960年出版，桂林，广西师范大学出版社，2003年重印。

③ 范文澜：《中国通史简编》（修订版，第一编），94页，北京，人民出版社，1954。

土后，就把某书的成书时代推到汉代；战国文献出土后，又把该书推到战国；就是不思悔改。正如开玩笑说的：只有孔子时代墓葬里挖出六经，他们才相信那是真的。廖氏认为，以顾氏为代表，用一个史料去否定另一个史料，最后四大皆空，用这种简单的否定方法，路就会越走越窄。但是新证派却把不同的史料互相发明，用新史料去救活旧史料，使旧史料里的矛盾得以合理解决，这样路子会越走越宽。上海大学教授谢维扬说：不是说出土文献能解决所有问题，恰恰相反，它反映出今人对古代文献了解的程度还差得很远，因此在新资料出现的基础上，对所有东西都要有个恰当解释，如禹的研究方面，要做的课题就很多，更重要的当然是对古代文献形成和传承的真实机理和全部脉络进行研究。在这方面，早期文本实物的作用是至关重要的。比如西周铜器《遂公盨》上有禹，说明禹的传说应该相当古老了，这就对顾颉刚力主禹起于西周中期的说法有了一个纠正。

烟台大学教授江林昌说：以李学勤为代表的“释古”工作，落脚点是判断古文献的可信度。研究上古史，有些材料比较充分，证据比较明显，因而结论可以肯定；有些问题则不太肯定，这就需要存疑，“走出疑古”不过是个提法而已，学术发展到新的历史阶段，并不是要否定以前的工作，而是要与时俱进，继续往前走。现在条件具备了，进一步弥补顾颉刚当时受条件限制所留下的缺憾，不是更好？北京大学教授李零指出，虽然“走出疑古”是由李学勤倡言，但他并没有自称“信古派”，也未提倡回到“信古时代”，其实涉及的古文字和以考古发现印证古史传说，全是考古学家的事。中国社会科学院哲学研究所研究员郭沂指出，肇始于20世纪初叶的“二重证据法”是对“疑古”的反动，很大程度上恢复了业已被疑古派所颠覆的传统古史学，当然同时也纠正了其中一些错误，根据个别“伪史”现象去否定整个传统古史学更是错误。疑古派试图全面推翻传统古史学，其基本价值取向就不对。李学勤提出“走出疑古”则标志着作为学术主流的疑古思潮，已经成为历史。郭沂提出“正古”概念，一方面意味着传统古史学基本可靠，只需“修正”；另一方面意味着它也有缺陷，所以需要“修正”。①

（作者系四川省人民政府文史研究馆馆员）

---

① 见山东大学主办的《文史哲》2004年以来开辟的“疑古”和“走出疑古”讨论专栏文章。

大禹出生“江源”与华夏族兴盛

祁和晖

“河源”“江源”是中华民族的发源地。黄河、长江之中下游流域是中华民族的发祥地。华夏儿女施展才华的大舞台多在江、河中下游，然而其族群人文根脉却在江、河源头。古代中国人的“小康梦”与江源孕育出的大禹有莫大关系。

按《史记》“五帝本纪”“夏本纪”“殷本纪”“周本纪”“秦本纪”等的“纪”述倾向，“江源”当是中华文明兴发地区之一，其人文脉缘属于华夏儿女的人文故乡。“江源”古今理解有差别。今人皆知，长江有两大上源，一为流程长的金沙江·雅砻江系，一为水量大的岷江·大渡河系。我国古人、典籍中所称“江源”则多指岷江源。如先秦荀子云：“江出于岷山，其始出山也，其源可以滥觞焉。”晋郭璞《岷山赞》曰：“岷山之精，上络东井。始出一勺，终至淼溟。作纪南夏，天清地宁。”《水经》云：“岷山在蜀郡氐道县，大江所出。”《尚书·禹贡》“岷山导江”句下，集注曰：“江水出蜀西南徼外，东至岷山，而禹导之。”唯《史记》独持卓见，将“江水”（岷江）、“若水”（金沙江·雅砻江）并列称述。“纪”黄帝降封长子青阳于江水，降封次子昌意于若水。

按《史记》纪述意向，黄帝与江水、若水皆关系深厚，乃至高辛氏帝喾、帝尧渊源于青阳之江水系。高阳氏帝颛顼、帝舜渊源于昌意若水系。而大禹则兴起于西羌江源。江源不仅逼促大禹治水，还启发大禹引导出古代中国人的“小康梦”。兹对江源胜地在华夏文明形成中的作用略做历史回顾。

一、“江源”是华夏族群发源兴盛之地的一部分

“禹生石纽”“禹兴西羌”早已是中国古人之共识。其实，不只大禹，而是整个“五帝”“三代”时期的历史都与江源之地有着深厚的渊源关系。

中国人的“自称”和“他称”形成了一个称谓衍变承传的历史系列。大体是：炎黄子孙、华夏儿女、秦人、汉人、唐人、中国人、华人。“炎黄”之“炎”指“三皇”时代重火德、尝百草，教民由牧业生活转向农业生活的神农氏炎帝；黄帝指“五帝”之首轩辕氏。黄帝本为少典国君之次子，原封地号曰有熊氏。后因其生地、政绩特点与功德等又获缙云氏（以云名官）、帝鸿氏、帝轩氏等称号。黄帝取代生于姜水的炎帝后，极大地推进了炎帝开始的农业文明。《史记·五帝本纪》说黄帝“得宝鼎神策”为助而能“顺天地之纪、幽明之占、死生之说、存亡之难。时播百谷草木；淳化鸟兽虫蛾；旁罗日月星辰水波、土石金玉；劳勤心力耳目；节用水火材物，有土德之瑞，故号黄帝”。黄帝以飞跃进步的农业生产力，推进“国家”形态的发育。他“置左右大监，监万国。万国和，而鬼神、山川、封禅与为多焉”。黄帝发展了炎帝开始的农业文明，黄帝之后的高阳氏帝颛顼、高辛氏帝喾、帝尧、帝舜及帝禹都在继续推进炎黄开创的农业文明和国家形态的进步。

黄帝“淳化鸟兽虫蛾”，指的是由农业文明生发出蚕桑养殖业，促使中国人有可能超脱只能以皮革、葛藤为衣的粗野衣着时代。从黄帝开始，中华帝王始能有条件“垂裳而治”天下。中国成为人类唯一的丝织故乡，由来古远。黄帝“旁罗……土、石、金、玉”，意味着开启了中国的高级制陶时代及新石器、玉器时代，甚至开启了冶金时代的先河。炎黄二帝奠定了中华文明的基石，故中国人自称“炎黄子孙”。“炎黄子孙”，一开始便是以先进的炎黄农业文明族群为核心和纽带，团结四周尚处于牧业时代、半牧业时代的“万国”共同发展。“万国”中包括东夷、南蛮、西戎、北狄，当然更包括后来周武王伐纣时的八大盟邦，即庸、蜀、羌、髳、微、庐、彭、濮。故而“炎黄子孙”从始至今都是由中原之人与率先进入农业文明的部分羌夷戎狄苗蛮部族融混而成的统一体。无论从血缘上

还是文化上，中华民族都同根同苗。

在大禹治水后，“华夏”称谓逐渐代替“炎黄”称谓，炎黄子孙，又常自称“华夏儿女”。“华”指代黄帝时代兴创的辉煌文明，“夏”指代大禹治水后兴创的灿烂业绩。《说文·华部》曰：“华，意为荣。”《说文·文部》曰：“夏为中国之人。”《尚书·孔氏传》称：“冕服采章曰华；大国曰夏。”《五经正义·尚书·孔颖达疏》解释华夏为“中国有礼仪之大，故称夏；有服装之美谓之华。华夏连称谓中国也”。“夏”一指宏大，二指文雅。“夏”者大雅也。夏声即雅音。

从“炎黄”到“华夏”，其兴起都与“江源”有密切关系。按《史记·五帝本纪》记述，炎帝生姜水，来自牧羊人之乡。黄帝娶羌人之乡西陵氏之女为妻，又将与西陵氏嫘祖所生长子青阳降封于江水（岷江源），将次子昌意降封于若水（金沙江·雅砻江流域），并为昌意娶若水旁蜀山氏之女为妻而生帝颛顼高阳氏。后来帝颛顼又传帝位于其侄高辛氏帝喾。帝喾为黄帝长子青阳氏的曾孙。五帝之帝尧为帝喾第二子；帝舜为昌意裔孙；帝禹又为帝舜同祖旁支。《史记》对“五帝”与江源之关系记述详备如上。

《史记》“五帝本纪”与“夏本纪”等，所“纪”与当今在茂县营盘山发现并已发掘的新石器时代地下遗存可以互相印证。营盘山遗址为华夏儿女的人文故乡提供了文字文献以外的实物证据，甚至中华民族的“大同梦”“小康梦”都与“江源”有关。具体言之，正是大禹开启了古代中国人的“小康梦”。本文欲重点说说“兴于西羌”之地的大禹与“小康梦”的关系。

二、孔墨道法诸子赞美之“禹功”

孔子反复说：他与大禹之间，不存在时代不同而形成的历史隔阂。《论语·泰伯》记载：“子曰：禹，吾无间然矣。菲饮食，而致孝乎鬼神；恶衣服，而致美乎黻冕；卑宫室，而尽力乎沟洫。禹，吾无间然矣。”

《左传·昭公元年》记述孔子赞美大禹之言道：“孔子云：美哉，禹功，明德远矣。微禹，吾其鱼乎？”孔子对随行弟子说：“吾与子弁冕端委，以治民临诸侯，禹之力也。”

大禹治水，“万国”人得以陆处，而不溺于水而灭亡。这是大禹第一大功绩。诚如孟子所叹："禹抑洪水而天下平。"孟子说："当尧之时，天下犹未平。洪水横流，泛滥于天下。草木畅茂，禽兽繁殖，五谷不登，禽兽逼人。兽蹄鸟迹之道，交于中国……禹疏九河，瀹济、漯而注诸海；决汝，汉，排淮、泗而注之江。然后中国可得食也。"①

《墨子·尚贤》说："伯益降典，哲民维刑；禹平水土，主名山川。稷隆播种，农殖嘉谷。三后成功，维假于民。"墨家以效法禹功、禹德为宗旨，乃至劳苦焦思，摩顶放踵利天下而为之。因为大禹不仅"决江河而通四夷九州"，而且"禹亲自操橐耜，而九杂天下之川。腓无胈，胫无毛，沐甚雨，栉疾风。置万国。禹，大圣也"。

庄子又说，大禹以生民为本而不惜生死的圣行，对墨家影响至大，"使后世之墨者，多以裘褐为衣，以跂跻为服，日夜不休，以自苦为极"。墨家徒众认为"不能如此，非禹之道也。不足谓墨"。"裘褐"，粗麻布短衣。"跂跻"，草编的裤裙。墨家主张"尚同""尚贤""兼爱""非攻""节用""节葬""明鬼""天志"。当年蒙文通氏专论儒家与夏殷二王之政的关系而著《儒家法夏法殷义》一文，又著《论墨学源流与儒墨汇合》。儒家孔、孟、荀三子都从墨家吸收营养。比如孔子主张按大禹"治水之法"而"尚贤"。孔子云："大哉河海乎！下之也。"蒙文通解读此句义涵说："夫河下天下之川，故广。人下天下之士，故大。下士者得友，下众者得誉。"

孟子曰："民为贵，社稷次之，君为轻。"贵民思想源自大禹开启的夏政。其实儒、道、法、墨之学皆源于大禹与夏政。道家主张"道法自然"，这当然是禹法治水成功实践中抽出来的哲理。以水性（自然）而治水，这就是"道"法其自然本性认识的开始。道家之失仅在于将人事的进程完全听命于"自然"的选择，而大自然的进程对人世而言是太慢的节奏。比如"洪水"并非大自然天性就有水灾，水灾往往是人事的失误而致。因此，需要以人事去纠失。儒家去掉道家一味被动等待"自然法则的选择"这种消极性，而吸收了"道法自然"中的天人合一观念。儒家反对"天人对立"。

法家由大禹治水"悟"出了他们的"治世"之道。水不经大禹治理则泛滥，人不经严刑峻法控制则暴乱。法家之失在于忽略了大禹治水是在

① 《孟子·滕文公》，北京，中华书局，1981。

符合水之天性的前提下随山导流，纽石为沱。法家峻急独裁的刑法违背人类为谋生而能亲睦协同，善恶有则的伦理“天性”。残害人性的峻法必遭人反对。秦汉儒家弃掉法家“暴刑”一面，吸收法家重视法、术、势的观念。形成后世儒家治国治世皆取“霸王道杂之”之法。

大禹治水，不仅在自然环境上为中国人开太平，更在哲理层面启发着后世四千年的社会理想。

三、孟子说耕者有其田理想源自大禹夏政

孔子强调他与大禹之间不存在历史隔阂，但孔子留存至今的语录中，没有细说过他与禹之间为什么“无间然”。孟子就孔子心向大禹的思想做了深入剖析。

“孟子曰：禹、稷、颜回同道。禹思天下有溺者，由已溺之也；稷思天下有饥者，由已饥之也，是以如是其急也。”而“颜子当乱世，居于陋巷，一箪食一瓢饮；人不堪其忧，颜子不改其乐。孔子贤之”。故孟子总结说：“禹、稷、颜子易地则皆然。”[①] 颜回的“乐居”不是逃避、麻木，而是怀治世生民大志而从容待机待时。孔子、颜四之志向直承禹、稷。

孟子分析，正是夏后氏首创了一套“养生安民，教化乐民”的制度，一套由井田、市井、乡里而及于国家的社会制度。这套“家国制度”被后世不断完善，不断补充，一度形成“井田制”，又很快冲破井田制。其具体制度，虽因时而异，而这套制度的终极目标却始终保持。

孟子说：“夏后氏五十而贡；殷人七十而助；周人百亩而彻。其实皆十一也。彻者，徹也；助者，籍也……贡者，校数岁之中以为常。乐岁，粒米狼戾，多取之而不为虐。”后世史家，常专题研究夏政“贡法”、殷政“助法”、周政“彻法”。孟子分析夏商周三代教化的继承与区别说：“设为庠序学校以教之。庠者，养也；校者，教也；序者，射也。夏曰校，殷曰序，周曰庠。学则三代共之，皆所以明人伦也。”[②]

孟子总结“三代”兴亡原因说：“三代之得天下也以仁，其失天下也以不仁。国之所以废兴存亡者亦然。天子不仁，不保四海；诸侯不仁，不

① 《孟子·离娄》，北京，中华书局，1981。

② 《孟子·滕文公》，北京，中华书局，1981。

保社稷；卿大夫不仁，不保宗庙；士庶不仁，不保四体。”①

何谓仁？答案多多。规模最大、最根本之仁为社会制度之“仁”——小康社会为小仁，大同世界为大仁。

后世史家，视“三皇”“五帝”时代为“大同”大康，视夏商周三代温饱礼乐秩序为“小康”。其实，“三代小康”的程度与时间长度似乎都仅及格，甚或不及格。故《诗·大雅·荡》叹道：“殷鉴不远，在夏后之世。”

不过，古代四千年的“中国小康梦”作为一种社会理想始终是历代中华儿女、志士仁人为之奋斗不息的动力，不可忘却。

四、“三代”小康梦检索

儒家经书、经注与诸子都不断提到三代小康的人伦、制度的内容，又都不详尽。相比较而言《礼记·礼运》与《春秋·公羊传·宣公十五年》的解析最为详备。

《礼记·礼运》写到：(1)“今大道既隐，天下为家”——现如今“大同世界，天下为公”的世道已经退隐不在了，国邦变成了一姓一家的“家天下”了。(2) 人们自私心理出现了，“各亲其亲，各子其子”——伦理上各家只知爱自己一家一户内的父母子女等亲属。(3)“货力为己”——物质财富、人力资源都变成了一人一姓私有。(4)“大人世及以为‘礼’”——诸侯、卿、大夫等权贵变成子孙世袭其位份特权，还把这种凭血缘世袭的方式定为一种礼教制度。(5) 为了保护权贵的世袭特权，他们强迫民众为他们服役筑起“城郭沟池以为固”。(6) 又制定出一套“礼、义”纲目作为软手段规范特权统治下的“秩序”，即“礼义以为纪”。用“礼、义”两者来保证社会伦理秩序。(7) 小康的社会效果则是，“以正君臣，以笃父子，以睦兄弟，以和夫妇，以设制度，以立田里，以贤勇知，以功为已”。(8) 于是，“故谋用是作而兵由此起。禹、汤、文、武、成王、周公由此其选也……是谓小康”。

小康社会具有上述八大特征。比之“大同世界”虽不尽圆满合理，是“大退步”，然而较之乱世、衰世、末世之民不聊生则又是令人羡慕的好时光。

① 《孟子·离娄》，北京，中华书局，1981。

东汉经学家，《春秋·公羊传》研究大师何休，在为“公羊春秋”作《解诂》时，于鲁宣公十五年秋时段内，对“古者十一而藉”。“十一行而颂声作”一段公羊氏《传》文作解中，对“十一制”“十一而颂”做了详细笺补。何氏《解诂》解答了“十一制”践行，为什么会“颂声作”。

原来“十一制”是古人为“小康社会”所做的社会制度、社会秩序设计。其具体内容如下：

第一，先哲先圣认识一个真理：温饱公平是人的第一基本需求。“夫饥寒并至，虽尧舜躬化，不能使野无寇盗；贫富兼并，虽皋陶制法，不能使强不凌弱。”

第二，为解决社会的温饱公平，圣人提出了耕者有其田的“口分田”设想。口分田以“井田制”为制度基础。“一夫一妇受田百亩，以养父母妻子。五口为一家，公田十亩。即所谓十一而税也”——一夫一妇组成五口之家，可受口分田 100 亩，其中 90 亩属此家的养“家田”，10 亩是为公家尽劳役义务的公田，这叫“十一制”。

第三，“家”户按井田结构由八家组成一井单位，一个“井”形单位组织，中心为 80 亩公田，公田四周由 8 户家庭围居。八家之每户有“庐舍二亩半，凡为田一顷十二亩半。八家而九顷，共为一井田，故曰‘井田’”。

第四，“庐舍在外，贵人也。公田次之，重公也。私田在外。”

第五，“井田之义，一曰无泄地气；二曰无费一家；三曰同风俗；四曰合巧拙；五曰通财货。——因井田以为市，故俗语曰：市井。种谷不得种一谷，以备灾害。田中不得有树，以妨五谷。环庐种桑荻杂菜；畜两母鸡，两母豕；瓜果种疆畔。女工蚕织，老者得衣帛焉，得食肉焉，死者得葬焉。多于五口，名曰余夫。余夫以率受田二十五亩。”

第六，“十井（祁按：80 户）共出兵车一乘。司空仅别田之高下善恶。分为三品。上田一岁一垦；中田二岁一垦；下田三岁一垦——肥饶不得独乐，硗埆不得独苦，故三年一换土易居。财均力平，兵车素定，是谓均民力，强国家。”

第七，“在田曰庐；在邑曰里。一里八十户。八家共一巷。中里为校室——选其耄老有高德者名曰父老，其有辩护伉健者为里正，皆受倍田，得乘马。父老比三老孝弟官属，里正比庶人在官之吏。”

第八，“民春夏出田，秋冬入保城郭。田作之时，父老及里正，旦开门坐塾上。宴出后时者不得出，暮不持樵者不得入。五谷毕入，民皆居宅。里正趋缉绩——男女同巷，相从夜绩，至于夜中。故女工一月，得四十五日作（女工一月要干 45 天的活）。”

第九，“从十月尽，正月止，男女有所怨恨，相从而歌。饥者歌其食，劳者歌其事。男年六十，女年五十，无子者，官衣食之，使之民间求诗。乡移于邑；邑移于国；国以闻于天子。故王者不出牖户，尽知天下所苦，不下堂而知四方。”

第十，“十月事讫，父老教于校室。八岁者学小学。十五者学大学。其有秀者移于乡学。乡学之秀者移于庠，庠之秀者移于国学。学于小学，诸侯岁贡小学之秀者于天子。学于大学，其有秀者，命曰进士。行同而能偶，别之以射，然后爵之……士以才能进取，君以考功授官。”（祁按：此即“学而优则仕”）

第十一，“三年耕，余一年之畜。九年耕余三年之绩。三十年耕，有十年之储。虽遇唐尧之水，殷汤之旱，民无近忧。四海之内莫不乐其业。故曰‘颂声作矣’。”

两千年前何休《解诂》所分析之古代“小康社会”框架，即如上述。其经济基础、教化伦理皆随“十一制”而兴。男耕女织，市井、里巷自治管理，老有所养，少有所教，贫富交换，公平负担。心有怨苦，可以互相作歌抒志，让歌谣闻于乡邦君长，里巷常备 10 年粮储，不惧天灾。这种“小康秩序”是古代中国人世世代代的中国梦。志士仁人各种变革新政，或直或曲，皆为了实现这一小康梦想。离理想中的“小康梦”标准近一些，便谓之“文景之治”“贞观之治”“开元之治”；离小康目标越远，其衰政、庸政、昏政、暴政所导致的乱世、衰世、末世便应劫而生。

古代中国人理想中的小康社会之后，应是“大同世界”，大同世界谓之大康。中国人顺畅接受社会主义与共产主义，其民族心理基础正源自大禹开启的古代中国人的“小康梦”与“大同梦”。

伟哉！大禹。

圣哉！大禹。

美哉！神奇、神秘、神妙的华夏江源胜地。

（作者系西南民族大学教授）

对长江上游早期文明做出贡献的禹羌族群

——基于文献、考古和民族学资料的初步探讨

彭邦本

远古时期，禹羌族群曾生息繁衍于长江上游，尤其是岷江流域地区，而后在虞夏之际又东渐中原等黄河中下游地区，是先秦以来传世文献和考古学、民族学资料综合反映出的大致轨迹，并得到近年重庆市云阳县出土的东汉巴郡朐忍县令景云碑铭文的进一步印证。[①] 简言之，上古禹羌族群的历史似乎可用“西兴东渐”一言以蔽之，“西兴”与“东渐”从宏观上构成了禹族研究课题领域中的两大组成部分。对此问题，谭继和先生与笔者均曾有所探讨，[②] 现在看来，仍有继续研究的必要。本文拟综合各方面的资料，采用文献记载和考古学、民族学资料互证的方法，集中对其中的“西兴”部分做进一步的探讨，主要探讨该族群对岷江流域地区新石器时代晚期文化的繁荣和文明因素的萌生，以及对长江上游地区文明起源形成的历史作用和贡献。

一

西汉司马迁的《史记·六国年表序》明确记载：“禹兴于西羌。”《六

① 该碑于2004年由吉林省文物考古研究所三峡考古队在云阳县旧县坪发掘出土，碑铭云东汉巴郡朐忍县令景云为蜀人，乃大禹后裔，并云其“先人伯沇，匪志慷慨，术（述）禹石纽、汶川之会”。该碑现藏于重庆中国三峡博物馆，碑铭及其考释详见魏启鹏《读三峡新出东汉景云碑》［载《四川文物》，2006（1）］。

② 参见谭继和：《禹文化西兴东渐简论》，见李绍明等主编：《夏禹文化研究》，成都，巴蜀书社，2000；彭邦本：《禹族西兴东渐及其在黄河中下游的活动初探》，载《社会科学研究》，2003（1）。

国年表序》该条下《集解》引皇甫谧曰："《孟子》称：禹生石纽，西夷人也。"[①] 皇甫谧此说虽不见于今本《孟子》，但应有所本，因为西汉初年陆贾的《新语》就明确指出"大禹出于西羌"[②]。刘向《新序》更记载了春秋晚期孔门弟子子夏"禹学乎西王国"的说法，[③] 战国晚期的《荀子》也云"禹学于西王国"[④]。凡此种种，均反映大禹出自"西夷"或"西王国"亦即"西羌"，是先秦以来的古老传说。不仅如此，上引《孟子》佚文还说，禹生于一个叫做"石纽"的地方。华夏和蜀地文献同样的记载也颇多，如东汉人赵晔的《吴越春秋》卷六《越王无余外传》就提到：

> 禹家于西羌，地曰石纽，石纽在蜀西川也。[⑤]

西川毕竟还是个比较大的区域范围，相比之下，蜀地学者的记载就更具体。如东汉末谯周的《蜀本纪》记载：

> 禹本汶山郡广柔县人也，生于石纽，其地名刳儿坪。[⑥]

这就把石纽锁定在汉武帝时所设立的广柔县范围内了。此说应出自蜀地西汉以来的典籍，因而传为西汉扬雄所著的《蜀王本纪》明确指出：

> 禹本汶山郡广柔县人，生于石纽，其地名痢（本或作"刳"——引者按）儿坪。[⑦]

需要强调的是，根据东晋蜀地著名历史学家常璩的《华阳国志》，扬雄之前已有蜀中大学者"司马相如、严君平……各集《传记》以作《（蜀

---

① 《史记·六国年表序》，北京，中华书局，1959。
② 《新语·术事》，《诸子集成》，世界书局，民国二十四年（1935 年）。
③ 《新序·杂事第五》，见石光瑛：《新序校释》，北京，中华书局，2001。
④ 《荀子·大略》，四部丛刊本，北京，商务印书馆，1922。
⑤ 张觉：《吴越春秋校注》，成都，岳麓书社，2006。
⑥ 《三国志·秦宓传》，裴注引谯周《蜀本纪》，北京，中华书局，1959。
⑦ 《蜀王本纪》，（清）严可均：《全上古三代秦汉三国六朝文》辑本，黄冈王氏木刻本。

王）本纪》”。[①] 以上诸家所引据的“《传记》”，显然就更早了，足见《蜀王本纪》的记载确有所据，为蜀地源远流长的古老传说。西汉时期地广人稀，羌族等少数民族地区更是如此，故广柔县境，大体包括今龙门山地区的汶川、北川、理县、茂县毗连之地，以至都江堰、什邡两市部分地方。这一带主要属于岷江上游，以及湔江流域，这就是传说中禹羌族群生息繁衍的核心地区。

根据学术界基本一致的研究结论，大禹生活的时代，在距今 4000 年以前，亦即文献传说中的五帝时代或其晚期的虞夏之际，相当于考古学上的新石器时代晚期，或新石器时代晚期与青铜时代之交，正是中华文明起源和初步形成的关键时期。无论从传世文献记载或考古发现考察，此时的岷江流域已经文化繁荣、文明因素开始起源了。

大禹出自羌族，大禹又是黄帝的后裔，可见羌族的渊源甚为古远，至少可以追溯到传说中的炎黄时期。根据战国秦汉以来的古史传说，炎黄同出一系，应出自羌族。如西汉初年贾谊的《新书·制不定》云：“炎帝者，黄帝之同父母弟也。”同书《益壤》：“黄帝者，炎帝之兄也。”[②] 而更早的《国语·晋语四》更载春秋时期晋国大臣司空季子追述云：

> 昔少典娶于有娇氏，生黄帝、炎帝。黄帝以姬水成，炎帝以姜水成。成而异德，故黄帝为姬，炎帝为姜。[③]

根据这条先秦时期的记载，长期通婚的姜姬二姓的炎黄二帝及其族群同出一源——羌族，这从炎帝族群以“姜”为姓反映出来。从古文字学角度言之，“姜”“羌”二字均上从羊，下分别从女或人，乃意近通用之形旁，合观则其字义出自一源；分言则羌族曾在远古经历从母系中经“以父名母姓为种号”[④] 的过渡阶段到父系之曲折发展历程，两字在一定程度上反映了这一历时性关系，和其间脉络相承的历史信息。进而言之，“姜”“羌”皆为从羊之会意字，则又反映其族群早期曾在经济上经历以牧羊之

---

① 《华阳国志·序志》，见刘琳：《华阳国志校注》，成都，巴蜀书社，1984。

② 阎振益等:《新书校注》，北京，中华书局，2000。

③ 《国语》，上海，上海古籍出版社，1978。

④ 《后汉书·西羌传》，浙江古籍出版社百衲本《二十五史》，1998。

畜牧为主要生业的社会历史，故《说文解字》对羌族的界定为“西戎牧羊人”。《说文》所云，是先秦很长一个时期以至汉代的情形，当时把西部地区畜牧族群概称为“羌”，因而其时之“羌”与近世“羌族”，既存在古老的渊源关系，又不能简单等同。由于历史上长期的民族融合，昔日的羌族后来多已逐渐融入华夏——汉族，或其他少数民族，今日羌族则应为古代羌族的一支支系延续发展而来。而先秦秦汉之羌，乃一支系众多的巨大的族群范畴，故《后汉书·南蛮西南夷传》记岷江上游汶山郡冉駹夷之地，就称“其山有六夷七羌九氐，各有部落”，足见其族系之纷繁。另外，羌人以牧羊为生业之情况，也并非自古而然。就人类历史的普遍情形而言，畜牧业的产生一般在农业之后，或曰往往是从早期农业中因故分化而来的。中国西部地区的新石器时代考古资料揭示，早期农业在前仰韶文化时期就已经形成，后世文献记载的羌族地区亦然。在岷江上游等川西北地区的新石器时代考古学遗址群显示，[①] 距今5000多年以降，农业聚落就已经出现，其中营盘山等遗址反映的共同体已达到相当大的规模。当地居民生业转向畜牧，应是在距今4000年左右气候变迁，逐渐干冷所致。这一情形，与当时甘、青以至关中西部地区大体相同。即便如此，在相对暖湿的河谷地带，尤其是较低的河谷阶地、平坝，农耕的传统仍然在持续。传说中的炎、黄族群，就是其时西部农耕先进文化的代表。因此，姜姓的炎帝在历史传说中以号神农氏闻名，与同处于黄土高原的姬姓黄帝均以农业著称，故相传姬姓世为后稷，两者应为羌族中长于农业的先进支系。禹羌族群作为炎黄之后裔，继承、发展了其农业传统，应为川西北地区支系众多的氐羌族群中最先进的共同体。

那么禹羌族群与炎黄族群的源流关系究竟如何呢？

在《大戴礼记》《世本》等先秦文献中大禹的世系，直接记载了他与

---

① 岷江上游地区的历史文化极为悠久，并在该地区自20世纪以来的考古调查发掘中得到印证。2000年6月至9月，成都市文物考古研究所等单位联合在岷江上游的茂县、松潘、理县、汶川、黑水等县境内，开展了一次全面、细致的考古调查，其范围遍及岷江上游干流及其主要支流黑水河、杂谷脑河两岸的河谷阶地和台地上，共发现营盘山遗址、理县孔地坪遗址等82处新石器时代文化遗址和遗物采集点。其中仅茂县境内就发现了13处新石器时代文化遗址和9处遗物采集点。[成都市文物考古研究所等：《四川茂县营盘山遗址试掘简报》，见成都市文物考古研究所编：《成都考古发现（2000）》，北京，科学出版社，2002] 此后又相继发掘了营盘山、波西、沙乌都和布瓦等遗址。

黄帝的父系血缘关系。如《大戴礼记·五帝德》云：

孔子曰："黄帝，少典之子也，曰轩辕，生而神灵……"

宰我请问帝颛顼，孔子曰："颛顼，黄帝之孙，昌意之子也，曰高阳。"

宰我问："请问禹。"孔子曰："高阳之孙，鲧之子也，曰文命。"①

《大戴礼记·帝系》又云：

黄帝产昌意，昌意产高阳，是为帝颛顼。颛顼产穷蝉，穷蝉产敬康，敬康产句芒，句芒产蟜牛，蟜牛产瞽叟，瞽叟产重华，是为帝舜，及产象，敖。颛顼产鲧，鲧产文命，是为禹。

黄帝居轩辕之丘，娶于西陵氏之子，谓之嫘祖氏，产青阳及昌意。青阳降居江水，昌意降居若水，昌意娶于蜀山氏，蜀山氏之子谓之昌濮氏，产颛顼。②

以上世系，被司马迁结合《尧典》等文献整理成《史记·五帝本纪》，并一言以蔽之曰：

自黄帝至舜、禹，皆同姓而异其国号，以章明德。③

倘从严格的学术角度审视，以上世系自非完全严密周延的系统，但究其本质，则是若干有亲缘和地缘联系的族群组成的早期族群联盟组织。就本文论题进而言之，其尤为值得注意之处有二：一是黄帝之子"青阳降居江水，昌意降居若水"；二是黄帝娶妻于蜀地西陵氏，黄帝之子昌意复娶于蜀山氏。前者是属于羌族的黄帝族群支系从西北高原南下徙居川西北地区这一远古史实的传说，后者则应是黄帝族来到川西北地区以后与土著族

① 《大戴礼记》，见（清）王聘珍：《大戴礼记解诂》，北京，中华书局，1983。

② 《大戴礼记》，见（清）王聘珍：《大戴礼记解诂》，北京，中华书局，1983。

③ 《史记》，北京，中华书局，1959。

群政治联姻的反映。这种不同族群之间的联盟，是当时社会组织逐渐扩大并超越血缘纽带，形成早期地域联系的表现，也是早期文明因素借以孕育发展的制度形式，并在茂县营盘山大型遗址等考古发现中得到了佐证。

学术界根据各方面资料综合推算，文献传说的炎黄时期，大致在距今5000年左右，这也大体是《大戴礼记》《世本》《史记·五帝本纪》等文献所记“青阳降居江水，昌意降居若水”的时间，与岷江上游营盘山遗址的年代正好相当。

在岷江上游地区发现或发掘的80余处新石器时代遗址中，营盘山遗址位于茂县县城凤仪镇附近岷江东南岸二级台地上，其年代距今5500—5000年，平面约呈长方形，东西宽150～200米，南北长约1000米，总面积近10万平方米，是岷江上游地区最大的新石器时代遗址，也是该地区广大范围内已经发现的新石器时代文化遗址群的中心。① 总体上看来，营盘山大型遗址及周围遗址群反映，当时岷江上游地区的先民共同体组织已发展到史前较高的历史阶段，呈现出颇为繁荣的社会状况，出土的文化遗物也揭示了遗址中生活的先民以早期农耕为主、辅以采集渔猎的定居生活，手工业则反映出较为高超的生产技艺水平。很显然，此期岷江上游以营盘山大型遗址为中心的遗址群，实为一个由若干不同规模或等级的聚落组合成的大型社会共同体，这与上述黄帝族支系南下川西北地区，并且与土著联姻的传说若合符契。

从生业方式看，史前川西高原显然长期受到黄河流域尤其上游炎黄族群故地甘青地区粟作农业文化的影响。如在距今5500—5000年的大渡河上游哈休遗址，考古工作者从灰坑填土中浮选出了粟等农作物品种，因而推测其居民栽培的粮食作物主要是粟。② 此种情形在文化更为繁荣的岷江上游地区营盘山遗址、波西遗址③、沙乌都遗址④中也得到反映。在这些

① 成都市文物考古研究所等：《四川茂县营盘山遗址试掘简报》，见成都市文物考古研究所编：《成都考古发现（2000）》，北京，科学出版社，2002。

② 陈剑、陈学志：《大渡河上游史前文化寻踪》，载《中华文化论坛》，2006（3）；陈剑、何锟宇：《大渡河上游史前文化、环境与生业初析》，载《四川文物》，2007（5）。

③ 成都市文物考古研究所等：《四川茂县波西遗址2002年的试掘》，见成都市文物考古研究所编：《成都考古发现（2004）》，北京，科学出版社，2006。

④ 成都市文物考古研究所等：《四川茂县沙乌都遗址调查简报》，见成都市文物考古研究所编：《成都考古发现（2004）》，北京，科学出版社，2006。

遗址的出土资料中，既有土著文化的特征，又不同程度地存在黄河流域文化的因素。如时代最早、距今5500—5000年的营盘山遗址文化以具有自身特色的本土因素为主，但同时吸收了来自西北甘肃东南部的彩陶等文化因素，也受到了四川盆地北部和东部边缘地区同时期文化的影响。① 波西遗址出土器物的文化内涵既与隔江相望的营盘山遗址有联系，又带有仰韶文化庙底沟类型晚期的特征，如出土的细泥红陶弧边三角纹彩陶敛口曲腹钵与河南陕县庙底沟遗址仰韶文化的A3碗（H10：128）、A10盆（H47：42）等的风格相似，且共存的双唇式小口瓶、尖唇敛口钵等其他陶器，以及细泥红陶及其纹饰特征等，均属于仰韶文化庙底沟类型晚期。② 沙乌都遗址也紧邻营盘山遗址和波西遗址，其时代因而据发掘者推测为距今4500年左右，该遗址在文化内涵上不仅与营盘山等遗址脉络相承，且与成都平原上的宝墩文化存在较为密切的联系。营盘山、波西和沙乌都等遗址的上述情形，颇为清晰地揭示了岷江上游地区新石器时代文化来源的多元性。

川西北地区尤其岷江上游新石器时代晚期遗址群（或曰族群文化）及其来源的上述多元和多样化状态，无疑正是当时跨血缘、地域的大型族群联盟形成的反映，也是当时当地文化发展繁荣、文明因素发生发展的反映。联系到上引文献传说记载，显然，岷江上游地区颇为繁荣的新石器时代晚期遗址群，正是6000—5000年前从黄土高原南下的炎黄族系，历青阳、昌意和颛顼时代，与土著西陵氏、蜀山氏族群长期联姻联盟融汇而成的羌系先民创造的灿烂文化在数千年之后的历史见证。这一文化在鲧禹时代已经影响扩及以成都平原为核心的整个四川盆地，并因自然和人文的种种机缘，达到了早期文明诞生之际的高峰。

二

由上可知，禹羌族群早期生息于岷江上游一带的川西北高原地区，并且已经进入了早期农业为主的生业。由于川西北地区以西是更为干冷的内

① 成都市文物考古研究所等：《四川茂县营盘山遗址试掘简报》，见成都市文物考古研究所编：《成都考古发现（2000）》，北京，科学出版社，2002。

② 成都市文物考古研究所等：《四川茂县波西遗址2002年的试掘》，见成都市文物考古研究所编：《成都考古发现（2004）》，北京，科学出版社，2006。

陆高原不宜农耕，而东部地区则地理气候条件优越、非常适合农业发展，对农耕文化的禹族无疑将不可避免地产生持续的吸引力，因而随着经济的发展和人口的增殖，禹族东渐岷江中下游以至整个四川盆地及其周邻地区，遂势所必然。而距今4000年前后大范围气候的变迁，更加剧了这一历程。从长时段宏观历史进程考察，禹族东渐，包括东渐以成都平原为核心的巴蜀地区和黄河流域两大阶段、两大区域。其第一阶段的东渐，就是沿着龙门山脉的岷江和湔江河谷东向南下，进入水土气温资源条件极为优越的成都平原。

根据岷江流域营盘山、波西、沙乌都、布瓦等遗址和成都平原新石器时代文化的考古发现，距今5000—4000年期间，禹羌族群的一些支系已陆续向东迁徙到成都平原，仅凭现有的大量出土资料，已足以揭示岷江上游地区与成都平原文化间较为清晰的脉络联系，这里试以沙乌都遗址的资料略做分析。沙乌都遗址紧邻营盘山遗址和波西遗址，其时代距今4500年左右，在文化内涵上与成都平原上的宝墩文化密切相关：沙乌都遗址出土的夹砂灰黑陶、褐陶侈口罐多装饰绳纹和锯齿状花边，这正是宝墩文化的典型特征之一；沙乌都遗址的泥质磨光陶喇叭口长颈壶形器，与宝墩遗址出土的泥质灰白陶高领罐、喇叭口壶的形态相近；而沿面、唇面施绳纹的夹砂褐陶罐，装饰瓦棱纹的泥质黑皮陶器等遗物也能在宝墩遗址找到相似的器物。①

2009年披露的两次重要考古发现，进一步证明了岷江上游与成都平原宝墩文化的上述联系，并将时代明显提前。

一是考古学者在汶川县威州镇布瓦村三组发现了一处分布面积达5万平方米的新石器时代遗址——布瓦遗址，对之展开的田野考古调查提供了颇值得注意的信息：从这一距今约4800年的遗址采集的陶片特征，可知其在文化上与成都宝敦文化遗址大致属同一体系，很可能就是宝墩文化的渊源，三星堆文化的前身。主持调查的考古学家据此认为，该遗址的发现和确认，为古籍反映的蚕丛氏于岷江上游辗转迁徙至成都平原的传说，找到了一定历史依据。② 同时，上述出土资料，可谓在相当程度上印证了关

① 成都市文物考古研究所等：《四川茂县沙乌都遗址调查简报》，见成都市文物考古研究所编：《成都考古发现（2004）》，北京，科学出版社，2006。

② 杨方毅：《成都人的祖籍可能在汶川》，载《成都晚报》，2009－06－18。

于古蜀先祖蜀山氏、蚕丛氏生息于岷江上游地区的古史传说。

二是2009年7月，四川省考古研究院在什邡市城南新区1万平方米的勘探范围内，发现了成都平原上迄今所见最早的新石器时代文化遗址，据称距今大约5000年。该遗址出土的花边口沿罐、镂空圈足器、盘口器、翻沿器和宽沿器等，与三星堆遗址一期文化亦即宝墩文化相同或相似，或者更早，是成都平原典型的新石器时代晚期陶器。鉴于该遗址距离广汉三星堆仅约13.5公里，地处川西高原和成都平原的交会处，因而被专家们认为代表着蜀文化从高原向平原迁徙传递的节点和线索。① 看来在宝墩文化之前，岷江上游先民就已经开始东渐成都平原，其时间明显早于学术界公认的距今4000年左右世界性的气候灾异变迁。这一时期的东渐，其原因显然主要是岷江上游地区文化繁荣，人口繁衍，部族增殖裂变，导致生存资源的紧张，迫使一些支系必须徙出以寻求新的生存环境。但其时的成都平原尚属未经开发一片处女地，薮泽林莽密布，自然河道紊乱，先民只能初步在平原与山地交接的边缘地带营造聚落居住下来，逐步整治排涝，再图发展。这就是什邡市城南遗址和宝墩、芒城等宝墩文化早期遗址大体分布在成都平原边缘地带的原因。

传说中距今4000年前后较长时段的灾变气候，明显影响到岷江上游地区。干冷加剧和地震、泥石流、洪涝等自然灾害频发使得许多地方的农耕生业难以为继，因而禹羌族群在与灾害作斗争的同时，进一步加快加大了东向成都平原的迁徙，这就有力地促进了虞夏之际成都平原的开发和繁荣，加快了蜀地早期文明因素的发生发展，这一切都透过平原上宝墩文化及其古城群体现出来。

宝墩文化是成都平原上现今发现和确认的最重要的新石器时代晚期文化，时代范围为距今4500—3700年，考古工作者近年来发掘和发现了8座有墙垣环壕的古城聚落遗址，以其中最大最早的宝墩古城命名为宝墩文化。该古城群包括：新津宝墩遗址，约276万平方米；都江堰芒城遗址，约10万平方米；郫县古城遗址，约31万平方米；温江鱼凫村遗址，约40万平方米；崇州双河村遗址，约10万平方米；崇州紫竹村遗址，约20万

---

① 《什邡挖出“三星堆” 逼停亚洲最大雪茄生产基地》，载《成都晚报》，2009-07-11。据主持发掘的雷雨先生现场介绍，大量陶片分属一组（前宝墩时期）、二组（宝墩时期）、三组（三星堆时期）。

平方米。另有近年发现的大邑县境内的宝山、盐店二古城，面积也在 20 万平方米左右。[①] 由上可知，这些古城应为禹羌族群为主的蜀地先民所建，兼有军事防御和水利功能，而后者尤其值得注意。考察这些城址与其所在环境的关系，可见其均沿着河流的走向筑成，巧妙地因应了水脉和地脉，具有高超的水文化理念和水利设计，与大禹治水的传说颇能呼应甚至契合。从相传黄帝二子降居川西北地区，中经颛顼和鲧，大禹一系的羌人世居岷江两岸，自古以擅长水利闻名。这一传统源远流长，因而直到近世，成都平原上举凡打水井、修河堤一类工作，往往都由来自岷江上游的羌民承担。

禹羌族群早期既然生活在岷江流域，且直接面临气候变迁后频发的水患，其治水活动也就开始于《尚书·禹贡》梁州境内这一流域。《禹贡》云“岷山导江，东别为沱”，反映了禹族在岷江流域的治水活动。不仅如此，《禹贡》又载大禹将导山治水工程逐渐扩及整个梁州地域：“岷、嶓既艺，沱、潜既导，蔡、蒙旅平……浮于潜，逾与沔，入于渭，乱于河”；“嶓冢导漾，东流为汉”；“浮于江、沱、潜、汉，逾于洛，至于南河。”[②] 上述河流构成了梁州主要水系，而江、沱、潜、汉即岷江、沱江、嘉陵江和汉江，更是长江在梁州亦即上游地区的主要支流。这些都是关于禹羌族群在岷江、沱江、嘉陵江和汉江流域平治水患、疏导山川的古老传说，究其史实，应是虞夏之际禹羌族群会同长江上游地区其他族群，长期和逐步治理战胜水患的传说记录。这些流域尤其岷江流域，乃是先秦长江上游地区文化最繁荣、文明水平最高的中心地带。以此联系本文下面的进一步考察，可知禹羌族群的到来，对开发这些广阔的区域，促进其文化发展、文明萌生形成，无疑起到了巨大的作用。

先秦史籍又称大禹之父鲧“壅防百川，堕高堙庳以害天下”[③]，且云“鲧作城”，“鲧作郭”[④]。徐中舒先生研究指出，后者的城郭实即前者的堤

① 陈剑：《四川大邑盐店、高山古城遗址》，载《中国考古学年鉴（2004 年）》，北京，文物出版社，2005。

② 《尚书·禹贡》，影印《十三经注疏》，北京，中华书局，1980。

③ 《国语》卷三《周语下》，上海，上海古籍出版社，1982。

④ 《世本·作篇》，《世本》秦嘉谟辑补本，见《世本八种》，北京，商务印书馆，1957。

防，传说的两面反映的是二而一的史实。[1] 在生产力和水利技术尚无力修筑大规模的沿江堤防的史前时代，围绕聚落建成封闭的堤围亦即夯土城垣以“壅防”水患，就是先民规避水患的必然选择，也是水利史发展的必经阶段。鲧、禹既然为岷江流域的羌族，其初期兴建的堤防、城郭等水利和聚落工程，应就在这一流域。与鲧、禹时代相当的成都平原宝墩文化古城群，则是在考古学上的印证。不仅如此，宝墩文化时期已经广泛使用的干栏式建筑，[2] 无疑是成都市区商周之际十二桥遗址大型干栏式宫殿建筑群古老的技术来源，这种技术使人们得以在滨水低湿之地居息，却不为潮湿所困扰。蜀地上述水文化方面的杰出成就雄辩地证明，禹生西羌和大禹治水的远古传说并非前人的向壁虚构，而是信而有征。禹羌族群在岷江流域等地创立的以疏导为核心的治水技术、经验和理念，为后代举世闻名的开明氏、李冰等领导的蜀地大型水利工程所汲取和发展，为秦汉以后“天府之国”的形成和恒久持续发展，奠定了坚实的基础。而禹羌时代开启的蜀地水文化智慧可谓泽被千秋，并为历史上中国广大地区的众多水利工程所继承弘扬。

三

禹羌族群在长江上游尤其四川盆地的贡献，更进一步地体现在早期文明的起源和形成方面。

恩格斯曾将文明社会亦即国家形成的标志，概括为按地域划分居民和公共权力的设立两点。前者意味着先民共同体原始的血缘纽带为地域联系所超越，后者则在大型地域联合组织中体现出来。黄帝族群南下川西北地区，与当地西陵氏、蜀山氏等土著族群联姻联盟的文献记载，和营盘山遗址达10余万平方米的规模，以及遗址群反映的多元文化、多族群支系来源状况已经揭示，早在禹羌族群居息于岷江上游时期，跨血缘的地域联系和大型共同体联盟初具公共因素的机构已经萌生，透露出早期文明起源的

---

① 徐中舒：《论中国古代社会自然经济与城乡对立等有关问题》，载《中国文化》，2001（1）。

② 江章华、李明斌：《古国寻踪——三星堆文化的兴起及其影响》，82～83页，成都，巴蜀书社，2002。

初始信息。

不过，长江上游地区文明的起源，更集中地体现在成都平原宝墩文化呈网络状分布的大规模古城遗址群上。

考古学者根据遗址群出土陶器的变化，将宝墩文化划分为四个时期：第一时期以宝墩遗址的早期为代表，第二时期以芒城遗址和宝墩遗址的晚期为代表，第三时期以郫县古城遗址的早、中段和鱼凫村遗址的早期为代表，第四时期以鱼凫村遗址的晚期和郫县古城遗址的晚段为代表。①

宝墩文化大规模的古城群，尤其是宝墩古城，其规模之大在同期东亚大陆几乎首屈一指（面积相当的仅有山西襄汾龙山文化陶寺古城和浙江余杭良渚文化古城），无疑是其居民在岷江上游生息时期就已经形成的定居农耕为主的经济社会生活已有较为长足发展的确切证明。尽管足以充分反映宝墩时期成都平原开发情形的考古工作尚待来日，现有的出土资料还是提示了在这些环筑城垣深壕的中心聚落的周围四至，存在着相当数量的作为从属村落的次级聚落群，如 1998 年，在成都南郊相距不远的岷江小区和十街坊就发现了两处相当于宝墩文化三至四期的遗址，面积分别约为 7000 平方米和 3000 平方米。此外，宝墩文化时期的房址已发现不少，其中尤其值得注意的是当时已出现干栏式房屋，说明在距今 4000 多年前，川西平原上一些低湿临水之地可能也已得到开发。上述情况说明，当时已经出现了多层级的先民共同体及其聚落，并已呈网络状广布于成都平原上。

分析现有资料可知，宝墩文化古城群既有历时性的兴替联系，复有共时性的并存关系，已经构成了区域性的、由中心聚落整合为一的多层级巨型聚落联合体。如宝墩古城就曾与芒城（可能还有紫竹村）、高山和盐店古城遗址并存于该文化二期，以此种有限范围内的并存，彼此间的互动联系是必然的。从规模上看，宝墩古城在其间明显居于中心地位。另外的三座古城也在其后的宝墩文化三期并存，类似的互动联系自然也应存在。而在宝墩文化晚期，温江鱼凫城无疑也处于成都平原聚落群的中心地位。根据宝墩等古城的巨大规模，审视宝墩文化古城群的历时性兴替关系和共时性并存联系，可以推测成都平原距今 4500 年前后已出现高度集中的政治

① 江章华、李明斌：《古国寻踪——三星堆文化的兴起及其影响》，67～74 页，成都，巴蜀书社，2002。

和权力中心，以及在这样的中心之下由区域内各聚落或曰族群共同体密切互动而结成的大型联盟。而其非单一的族群族源背景下引人注目的文化认同表象，更能透映这一联盟体制在早期国家孕育发生进程中形成的必然趋势和深刻意义。其后该体制为以三星堆古城为都邑的国家体制取代的契机，正是孕育于此种互动联盟的母腹之中。这两种体制间的嬗替有沿有革，并且体现在联盟的传统及与之有深刻关联的后世蜀地共主政治秩序上。在文明形成的早期阶段，社会的整体发展尤其政治经济水平尚不足以奠定大范围内中央集权统一国家的基础时，此种联盟或曰共主政治秩序，乃是人类早期文明的一种比较普遍的政治模式及其国家形态体现。考古揭示的川西平原上呈网络状分布的宝墩文化城邑聚落群，正是距今4000年前后禹羌族群贡献的这方面的佳证，而宝墩文化的进一步发展，遂催生了极为辉煌的三星堆古蜀文明。

我们曾指出，禹族在虞夏之际经历了西兴东渐的伟大历程。现在看来，随着经济社会的发展和族群文化的繁荣，尤其是距今4000年前后的灾变气候，禹羌民族虽然大部辗转东渐北上黄河流域，但也在岷江流域和成都平原留下了若干族系，持续推动着这一后世称为蜀地的区域的进一步发展。

《蜀王本纪》《华阳国志》等文献相传，大禹之后、秦举巴蜀以前，蜀地先后历经了蚕丛、柏灌、鱼凫、杜宇、开明几个时代或王朝，创造了以宝墩文化古城群、三星堆、十二桥——金沙和商业街大型船棺墓葬等遗址遗迹为代表的灿烂文明。这些王朝的统治和被统治者属于何种族群，学术界至今有分歧，但除开来自长江中游濮越族系统的开明氏族群外，看来其余多为氐羌系亦即以禹族为主体的族群。禹族中东渐黄河流域的支系，后来遂成为华夏族，而留在蜀地的支系则长期保留了原有的文化风习，因而先秦蜀地长期被中原文献视为是蛮夷之地，蜀王也只是“戎狄之长”而已。[①] 而直到西汉前、中期之交，蜀中仍被外来入蜀任官者认为是文化落后，“有蛮夷风”之地。[②] 这些先后被视为“戎狄蛮夷”的蜀地上古居民，明显与当时中原的华夏属于不同的族群。正是因为这一族群地理缘故，文献反映蜀地的这几个王朝一旦失去共主地位，就又“隐于西山”，即退回

① 《战国策》卷三《秦策一》，117页，上海，上海古籍出版社，1995。
② 《汉书》卷八十九《文翁传》，3625～3626页，北京，中华书局，1983。

其岷江上游川西高原的故地了。由此提示我们，这些被华夏视为“戎狄”的古蜀族群，主要应是禹羌后裔的氐羌系早期农耕民族，正是以他们为主体的族群，创造了蜀地三星堆文化以来的灿烂文明，为多元一体的中国古代文明做出了杰出的贡献。

（作者系四川大学历史文化学院教授、博士生导师，中国先秦史学会副会长）

论羌人对夏朝立国的贡献

李殿元

夏朝立国是中国历史上非常重要的一件大事。有了国家，标志着中国古代的历史和文化从混沌的传说时代进入了有记载的文明时代。在汉语中，“国家”是一个非常神圣的词组。“国”在甲骨文中是“口”“戈”的组合，口是指有人口聚居的城垣；戈是指武器。“国”可以防御洪水、野兽和敌人的侵犯，故从“戈”。但在商代，甲骨文的“国”更多地表示人名，修有城垣的居地为邑。据于省吾先生考证，“商代甲骨文中没有或、国二字”，到周初，金文才出现“或”字与“国”相通，是指城邑。[①]“国家”一词最早见于西周时期的文献《尚书·立政》中，其文是：“其惟吉土，用劢相我国家。”“家”在甲骨文中是个会意字，上面是“宀”，表示与房室有关，最早的房子是用来祭祀祖先或家族开会。下面是“豕”，即野猪。野猪是比老虎、熊还危险的动物，因此是非常难得的祭品，最隆重的祭祀才用野猪祭祀。《说文》释“家”为“家，居也。从宀，豭省声。”《周礼·小司徒》有“上地家七人”句，注为“有夫有妇，然后为家”。《诗·周南·桃夭》有“宜其室家”，注为“室为夫妇所居，家谓一门之内”。可知，“家”是一个有血缘关系的非常温情而适合生活的地方。在中国文化中，不仅认为“国家”是“放大了的‘家’”，而且往往将国家与母亲联系在一起，称之为“祖国”，使浓厚的乡土情、血缘情，诚挚的故乡观、国土观成为中国人深层的情感意识。这种泛家族主义或许是中国血缘文化的特殊产物。从汉语中“国家”这个词构成的特殊意义看，其已从国家概念上反映出中国早期国家实际是家国合一的。家族血缘的胎记

① 于省吾：《释中国》，见《中华学术论集》，北京，中华书局，1981。

已深深地印到了“国”的构词上。

导致夏朝立国这一重大事件发生的，在一定意义上说，是羌人的贡献。

一、羌人构成夏朝立国的华夏族主体

建立夏国的夏人属于华夏族，而华夏族主要是由羌人构成的。

羌族是我国历史最为悠久而古老的民族，是母亲民族，古东方大族，世界性民族，可以说古羌与我国很多民族都有关系。

著名社会学家费孝通先生当年在西羌地区做田野调查时就著文认为：“羌族是一个向外输血的民族，许多民族都留有羌族的血液。”[①] 何光岳先生也说：“羌族除大部分演变成为华夏之汉族之外，一部分迁西南与土著各族融和而形成彝、藏、纳西、基诺、哈尼、普米、傈僳、怒、阿昌、拉祜、缅、景颇、独龙、夏尔巴、门巴等族。”[②]

徐旭生先生在《中国古史的传说时代》中认为，中国古代部族的分野，大致可分为华夏、东夷、苗蛮三大集团。华夏集团地处古代中国的西北，主要由炎帝和黄帝所代表的部落组成，在很早的时间就部分地进入中原。[③] 他在该书中还论证了秦岭在古代通称华山而汉水古名曾称夏水。

炎帝和黄帝所代表的华夏部落之“华”“夏”两字，上古同音，本一字，相互通用。《左传》有“裔不谋夏，夷不乱华”之语，华、夏同义反复，华即是夏。“中华”又称“中夏”，孔子视“夏”与“华”为同义词。“华”与“夏”二字在甲骨文中的地位非常崇高。大约从春秋时代起，我国古籍上开始将“华”与“夏”连用，合称“华夏族”。

华夏族是以夏、商、姬、姜四大族氏为主，融合其他一些民族部落而形成，其中，夏、姬、姜皆属古羌系列，商为东夷族。上古时代，西羌、东夷主政中华，西羌占了大多数。所以，华夏族主要就是由羌人组成的。

在历史上，羌族是中国古代最重要的民族之一，曾拥有上千万的人口，涌现出一个个叱咤风云的人物，建立了多个全国性和地方性政权，对

① 张冠生：《田野里的大师——费孝通社会调查纪实》，北京，海豚出版社，2014。
② 何光岳：《氐羌源流史》，南昌，江西教育出版社，2000。
③ 徐旭生：《中国古史的传说时代》（修订本），北京，文物出版社，1985。

中国西北、西南乃至华北的开发都发挥过重要作用。

早在中华民族带有朦胧色彩的神话时代，羌族就已经登上了历史舞台。

从考古发掘的材料来看，在古代羌人聚居的甘青一带，新石器时代晚期至青铜器时代的文化遗存，例如青海的卡约文化、诺木洪文化、上孙家寨类型，甘肃的寺洼文化、辛店文化等，与古羌人都可能有直接的关系。[①]羌人原居甘青地区，是中国最古老的族群之一。羌人在中华民族多元一体格局形成与发展的过程中发挥了极其重要的作用，许多民族的血管里都流淌着羌人的血液，汉、藏尤甚。羌人之所以总是为其他族群输出血液，与羌人主动与被动的不断迁徙，缺乏稳定的生存环境有关；与羌人居住地生存环境相对较差，缺乏发展壮大所必需的资源有关。

在中国已发现的最早的文字甲骨文中，“羌”字是唯一用来描述民族或部族名称的字。“羌”在造字法上是个上“羊”下“人”的会意字，《说文·羊部》解释“羌”为“西戎牧羊人也”。这个擅长畜牧的民族，不久就分化出转向农业生产的一支，这一支有了统一的姓氏——“姜”。传说中国农业的始祖炎帝神农氏就姓姜。

据考证，在仰韶文化末期（公元前3000年左右），黄河中游出现了炎、黄两大部落，他们都是从西北进入中原的羌人部落。《国语·晋语》记载：“昔少典娶有蟜氏，生黄帝、炎帝。黄帝以姬水成，炎帝以姜水成。成而异德，故黄帝为姬，炎帝为姜。”炎、黄二帝为兄弟，黄帝得姓姬，炎帝得姓姜。姜、羌本一字之分化，是母系社会与父系社会的不同表达，甲骨文中亦常互用。姜、羌均像头戴羊角头饰之人，代表以羊为图腾起源于我国西北的原始游牧部落。《左传·哀公九年》说：“炎帝火师，姜姓其后也。”在甲骨文字中，羌从羊从人，姜从羊从女，两字相通，表示族类与地望用羌，表示女性与姓用姜。

在后来的战争中，炎帝部落大部分与黄帝部落互相融合，共同组成“华夏民族”，即习惯所称的“炎黄子孙”。据《史记·五帝本纪》载，五帝中的首位是黄帝，后人称黄帝为华夏族的始祖。黄帝之后，最著名的有唐尧、虞舜、夏禹等人。禹系夏后氏部落之领袖，姒姓，又称夏禹、

① 《羌族简史》，成都，四川民族出版社，1986。

大禹。

正是由于以上的资料，著名历史学家徐中舒先生认为，羌人与夏朝的立国有很大的关系。他在《中国古代的父系家庭及其亲属称谓》一文中说："夏王朝的主要部族是羌"；"根据由汉至晋五百年间长期流传的羌族传说，我们没有理由再说夏不是羌。"① 他在《羌族史·序》中又下了这样的结论："中国第一个王朝——夏后氏，就是以羌族为主体并与唐、虞两个联盟部族在黄河流域完成的一个统一的大国。"② 这即是说，建立中国第一个王朝的夏人，是以古代羌人为主体的。也就是说，羌人对夏朝立国是有贡献的。

二、夏朝立国的前提是羌人治水

"大禹治水"的故事在中国是家喻户晓，大禹是出生于川西北的羌人是学术界的共识。

大禹时期的大洪水是直接关系到中华文明起源的重大问题。若干证据显示，这场大洪水确实存在过，因为大多数先秦文献都提到了史前泛滥成灾的洪水，提到大禹治理洪水并划分九州。

我国古文献中最古老的《尚书·尧典》就讲到史前大洪水："汤汤洪水方割，荡荡怀山襄陵，浩浩滔天。下民其咨，有能俾乂？"

还有许多古文献也对那场史前大洪水有记载。例如：

《诗经·商颂·长发》说："浚哲维商，长发其祥。洪水芒芒，禹敷下土方。"

《孟子·滕文公上》说："当尧之时，天下犹未平，洪水横流，泛滥于天下，草木畅茂，禽兽繁殖，五谷不登，禽兽逼人，兽蹄鸟迹之道交于中国。"

《孟子·滕文公下》又说："当尧之时，水逆行，泛滥于中国，蛇龙居之，民无所定。下者为巢，上者为营窟。《书》曰：'洚水警余。'洚水者，洪水也。"

---

① 徐中舒：《中国古代的父系家庭及其亲属称谓》，载《四川大学学报》，1980（1）。

② 冉光荣、李绍明、周锡银：《羌史》，成都，四川民族出版社，1985。

《史记·夏本纪》也说："当帝尧之时，鸿水滔天，浩浩怀山襄陵，下民其忧。"

大洪水来了，平原被淹没了，房舍、财产为洪水吞噬，人口和牲畜大量死亡。洪水泛滥，灾民们只有躲上高地，到处漂流。这证明那场洪水的确不小，让先民们陷入空前的灾难中。

生产力的发展让原始社会的氏族制走到了它的尽头，而此时又遇到了对人类生存危害极大的大洪水，"天将降大任于斯人也"，历史的需要，社会的需要，让大禹适时出现了，他承担起了治理洪水的责任。

古代文献中关于大禹治水的资料记载，可以说是俯拾皆是，例如：

《尚书·益稷》说："帝曰：'来，禹！汝亦昌言。'禹拜曰：'都！帝，予何言？予思日孜孜。'皋陶曰：'吁！如何？'禹曰：'洪水滔天，浩浩怀山襄陵，下民昏垫。予乘四载，随山刊木，暨益奏庶鲜食。予决九川，距四海；浚畎浍，距川。暨稷播，奏庶艰食鲜食。懋迁有无化居。烝民乃粒，万邦作乂。'皋陶曰：'俞！师汝昌言。'"

《尚书·洪范》说："我闻，在昔，鲧堙洪水，汩陈其五行。帝乃震怒，不畀洪范九畴，彝伦攸斁。鲧则殛死，禹乃嗣兴。"

《诗经·大雅·文王有声》说："奕奕梁山，维禹甸之。有倬其道，韩侯受命。"

《山海经·海内经》说："洪水滔天，鲧窃帝之息壤以堙洪水，不待帝命。帝令祝融杀鲧于羽郊。鲧复生禹，帝乃命禹卒布土以定九州。"

《墨子·兼爱中》说："古者禹治天下，西为西河渔窦，以泄渠孙皇之水，北为防原泒，注后之邸，呼池之窦，洒为底柱，凿为龙门，以利燕、代、胡、貉与西河之民。东方漏之陆，防孟诸之泽，洒为九浍，以楗东土之水，以利冀州之民。南为江、汉、淮、汝，东流之注五湖之处，以利荆、楚、干、越与南夷之民。此言语禹之事。"

《孟子·滕文公上》说："禹疏九河，瀹济漯而注诸海，决汝汉排淮泗而注之江，然后中国可得而食也。当是时也，禹八年于外，三过其门而不入，虽欲耕，得乎？”

《新书·修政语上》：“大禹曰：‘民无食也，则我弗能使也；功成而不利于民，我弗能观也。’故环河而导之九牧，凿江而导之九路。洒五湖而定东海。民劳矣而弗苦者，功成而利于民也。”

较之简帛文献更能说明问题的是2002年发现的距今2900年的西周青铜遂公盨（北京保利公司从境外购回）。它是目前所知中国最早的关于大禹治水及德治的文献记录。它证实了大禹及夏朝的确存在。①

遂公盨铭文开篇即言，“天命禹敷土，随（堕）山浚川……”记述了大禹采用削平一些山冈、堵塞洪水和疏导河流的方法，治平了水患，并划定九州，还根据各地土地条件的不同规定各自的贡赋。在洪水消退后，那些躲避洪水而逃到丘陵山冈之上的民众下山，重新定居平原之上。由于有功于民众，大禹得以成为民众之王、民众之“父母”。随后，铭文又阐述德与德政，并教诲民众以德行事。

众所周知，大禹治水是在他的父亲鲧治水九年“不成”的情况下被推举出来继续领导对水患治理的。这就提出了一个问题：父亲都没有能力解决的水患，为什么还要派他的儿子去继续？合理的解释只有一个：鲧—禹家族一定有当时其他人所不具备的治理水患的经验。

鲧—禹家族是一个具有治水经验的部落，这个部落属于古老的羌民族。羌民族发源、繁衍于西北高原，地处湟水流域、黄河河曲和洮河、岷江、涪江、嘉陵江的上游。这些地方常有水患发生，为了人畜的安全，他们和水患做了长期艰苦的斗争，从而积累了许多宝贵的治水经验，培育了许多治水能人。杨正苞先生写过一篇论文，题目就是《治水安民，羌人首功》②，论证了羌人在治水方面的天赋。羌人主要的治水经验，有因势堵截和因势利导两类方法。前者是修筑堋堰、堤坝以拦截或约束河水变害为利之法；后者是通塞畅流以疏泄洪水消除水患之法。治水能人的代表有上古的大禹，古蜀的望帝杜宇、丛帝鳖灵和后来的李冰，等等。

大禹登上历史舞台很有些特殊，他是在父亲鲧没有完成治水重任的情

① 李学勤：《论遂公盨及其重要意义》，载《中国历史文物》，2003（6）。

② 杨正苞：《治水安民，羌人首功》，载《文史杂志》，1995（1）。

况下出现的，所以，他的登场应该带有“赎罪”的性质。

《史记》的《五帝本纪》和《夏本纪》都有对鲧治水情况的记载。大洪水来了，需要派得力的人去治理。帝尧召开部族会议，讨论治水的人选，群臣四岳“皆曰鲧可”。一个“皆”字，说出了大家对鲧——当时的一个氏族部落首领的集体认可。鲧治理大洪水九年，历史记载他是无功而被“殛”“于羽山以死”。这其实是个冤案。①

许多资料记载说，鲧只懂得堙填之法，而禹治水时采用的是疏导的方法，因此禹成功了，而其父鲧失败了。说鲧“用筑堤防水的方法治水，九年未治平”，他是败于治水——这一认识和说法颇值得商榷。鲧治水不存在失败，他是失败于部落联盟首领继承人的政治斗争。但是，鲧却为禹的成功创造了条件，使禹治水大获成功。

因为鲧治水九年无功，所以，已经被确定为帝尧接班人的舜不仅是“殛”鲧于羽山以死，还“举鲧子禹，而使续鲧之业”②。这很耐人玩味。

其一，鲧治水没有成功是事实，但是不是因为治水没有成功就必须被处死？最蹊跷的是，鲧不是被帝尧处死，而是被作为帝尧接班人的舜处死，这其中会不会有因为鲧的声望大，还曾经被酝酿为接班人而威胁到舜的地位？

其二，杀了鲧却启用鲧的儿子禹，这当然可以说是没办法的办法，只得起用出于治水世家的禹。杀人父用人子，舜难道不知道杀父之仇不共戴天吗？但是，禹继承父业一方面可以说是他该为父亲赎罪；另一方面却是险象环生，一旦失败了，舜可以用同样的理由将禹杀掉。

当时的情况应该就是这样，鲧—禹这个部落，善于治水，而且在部落联盟中有很高的威望，当时除了禹，没有人有能力治水，舜不得不控制性地使用禹。禹后来治水时“三过家门而不入”，除了表明他敬业外，也许更主要的原因还是不想让帝舜抓住他一丝一毫的缺失。如果他治水过程中过家门而入的话，帝舜完全可以因此下诏斥责他“疏于职守”，“为家忘国”，甚至扣上更严重的政治帽子：罔顾圣恩，不体朝廷拳拳爱民之心，为儿女私情而忘君臣大义。大禹后来以俭朴著称，恐怕也与他所处的百般猜忌的政治环境有莫大关系。

---

① 李殿元：《论“鲧堵禹疏”的兴起与历史真实》，载《阿坝师专学报》，2014（2）。

② （汉）司马迁：《史记·五帝本纪》，北京，中华书局，1999。

孟子说："天将降大任于斯人也，必先苦其心志，劳其筋骨，饿其体肤，空乏其身，行拂乱其所为，所以动心忍性，曾益其所不能。"[1] 大禹登上历史舞台的情况正是如此。

不论是这样还是那样的原因，当时的时势需要将治理大洪水的责任交给大禹。根据《尚书》的记载，鲧被诛杀后，禹审时度势，采取了十分谨慎的态度。"禹不敢怨，而反事之，官为司空。以通水潦，颜色黧黑。步不相过，窍气不通，以中帝心。"[2] 尽管禹不一定需要这般奴颜婢膝——在舜的左右总迈着小步行走，甚至连大气都不敢出——但他在鲧被杀后还能担任要职这一事实至少说明此人是善韬光养晦的。

方法不当的因素也好，人事干扰的因素也罢，鲧的治水毕竟没有成功；说他是失败也好，半途而废也好，总之是没有成功。鲧治水没有成功，大洪水对人们生活和生产的威胁就继续存在，治水工作就还得继续进行。禹接受了继续治水的任命，开始了他父亲的未竟事业，主持了对大洪水的治理。当然，禹的性格、禹的能力，使他获得了与他父亲完全不同的结局。

禹联合共工氏和伯益、后稷等许多部落，继续向洪水展开大规模的斗争。他紧紧抓住治水这个"主业"的同时，还特别注意做好四点：一是能够勤勉，一门心思扑在治水上，在外13年，偶尔从家门口经过都不进去；二是注重俭朴，穿戴简简单单，虔诚孝敬鬼神；三是联系群众，保证他们的生活，做好稳定工作；四是重点投入，住的房子能对付就对付了，把省下的钱投到治水上。凭此四点，再加上大洪水也进入了它的后期，大禹采取的又是正确的治水方针，当然就能获得成功。

史书记载说，大禹不仅聪明能干，更为可贵的是，他富于牺牲精神，勤苦耐劳，为天下人谋利益。治水工作艰苦而繁忙，他和涂山氏女结婚后的第四天，就离家去参加治水。作为一个部落首领，他"身执耒锸，以为民先"[3]，亲自指挥和带领大家劳动。他经常光着双脚下水干活，风吹日晒，栉风沐雨，腿上的毛都磨光了，脸孔也变黑了……

---

① 杨伯峻译注：《孟子译注·告子下》，北京，中华书局，1981。
② 周勋初：《韩非子校注·五蠹》，北京，凤凰出版社，2009。
③ 周勋初：《韩非子校注·五蠹》，北京，凤凰出版社，2009。

为了掌握下游地区的地形情况以泻洪水，大禹“左准绳，右规矩”[1]，带着测量工具，到各处勘察地形，测量水势。在此基础上，他带领百姓“疏川导滞”，疏通河道，排除积水，使洪水和积涝得以回归河道，流入大海。经过十多年的艰苦努力，终于治服了洪水。“水由地中行……然后人得平土而居之”[2]。于是，人们纷纷从高地下来，回到平原上。接着，禹又带领人们开凿沟渠，引水灌溉，发展农业，化水害为水利，在黄河两岸的平原上开出了许多良田和桑土，成为人们安居乐业的地方。《诗经·大雅·韩奕》歌颂禹的功绩说：“奕奕梁山，维禹甸之”，说他平治了水灾，把梁山之野开辟为良田。

对大禹治水之事记述最为详细的还是要数司马迁。他在《史记·夏本纪》中写道：

> 禹乃遂与益、后稷奉帝命，命诸侯百姓兴人徒以傅土，行山表木。定高山大川。禹伤先人父鲧功之不成受诛，乃劳身焦思，居外十三年，过家门不敢入。薄衣食，致孝于鬼神。卑宫室，致费于沟淢。陆行乘车，水行乘船，泥行乘橇，山行乘檋。左准绳，右规矩，载四时，以开九州，通九道，陂九泽，度九山。令益予众庶稻，可种卑湿。命后稷予众庶难得之食。食少，调有余相给，以均诸侯。

大禹还有一项可以与治水相提并论的伟大创举。这就是在治水过程中，大禹将全国的行政区域划为九州，对每个州的范围进行了界定；对每个州的治水情况、物产、贡赋以及交通情况，都做了详细的记录，以为国家征税或财力动员的依据。先秦人因纪大禹治水之功，故书《禹贡》（贡同功）。唐孔颖达正义：“禹制贡法，故以《禹贡》名篇。”此又一说也。[3]

---

① （汉）司马迁：《史记·夏本纪》，北京，中华书局，1999。

② 杨伯峻译注：《孟子·滕文公下》，北京，中华书局，1981。

③ 赵传仁、鲍延毅、郭增福主编：《中国书名释义大辞典》，810页，济南，山东友谊出版社，2007。

三、羌人大禹建立了中国第一个国家

大禹平定了洪水，“然后中国可得而食也”，“然后人得平土而居之”①，这种自我献身而救万民于水火之中的功绩，为后人所仰慕与向往。禹“征三苗”“伐共工”等征战的故事，连极力主张“非战”“非攻”的墨家也加以称道：“禹既已克有三苗，焉磨为山川，别物上下。卿制大极，而神民不违，天下乃静。”② 荀子称禹伐共工为“以仁义之兵行于天下”③，推动了中华民族的交融与统一，形成了后代判断战争正义与否的标准。

尧舜时，按照军事民主制的传统，部落联盟最高首领的产生，必须通过一定的民主程序，由众多的部落首领代表氏族成员共同推举才能确立，这就是我国原始社会后期一度相当盛行的民主选举首领的禅让制。禅让制的基本原则是选贤举能。从尧到舜，禅让制至少表面上还在发生作用。但企图凭借强权和实力，变禅让为世袭的斗争在这一时期也愈演愈烈。

《竹书纪年》有“舜囚尧，复偃塞丹朱，使不与父相见”的记载。韩非子更说：“舜逼尧，禹逼舜，汤放桀，武王伐纣，此四王者，人臣弑其君者也。”④ 这些主要表明强力的决定性作用，也表明后代推翻前代，才有了社会的发展、国家概念的形成以及真正国家形式的建立。

大禹在取得一系列成功之后，博得诸夏首领的拥戴。他的威望，他的权力，使他可以顺理成章地建立国家了。

据《尚书·大禹谟》，舜帝在推荐大禹继承帝位时，曾对禹高度评价：洪水来警告我们的失误，你恪守信用，说到做到，完成了治水大业，显示了你的贤能；你为天下的利益不辞劳苦，生活俭朴而不自满，不浮夸，这也是你的贤能。由于你不夸耀自己的才能，因此天下人都不会与你争能；你不夸耀自己的功绩，因此天下人也不会与你争锋。你有大功大德，应该由你来继承帝位。

作为史学家的司马迁，对大禹品德也是赞赏有加，称其“为人敏给克

① 杨伯峻译注：《孟子·滕文公下》，北京，中华书局，1981。

② （战国）墨翟，司马哲注译：《墨子全书·非攻下》，北京，中国长安出版社，2009。

③ （战国）荀况，蒋南华、杨寒清注译：《荀子全译·议兵》，贵阳，贵州人民出版社，2009。

④ 周勋初：《韩非子校注·说疑》，北京，凤凰出版社，2009。

勤，其德不违，其仁可亲，其言可信。声为律，身为度，称以出，亹亹穆穆，为纲为纪”①。就是说，大禹这个人行为敏捷，克勤克俭，品德高尚，仁爱可亲，诚实可信；声音符合钟律，身长体重都可以作为度量标准；勇于进取，威仪庄敬，总理要务，有条不紊。

大禹当政后，确实有不俗的表现。周代的《鬻子》记载：“大禹悬钟、鼓、磬、铎、鞀，以待四方之士，曰：‘教寡人以道者，击鼓；谕以义者，击钟；告以事者，振铎；语以忧者，击磬；有狱讼者，摇鞀。’”大禹以那个时代的特有方式，广纳群言，了解民情及政弊，成为历史佳话，同时也为历代君主做出了表率。

宋代刘恕的《资治通鉴外纪》卷二记述了大禹自律戒酒以防贻误国事的故事：“禹时仪狄作酒。禹饮而甘之，遂疏仪狄，绝旨酒，曰：‘后世必有以酒亡国者。’”大禹大概是中国历史上的帝王戒酒第一人。大禹认识到：酒是好东西，但是，一旦被酒诱惑成癖而不能自拔，必导致荒弛政务，后果不堪设想，于是告诉仪狄，不要再进贡酒了。大禹能做到这一点，的确非常不容易。

大禹还有一个“下车泣罪”的美谈。刘向《说苑·君道》载：“大禹巡狩，见罪人，下车而泣之。左右曰：‘罪人不顺道，君王何为痛之？’王曰：‘尧舜之人皆以尧舜之心为心；我为君，百姓各以其心为心，是以痛之。’”这个历史典故，说明大禹是个勇于担责、勇于自省的人，尤其是他对左右将的那番话，很是令人深思：唐尧虞舜时代的人，能够把唐尧虞舜的思想感情作为自己的思想感情，并认真去体验实行；我做君王时，百姓们都把他们自己的主观意愿作为他们的行事准则，各行其是，因此我感到内心伤痛，这说明我做的不如唐尧虞舜啊！这种自我批评、自我鞭策，即使在今天，仍是一种美德，仍然值得大力提倡。

与舜帝不同，大禹是在经过了一番忍辱负重的磨炼才获得联盟首领之位的。禹父鲧因治水失败给舜以口实而被诛，禹袭其部落首领位继续受命治水，实含有戴罪立功的意味，所以，禹在治水过程中兢兢业业，不敢懈怠。司马迁说他“伤先人父鲧功之不成受诛，乃劳身焦思”，以致“过家门不敢入”，② 当是实情。

---

① （汉）司马迁：《史记·夏本纪》，北京，中华书局，1999。

② （汉）司马迁：《史记·夏本纪》，北京，中华书局，1999。

不过，禹之生恰逢其时，中国早期国家形成的两个契机都让他碰上并抓住了。

第一个契机便是治水的成功，它对中国早期国家的形成至少有三方面的影响：一是在集中筹划、统一安排的治水过程中，部落联盟机构为适应这一需要，迅速形成和强化了管理社会公共事务的职能，而这一点，恰恰正是国家产生的重要原因和重要职能之一。正是在这种维护共同利益，执行社会职能的基础上，部落联盟机构开始演变为国家权力。二是治水的成功，使得“钟水丰物”和“尽力乎沟洫”成为现实，这就为行将到来的国家奠定了物质基础。正如普列汉诺夫所说：“在中国或古埃及之类国家里，如果没有那些构造极其复杂，规模极其宏大的水利工程来调节大河巨川的洪水，防止泛滥，灌溉耕地的话，文明生活就不可能。”[①] 三是由于治水成功的丰功伟业，禹在人们心目中树立起崇高的威信，由此而因祸得福，堂而皇之地获得了联盟首领地位。

第二个契机就是对三苗战争的胜利。对三苗的战争，在尧舜时便已多有发生，舜甚至“南征三苗，道死苍梧”[②]，可见三苗危害之甚。禹征三苗，“焉磨为山川，别物上下，卿制大极，而神民不违，天下乃静”[③]，大获全胜而归，其显赫的战功以及对军队的掌控，更是把他推到权力和威望无以复加的高峰。此时的禹已今非昔比，判若两人。

正是在这样的情况下，大禹利用手中权势，建立中国早期国家，形成“家天下”，当然也就是顺理成章的事了。

《史记·五帝本纪》载：“舜乃预荐禹于天。十七年而崩。”按舜“年六十一代尧践帝位。践帝位三十九年，南巡狩，崩于苍梧之野”，舜帝活了100岁。按舜帝活了100年计算，他是在禅位17年后去世的，那么他禅位于大禹的时候应当是83岁。而按照《竹书纪年·帝舜有虞氏》的记载，舜帝荐禹于天，是在舜帝64岁、舜即帝位14年的时候。《竹书纪年》载：“十四年，卿云见……乃荐禹于天，使行天子事……三十二年，帝命夏后总师，遂陟方岳。三十三年春正月，夏后受命于神宗。”从《竹书纪

① 《普列汉诺夫哲学著作选集》（第2卷），274页，北京，生活·读书·新知三联书店，1961。

② （汉）刘安：《淮南子·修务》，郑州，中州古籍出版社，2010。

③ （战国）墨翟，司马哲注译：《墨子全书·非攻下》，北京，中国长安出版社，2009。

年》的记载看，舜帝64岁时，就已经荐禹于天，要大禹代理国家政务。舜帝即位32年，亦即舜帝82岁时，将军事指挥权移交给大禹，自己则“陟方岳”，也就是巡狩（游猎）去了。实际上，这时候的舜帝已经将所有的国家大权统统移交给了大禹，出走到方国去了。

在舜帝移交部落联盟领导权后的第二年，即舜帝83岁的时候，大禹正式受命摄行虞国之政。《竹书纪年·帝舜有虞氏》载：“三十三年春正月，夏后受命于神宗。”《尚书·大禹谟》载：“正月朔旦，受命于神宗，率百官，若帝之初。”

大禹摄政后，采取了诸多措施来强化个人的权力。其中最重要的措施就是由皋陶出面，对反对大禹的人进行镇压。《史记·五帝本纪》载：“皋陶于是敬畏禹之德，令民皆则禹。不如言，刑从之。”则，效法的意思。《诗·小雅·鹿鸣》：“君子是则是效。”“皆则禹”，都效法禹，都以禹为榜样，以禹的话为准则。“不如言，刑从之。”如果不听大禹的话，不按照大禹的话去做，就要诉诸法律，施以刑罚，甚至杀头。这样，就把是否拥护大禹上升到法律的层面上，以法律为武器来维护大禹的地位与权力。有了这样的强硬措施，谁还能说禹一个“不”字？谁愿意因为不听从大禹的话而引来杀身之祸！

舜帝100岁时，走完了人生最后的旅程，崩葬于南方的九疑山。舜帝去世后，大禹按照当时的规矩，为舜帝守孝三年。同时，大禹仿效舜帝“避丹朱于南河之南”的做法，避舜子商均（因舜子义均封于商，后人称之为商均）于阳城（今河南登封）。[①] 但是，这时候的大禹，其势力已经非常强大。当年舜避居南河之南，朝廷大臣和天下诸侯都去朝舜而不朝丹朱，打官司的人都找舜而不去找丹朱。这时大禹的情况与舜当年的情况完全一样。《史记·夏本纪》载：“天下诸侯皆去商均而朝禹。”也就是四方拥护大禹的诸侯和氏族部落酋长们，都愿意拥戴大禹继承帝位。在这种情况下，大禹顺利地实现了帝位的继承。三年守孝期满以后，“禹于是遂即天子位，南面朝天下，国号曰夏后”——中国第一个体现阶级差别的国家政权正式产生了。

夏王族姒氏，是来自黄帝之姓，也就是说，夏王朝是以羌人之姒姓为

---

① （汉）司马迁：《史记·夏本纪》，北京，中华书局，1999。

主体的多部族国家。这是因为夏王朝刚刚脱胎于原始社会，到处还存在着血缘氏族制的痕迹。《史记·夏本纪》说："禹为姒姓，其后分封，用国为姓，故有夏后氏、有扈氏、有男氏、斟寻氏、彤城氏、褒氏、费氏、杞氏、缯氏、辛氏、冥氏、斟戈氏。"据此推断，这12个姒姓族连同一些异姓族（如昆吾氏、皋陶氏、豕韦氏等）共同构成夏王朝的统治阶层，但他们相互之间仍保持着相对独立的地位。其中11个姒姓族与夏后氏中央王室既存在着血缘上的宗法关系，又存在着政治上的分封关系和经济上的贡纳关系，从而与中央王室密切联系在一起，成为夏王朝统治的中心区，也是当时经济比较发达并在中原地区率先进入阶级社会的一个地区。

按照国家花费巨资完成的"夏商周断代工程"的结论，这一年是公元前2070年。[①] 之所以能够这样精确地推断出四千多年前的时间，是因为羌人为夏朝立国提供了当时最先进的历法。

四、羌人为夏朝立国提供了《夏小正》

国家的建立需要经济的支撑。在古代，作为国家经济支撑的主要是农业。最早从西北进入中原的那部分羌人，也是最早从牧业转为农业的华夏族人。任乃强在《四川上古史新探》中说："羌族是亚洲最早创造牧业文化和进入农业生产的民族。"[②] 农业的发展，必须依赖比较先进的历法，而中国最古老、又比较先进的历法，就是羌人发明的，至今还在沿用的夏历，也就是《夏小正》。

相传大禹曾"颁夏时于邦国"[③]。就是说，夏朝建立后，无论是进行政治、军事活动，还是进行农事、礼仪活动，都需要有一部统一的历法，在这种情况下，大禹及时向各部落颁布了新的历法，这就是《夏小正》，也称夏历。

所谓夏历，就是传说是夏代创立的历法，原历法的详细规则已遗失，现只能从一些古籍上了解一些内容：采用冬至之月为子月作历算一岁开

---

① 夏商周断代工程专家组编著：《夏商周断代工程——1996—2000年阶段成果报告·简本（夏商周书·研究报告）》，北京，世界图书出版公司，2001。

② 任乃强：《四川上古史新探》，成都，四川人民出版社，1986。

③ 王国维：《今本竹书纪年疏证·夏纪》，沈阳，辽宁教育出版社，1997。

始，历法年则采用以建寅月开始，即寅正（后来叫做夏正），其大致是采用整数366天为一岁，用减差法和正闰余来调整时差。夏历的大致情况就记载在相传是夏代遗书的《夏小正》中。

夏历按照12个月的顺序，分别记述了每个月中的星象、气象、物象以及所应从事的田猎、农事和政事等项活动，对农业生产非常方便，因而又叫农历。

古人认为夏历是当时比较先进的历法，所以，《论语·卫灵公》记载孔子在回答为邦之道时，首先提出要“行夏之时”。《礼记·礼运》记孔子说：“我欲观夏道，是故之杞，而不足征也，吾得夏时焉。”郑玄注曰：“得夏四时之书也，其存者有《夏小正》。”《史记·夏本纪》说：“孔子正夏时，学者多传《夏小正》云。”关于《夏小正》是不是夏代遗书虽然难以确证，但是留传下来的“夏时”资料成为编撰《夏小正》底本，确是可能的。清代《四库全书总目提要》中指出：“《夏小正》篇最古”，“《小正》文句简奥，尤不易读”。这也是后人相信《夏小正》比较古老、真实的理由所在。

从《夏小正》内容分析，它与像《尧典》《豳风·七月》《礼记·月令》这类有历法内容的古代典籍相比较，不难看出《夏小正》时代正处于从“观象授时”到历法草创阶段，世掌天地四时之官的羲和氏用肉眼观测容易见到的参、大火、北斗、织布等星象于日出日落后的这段时间内在天空中的方位，来确定月份和季节，再参照气象、自然景物和物象来制定历法。可以确定，《夏小正》是我国第一部历书，是我国现存的一部最古老的月令。它是按12月顺序，详细地记载大自然包括天上星宿、大地生物和与之相应发生的变化，形象地反映了上古先民对时令气候的认识。

夏历、《夏小正》与羌人有关，早已为学者所认识。明末清初，著名的思想家顾炎武在《天下郡国利病书》中就写到：羌人“岁时不用官历，知岁时者为端公，如辰年则画十二龙，或卧或行，因形而推之，它像亦然。……推算日月蚀及甲子建除，毫厘不差。大率以十月为一岁”①。

羌族学者杨光成在《西羌壮歌》中提出：古羌人创造了太阳历，就是十月历，此历就是最初的《夏小正》。他说：“古羌人创造的太阳历，是

① （清）顾炎武：《天下郡国利病书》，上海，上海古籍出版社，2012。

在创制古羌文字之后对人类文明建设的又一伟大创举。相传，羌族释比（经师）始祖阿爸锡拉根据太阳日照和四季变化，农作物的四时代谢，以及洞壁上光照部位的变化，测定出一年为365天，10个月，每月为36天，余下5天为祭天日和年节。故今羌人仍是十月过羌年。古羌人首创的太阳历成为夏代的《夏小正》的历书。”①

古羌人之所以首创太阳历，是与他们的生产、生活有关的。作为最早创造牧业文化和进入农业生产的民族，古羌人根据日照变化、星座和月相变化周期编订历法，在从事农耕种植中逐渐认识了四时代谢，认识了农作物春生、夏长、秋收、冬藏的自然规律，悟出了农时周期；又以农时周期与星座、月相、日照长短定出四季变化，时、日、月、年的数记，根据人们的逐步认识自然时季的特定规律不断完善了历法。

夏朝是中国历史上第一个国家，夏朝立国使中国从此由传说时代进入文明时代，意义非常重大。根据以上分析，说羌人对中国历史上第一个国家的建立有非常大的关系，或者说有突出贡献，当不是虚言。

（作者系阿坝师范学院少数民族艺术研究所研究员）

① 杨光成：《西羌壮歌》，《西羌文化》编辑部出版，2002。

秦汉至南北朝氐、羌部落名号与姓氏研究[*]

杨 铭　李 锋

氐与羌，在中国古代是两个族系相近、地域毗邻、文化略同的西部民族，所以在考古学文化上属性接近，在文献中往往氐、羌并称。魏晋南北朝时期，氐、羌民族向东迁徙、发展，以其为主分别建立了前秦、后秦两个政权。隋唐以后，进入中原的氐、羌逐渐融合于汉、藏等族，而地处西南的氐、羌仍然保持着自己的民族特性，顽强地生存下来。时至今日，羌族分布、生活于今四川省的阿坝藏族羌族自治州，而被学术界视为氐人后裔的“白马藏人”也生活于羌族的毗邻地区，即今四川省平武县。

关于氐、羌部落名号与姓氏的研究，可以说尚处于起步阶段。姚薇元先生的《北朝胡姓考》，是研究少数民族姓氏的专门论著。此书对氐、羌的姓氏做了初步的考证。马长寿先生的《碑铭所见前秦至隋初的关中部族》一书，也提到了一些氐、羌的姓氏，但未做专门论述。陈连庆著《中国古代少数民族姓氏研究》一书，对魏晋南北朝时期的氐、羌姓氏进行了综合研究，但并非专论。综合各家论述来看，对氐、羌姓氏的研究基本还停留在搜罗与考证阶段。而本文把部落名号与姓氏这两个有密切联系的命题结合起来，从氐、羌部落名号和姓氏的来源，命名的途径与演变的特征等重要问题着手，展开讨论，以就教于学界。

* 本文受西南民族大学研究生学位点建设项目（项目编号：XWD－S0601）资助。

一、氐、羌历史概述

（一）羌族历史概述

羌是我国少数民族中一个古老的部族，在我国一些文献资料中，就有不少关于羌人的记叙。东汉许慎《说文·羊部》、应劭《风俗通》都把“羌”描述为一个从事畜牧业、以养羊为主的民族。

说到羌，就必然要提到姜，《后汉书·西羌传》说：“西羌之本……姜姓之别也。”是知西羌出于姜。然近现代的一些学者如章太炎等先生认为，姜姓出于西羌，非西羌出于姜姓。[①] 关于羌与姜之间的关系，本文不做深入的讨论，提及“羌”与“姜”只是为了说明两者之间是有关系的。

羌和姜都是早期兴起于我国西部的部族之一，这一点已为近年来甘青地区发现的考古遗迹所佐证。在甘青地区已经发现的新石器时代文化，如仰韶文化、半山文化、马家窑文化、马厂文化、齐家文化、四霸文化、卡约文化、寺洼文化中，从地望、经济生活、葬俗、信仰观念等来看，都或多或少的与羌人有联系。

我国出土的甲骨文卜辞中的记载表明，殷商时期，羌人就在历史舞台上十分活跃。“羌”，甲骨文作。[②] 根据分析，殷商时期，羌人的活动范围大致是今天的甘肃省大部和陕西省的西部，[③] 向东则已经到达今山西的南部[④]及河南西北一带。

周代，羌人更为活跃，周代所称的华夏之族，有学者认为就是以姬、姜、子三姓为中心构成的。传说周之始祖“弃”就是姜原所生。姜和羌还与周结盟灭掉了商朝；之后周于国内分封诸姜姓国，如申、齐、吕、许就被分封在今河南的许昌、南阳一带，此外还分封有纪、向等诸侯国。而周代发生的所有大事，都有羌人或姜人的参与。只是后来周人与羌人的关系

① 李绍明、程贤敏：《西南民族研究论文选（1904—1949）》，4 页，成都，四川大学出版社，1991。

② 冉光荣、李绍明、周锡银：《羌族史》，17 页，成都，四川人民出版社，1984。

③ 顾颉刚：《从古籍中探索我国的西部民族——羌族》，载《社会科学战线》，1980（1）。

④ 李学勤：《殷代地理简论》，35、78 页，北京，科学出版社，1959。

渐行渐远，就像顾颉刚先生所说的，“羌族里最先进入中原的，他们做了诸侯，做了贵族，就把自己的出身忘了，也许是故意忌讳了，不再说出自己是羌人而说是华夏。至于留在原地的呢，当然还是羌，还是戎”①。这或许就是人类学上所说的记忆的重构。

西周至春秋，特别是东周以来，以羌人为主体的诸戎大量拥入中原地区，《后汉书·西羌传》载：“从陇山以东，到伊、洛之间，往往有戎。”戎人种类很多，有狄、邽、翼之戎，有义渠之戎，有大荔之戎，有骊戎，有扬拒、泉皋之戎，有蛮氏之戎。散居各地的戎人，开始还保留着自己的风俗习惯，后来逐渐被华夏族和南方的楚国等融合。而处于西部，以羌人为主体的诸戎，历经了数百年时间，则更多地被秦国所融合。

汉初，进入中原的羌人已基本与汉族融合，未进入中原的羌人除部分生活在陇西外，其他大都散布在长城以西，如河湟地区、新疆、西藏和内蒙古西部以及西南地区。为加强对内迁羌人的统治，在河湟地区，汉武帝“征伐四夷，拓地开疆，北却匈奴，西逐诸羌，于是渡河湟，筑令居塞，开河西，列四郡，通玉门，隔绝羌胡，使南北不得交关”②。此外，汉朝还设置特别的军事机构——西平亭，兴建侯坞，以及设置属国都尉、护羌校尉等官职来管理羌人。在河湟以西及其西南地区，两汉中央王朝也是通过设置行政建制或直接的军事行动来巩固相应的统治。随着两汉对羌人进行统治，羌人与两汉王朝之间因剥削和政治压迫等原因，矛盾日益加剧，最终导致了贯穿整个东汉王朝的羌人起义，其直接的后果是羌人不断地被内迁或是远徙更偏远的地区。

东汉末年，居住在我国西北的少数民族纷纷向东、南迁徙，羌族也在其中。三国时期，羌族已经分为东羌和西羌，而魏、蜀两国展开了对包括羌人在内的少数民族的争夺。到西晋时，羌人几乎遍布关中，甚至在有些地方已经达到“戎狄居半”的程度。羌人的不断内迁以及西晋对少数民族的残酷剥削，加之连年战乱等因素，激起了包括羌人在内的各族人民的反抗，爆发了一系列的规模不等的武装起义。

南北朝时期，中原大地呈现分裂割据、形势复杂的局面，各地羌族先后处于前凉、前赵、前秦、南凉、西秦、吐谷浑、仇池国、后凉、北凉、

① 顾颉刚：《从古籍中探索我国的西部民族——羌族》，载《社会科学战线》，1980（1）。

② （南朝·宋）范晔：《后汉书》卷八十七《西羌传》，2876页，北京，中华书局，1965。

西凉、北魏、西魏以及成汉、东晋的统治之下。同时，以羌人为主导，也建立了后秦、宕昌、邓至等大小政权。在这种错综复杂的民族关系之下，大部分羌人逐渐与汉族及其他民族融合，从而为我国隋唐的统一繁盛奠定了一定的基础。唐代，党项羌从青海迁至夏州等地，至宋代建立了西夏国，后亡于蒙古。元代，他们大部分与汉族融合。居住在岷江上游的羌人部落（汉时称冉駹），自汉以来多归属中原王朝管辖，其中大部分渐融于汉族和藏族，一部分得以保存下来，形成今天的羌族。

（二）氐族历史概述

氐族的“氐”字，来源与陇山山脉附近大小不等的山峰和土堆有关，因为在许慎《说文》、胡三省注《资治通鉴》、段玉裁注《说文》中，均言及“阺”“坻”等称谓其实就是土坡或土堆。所以“氐人”当是秦人对生活在阺（坻）地的某类居民的称呼，只不过省掉了表示土堆的“阝（土）”旁，以用于称人，故称为氐人。①

关于氐人起源于陇山及其周围地区，还可以在考古遗存中找到例证，据学者考证，青铜时代的寺洼文化遗存在地理分布区域上，与氐人分布的“阺区”大致重合。夏鼐先生根据甘肃临洮县城南约 20 公里处的寺洼墓葬的葬俗，提出将出土遗物与氐、羌文化相结合进行研究的观点，增强了寺洼文化与氐、羌民族之间的联系。② 另有学者通过分析寺洼文化遗存的经济文化类型与史籍记载的氐人的经济生活方式相类似的特点，提出这样的看法：由于公元前 10 世纪左右近东地区气候的干旱和寒冷，导致陇山地区以畜牧为主的生产不能延续下去，因而寺洼文化的居民为适应气候变化改变了生产方式，以致逐渐演变为氐人。③ 进入战国时期，“氐”作为族名已正式出现，氐族已经孕育成熟，其族名、地望、姓氏、葬俗、传说等特征已为中原人所知晓。在一些文献史籍上，开始出现有关氐人的记载。

两汉时期，汉朝在氐人的居住地设置郡县，汉武帝元鼎六年（公元前 111 年），汉朝开拓南夷地置牂牁郡，后以邛都为越嶲郡，以筰都为沈黎郡，以冉駹为汶山郡，以白马为武都郡。汉朝在氐族聚居地区设置郡县，

① 杨铭：《氐族史》，1 页，北京，商务印书馆，2014。
② 夏鼐：《临洮寺洼山发掘记》，见《考古学论文集》，27 页，北京，科学出版社，1961。
③ 杨铭：《氐族史》，4 ~5、8 ~9、110 页，北京，商务印书馆，2014。

实行拓边政策，引起了氐人的不满。加之氐人原有的部落组织形式，对封建郡县制适应力差，所以氐人在向境外流徙的同时，多次起义反抗汉朝的统治。

进入魏、蜀、吴三国鼎立时期，曹魏与蜀汉对氐族地区的争夺尤为激烈，特别是介居陇、蜀之间的两大氐王：兴国氐王阿贵和百顷氐王杨千万，是双方争夺的重要对象。结果，曹魏与蜀汉纷纷将氐人迁徙到各自的统治辖区之内，或是部分氐人自发地迁入魏、蜀两国，以此形成新的氐人聚居区。经过汉、魏对氐人的多次迁徙和氐人自发的迁徙，西晋初年，关内的京兆、扶风、始平等地出现了大批氐人；甚至在关中有些地方，出现氐人过半的情况。晋武帝咸宁三年（277 年），汝阴王司马骏将郡内的氐人编为封户。从此，扶风郡的氐族变成国家的编户，而其他郡的氐族也逐渐进入编户的行列。

内迁的氐族与汉族杂居互处，不仅承受着封建官吏和汉族地主的经济剥削，还要受郡县官吏的侵侮和杀戮；尤其是在关中一带，氐族等少数民族与封建统治者和地主的矛盾更加尖锐，氐人齐万年领导的各族人民大起义就是这种矛盾的产物。其后以氐人为主，陆续建立了前秦、后凉以及仇池诸国等政权。隋唐时期及以后，今陇南、川西北的氐人除了融合于汉族之外，还有一部分由于受吐蕃的统治及与嗢末杂处逐渐“吐蕃化”，也就是“藏族化”，他们就是今天生活在四川平武的“白马藏人”。

二、秦汉至南北朝时期的氐、羌部落名号

古代氐、羌最初是没有姓氏的，相互之间以所属的部落名或首领名相称呼作为相互区别的标志。其称呼的方法，可能就是氐族或是部落名加上某人即可，如钟羌、勒姐羌、烧当羌等。而对于氐族或是部落首领，根据文献的多次记载，似乎有自己专属的特别称谓，而这种称谓有时还会演化为部落名称。

（一）羌族部落名号

秦汉时期羌人的部落名号或首领名号，在《后汉书》等文献中记载很多，据统计有近百种，以下仅列出其中规模较大或影响较大的若干部落名

号或首领名号，加以考述。

1. 钟羌

钟羌为古代羌人部落，东汉时期游牧于大小榆谷以南（今青海贵德东河曲一带），北临烧当羌。《后汉书·西羌传》载，阳嘉三年（134年），钟羌首领“良封”等率众寇陇西、汉阳，朝廷诏拜马贤为“谒者”，前往招抚平息。

2. 勒姐羌

勒姐羌，古代羌人部落，得名于今青海平安县的勒姐溪。永初元年（107年），当阗羌、勒姐羌等起兵于湟水流域，永初三年攻占破羌县。元初六年（119年）春，勒姐羌与陇西羌首领“号良”等通谋欲反，马贤率军击之。延熹二年（159年），“烧当、烧何、当煎、勒姐等八种羌寇陇西、金城塞，颍将兵及湟中义从羌万二千骑出湟谷，击破之”①。

3. 烧当羌

烧当羌，古代羌人部落，《后汉书·西羌传》载：“从爰剑种五世至研……十三世至烧当，复豪健，其子孙更以烧当为种号。”② 至首领滇良时，居于赐支河曲（今青海门堂至青海河南蒙古族自治县译曲河一带广大蒙藏地区，包括今久治、阿坝、若尔盖、玛曲、碌曲、夏河、河南、泽库等县）北岸。③ 建武中元二年（57年），其首领滇岸、滇吾率5000人攻陇西塞，被汉朝军队击败于唐谷、允街等地。永平元年（58年），窦固、马武等击滇吾于西邯，滇吾远引去，余部7000多口被移居三辅。永初元年（107年），烧当羌首领麻奴兄弟率部出塞，活动于令居塞西至武威间。

4. 卑湳羌

卑湳羌，古羌人部落，早期游牧于青海湖地区。汉平帝元始四年（4年），中郎将平宪等持金币到西海利诱羌人献地，卑湳首领良愿向汉廷献出允谷（今贵德、共和地区）、盐池（今茶卡）等地。王莽居摄元年（6年），西羌傅幡等攻打西海郡，太守程永弃城而逃，卑湳羌人重返家园。

5. 白马羌

白马羌源于其居住的白马之地而得名，分布在今四川绵阳北部。东汉

① （南朝·宋）范晔：《后汉书》卷六十五《段颎传》，北京，中华书局，1965。
② （南朝·宋）范晔：《后汉书》卷八十七《西羌传》，北京，中华书局，1965。
③ 参见张广大：《析（赐）支河曲之地望考略》，载《西北民族研究》，1990（2）。

建武十三年（37 年），“广汉塞外白马羌豪楼登等率种人五千余户内属，光武帝封楼登为归义君长”[1]。

6. 研种羌

古代羌人部落，其首领为研，故号“研种”。研为无弋爰剑五世孙，至其时，该部落居于湟水流域，秦孝公曾遣太子率研等部落觐见周显王。景帝时，研种羌首领“留何”率族人求守陇西塞，于是汉朝将留何等迁徙到狄道（今临洮）、安故（今临洮南）一带居住。[2]

7. 留何种羌

古羌人部落，为研种羌的一支，世居湟水流域，或得名于其首领“留何”之名。《后汉书・西羌传》有研种“留何”率族人求守陇西塞，于是徙留何等于狄道、安故的记载。

8. 封养种羌

古代羌人部落，为先零种羌的一支，西汉初居于湟水上游。汉武帝时，先零羌与封养牢姐种解仇结盟，与匈奴通，合兵 10 余万，共攻令居、安故。建初二年（77 年），迷吾与封养种豪布桥等 5 万人共击陇西、汉阳等地，后马防、耿恭讨破之，迷吾等降。

综合来看，秦汉时期羌人部落的得名似乎有这样几种途径：一是以氏族或部落图腾来称呼的，如参狼羌、黄羝羌、牦牛羌、白狗羌。二是以氏族或是部落首领的名称来称呼，如研种羌就源于其首领“研”，烧当羌因无弋爰剑十三世孙“烧当”而得名。三是以地得名，像勒姐羌因活动于青海平安县的“勒姐溪”得名，卑湳羌因“湳水”出西河（今陕西的府谷县西北，山西离石一带）而命名，[3] 白马羌因分布于白马水流域而得名。四是因为中央王朝赐予封号而始有部落之名，如“义从羌”“效功羌”。

魏晋南北朝时期，羌族的部落名号在文献中还有大量记载，如分布于青海、甘肃、川西北的烧当羌、枹罕羌、滠川羌、宕昌羌、黄牛羌、白马羌、河州羌、秦州羌等，分布于陕晋、川滇等地区的马兰羌、北羌、黑羌、青羌等，因为笔者曾撰文讨论，此处不赘述。[4]

---

① （南朝・宋）范晔：《后汉书》卷八十七《西羌传》，北京，中华书局，1965。

② 边章：《两汉的护羌校尉》，载《西北师范大学学报》（社会科学版），1991（1）。

③ 见王子今：《西河郡建置与汉代山陕交通》，载《晋阳学刊》，1990（6），78 页。

④ 魏长青、杨铭：《魏晋南北朝时期羌族部落考》，载《青海民族研究》，2014（1）。

（二）氐族的部落名号

《魏略·西戎传》曰："氐人有王，所从来久矣。自汉开益州，置武都郡，排其种人，分窜山谷间，或在福禄、或在汧、陇左右。其种非一，称磐瓠之后，或号青氐、或号白氐，或号蚺氐，此盖虫之类而处中国，人即其服色而名之也。其自相号曰蓋稚，各有王侯，多受中国封拜。"① 由这则材料来看，氐族根据衣服的颜色而称之为青氐、白氐，或曰蚺氐，相互之间的称呼则曰"盖稚"。

1. 青氐

为古代少数民族氐族的一支，也称为乌氐。从《魏略·西戎传》中的"人即其服色而名之也"来看，青氐得名源于氐人中有一部分人因穿着青色的衣服。而更多关于青氐内容的记载，因文献资料的缺乏，我们已无法考究。

2. 白氐

古代少数民族氐族的一支，西夷一部。白氐见于《北史》，《北史·氐传》言："自汧、渭抵于巴、蜀，种类实繁，或谓之白氐，或谓之故氐。"根据唐作藩先生的《上古音手册》，故和邽同声，所以故氐（即白氐）可能就是《史记·秦本纪》中的邽戎之后。②《汉书·地理志》中就载有故道（今陕西凤县一带），③ 为故氐道的简称。依此来看，故道似为白氐的聚居地之一。

3. 蚺氐

氐人的一支，蚺氐也称为赤氐。《广韵》曰："蚺，大蛇。"《太平御览》也说："蚺为蛇也"。据此知，蚺氐大致来源于氐人的图腾崇拜，其与上述青氐、白氐因服色而得名是不同的。

从上述分析来看，青氐、白氐的称呼来源于其服饰的颜色，而蚺氐则是因为图腾崇拜所致，这与《魏略·西戎传》中的"此盖虫之类而处中国，人即其服色而名之也"的说法是一致的。笔者认为，青氐、白氐、蚺

---

① （西晋）陈寿：《三国志》卷三十《乌丸鲜卑东夷传》，郑州，中州古籍出版社，1996。

② 杨铭：《氐族史》，4～5、8～9、110页，北京，商务印书馆，2014。

③ 李之勤：《元明清连云栈道创始于北魏迴车道说质疑》，载《历史地理》，2006（21），249页。

氐等名称是氐族部落的名号，是区别氐族某部落与另一部落时所使用的称呼。

氐人还有称为冀戎、僪戎。冀戎，秦武公十年（公元前688年）攻灭之，在其地设置冀城县（今甘肃甘谷县）。①《后汉书·郡国志》汉阳郡冀城条下有“缇群山”，唐作藩先生认为“缇”与“氐”音相近，缇群山可读作氐群山，缇群山因氐人居住而得名。僪戎中的“僪”也被称为貆、獂，僪戎在春秋时就已经出现，在秦穆公时被征服。《汉书·地理志》有貆道，应劭注：“貆，戎邑也。”《水经注·渭水》条注有：“渭水又东南经僪道县故城西，昔秦孝公西斩戎之僪王。”我们现已确切知道“隗”在魏晋时期为氐族大姓。根据对隗和貆之间联系的分析，可以认为貆戎亦是氐族的先民之一。② 依次，早期的氐族部落名号，可能还有街氐（又称故氐）、冀氐、僪氐。

三、秦汉至南北朝时期的氐、羌的姓氏

姓氏是研究民族史的一个重要环节。通常，一个民族的姓氏具有不同于其他民族的特点。因此了解姓氏的特点，有助于深入认识这个民族的历史。现将秦汉时期的氐、羌主要姓氏考证如下。

（一）羌族的姓氏

1. 无弋氏

羌族无弋氏，《后汉书·西羌传》载有西羌始祖“无弋爰剑”；《姓纂》卷二亦载：“秦厉公时，陇西人有羌无弋爰剑。”

2. 傅氏

《汉书·王莽传》载：“是岁，西羌庞恬、傅幡等怨莽夺其地作西海郡，反攻西海太守程永，永奔走。莽诛永，遣护羌校尉窦况击之。”羌族傅氏，文献见此一例。

3. 庞氏

《汉书·王莽传》载：“是岁，西羌庞恬、傅幡等怨莽夺其地作西海

① 郝玉屏：《甘肃方志通览》，7页，兰州，兰州大学出版社，2007。

② 杨铭：《氐族史》，4~5、8~9、110页，北京，商务印书馆，2014。

郡，反攻西海太守程永，永奔走。莽诛永，遣护羌校尉窦况击之。”羌族庞氏，见此一例。

4. 巩氏

《后汉书·西羌传》载：“于是，东西羌遂大合，巩唐种三千余骑寇陇西，又烧园陵。”《东观汉纪》有羌什长“巩便”，可见巩为羌姓。

5. 吕氏

《后汉书·西羌传》有零昌党，吕叔都，羌族吕氏也暂见此一例。

6 马氏

马腾，右扶风郡茂陵县人。马腾母亲为羌人，马腾也是羌人，则马氏亦为羌姓之一。

7. 蒲姑氏

《姓解》卷二记：“蒲姑，羌虏复姓。”蒲姑氏较早见于《左传》：“武王克商，蒲姑、商奄”①。《通典》卷一百八十云：“赤眉樊崇、谢禄等将兵十余万，围莒，数月不能下，又有姑幕县故城在今县东北，则古蒲姑氏之国。”② 是知蒲姑氏之国，其地望在今山东安丘市西南的石埠子村。③

8. 唐氏

汉平帝时，婼羌王“唐兜”屡受赤水羌欺凌，率部千余人降匈奴。是知西汉时羌族有唐氏。

9. 杨氏

《后汉书·西羌传》载，赵充国曾击先零羌杨玉于金城，留屯于此。马援曾遣归附的羌豪杨封劝谕塞外羌人，皆来和亲。今中国历史博物馆藏有1954年在新疆省（1955年10月1日后为新疆维吾尔自治区）沙雅县古代遗址中出土的“汉归义羌长”印，笔者认为此印中的“归义羌长”就是“杨玉”。按《后汉书·百官志》中有“四夷国王，率众王，归义侯，邑君，邑长，皆有丞，比郡、县”④ 的记载，《汉书·赵充国辛庆忌传》中则有归义羌侯杨玉，印主人与文献记载相吻合。

10. 彡姐氏

《汉书》卷七十九《冯奉世传》载：“陇西羌彡姐旁种反。”师古曰：

---

① 王伯祥选注：《春秋左传读本》，北京，中华书局，1960。

② （唐）杜佑撰，王文锦等点校：《通典》卷一百八十《州郡十》，北京，中华书局，1988。

③ 刘冠军：《灵门故县考》，载《齐鲁文化研究》，2010（9）。

④ （南朝·宋）范晔：《后汉书》志二十八《百官志》，北京，中华书局，1999。

“乡所廉反，又音先廉反。姐音紫，今西羌尚有此姓。而乡音先冉反。”宋祁注：“乡字，下当有音字。”《通志》：“乡音陕，且音子且反，今合二字为音，陕唐上元中有左金吾大将军、关西节度复，弟震贲。”《续通志》亦言：“乡姐，陇西羌姓。”那么乡姐为羌姓无疑。

由于魏晋南北朝时期羌族东向进入中原人数增多，故羌族姓氏数量大大增加，据笔者的考证与统计多达数十种，如傍氏、捌氏、白氏、仇氏、昌氏、狄氏、党氏、董氏、窦氏、东氏、邓若氏、夫蒙氏、巩氏、罕井氏、姜氏、俱氏、金氏、句岂氏、荔非氏、梁氏、莫折氏、吕氏、鲁步氏、敛氏、雷氏、弥姐氏、彭氏、蒲闹氏、蒲城氏、权氏、羌氏、茄罗氏、钳耳氏、屈男氏、宋氏、输报氏、苏农氏、同蹄氏、王氏、西羌氏、携蒙氏、像氏、杨氏、研氏、姚氏、郅氏、赵氏、昨和氏、钟氏。具体的内容，可参见陈连庆所著《中国古代少数民族姓氏研究》一书。[①]

但笔者也注意到，除了学术界比较一致认同的以外，尚有一些姓氏有待进一步考证是否为羌族。

1. 甲氏

陈连庆著《中国古代少数民族姓氏研究》一书，认为潘岳《关中诗》中的“甲吉”为羌人。[②] 其诗原文如下：“兵固诡道。先声后实。闻之有司。以万为一。纣之不善。我未之必。虚畠滴德。缪彰甲吉。”[③] 但仅从此诗的文句看，似乎找不出甲姓为羌姓的理由，姑且存疑。

2. 纡氏

陈连庆引《广韵》卷十“虞纡”条：“又姓，后秦有肥乡侯纡邈。”遂疑纡氏为羌姓。[④] 但他没有引出其他直接或是间接的材料做补充，因此只是孤证，还有待探讨。

3. 毛氏

羌族毛氏，在文献和实物资料中也找不到任何线索，据《羌族调查材料》所载，今四川理县龙溪乡龙溪寨回龙寺内钟上有毛万龙、毛贵林、毛

① 陈连庆：《中国古代少数民族姓氏研究》，263 ~ 290 页，长春，吉林文史出版社，1993。

② 陈连庆：《中国古代少数民族姓氏研究》，263 ~ 290 页，长春，吉林文史出版社，1993。

③ 潘岳著，王增文校注：《潘黄门集校注》，257 页，郑州，中州古籍出版社，2002。在该书的注释中将甲吉作为羌人名号来看待。

④ 陈连庆：《中国古代少数民族姓氏研究》，263 ~ 290 页，长春，吉林文史出版社，1993。

二林等。[1] 四川理县自古以来就是羌族的聚居地。按此推测，在秦汉至魏晋南北朝时，这一地区不排除有毛氏羌人居住的可能。但这毕竟只是推测，不能排除毛姓是借用其他民族姓氏的可能。

总的来看，秦汉至南北朝时期的羌族姓氏，除了上述所载以外，因为文献资料缺乏、无法考证等缘故，只能寄于考古新发现。相信会有更多的羌族姓氏会被我们逐渐认识。

（二）氐族的姓氏

秦汉时期的氐族姓氏较少，现引证如下。

1. 齐氏

《后汉书·南蛮西南夷传》说："氐人大豪齐钟留为种类所敬信，威服诸豪"；同书《孔奋传》称齐钟留是武都氐人。西晋末，关中有"氐帅"齐万年领导各族大起义。

2. 杨氏

杨氏为氐族中的大姓，追溯其源流是很早的。《宋书·氐胡传》记载略阳清水氐杨氏，"秦、汉以来，世居陇右，为豪族"。是知秦、汉之际氐族已有杨氏。除了被称为略阳杨氏之外，还有永阳杨氏、仇池杨氏、白项杨氏。而仇池杨氏，为汉武都白马之后。《括地志》曰："陇右成州、武州皆白马氐，其豪族杨氏居成州仇池山上，皆氐类也。"前秦《邓太尉祠碑》及《广武将军□产碑》，有军参事北地富平杨洸、建节将军杨□、广威将军杨参、杨山多、建威将军杨、录事杨头、寺门杨丑，部大杨小方、杨赤平、杨秀、杨光香、杨洛平，[2] 皆为氐人。

3. 吕氏

《晋书·吕光载记》：吕光"先祖吕文和，汉文帝初，自沛避难徙焉，世为酋豪"；吕光，吕婆楼之子，"略阳氐人也"。前秦《邓太尉祠碑》有军录事冯翊吕骞，后秦有安定太守吕超，北周《建崇寺造相记》有龙骧将军、都督浙州刺史吕兴进（秦州人），皆为氐人。

---

① 西南民族学院民族研究所编：《羌族调查材料》，121 页，成都，西南民族学院民族研究所，1984。

② 马长寿：《碑铭所见前秦至隋初的关中部族》，12～25 页，桂林，广西师范大学出版社，2006。

4. 窦氏

汉献帝建安二十年（215 年）夏四月，曹操自陈仓出散关，至河池，"氐王窦茂众万余人，恃险不服，五月，公攻屠之"①。是知氐人有窦姓。

5. 雷氏

汉献帝建安二十二年（217 年），刘备遣张飞、马超从沮道攻下辩，"氐雷定等七部万余落反应之"②。是知氐族有雷氏。

6. 强氏

建安二十三年（218 年）三月，蜀将张飞、马超败走汉中，"阴平氐强端斩吴兰，传其首"③。

到魏晋南北朝时期，由于氐族大量向东迁徙的缘故，所以文献记载的氐族姓氏频繁出现，据统计，有仇氏、窦氏、董氏、啖氏、苻氏、樊氏、费氏、苟氏、盖氏、垣氏、焦氏、姜氏、雷氏、梁氏、吕氏、李氏、毛氏、彭氏、齐氏、强氏、苏氏、单氏、石氏、邵氏、屠氏、隗氏、王氏、魏氏、卫氏、徐氏、杨氏、赵氏、张氏。具体内容可参考笔者之一杨铭所著《氐族史》一书。

此外，据笔者的搜集研究，发现下面诸种姓氏亦有可能为氐族姓氏，现列举如下。

1. 伏氏

略阳伏氏，《晋书·姚襄载记》载，姚弋仲死后，姚襄率户万余攻阳平、元城等地，屯于碻磝津。后开始设置官属，其中以略阳伏子为左部帅。由伏子的郡望来看，似为氐人。

2. 令狐氏

《宋书·氐胡传》记载，略阳清水氐部落大帅杨驹后杨千万，千万子飞龙无子，养令狐氏子茂搜为子。杨千万养令狐氏子为子，看似令狐氏和杨氏没有血缘关系，但若考虑到氐族部落大帅这么重要的头衔，无论出于什么原因都应该从杨氏宗族中产生，那么，令狐氏应为氐族。

3. 潘氏

《魏书·杨大眼传》，杨大眼妻潘氏，善于骑射，在攻陈游猎之际，大

① （西晋）陈寿：《三国志·魏书·武帝纪》，郑州，中州古籍出版社，1996。
② （西晋）陈寿：《三国志·魏书·杨阜传》，郑州，中州古籍出版社，1996。
③ （西晋）陈寿：《三国志·魏书·武帝纪》，郑州，中州古籍出版社，1996。

杨让其妻着戎装，潘氏鏖战沙场，其表现为时人叹服，皆谓之“潘将军”。从潘氏善于骑马、着戎装及潘氏与杨氏通婚来看，似乎为氐人。

4. 由氏

《史记·秦本纪》载：“秦王让余谋伐戎王，攻伐义渠等十二国，开地千里，于是称霸西戎。”李斯的《谏逐客书》载：“昔缪公求士，西取由余于戎，东得百里奚于宛。”① 按由余出于戎。从氐人也被称为戎人的一支来看，由余当为氐人。陈连庆先生也认为由余为氐人。②

5. 余氏

余氏出自西戎，《广韵》及《风俗通》均言：“余氏，为秦由余之后。”由余的子孙以其名字为姓氏，逐渐演为由氏和余氏。按由为氐姓，那么其子孙所命名的余氏也应为氐姓。

6. 鱼氏

《晋书·苻生载记》记载前秦有广宁公“鱼遵”，从鱼遵与梁平老、吕婆楼、强平等氐人宗室一起并列来看，其地位显要，当为氐人。

7. 澹氏

《十六国春秋》《晋书》均载啖氏为氐姓。而《通志略》曰，啖氏“亦作噉，前秦有将军啖铁，又啖助，治春秋。大历水部郎中啖彦珍，会昌进士啖鳞，避武宗讳，改为澹，望出河东”③。依此，由啖氏所改的“澹氏”也应为氐姓。

四、氐、羌族姓氏命名的途径

氐、羌姓氏的命名的途径，目前没有专门的论述，笔者仅就自己所见的文献做以下综述。

（一）羌族姓氏命名的途径

1. 以邑为姓

《元和姓纂》载：“同蹄，羌人古老姓氏，又作同鞮或铜鞮。”《通志

---

① （秦）李斯撰，张中义等辑注：《李斯集辑注》，郑州，中州古籍出版社，1991。

② 陈连庆：《中国古代少数民族姓氏研究》，263～290页，长春，吉林文史出版社，1993。

③ （宋）郑樵：《通志略》，上海，上海人民出版社，1990。

略》中有鞮氏："亦为铜鞮氏，风俗通云，晋有铜鞮，伯华之后，晋之别邑也，今属威胜军，有故城及铜鞮宫遗阯。"此为羌族以邑为氏的一个例证。①

2. 以族为姓

羌以族为姓者，可见马长寿《碑铭所见前秦至隋初的关中部族》中所收录的《邓太尉祠碑》，其上有"军主簿和戎西羌骑、世龙"。马先生认为"此人西羌是姓，骑是名，世龙是他的字，他所以姓西羌者乃是由于此人入居冯翊后，尚无汉译的姓氏，故以西羌为姓"②。

3. 以部落名为姓

西汉时，羌族以动物名、地名、种名为号的情况较多，以动物名为号的如牦牛羌、白马羌、黄羝羌、参狼羌、黄牛羌，以地名为号的如勒姐羌、卑湳羌，以种名为号的有研种羌等。我们可以在这些部落名与姓氏之间找到某种联系，如巩唐羌与巩姓，马兰羌与马姓，唐牦羌与唐姓，彡姐羌与彡且姓，傅难羌与傅姓，白狗羌、白马羌与白姓，邓若羌与邓若姓，罕幵羌与罕井姓，句岂羌与句岂姓，钟羌与钟姓。这种以部落名为姓乃羌族姓氏的一大特点，需要引起著史者的极大注意。

罗新的《中古北族名号研究》一书，也为我们提供了这种例证。他提到：鲜卑的姓氏中，他骆拔氏（骆氏）、柯拔氏（柯氏）、拔拔氏（长孙氏）、俟力伐氏（鲍氏），高车诸部中的斛拔氏（贺拔氏）等，这些北族姓氏来源于部族称号，部族称号来源于部族首领的个人名称，而部族首领的个人名称又来源于他的政治名号。③ 有理由相信，秦汉至南北朝时期的羌族姓氏与其部落名号之间，也同样存在类似的联系。

4. 复姓简化

羌族复姓简化的特点是直接减字，即在原来复姓的基础上，减去一个或是几个复音字，留下一个在汉姓中常用的单音字，如昨和氏改和氏、屈南氏改屈氏、夫蒙氏改蒙氏等。另如累姐种称为雷氏，也属于此种情况。

5. 直接改姓

《旧唐书·高仙芝传》《旧唐书·突厥传》等均称"夫蒙灵詧"为安

---

① （宋）郑樵：《通志略》，上海，上海人民出版社，1990。

② 马长寿：《碑铭所见前秦至隋初的关中部族》，12～25页，桂林，广西师范大学出版社，2006。

③ 罗新：《中古北族名号研究》，72、168页，北京，北京大学出版社，2009。

西都护或是安西节度使，而在《旧唐书·李嗣业传》《旧唐书·段秀实传》等中则将“夫蒙灵詧”称为“马灵詧”。又如《新唐书·孝友传》载，关中同官有“同蹄智爽”“同蹄智寿”两兄弟，而这两人在《旧唐书·孝友传》中则记为“周智爽”“周智寿”。这种直接改姓的依据是什么？尚有待考证。

6. 音译

即汉字写音，文字异写，字形的符号只要同音即可。如钳耳氏，《元和姓纂》作“虔仁氏，音讹为箝耳氏”。“仁”与“人”是同音异译字，虔仁在东汉时也称为虔人。《通志略》载：“梁天监初有钳耳期陵，自河南归化。”①

综合来看，羌族姓氏命名的途径并不简单，这里论述羌族的姓氏命名途径时，仅仅谈的是命名的一些方法，一些深层次的原因还有待探讨。

（二）氐族姓氏的来源与命名途径

就已见的文献来看，氐族姓氏的来源同羌人一样，源于多种。有从部落名号中演变而来的，有从部落名中截取出来的。此外，还有其他来源，如借用其他民族的姓氏等。

1. 以山、水名为姓

氐人仇氏，以陇右武都分布最多，而其来源当与仇池有关。仇池即水池，因山有天泽大池，故名仇池山。对此神奇的自然景观，氐族先民视之如神，对其顶礼膜拜，或引以为氐族部落之名及至人之名，皆有可能。若此，氐族之仇氏，如释其意，则出自“水”之族。

2. 以物为姓

少数民族以某些祥瑞之物作为姓氏，见于史籍的有前秦的氐族苻氏。苻氏先为蒲氏，因其家池水生菖蒲，长五丈，五节如竹形，时人遂以为蒲家，因以为氏焉。后在苻洪时期，改蒲氏为苻氏。

3. 以部落为姓

氐人啖氏，即以部落名为姓。北魏有“啖提氏”，《宋书》说：“又遣文德伐啖提氏，不克。”据此，则“啖提”当为部落名。后有氐人取“啖

① （宋）郑樵：《通志略》，上海，上海人民出版社，1990。

提”中的“啖”为姓氏，《通志略》记载前秦有“将军啖铁”①。据《晋书·姚兴载记》，啖铁为武都氐人。

4. 以地名为姓

《通志略》在《氏族略》中提到强氏，曰：“苻秦录有强永、强帛，姚秦有强起、强斌，西阳侯强京，并略阳氐人。”② 氐族强氏，似与地名“强川”有联系。“‘强川’即今洮河上源，其地在今青海东南、甘肃临潭以西。强川左右，多氐、羌部落。”③ 魏正始元年（240 年），魏将郭淮徙强中氐人三千余户于关中。

五、氐、羌姓氏演变的特点

据史籍所载的羌人的姓氏来看，秦汉时期，羌人的部落名号与姓氏同时在使用，而且是部落名号较多，姓氏较少，出现的姓氏有单姓，也有复姓。具体来讲，如出现的部落名号有勒姐、良封、靡忘、盆句等，出现的姓氏有杨、蒲姑、无弋、彡且、傅、窦、吕等。到魏晋南北朝时期，羌族的姓氏众多，而出现的部落名号则逐渐减少。这反映出一种趋势，即秦汉至魏晋南北朝时期，越往后，羌族的姓氏出现越多，而部落名号出现的数量越少。

根据上述情况还可以看出，秦汉时期，羌族姓氏主要以原始姓氏为主，而到了魏晋南北朝时期，羌人的原始姓氏如夫蒙、同蹄、屈南等复姓以及党、姚等单姓开始出现，同时取外姓的数量也在不断地增加。越是时代越晚，羌人取外姓的频率越大，而且这些姓氏的分布基本集中在河湟地区、关中地区以及中原等地。分析来看，造成这种现状的原因是复杂的、多方面的，但至少可以说明由于历史上羌族的主动或是被动地迁徙，导致了羌族与其他民族的融合以及羌族姓氏的变迁。

氐族姓氏方面，秦汉时出现的氐族姓氏较少，仅有窦、杨、吕、齐、雷等。到魏晋南北朝时期，氐族姓氏开始大量出现。在这些姓氏中，除了杨、强、姜、苻、吕、啖、仇为氐人较原始的姓氏外，其余氐人姓氏则多

① （宋）郑樵：《通志略》，上海，上海人民出版社，1990。

② （宋）郑樵：《通志略》，上海，上海人民出版社，1990。

③ 杨铭：《氐族史》，4～5、8～9、110 页，北京，商务印书馆，2014。

取自汉姓，正如《魏略·西戎传》所言：氐人“各自为姓，姓如中国之姓矣”。

此外，在氐人的姓氏中，王、窦、杨、吕、雷、梁、董、仇、赵、姜、彭，为氐人和羌人共有之姓。而其中的王、杨等姓，中原早已有之。具体是氐人取自羌人的姓氏，还是氐人取自其他民族的姓氏，现在考证起来难度较大，有待做进一步的讨论。但据此可以看出，自秦、汉以来，氐、羌两族之间以及氐、羌与其他民族之间，就已经有了互动往来，正如考古学上所讲的文化圈的重合一样，族群之间是存在经济、文化交流的。

从整体看，氐人姓氏的演变呈现以下特点：其一，时代越晚，取外姓的就越多，而且数量越大。结合上述分析来看，秦汉时期出现的氐人姓氏只有窦、杨、吕等氐人传统姓氏；而到魏晋南北朝时期，一方面氐族原有的姓氏陆续出现，另一方面随着与汉族及其他民族的融合，氐人取外姓的数量在不断增加。其二，从氐人姓氏出现的分布区域来看，特别是陇东地区、关中的渭河北岸，氐人取汉姓的相对较多。其中除了两族在地理上的接近之外，还关乎氐人与汉人的融合程度，即融合速度越快，汉姓出现的频率越大；融合进程越慢，汉姓出现的频率就越小。这一点，与羌人与汉族融合进而导致姓氏变化的情况类似。

结　语

对秦汉至南北朝氐、羌两族的部落名号和主要姓氏，氐、羌族姓氏命名的途径，氐、羌姓氏演变以及融合于汉族或其他民族的特点的讨论，有助于理解中国少数民族部落名号和姓氏来源、演变的一些特点，自然也深化了这方面的研究。

当然，关于氐、羌姓氏的研究，还有很多问题需要进一步分析，如氐人是否像羌人那样也存在大量的复姓，除了上述所列的姓氏外，还有哪些氐、羌姓氏至今还没有发现，等等。这些问题都希冀于新的文献和考古材料的出现，以及更多的学者参与探索。本文只在这方面起抛砖引玉的作用。

（杨铭，阿坝师范学院少数民族研究所研究员，西南民族大学西南民族研究院研究员、博士生导师；李锋，井冈山大学人文学院助教）

汉代以来史籍中“白马”考辨

曾穷石

学术界对于氐人的研究，马长寿的《氐与羌》[①] 是一部系统论证氐羌关系的专著，主要内容是对氐与羌关系的考辨与论述，其中涉及对氐人来源和地域的考辨，用了大量的史料来考证氐人与羌族分布地域的不同。杨铭的《氐族史》[②]，是一本写成于20世纪80年代的氐族历史专著，时间断限上自先秦，下至魏晋南北朝时期，虽然也涉及氐人的起源、形成、分布、迁徙，与汉、羌等民族的关系，但重点在于介绍历代王朝对氐族的统治过程，以及历史上前秦、后凉、仇池诸政权的兴亡史，是在中国历史进程的大构架中的氐族历史叙事。李祖桓的《仇池国志》[③] 对于氐人建立政权的相关史料的收集相当全面，可谓研究氐人历史的一本史料导读。此外《白马藏人族属问题讨论集》[④] 收录了大量的关于白马藏族族属讨论的论文。这些论文，主要是把今日之白马藏人与汉代的白马氐联系起来论证白马藏人的“非藏”特征与历史渊源。讨论集中的，如赵卫邦的《川北甘南氐族考略》、杨耀坤的《古代氐族的演变》也涉及对氐人历史的叙述，对氐人的源流和分布情况做了考证。但这些文章的主旨，是在讨论氐人与今之白马藏族之间的族源继承关系。本文则从史料出发，对历史上氐人的一支——白马氐的活动进行尽可能的历史还原，通过对白马氐在汉代的活动地域的考证，寻找汉代以后白马氐不见于史载的原因，并对东汉时期活跃的白马羌与西汉时期的白马氐之间的差异进行辨析，兼论在晋代出现的

---

① 马长寿：《氐与羌》，上海，上海人民出版社，1984。

② 杨铭：《氐族史》，长春，吉林教育出版社，1991。

③ 李祖桓：《仇池国志》，北京，书目文献出版社，1986。

④ 四川省民族研究所编：《白马藏人族属问题讨论集》，成都，四川省民族研究所印刷，1980。

白马胡与白马氐、白马羌之间的关系。

一、汉代各支系的氐人

汉代活跃于藏羌彝走廊的诸多人群，族属最明确的是氐人，汉代记载氐人事迹的文献是司马迁的《史记·西南夷列传》：

> 西南夷君长以什数，夜郎最大；其西靡莫之属以什数，滇最大；自滇以北，君长以什数，邛都最大；此皆椎结，耕田，有邑聚。其外，西自同师以东，北至叶榆名为嶲、昆明，皆编发，随畜迁徙，毋常处，毋君长，地方可数千里。自嶲以东北，君长以什数，徙、筰都最大；自筰以东北，君长以什数，冉駹最大；其俗或土著，或移徙，在蜀之西。自冉駹以东北，君长以什数，白马最大，皆氐类也。此皆巴蜀西南外蛮夷也。①

司马迁对于巴蜀西南外蛮夷的分类，② 是根据这些蛮夷所处的地域、经济生活、服饰样式来划分的。在司马迁的分类中，对这些人群的族属没有明确的认定，只有一个大概的区分。然而，对以“白马”为首、位于冉駹以东北的10个部落中③人群的族属，司马迁却给出了明确的界定，是氐类。由此不难看出，“白马氐”在汉代人的眼中，族属是很明了的。在《史记》中，还有一处提及白马。司马相如平定南越，诛且兰、邛君，杀筰侯以后，冉駹等西夷皆“振恐，请臣置吏”，于是，“乃以邛都为越嶲郡，筰都为沈黎郡，冉駹为汶山郡，广汉西白马为武都郡”。④ 这是汉帝国对白马氐进行郡县管制之始，武都郡，成为以白马氐为主的氐人聚居的

---

① （汉）司马迁：《史记·西南夷列传》，北京，中华书局，1976。

② 司马迁把巴蜀西南外蛮夷划分为三类：一是夜郎、滇、邛都为一类，是椎结，耕田，有邑聚者；二是嶲、昆明为一类，是编发，随畜迁徙，毋常处，毋君长者；三是徙、筰都、冉駹为一类，其俗或土著，或移徙。

③ 在司马迁的分类中，把巴蜀西南外蛮夷的数量都说成“以什数”，这很显然是一种不甚精确的数量统计，在没有现代的统计方法的汉代，即使是编户的人口都难以得出精确数字，更何况是从来不曾见于记载的“蛮夷”，这些“以什数”的数字，只能是司马迁的一种大概的估计，而并不是说汉代的这些不同族属的蛮夷，刚好每一种类都有十个部落。

④ （汉）司马迁：《史记·西南夷列传》，北京，中华书局，1976。

行政单位。在汉代的史籍中，除了白马氐以外，还有众多支系的其他氐人，散见于《汉书》各章节中。下面笔者找出《汉书》记载的不同支系的氐人种类。

（一）汉代各支系氐人的分布范围

1.《汉书·地理志》记载氐人分布范围

要找出汉代的氐人各支系，首先要清楚汉代哪些郡县有氐人。武都郡有白马氐是毫无疑问的，除了白马氐，武都郡还有其他支系的氐人。先看武都郡所包括的地理范围：

《汉书·地理志》记武都郡：

> 武都郡，武帝元鼎六年置……县九：武都，东汉水受氐道水，一名沔，过江夏，谓之夏水，入江。上禄，故道，河池，平乐道，沮，嘉陵道，循成道，下辨道。

《华阳国志·汉中志》记武都郡：

> 武都郡，本广汉西部都尉治也。元鼎六年，别为郡。

元鼎六年（公元前111年），汉武帝在白马氐生活的地方设武都郡，将白马氐纳入汉帝国的帝国官僚体系。司马迁已经指出，武都郡的设置是分广汉西白马而来，那么可以知道，武都郡的主要人群是白马氐，前引《汉书·地理志》，记武都郡有9县，除了郡治武都县（治今甘肃西和西南）是白马氐的生活区域①以外，还领有8县。《汉书·百官公卿表》言：“有蛮夷曰道。”汉代的行政区划，凡为“道”者，即为以“蛮夷”为主要人群的县。那么武都郡有故道、平乐道、嘉陵道、循成道、下辨道，这5个“道”很显然有“蛮夷”生活，而武都郡的“蛮夷”，是氐人。所以

① 武都郡的郡治，西汉在武都县，东汉移至下辨，见《华阳国志校补图注》。值得一提的是，武都县在东汉改为武都道，而下辨道在东汉作为郡治以后则改为下辨县。“道”与“县”名称上的变化，是人群地位变化的直接反映。由此可见，到了东汉，白马氐作为武都郡主要人群的地位已经发生了变化，下辨氐成为武都郡的主要人群。

武都郡除了郡治武都县是白马氐所居以外，这5个“道”，也是氐人生活的区域。这5个道就包括了司马迁所记“君长以什数”的众多氐人部落。由于白马氐在这些氐人部落中是最大者，武都郡的设置是分“广汉西白马”而来，所以白马氐成为武都郡氐人的代表，在有的地方出现了以武都氐来代指白马氐的情况；而其他的氐人并没有被特别地提出来加以记载。其实，武都郡各个道的氐人是不一样的，在设置郡县的时候，这些氐人生活的地域被划分为不同的道。根据这些道的名称来作为氐人种类的区分，故道（治今陕西宝鸡西南）的氐，是故氐[①]；平乐道（治今甘肃武都东北）的氐，是平乐氐；嘉陵道（治今陕西略阳东北）的氐，是嘉陵氐；循成道（治今略阳县西北）的氐，是循成氐；下辨道（治今甘肃成县西北）的氐是下辨氐。因此武都郡生活的氐有白马氐、故氐、平乐氐、嘉陵氐、循成氐、下辨氐。武都郡还有3个属县，从名称上看不出是有氐人生活：河池、土禄、沮。这3个县不以“道”名之，马长寿先生以《汉书补注》引齐召南曰：《汉书·地理志》于汶江、绵虒、武都“不言道，殆阙文耶?”认为这里有阙文。马先生所言甚是，因为后世史书记载，这几个县也是有氐人生活的。[②]

因此，武都郡的氐人就有白马氐、下辨氐、平乐氐、循成氐、故氐、嘉陵氐、河池氐等支系，其中以白马氐最大，成为武都郡氐人的代表。那么除了武都郡，在汉代的其他郡治内还有没有氐人呢?

《史记》只记载了武都郡有氐，没有言及与武都郡地域接近的郡有没有氐人，但提到“冉駹以东北，君长以什数，白马最大，皆氐类也”。冉駹，在今四川茂县、汶川一带；茂、汶以东北，则包括了川、甘、陕三省交界的广阔地域，这一区域在汉代分别属于不同的郡县，不是一个武都郡的范围所能包括的。很显然，除了武都郡是以白马氐为主的氐人分布中心，其他的郡县也应该有氐人分布。《汉书·地理志》记载了汉代各个郡县的情况，除了武都郡之外，还有一些郡也有各个支系的氐人生活。

《汉书·地理志》载：

---

① 《北史·氐传》：“自渭抵于巴、蜀，种类实繁，或谓之白氐，或谓之故氐。”即是称故道之氐为故氐。

② 如沮，在《三国志·魏书·杨阜传》记：“刘备遣张飞、马超等从沮道趣下辨，而氐雷定等七万余落反映之。”这里沮称为沮道。河池也无“道”，《后汉书·南蛮西南夷列传》记氐人，“居于河池，一名仇池”，后又有氐人所建之仇池国，可见仇池确为氐人所居。

广汉郡：有甸氐道。[①] 甸氐道的氐，为甸氐。刚氐道。[②] 刚氐道的氐人，为刚氐。

蜀郡：有湔氐道。[③] 湔氐道为湔氐所居。汉惠帝三年（公元前192年），“蜀湔氐反，击之”[④]。《资治通鉴》胡注谓：“其地盖湔氐居之。”

陇西郡：有氐道。[⑤]

这3个郡是有氐人活动的，分别是以刚氐、甸氐、湔氐等氐人为主。因此汉代除了武都郡有氐以外，广汉郡、蜀郡、陇西郡也有氐人生活。

2. 汉代行政区划的变迁引起史书记载氐人分布地域的变迁

《汉书》记载武都郡、广汉郡、蜀郡、陇西郡这4个郡有氐人活动。除了这4个郡之外，在《后汉书》的记载中汶山郡也出现了氐人：

冉駹夷者，武帝所开。元鼎六年（公元前111年），以为汶山郡。至地节三年（公元前67年），夷人以立郡赋重，宣帝乃并蜀郡为北部都尉。其山有六夷、七羌、九氐，各有部落。[⑥]

汶山郡有“九氐”，郡内氐人是当地的世居人群，还是从其他4郡迁

---

① 颜师古注：《汉书·地理志·甸氐道》：“白水出徼外，东至葭明入汉。”白水，即白龙江，白水出甸氐道徼外，则甸氐道在白龙江上游；葭明，今昭化县东北。清陈澧撰《汉书·地理志水道图说》谓“今白水江出松潘厅北境，东流至昭化县与嘉陵江合”，甸氐道现在的位置，清嘉庆重修《大清一统志》谓“甸氐道在今文县西”。所以，甸氐道的位置在今甘肃文县西南。

② 颜师古注曰：“涪水出徼外”，《华阳国志》也说，“刚氐县涪水所出”。可见刚氐道在涪江上游，今平武、江油地。清顾祖禹《读史方舆纪要》具体指出：平武县“［龙安府］附郭、汉广汉刚氐道地”。“江油县，刚氐道地。”清嘉庆重修《大清一统志》谓：“古刚氐道在今龙安府平武县东。”所以，刚氐生活的刚氐道位置在今平武、江油地。

③ 颜师古注曰：“禹贡岷山在西徼外，江水所出。”岷山西徼外的江水为岷江，顾祖禹《读史方舆纪要》记为：“湔氐废县，在（茂）州西北，汉为湔氐道，属蜀郡。”嘉庆《大清一统志》谓：“古湔氐道，在［松潘］厅西北。”所以，湔氐道今天的位置，是在岷江上游的松潘西北。

④ 事见《史记·汉兴以来将相名臣年表》。

⑤ 师古注：“禹贡养水所出。至武都为汉。”《汉书·地理志补注》：“是东汉水，于氐道曰漾水，于武都曰汉水也。说文云，漾水出陇西氐道，东至武都为汉。”颜师古注又说：“氐，夷种名也。氐之所居，故曰氐道。”所以陇西郡的氐道也是氐人所居。

⑥ （南朝·宋）范晔：《后汉书》卷八十六《南蛮西南夷列传》。

徙来的？如果是世居人群，为何《汉书·地理志》不载汶山郡有氐？如果不是世居人群，那么什么时候出现了氐人的迁徙？这就需要从汶山郡的设置情况中来找答案。

在《汉书·理志》和《后汉书·郡国志》中，都没有对汶山郡的记载。在《史记·西南夷列传》中，记载了汉武帝时期平定南越，诛且兰、邛君，杀筰侯以后“以冉駹为汶山郡”，《汉书》和《后汉书》中同样记此事。可见汉武帝时期的确设置了汶山郡。那么为何在两书的《地理志》和《郡国志》中，却不记汶山郡呢？先来看看其他书中对汶山郡的记载。晋人常璩的《华阳国志》对汶山郡有比较详细的记载：

> 汶山郡，本蜀郡北部冉駹都尉，孝武元封四年置。旧属县八，户二十五万。去洛三千四百六十三里。东接蜀郡。南接汉嘉。西接凉州生羌。北接阴平。有六夷、羌、胡、赀虏、白兰、蛼峒九种之戎……夷人冬则避寒入蜀，庸赁自食，夏则避暑反落，岁以为常，故蜀人谓之作氐白石子也。
>
> 宣帝地节三年，武都白马羌反。使者骆武平之。因慰劳汶山郡。吏及百姓诣武自讼：“一岁再役，更赋至重。边人贫苦，无以供给。求省郡。”郡建以来四十五年矣。武以状上，遂省郡，复置北部都尉。孝安延光三年，复立之以为郡。已仍为蜀郡北部都尉。灵帝时再为郡。寻复为都尉。先主定蜀，陈震为都尉，因易郡名为汶山太守。后主延熙十年，平康夷反。卫将军江维讨平之。维资此郡，屡出兵狄道。晋平蜀，郡人不附。泰始七年，诸屯兵杀其督将以叛。十年，白马胡叛。刺史黄甫晏讨之，至都安，军叛被杀。后刺史王睿讨平之……元康八年，西夷校尉鞠炳讨兴乐乱羌，大为羌胡所破。群羌皆叛，太守但保都安。永宁元年，刺史罗尚遣牙门将王敦讨之。为羌所杀。李雄入成都，汶山

太守兰维随尚东走。雄弃其地，以都安属蜀郡。[①]

从常璩的记载可以知道有汉一代汶山郡的沿革状况：

汶山郡，本为蜀郡北部冉駹都尉（可见主要人群是冉駹夷），武帝元鼎六年（公元前111年）改为汶山郡；宣帝地节三年（公元前67年）又并入蜀郡，复为蜀郡北部都尉。至东汉安帝延光三年（124年）又再立为郡，后又为蜀郡北部都尉；汉灵帝（168—189年）时再改为汶山郡，不久又改为都尉；蜀汉时又改为汶山郡（陈震为汶山太守为证）。东晋汶山郡永废。

如此看来汶山郡的设置情况有相当反复，其原因可以在《后汉书》的记载中找到。自顺帝永建元年（126年）年陇西钟羌作乱起，西羌一直叛服不常。[②] 汶山郡"东接蜀郡，南接汉嘉，西接凉州生羌，北接阴平"，以其处于蜀郡和凉州生羌、阴平氐羌之间的地理位置，本就是诸羌人和汉人发生接触的中间地带，所以汶山郡对于汉朝来说是其西部边界；对于西边的羌人来说，是其向汉地劫掠的东部边缘。因此有汉一代大小的羌乱都会波及汶山郡，这也就是汉代汶山郡设置不稳定的原因，汶山郡时设时撤，故《汉书·地理志》和《后汉书·郡国志》不记。

《汉书·地理志》《后汉书·郡国志》不记汶山郡，一则是因为汶山郡设置的不恒定；第二个层面的原因，还要从两书的成书年代和编纂情况来考虑。班固在修《汉书》的过程中因窦宪事连累入狱，于和帝永元四年（92年）死于狱中。在班固写《汉书》的20年间（明帝永平十五年，即72年至和帝永元四年，即92年），汶山郡正好并入蜀郡北部都尉，所以，班固编纂《汉书·地理志》的时代，没有汶山郡，但在对蜀郡的记载中，

---

① （晋）常璩撰，任乃强校注：《华阳国志校补图注》，184～185页，上海，上海古籍出版社，1987。《华阳国志》原文无"慰劳汶山郡……以都安属蜀郡"，这段文字是任乃强先生根据《史记》《汉书》《三国志》《晋志》《宋志》及各方志、地理书所补。但笔者查阅《后汉书·安帝纪》，并无汶山郡于"孝安延光三年，复立之以为郡"的记载，仅有一条记蜀郡西部都尉之事："延光二年春正月，牦牛夷叛，寇灵关，杀县令。益州刺史蜀郡西部都尉讨之。是岁，分蜀郡西部为属国都尉。"不知任先生所本史料出于何处。

② （南朝·宋）范晔：《后汉书·西羌传》。

是把汶山郡所属的县包括在内的。[1]

至于《后汉书·郡国志》不记汶山郡的情况，则和范晔的自身经历有关。范晔为南朝时宋人，元嘉九年至元嘉二十二年进行《后汉书》的编写时，主要以《东观汉记》为写作蓝本。其中《郡国志》是他和谢俨合写的。在范晔因为刘义康事件入狱以后，谢俨烧掉了手中的部分志书，因此目前我们所见的《郡国志》是不完全的。[2] 这可能就是《后汉书》不记汶山郡的原因。《后汉书·南蛮西南夷列传》在叙述冉駹夷的情况的时候，对汶山郡的情况也做了描述，提到其境内的人群构成，[3] 对于汶山郡的设置，记到"灵帝时，复分蜀郡北部为汶山郡云"为止，按照《华阳国志》的记载，汶山郡在晋永宁元年后，仅剩都安县，并入蜀郡，从此汶山郡永远从史书消失。范晔是南朝人，与晋相去时间不久，对于汶山郡的沿革情况应该是清楚的，不可能不对其加以记载，所以很可能是《郡国志》有缺遗。

虽然《后汉书·郡国志》没有记载汶山郡的情况，但记蜀郡有湔氐道、汶江道、广柔、绵虒道。《华阳国志》记汶山郡的属县有：汶山县、都安县、广阳县、广柔县、蚕陵县、升迁县、平康县、兴乐县。其中汶山县是郡治，本来为蜀郡的汶江道；都安县，本为蜀郡的湔氐道；广阳县，本为蜀郡的绵虒道。很显然，在蜀郡北部冉駹都尉改设为汶山郡以后，原来蜀郡的部分县、道也改属汶山郡。因此汶山郡的部分氐人，实际上就是蜀郡的湔氐。

《后汉书》记汶山郡有"六夷、七羌、九氐"，虽然不能据此认为汶山郡一定有九种氐人，但却可以肯定汶山郡有多个种类的氐人。那么，除了从蜀郡分出的湔氐，还有什么种类的氐人呢？这可以从汉代西南地区郡县的沿革状况找到答案。

《华阳国志·蜀志》载：

---

① 蜀郡属下的15个县中，汶江、湔氐道、绵虒道、蚕陵、广柔县在汶山郡分立的时候，都入汶山郡。

② 《后汉书》点校说明，范晔编撰《后汉书》，十志还没有写成就被杀了。现在的《后汉书》里的率历、礼仪、天文、五行、郡国、百官、舆服等八志是后人从司马彪《续汉书》里取出来补进去的。

③ 见《后汉书》卷八十六，主要是对冉駹夷的描述。

建元六年，分蜀、广汉置犍为郡……元封六年，以广汉西部白马为武都郡，蜀南部邛为越嶲郡，北部冉、駹为汶山郡，西部（邛）笮为沈黎郡，合置二十余县。

武都郡是广汉郡分出的，越嶲郡、汶山郡、沈黎郡是蜀郡分出的，那么弄清蜀郡的设置情况对于了解西南地区郡县的设置情况是非常关键的。

早在战国后期，秦国就已经在蜀地设置郡治了。《华阳国志·蜀志》载：

周赧王元年，秦惠王封子通国为蜀侯，以陈壮为相。置巴、蜀郡，以张若为蜀守。[①]

秦国既在蜀地封蜀侯，又设蜀郡，对蜀地实行封建与郡县的双系统治。秦昭襄王时，以李冰为蜀守，继续设立蜀郡。秦亡，汉高祖六年（公元前201年），分蜀郡，置广汉郡。汉代蜀郡本有三都尉，分别为蜀郡北部都尉、南部都尉和西部都尉，主管蜀郡周边的蛮夷。广汉郡本是蜀郡的北部都尉，刘昭《郡国志》广汉属国注："故北部都尉，属蜀郡。"蜀郡属国，"故蜀西部都尉"（元光四年设，元鼎六年分为沈黎郡），犍为属国，"故郡南部都尉"。[②]

因此蜀郡为西南地区最早的郡，广汉郡是汉初从蜀郡分出。广汉郡本为蜀郡北部都尉，所以包括了故蜀郡的一些属县。武都郡是广汉西部都尉改设为郡，而广汉郡是从蜀郡北部都尉分来，所以，武都郡也是最初的蜀郡北部都尉的一部分，而同时汶山郡也是蜀郡北部都尉所分。那么这里蜀郡的北部都尉既有冉駹，又有白马氐。任乃强认为，蜀郡北部有两都尉，驻阴平者主白马羌，称北部都尉，驻汶山者主冉駹羌，称北部冉駹都尉。[③]

---

① （晋）常璩撰，任乃强校注：《华阳国志校补图注》，128页，上海，上海古籍出版社，1987。任乃强先生认为氐与羌是一回事，"邛人，笮人与汶山郡之所谓夷人皆氐类也，本书《越嶲郡》定笮县文之'皆夷种也'，与《史记》《汉书》之《西南夷传》之'皆氐类也'为同一含义。故汉、魏、南北朝史地书，恒以羌、氐、夷字混用（如青衣夷一作青羌，一作青氐。白马夷一曰白马氐，或白马羌，冉駹夷一曰冉羌或蚺氐）"。

② （晋）常璩撰，任乃强校注：《华阳国志校补图注》，上海，上海古籍出版社，1987。

③ （晋）常璩撰，任乃强校注：《华阳国志校补图注》，上海，上海古籍出版社，1987。

任先生所言虽颇合情理，但是在史籍中没有蜀郡北部有两都尉的记载，故只能是推测，不可信。关于蜀郡的几个都尉，史载仅有蜀郡西部都尉于元光四年设，武帝元鼎六年改为沈黎郡，天汉四年罢沈黎郡，置两都尉，一治牦牛，主外羌；一治青衣，主汉民。[①] 这是蜀郡西部都尉的沿革状况，即有两个都尉。而蜀郡北部都尉是否如任先生所说，也有两个都尉，一在阴平，一在汶山？虽然参照蜀郡西部都尉两个都尉的设置，汉代有可能也在北部设两个都尉，一管白马氐，一管冉駹夷；但是一则在史书中找不到任何记载，二则蜀郡西部设两都尉主要是分管汉人和外羌，实行的是“夷汉分治”，而白马氐和冉駹夷都为汉人眼中的“巴蜀西南外蛮夷”，没有必要对其进行分治。故任先生推测不敢轻信。如果按照任先生的意见，蜀郡北部白马都尉设为武都郡，冉駹都尉设为汶山郡，依照蜀郡西部都尉夷汉分设的惯例，武都郡管白马氐，汶山郡管冉駹夷——这样的话，就意味着，所有的白马氐都归武都郡管，所有的冉駹夷都归汶山郡管。事实上，《后汉书》明确提到了汶山郡有氐人，那么蜀郡北部有两都尉说则很难成立。如此，汶山郡的氐人，也包括原来蜀郡北部都尉的氐人。因此，在《后汉书》中出现的汶山郡的氐人，并非东汉氐人迁徙造成的，而是郡县的沿革、撤并的结果。

汶山郡之外，东汉还出现了阴平郡。《后汉书·郡国志》不载阴平郡，但记广汉属国：

> 广汉属国，故北部都尉，属广汉郡，安帝时以为属国都尉，别领三城。户三万七千一百一十，口二十万五千六百五十二。有阴平道，刚氐道，甸氐道。

安帝时，阴平道、刚氐道、甸氐道并入广汉属国。既然刚氐道和甸氐道都为氐人所居，阴平道和这两个氐道同为广汉属国，那么也应该有氐人居住。《华阳国志》记阴平郡：

> 阴平郡，本广汉北部都尉治。永平后，羌虏数反，遂置为

① 见《华阳国志·蜀志》及《后汉书·笮都夷传》。

郡……东接武都。南接梓潼。西接汶山。北接陇西。土地山险，人民刚勇。多氐傁。有黑、白水羌，紫羌，胡虏，风俗、所出与武都略同。

阴平郡的沿革如下：本为广汉郡北部都尉，永平（58—75 年）后设为阴平郡。

如此，广汉郡的三个道，至迟在永平年间就独立为阴平郡了，而阴平郡有氐是可以肯定的，分别为刚氐、甸氐和阴平氐。

从上面两节的论证，可以知道，汉代的氐人主要分布在陇西郡、武都郡、蜀郡、广汉郡、汶山郡、阴平郡这 6 个郡。其中，西汉时候的氐人主要是在陇西郡、武都郡、蜀郡、广汉郡、汶山郡，东汉时候，割除广汉郡部分地域，设立阴平郡，原广汉郡的氐人也就划归阴平郡。

（二）汉代的氐人支系

在对氐人分布地域进行考证的时候，已经把汉代出现的各个支系的氐人分辨出来了：概言之，武都郡的氐人种类最多，主要有白马氐、平乐氐、循成氐、下辨氐、故氐、嘉陵氐、沮氐、河池氐，广汉郡主要有甸氐、刚氐，蜀郡主要有湔氐，陇西郡的氐，支系难以考证。汶山郡的氐有白马氐和湔氐等。

汉代的氐人支系众多，由于史料的匮乏，难以准确、详细地区分出各个氐人支系的特征来，但是有一点可以肯定，氐人支系众多，白马氐只是其中有代表性的一支。而杨铭《氐族史》中，把武都郡的诸多氐人都称为白马氐，是不准确的。[①]

到了东汉，本来以管辖白马氐为主的武都郡的郡治，由白马氐生活的中心武都县，改为下辨氐生活的中心下辨县，武都县的白马氐在历史上的活动渐渐不被记载。又由于白马氐是汉代史籍中最早记载的氐人，所以东汉以后其他支系的氐人的事迹往往被误记为是白马氐的事迹。这个误记，自范晔《后汉书》始。

《后汉书》记白马氐为：

① 杨铭：《氐族史》，30 页，长春，吉林教育出版社，1991。

> 白马氐者，武帝元鼎六年开，分广汉西部，合以为武都郡。土地险阻，有麻田，出名马、牛、羊、漆、蜜。氐人勇戆抵冒，贪货死利。居于河池，一名仇池，方百顷，四面斗绝。数为边寇，郡县讨之，则依故自守。元封三年，氐人反叛，遣兵破之，分徙酒泉郡。昭帝元凤元年，氐人复叛，遣执金吾马适建、龙额侯韩增、大鸿胪田广明，将三辅、太常徒讨破之。
>
> 及王莽篡乱，氐人亦叛。建武初，氐人悉附陇蜀。及隗嚣灭，其酋豪乃背公孙述降汉，陇西太守马援上复其王侯君长，赐以印绶。后嚣族人隗茂反，杀武都太守。氐人大豪齐钟留为种类所敬信，威服诸豪，与郡丞孔奋击茂，破斩之。后亦时为寇盗，郡县讨破之。

范晔所记，是最早对白马氐活动记载的史料。但在范晔的记载中可以看出他对氐人的支系是不清楚的：这段文字的开头，提到白马氐立郡故事，是根据《史记》和《汉书》的记载而来的，但在接下来的记载中，“氐人勇戆抵冒，贪货死利。居于河池，一名仇池”，则记载的不是白马氐，而是河池氐（仇池氐）了，因为在《郡国志》中提到，武都郡下有河池县，河池县的氐人不是白马氐，这在前面已经论证过了。元封三年反叛和被迁徙至酒泉的氐人，也是河池氐（仇池氐）。而在元凤元年反叛的氐人，以及王莽时候叛乱的氐人，都不是白马氐。范晔在记载中没有把武都郡内各个支系的氐人区分开来，所以在记载氐人事迹的时候混淆起来，以武都郡中氐人的代表白马氐来概括郡内的其他氐人，这就是历代史家开始把氐人事迹混淆的开端。

在东汉以后的史书中，如鱼豢《魏略》等，也提到了氐人的不同支系，但是白马氐消失不见了，《宋书》出现了建立仇池政权的略阳氐，并没有对白马氐的下落追述。

虽然东汉以后史书中少有白马氐的记载，同一时期，史书中则在白马氐的邻近地域出现了白马羌、白马胡这两个人群的记载，这些史书记载三个以“白马”命名的人群时，多出现混同。下面先讨论东汉的白马羌和东晋白马胡的情况。

二、《后汉书》和《华阳国志》中的白马羌、白马胡

《后汉书·西羌传》记羌人故事，秦献公时向西方扩张领土“兵临渭首”，羌人首领无弋爰剑曾孙忍的季父“将其种人附落而南”，与先前的羌人部落分离，不复来往。南迁的羌人进入今藏羌彝走廊地区，“或为牦牛种，越嶲羌是也；或为白马种，广汉羌是也；或为参狼种，武都羌是也”①。至此，在越嶲郡、广汉郡、武都郡有了羌人。

先看白马氐生活的武都郡，《汉书·地理志》记武都郡所领的9县中，除了郡治是白马氐的地域外，有5个道都是有氐人活动的（见前引史料）。其并未言及武都郡有羌。《后汉书》记武都郡有下辨、武都道、上禄、故道、河池、沮沔水出东狼谷。② 在东汉的时候，武都郡出现了羌道，羌道是羌人生活的地方无疑。在西汉，羌道属陇西郡，东汉改属武都郡。根据同书《西羌传》所记可以知道，进入武都郡的羌人为“参狼种”，所以羌道的羌人为参狼种羌。

晋人常璩撰《华阳国志》记武都郡：

> 武都郡，本广汉西部都尉治也。元鼎六年别为郡……土地险阻，有麻田氐傁，多羌戎之民……有瞿堆百顷险势，氐傁常依之为叛。汉世数征讨之。分徙其羌，远至酒泉、敦煌……

常志记武都郡有氐傁和羌戎，常璩把氐傁和羌戎作为两个不同的人群来叙述。不过这里的记载颇值得推敲。“百顷险势”为氐人所居之地③，所以氐傁常常依此叛乱。汉世多次征讨。这都是《后汉书》有记载的。然而但接下来常璩记“分徙其羌，远至酒泉……”在《后汉书》中记这件事为：“原封三年，氐人反叛，遣兵破之，分徙酒泉郡。”④ 明明提到叛乱的为氐人，迁徙也为氐人，而常璩记的叛乱为氐傁，迁徙为羌人，显然与

① （南朝·宋）范晔：《后汉书·西羌传》。
② （南朝·宋）范晔：《后汉书·郡国志》。
③ （南朝·宋）范晔：《后汉书》卷八十六《南蛮西南夷列传》。
④ （南朝·宋）范晔：《后汉书》卷八十六《南蛮西南夷列传》。

常理不合。可见常璩对于羌人和氐的事迹颇有混同。《华阳国志》成书时间早于《后汉书》,《后汉书》对于西南地区的记载,也大多是参考《华阳国志》。[①] 但很显然,范晔对于氐人和羌人的事迹了解很清楚,不仅在书中把氐人和羌人事迹分列,而且还更正了《华阳国志》的谬误。

《后汉书》记载的参狼种武都羌的出现时间是秦献公时代,这就意味着在汉武帝设置武都郡的时候,这里已经有羌人了。但是《汉书·地理志》所记的武都郡下的9个县,并没有羌道,也没有记载武都郡有羌人。《后汉书》中武都郡却出现了羌道,同书也专门为羌人立传。由此可知到了东汉时代,羌人才活跃起来,《西羌传》中记载了羌人大大小小的叛乱,给东汉造成了极大的西部边患。东汉羌人的叛乱是朝廷边政问题上的大事,在东汉的史书中,对这一事件的记载是必不可少的。既然要记羌人和朝廷的战争,就难免要对羌人的历史做一叙述,所以在《后汉书》中,有《西羌传》专记西羌事迹。

如此武都郡既有氐人(白马氐为主),也有羌人(参狼羌)。

广汉郡也有羌人迁入,为白马羌。《汉书·地理志》记广汉郡下有阴平道、甸氐道、刚氐道。甸氐道为甸氐所居,刚氐道为刚氐所居,阴平道没有言明为何种蛮夷所居。

广汉郡的三个道,至迟在永平年间就独立为阴平郡了,而阴平郡有氐傁、黑白水羌、紫羌和胡虏。也就是说,在分出这三县以前的广汉郡也有这些人群,此外还有秦献公时代迁入的白马羌。

《华阳国志》记广汉郡:

> 广汉郡,高帝六年置……安帝永初(107—113年)中,阴平、汉中羌反……

这里提到了阴平羌、汉中羌。阴平羌,即阴平郡的黑水羌、白水羌、紫羌。那么,在广汉郡,羌人的种类就有阴平羌、白马羌。但是,《华阳国志》不记汉代广汉郡有白马羌。《后汉书·西羌传》对迁入西南地区的羌人分类很清楚,迁入广汉郡的是白马羌,迁入武都郡的是参狼羌。《西

---

① 任乃强:《华阳国志校补图注·序》,上海,上海古籍出版社,1987。

羌传》中记载白马羌的史料有：

> 桓帝建和二年，白马羌寇广汉属国，杀长吏……自爰剑后，子孙支分凡百五十种。其九种在赐支河首以西，及在蜀、汉徼北。前史不载口数，唯参狼在武都……发羌、唐旄等绝远，未尝往来。牦牛、白马羌在蜀、汉，其种别名号，皆不可纪知也。建武十三年，广汉塞外白马羌豪楼登等率种人五千余户内属，光武封楼登为归义君长。至和帝永元六年，蜀郡徼外大牂夷种羌豪造头等率人五十余万口内属，拜造头为邑君长，赐印绶。至安帝永初元年，蜀郡徼外羌龙桥等六万种七千二百八十口内属。明年，蜀郡徼外羌薄申等八种三万六千九百口复举土内属。冬，广汉塞外参狼种羌二千四百口复来内属。桓帝建和二年，白马羌千余人寇广汉属国，杀长吏，益州刺史率板盾蛮讨破之。

《后汉书·光武帝纪》：建武十三年（37 年），“广汉徼外白马羌豪种率种人内属”。《后汉书·桓帝纪》：建和二年（148 年），“白马羌寇广汉属国，杀长吏”。两纪所记与《西羌传》同。

永和元年（136 年），武都塞上的白马羌反，前面提到，迁入武都郡的羌是参狼羌，那么何以这里又出现了白马羌？史料中“塞上”的理解，对于我们弄清武都郡有没有白马羌至关重要。武都塞上应该自武都郡和广汉郡交界的地方，距离广汉属国应该较武都郡近，所以才在武都塞上的白马羌叛乱时，是“广汉属国都尉击破之”，而不是由武都郡出兵。《史记》索隐引张辑曰：“徼，塞也，以木栅、水为蛮夷界。”故“徼”在汉代人的语汇中指“边界”“边塞”，“塞”与“徼”的意义相同，都是指边徼、边塞。所以，武都塞上的白马羌，不在武都郡内。马长寿在解释武都郡出现白马羌的时候，认为武都郡的白马羌就是武都郡的参狼羌，并提出白马羌得名的由来，是根据《水经注·羌水篇》“羌水出羌中参狼谷”，参狼谷在汉代的羌道，羌道西汉时属陇西郡，在东汉则属武都郡。武都郡的主要部族是白马氐，羌道之参狼羌和白马氐为邻，故亦称白马羌。[1] 这里马

---

① 马长寿：《氐与羌》，100 页，上海，上海人民出版社，1984。

长寿先生把白马羌和武都羌等同起来，转换了概念，其结论就是，白马羌是参狼羌的另一个名称。这显然是与史实不符的，因为在前引《西羌传》已经提到了秦献公时，迁入今藏羌彝走廊的羌人“或为牦牛种，越嶲羌是也；或为白马种，广汉羌是也；或为参狼种，武都羌是也”，把白马种的羌和参狼种的羌区分得是很清楚的，白马羌和参狼羌是两个种类的羌。

马先生还认为，广汉郡西北边塞之外有两种白马羌：一是武都郡的白马羌。《华阳国志》卷三云：“宣帝地节三年（公元前 67 年），武都白马羌反。”《西羌传》又记：东汉永和元年（136 年），“初，武都塞上白马羌攻破屯官，反叛连年”。此皆指武都郡的白马羌而言。二是蜀郡的白马羌。《西羌传》云：“牦牛白马羌在蜀汉。”蜀指蜀郡，为白马羌所在；汉指汉嘉郡，为牦牛羌所在。此指蜀郡的白马羌而言。如果把武都郡的白马羌和广汉郡西北徼外的白马羌混而为一，这就等于说“武都羌”的“参狼种”和“广汉羌”的“白马种”是一个部落集团了。而且武都郡的白马羌在广汉郡的正北，与《后汉书·光武帝纪》注所云白马羌在广汉郡的西北徼外，也是不符合的。[①]

马先生对这段史料的理解有误。“牦牛、白马羌在蜀汉”，很显然是牦牛羌在蜀郡，否则，这段话的顺序应该为“白马、牦牛羌在蜀汉”。而这个“汉”是指广汉郡，而不是汉嘉郡。在《史记》《汉书》以及《后汉书》中，蜀汉都是指蜀郡和广汉郡。至于汉嘉郡，最初为蜀郡西部都尉，武帝元鼎六年设沈黎郡，天汉四年罢郡，设两都尉，灵帝时以蜀郡属国都尉为汉嘉郡。汉嘉郡的主要人群为筰都夷，这在《后汉书·筰都夷传》中记载得很详细，没有汉嘉郡有白马羌的记载，所以马长寿先生对这段史料的解释有误。因此，这段史料的理解应为：牦牛羌在蜀郡，白马羌在广汉郡。这也与《西羌传》的记载相符合。

桓帝建和二年（148 年），白马羌寇广汉属国。这些白马羌，是广汉郡徼外的羌，而不是武都郡的羌。武都郡没有白马羌是肯定的，白马羌是在广汉郡。至于马先生提到“如果把武都郡的白马羌和广汉郡西北徼外的白马羌混而为一，这就等于说‘武都羌’的‘参狼种’和‘广汉羌’的‘白马种’是一个部落集团了”，参狼种与白马种本来就是不同的两个支

① 马长寿：《氐与羌》，100 页，上海，上海人民出版社，1984。

系的羌人，也不会对此发生混同，所以马先生的质疑不能成立。

所以，可以肯定的是，武都郡没有白马羌，白马羌生活在广汉郡的西北徼外（包括广汉郡）。

此外，鱼豢在《魏略·西戎传》中也提到了白马羌：

敦煌西域之南山中，从若羌西至葱岭数千里，有月氏余种葱茈羌、白马、黄牛羌，各有酋豪，北与诸国接，不知其道里广狭。传闻黄牛羌各有种类，孕身六月生，南与白马羌邻。

这里的白马羌，应该是与秦献公时代南迁的白马种羌同种，是当时没有迁入西南地区，留在敦煌的羌人。

这些白马羌是和白马氐不同的人群。在范晔编撰《后汉书》的时候，白马羌记在《西羌传》，而白马氐记在《南蛮西南夷列传》，氐和羌分别是两个不同的人群，是显而易见的事实。

白马氐在武都郡，白马羌在广汉郡，两者的地域不同。白马羌是东汉以后见于记载的，而白马氐在西汉（武帝元封三年和昭帝元凤六年两次叛乱，元封三年叛乱的时候，大量的白马氐被迁徙到酒泉郡）比较活跃。值得一提的是，白马氐和白马羌都是以“白马”为名。以任乃强为代表的学者大都以此认为白马羌和白马氐是同一人群，[①] 马长寿也认为，武都郡的白马羌的得名是由于“羌道之参狼羌和白马氐为邻，故亦称为白马羌”。这其实是有待商榷的。白马氐是以地名得名，《水经注》记白水：

白水西北出于临洮仙西南西顷山，水色白浊，又东南入阴平，又东南迳阴平故称南，即广汉之北部也，广汉属国都尉治，汉平帝永初三年分广汉蛮夷置。有白马水，出长松县西南白马溪，东北迳长松县北而东北，注白水，白水又东迳阴平大城北，盖其渠帅自故城徙居也。

《水经注》又记沔水：“又东迳白马戍南，濜水入焉……濜水又南迳

① （晋）常璩撰，任乃强校注：《华阳国志校补图注》，196 页，上海，上海古籍出版社，1987。任乃强认为“白马夷一作白马氐，或曰白马羌。”

张鲁治东……”《寰宇纪》卷一百二十三《兴元府》西县引《郡国县道记》：“西，本名白马城，因山以名县，又曰瀘口城。”又：“白马山，《汉水记》云：“西县有白马山。”因此，白马水、白马溪、白马山为白马氐所居之地。据任乃强《华阳国志校补图注》：武都郡本为广汉西部都尉治，白马氐原分布在这一地区，开郡前，有都尉驻白马关领之。白马关，即沮县峡口白马山下之关城，故称此郡氐民为白马氐。可知白马氐的得名由来。

而白马羌，很显然不是以地名来命名，《西羌传》明确提到“白马种”“牦牛种”“参狼种”，既然言“种”，这就说明羌人的种系，是在羌人迁入到越西郡、广汉郡和武都郡以前就已经存在的了。

前引鱼豢《魏略》中提到的白马羌、黄羊羌，很显然是与迁入藏羌彝走廊的羌人同种、余留在敦煌的羌人。这些羌人的名称，有一个特点，都是以动物来代指。在这里可以推测，白马、黄牛、参狼以及牦牛，是羌人各个部落各自的图腾，也就是说，黄牛部落的羌人，其图腾为黄牛，这支羌人也就以黄牛为名。白马也是如此。但这只是一种猜测，还需要更多的证据。不过，羌人的命名不是以地名代指人群名称却是可以肯定的。那么，前面提及马长寿先生提到的武都郡的参狼羌就是白马羌，其名称由来是因为与白马氐邻近，这种说法，缺乏依据。

那么，行文至此，已可以分辨出白马氐与白马羌为不同人群。

在晋代，《华阳国志·大同志》里又出现了另一个以“白马”为名的人群——白马胡：

[晋泰始]七年，汶山守兵吕匡等杀其都将以叛，族灭之，初，以汶山西部。北逼阴平、武都，故于险要置守，自汶山、龙鹤、冉駹、白马、匡用五围，皆置修屯牙门。晋初，以御夷徼，因仍其守。

八年，三蜀地生毛……是年，汶山白马胡恣纵，掠诸种。夏，刺史黄甫晏表出讨之。别驾从事广汉王绍等固谏，不从……晏不听，遂西行。夏五月，军至都安，屯观坂上……其夜，所将中州兵蔡雄、宣班、张仪等以汶山道险，心畏胡之强；而晏愎谏干时，众庶所怨；遂引牙门张弘、督张衡等反，杀晏……诏书因以睿为益州刺史，加轻车将军。睿斩弘等。益州平。

白马胡的出现是东汉以后的事情了。汶山西部靠近阴平、武都之处为兵家险要之处，故晋初设了五围，其中有白马围。任乃强先生考证，白马围在今北川县界，即蜀的白马县，后改为兴乐县。①

同书《蜀志·汶山郡》记此事为：

晋平蜀，郡人不附。泰始七年，诸屯兵杀其督将以叛。十年，白马胡叛。刺史黄甫晏讨之，至都安，军叛被杀。后刺史王睿讨平之……元康八年，西夷校尉鞠炳讨兴乐乱羌，大为羌胡所破。群羌皆叛，太守但保都安。永宁元年，刺史罗尚遣牙门将王敦讨之。为羌所杀。李雄入成都，汶山太守兰维随尚东走。雄弃其地，以都安属蜀郡。②

在这段史料中，出现了一个新的人群——白马胡。很显然，白马胡的得名，是由汶山五围之白马围而来，也就是说，白马胡生活在汶山郡的白马围。而根据任乃强的考证，晋代的白马胡活动的地方，就在现在的北川县境内。刺史黄甫被杀是在都安，即汉代的湔氐道，是汉代湔氐活动的区域。都安县所属的汶山郡，《华阳国志》记其地有“六夷、羌、胡、赀虏、白兰、蛘峒九种之戎”，《后汉书》所记的白马羌主要是在广汉郡，《华阳国志》所记的白马胡则是在汶山西部靠近阴平、武都的地方，所以白马羌和白马胡也是不同的人群。

由此，《史记》《汉书》《后汉书》中的白马氐和《后汉书》中的白马羌、《华阳国志》中的白马胡分别是不同的人群，他们各自活跃的时代也不一样。白马氐在西汉时代因叛乱被部分地迁徙，白马羌在东汉数为寇乱，白马胡的作乱则是在晋代。由于这三个人群都以白马为名，所以往往容易对后人造成混氐入羌、胡的误会。

---

① （晋）常璩撰，任乃强校注：《华阳国志校补图注》，438 页，上海，上海人民出版社，1987。《华阳国志》记汶山郡：兴乐县，在郡东北五百里，蜀开为白马县，晋平蜀，更名。

② 这段史料是任乃强补《华阳国志·汶山郡序》的文字，他所根据的原本是同书《大同志》，也就是前面引到的那段史料。

三、东汉以后诸史书对氐人的记载

如前所述，在《后汉书》以前的正史把白马氐和白马羌还能区分开来，然而《后汉书》以后，史家开始把氐人和白马氐混为一谈，往往忽略了氐人的其他数十种类，仅以“白马氐”来代指所有的氐人。

《后汉书》对氐人的记载，开头即为“白马氐者，武帝元鼎六年所开”，所记为氐人中白马一支，而在后面的记载中，只提“氐人勇憨抵冒”，“氐人反叛”，虽然没有言明为何种氐，但显然是指白马氐。

在《三国志·魏书》中，引鱼豢《魏略》，记氐人事为：

> 氐人有王，所从来久矣。自汉开益州，置武都郡，排其种人，分窜山谷间，或在福禄，或在汧、陇左右。其种非一，称槃瓠之后，或号青氐，或号白氐，或号蚺氐，此盖虫之类而处中国，人即其服色而名之也。其自相号曰盍稚，各有王侯，多受中国封拜。近去建安中，兴国氐王阿贵、白顷氐王千万各有部落万余，至十六年，从马超为乱。超破之后，阿贵为夏侯渊所攻灭，千万西南入蜀，其部落不能去，皆降。国家分徙其前后两端者，置扶风美阳，今之安夷、抚夷二部护军所典是也。其俗，语不与中国同，及羌。杂胡同……

鱼豢为三国时人，《魏略》虽然记三国时候的事，但成书时间要早于范晔《后汉书》。鱼豢记氐人“其种非一”，有青氐、白氐、蚺氐的区分，但是白马氐在鱼豢的笔下消失不见了。有学者认为，鱼豢记载的白氐就是白马氐，但在这段文字中即很明确地提到了青氐、白氐、蚺氐之分，是“人即其服色而名之”。所以白氐为白马氐之说不能成立。鱼豢提到的“汉开益州，置武都郡，排其种人，分窜山谷间，或在福禄，或在汧、陇左右”，这里的氐人事迹在《史记》《汉书》的记载中都是指白马氐的事迹，鱼豢则是把白马氐的事迹当成了所有氐人的事迹，把白马氐和氐人混淆起来了。不过，他却能够把其他的氐人支系区分开来，如文中提到的白氐、青氐、蚺氐。但是，很显然，鱼豢对氐人的源流状况不甚了解，他记录氐人“称槃瓠之后”，是与史实不相符合的。[①] 范晔在写《后汉书》的时候，《魏略》早已写成，以博采众家之长著称的《后汉书》作者范晔应该见过鱼豢的书，但是鱼豢对于氐人的记载，在《后汉书》里面看不出丝毫的影子，可见范晔对于鱼豢的记载不予采用，也说明鱼豢《魏略》在晋代史家眼中的史料价值不高。[②]

《宋书·氐胡》：

略阳清水氐杨氏，秦、汉以来，世居陇右，为豪族。汉献帝建安中，有杨腾者，为部落大帅。腾子驹，永健多计谋，始徙仇池。

杨氏本来是略阳氐人，并非白马氐，东汉以后迁徙进入仇池。仇池为白马氐生活的地方，但仇池国的建立者并非是白马氐。而后世在记仇池国时，往往忽略了杨氏的来历。

而事实上，在南北朝的时候，仍然有白马：

史臣曰：氐籍世业之资，胡因崛起之众，结根百顷，跨有河西，虽戎夷猾夏，自擅荒服，而财力雄富，颇尚礼文。杨氏兵精地险，境接华汉，向隙边关，首鼠疆场，遂西入白马，东出黄金乘晋寿之捷，构围涪之寡，规吞黑水……

（太祖元嘉）十年：难当以益州刺史刘道济失蜀土人情，以兵力资飞龙，使入蜀为寇。道济击斩之。时梁州刺史甄法护刑法不理，太祖遣刺史萧思话代任。难当因思话未至，法护将下，举兵袭梁州，破白马，获晋昌太守……

仇池国的建立者不是白马氐。在仇池国时期，白马氐处于被征服和统治的境地；又由于仇池本为白马氐生活的地域，所以，仇池政权的统治者是略阳氐，所统治的主体人民是白马氐。

① 以“槃瓠”为祖先的人群，主要是湖南地区的武陵蛮，见《后汉书·南蛮西南夷列传》，与氐人是不同的人群系统。

② 鱼豢对氐人的风俗习惯的记载比较详细，后世的史书记载氐人风俗时，多以其描述为所本。

《周书》卷四十九《异域上》记氐人：

> 氐者，西夷之别种。三代之际，盖自有君长，而世一朝见。故诗称“自彼氐、羌，莫敢不来王”也。汉武帝灭之，以其地为武都郡。自汧、渭抵于巴、蜀，种类实繁。汉末，有氐帅杨驹，始据仇池百顷，最为强族。其后渐盛，乃自称王。至裔孙纂，为［苻］坚所灭。坚败，其族人定又自称王。定为乞伏乾归所杀。定从弟盛，代有其国。世受魏氏封拜，亦通使于江左。然其种落分散，叛服不恒，陇、汉之间，屡被其害。

这里称氐人为“西夷之别种”。言其“种类实繁”，但对氐人的类别已经不再追述。只是提到氐酋杨驹，并没有言明杨驹为何种氐人，这样就没有辨析仇池国的建立者与所统治的人民是属于不同类别的氐人。仇池，在武都郡内，武都郡是白马氐活动的中心，《后汉书》载氐人“居于河池，一名仇池，方百顷”，即是证据。这样往往容易造成误读：仇池国是白马氐建立的政权。

《北史》卷九十六《氐传》记氐人：

> 氐者，西夷之别种，号曰白马。三代之际，盖自有君长，而世一朝见。故诗称：“自彼氐、羌，莫敢不来享，莫敢不来王”也。秦、汉以来，世居歧、陇以南，汉川以西，自立豪帅。汉武帝遣中郎将郭昌、卫广灭之，以其地为武都郡。自汧、渭抵于巴、蜀，种类实繁，或谓之白氐，或谓之故氐，各有王侯，受中国封拜。
>
> 汉建安中，有杨腾者……始迁居仇池。

《北史》很明显把氐人等同于白马，以白马来代指氐人。但同时也记其“种类实繁”，有白氐、故氐之别。很显然，这里存在一个矛盾：既承认白马就是氐人的号，把氐人的一支——白马氐当做氐人的代指，又承认氐人的种类实繁，有多种支系，有白氐、故氐之分。而且，对于仇池政权的建立者杨氏，虽然提到了是从别处迁来的，但并没有交代杨氏属于何种类别的氐人，与仇池的氐人，是不是同类。这是对《周书》错误的延续。

还需指出的是，蛮和夷、氐分属于不同的人群，这在汉代的史家眼中是明显的事实，筰都夷和白马氐分别属于汉代沈黎郡和武都[1]的人群，然而《新唐书》却把蛮、夷、氐混为一谈，并将凌蛮和三王蛮视为筰都夷白马氐之遗种，显为谬误。《新唐书·南蛮传》还讲：

戎州……亦有姐羌，古白马氐之裔。

这里说姐羌是古白马氐的后裔，实在缺乏证据。羌和氐当是两个不同的人群，虽然在学术界对此长期存在着争论，但是有一些可靠的证据可以证明氐和羌是不同的人群。[2]《宋史·蛮夷四》：

泸州西南徼外，古羌夷之地也。汉以来王侯国以百数，独夜郎、滇、邛都、嶲、昆明、徙、筰都、冉駹、白马氐为最大……冉駹，今茂州蛮、汶山夷地是也；白马氐，在汉为武都郡，今阶州、汶州，盖羌类也：此皆巴蜀西南徼外蛮夷也。

《宋史》的记载中，把白马氐当做羌的一个支系，而且还把茂州蛮、汶山夷也都归入羌类，这是对于西南地区人群的认识不明了所致。因为，书中既然已经把分别在不同地域的蛮、夷、氐区分开了，最后又归于羌类，很显然是把西南地区的人群都认为是羌。这是在《新唐书》把氐羌相混的基础上产生的谬误。

从最初对西南地区蛮夷立传的《史记》到《宋史》，白马氐从一个人群的专称变成了对氐人的泛称，而且还把原本区分得很清楚的氐、夷、羌、蛮给弄混了，这样的流变过程，是在历代的史书记载中逐步发生的。

---

① 马长寿先生考证，黎、邛二州之东即今凉山西北部的越西县地，其地自古以来为彝族所居。见《氐与羌》，上海，上海人民出版社，1984。

② 马长寿先生对这两个人群的区分，叙述得相当具体，可以参见《氐与羌》（上海人民出版社，1984）。此外，笔者认为最有说服力的，当是《淮南子·齐俗训》：“羌、氐、僰、翟，婴儿生，皆同声，及其长也，虽重象狄缇，不能通其言，教俗殊也。”这里氐、羌并提，很明显是两个人群。

四、结 论

在《史记》《汉书》中记载了西南地区的一个人群——氐人，其中氐人的一支白马氐是汉武帝元鼎六年设置的武都郡的主要人群，而在陇西郡、蜀郡、汶山郡、广汉郡有湔氐、甸氐、氐人分布，这些氐人的不同支系，在汉代是区分得很明确的。由于有汉一代，西南地区郡县的时分时合，时设时撤，再加上中央王朝的迁徙政策，所以导致了氐人的活动范围也在不断地发生变化。这也会引起对氐人的历史记述的困难。而在《后汉书》中，在有氐人的广汉郡出现了白马羌，在有白马氐的武都郡出现了参狼羌。这些羌人在东汉数次叛乱，给朝廷带来了极大的边患压力。晋代的《华阳国志》在汉代汶山郡的地域中出现了白马胡，白马胡也是数次叛乱，所以，由于名称上的接近和个性上的类似,① 白马氐、白马羌和白马胡往往容易被混淆。《华阳国志》开始混淆白马氐和羌人；东汉以后的史书中，从《周书》始，渐渐地把白马氐作为氐人的代称，湮没了其他种类的氐人；从《新唐书》始，把夷、羌、氐、蛮混为一谈。宋代的正史已经完全把氐人当做是羌人的一支了。这就是在20世纪初史学界“泛羌论”流行的一个历史根基，也导致了原本就很复杂的藏羌彝走廊地区的人群，在历史上的面貌不容易为后人了解，造成了研究西南民族史的困难。

（作者系成都武侯祠博物馆副研究馆员、西南大学历史文化学院博士后流动站在站博士后）

① 这里指的个性的相似，是指都和朝廷发生战争，不断地叛乱，同时所处的地域也接近，导致了这些人群的个性在“华夏”眼中是一致的，而这些边界上的人群给“华夏”的印象就是“暴力的，好剽掠，叛服不常”，从而让华夏对他们各自的种类的区分逐渐遗忘。也就是说，他们的共性留在了史书中，而个性渐渐地被湮没了。

蜀图腾崇拜

屈小强

学术界有一种比较流行的说法（以任乃强先生为代表），上古西南的大部分民族以及西北各民族都是居住于古康青藏大高原（包括今四川甘孜、阿坝两个自治州，青海省，西藏自治区以及甘肃西南部，新疆南部山地和云南部分地区）的古羌族支派。古史记载中关于“神农生于姜水”“黄帝长于姬水”“昌意降居若水”“青阳降居江水”“禹生于石纽”等传说所涉地段，在上古时期都属羌族地域。古羌族“是亚洲最早创造牧业文化和进入农业生产的民族”，[①] 而整个中原农业也是直接承受羌族农业影响，或由羌族带动而发展起来的。正是从这个经济因素出发，所以不少学者指出，中国上古神话传说中的伏羲氏、黄帝、炎帝部族集团和夏、周、秦王朝，都属于东迁北徙的西羌部族。现在的羌族、藏族、彝族、白族、纳西族、怒族、哈尼族、普米族、傈僳族、拉祜族、土家族等，或是古羌嫡系后裔，或带有古羌基因。[②] 至于三星堆文明时期的古羌—蜀人，同这之前的古羌部落—部族的关系，则大体可视作流与源的关系。

“文明”一词，本指人类社会进步的状态，与“野蛮”相对。摩尔根—恩格斯的社会发展史学说将“野蛮”又分为“蒙昧”“野蛮”两个时期，它们同“文明”时期一起构成人类社会发展的三个时期。当今史学界对“文明”一词赋予的内涵是指某个社会已从原始氏族公社制阶段进入具有国家组织的阶级社会。这个社会，除了政治组织上的国家以外，已有城市作为政治（以宫殿和官署为象征）、经济（手工业以外又有商业）、文化（包括宗教）各方面活动的中心。它们一般都已经发明文字和能够利用

---

① 任乃强：《四川上古史新探》，成都，四川人民出版社，1986。

② 参见曹振峰：《中国民艺与中国虎文化》（下），载《民间文学论坛》，1990（4）。

文字做记载，并且都已知道冶炼金属。就东方而言，某个社会具有都市、文字和青铜器这三个要素方可称为“文明”，如商代殷墟文明就是一个“灿烂的文明”。按照史学界的这个共识，三星堆社会当是一个文明社会，确切地讲，是与殷墟文明同时的奴隶制文明或青铜文明。人们过去之所以认为古蜀文明社会的上限在战国时期，至多可追溯到春秋时期，乃是因为这一时期之前的古蜀社会，既无可靠的编年史可佐，又无有力的考古资料可证。20 世纪 80 年代中叶三星堆商代遗址的发现，一下子把人们过去所知的古蜀文明史上推了 1000 多年。

古史传说中蚕丛、柏灌、鱼凫氏治蜀“各数百岁”。三星堆遗址以及成都平原史前古城遗址群的考古发掘资料表明，古蜀国第一历史时期——蚕丛时代文化延续时代约当夏代前期，大概在公元前 2070 年至前 1800 年；第二历史时期——柏灌时代文化延续时代约当夏代后期，大概在公元前 1800 年至前 1600 年；第三历史时期——鱼凫时代文化延续时代约当商代，大概在公元前 1600 年至前 1046 年。此三个历史时期正是各数百年。而作为第四历史时期的杜宇时代的早期（相当于商末至西周前期，约当公元前 11 世纪至前 9 世纪），则可在三星堆遗址的第四期文化中找到证明。

关于杜宇，《蜀王本纪》在叙述蚕丛、柏灌、鱼凫的事迹之后接着写道：“后有一男子名曰杜宇，从天堕止。朱提有女子名利，从江源井中出，为杜宇妻。乃自立为蜀王，号曰望帝，治汶山下，邑曰郫，化民往往复出。”《水经注·江水》引来敏《本蜀论》也说：“望帝者，杜宇也，从天下。女子朱利，自江源出，为宇妻，遂王于蜀，号曰望帝。”朱提，古县名，今云南昭通。江源，按《水经注·江水》的解释，乃是岷江所出的岷山；确切地说，就是岷山南麓的今松潘县北部草地牧区，秦始皇时属湔氐县，两汉称湔氐道。井，相传古制八家为一井，引申为乡里或人口聚居地。还有一点应引起注意，即“井”作为姓氏，乃为炎帝姜姓之后，或说出古西羌罕幵氏之后。罕幵氏，或讹作罕井氏，后省为井氏。综合《蜀王本纪》和《本蜀论》的大意，杜宇是上天派下来的一位神，一个来自岷山姜姓的叫朱利的女子嫁给他做妻子。这位叫杜宇的天神就在岷山下称王，治理蜀地，号称望帝。

图1 十巫（选自清汪绂《山海经存》本）

在上古之人看来，“天”乃众神聚居的世界，众神之中，以天帝（在羌族信仰中则为木比塔）为大。而天和地是相连的，有天门、天梯可通。天门、天梯是高山，是神树，通过高山或神树即可升天。《山海经·大荒西经》说，大荒之中“有灵山，巫咸、巫即、巫肦、巫彭、巫姑、巫真、巫礼、巫抵、巫谢、巫罗十巫，从此升降，百药爰在”。（见图1）《山海经·西山经》又说：“西南四百里，曰昆仑之丘，实惟帝之下都。”所谓下都，按郭璞的说法，乃“天帝都邑之在下者”。这其实也就是天帝及诸神在人间的落脚点。《山海经》中的灵山、昆仑山，在古羌—蜀人眼里，就是天门或天梯岷山（喀尔克别山）。它“实在便是天帝在下方的都邑”。

《华阳国志·蜀志》说秦孝文王（实为昭襄王）“以李冰为蜀守。冰能知天文地理，谓汶山为天彭门；乃至湔氐县，见两山对如阙，因号天彭阙。仿佛若见神”。在先，《蜀王本纪》记李冰“谓汶山为天彭阙，号曰天彭门，云亡者悉过其中，鬼神精灵数见”。汶山的“汶”，上古读若“岷”。《元和郡县志》卷三十二“茂州”条说，汶山县（治所在今四川茂县北）之“汶山即岷山也”。古人有灵魂不死而溯迁徙路线返归故里的观念。《蜀王本纪》和《华阳国志》的那两条记载，说明在古羌人心里，岷山是其故里，是祖先的一处发祥地，更是死后魂归天国的关口，是必经通道，也是天帝及诸神下到人间的天门、天梯。三星堆遗址发现的四座商周墓葬呈30°~40°西北方向成坑，说明逝者乃心系岷山（三星堆蜀人当为古羌人从岷山—岷江河谷东南下成都平原的一个支系），盼魂归岷山进而登天成仙。化用辛弃疾《菩萨蛮》的二句，这叫做：西北望岷山，可怜无数仙！

羌族关于羌人起源的史诗《木姐珠与斗安珠》开篇即讲：“传说在古老的年代，人神共居于世间，天和地离得很近，中间隔座喀尔克别山，山上是神住的天宫，山下是人住的凡间。”因此，关于杜宇“从天堕止”“从天下”的种种神话传说，描述的应是杜宇从天庭通过岷山—古羌—蜀人发祥的祖地神山来到成都平原的故事。

毋庸说，从蚕丛、柏灌、鱼凫直至杜宇的部落或部落联盟，都当归于古羌范畴——包括这四个时期他们所征服的或治理下的土著部落，如羌族神话传说中被打败的戈基人一类。因为包括从蚕丛到杜宇的古羌人在岷山脚下的成都平原建立了蜀国，所以我们以羌—蜀呼之，似乎更能反映其历史面貌及文化内涵。继而我们还可以说，所谓三星堆文明，其实就是古羌—蜀文明，三星堆遗址，就是古羌—蜀人先前有过的辉煌文明的遗存。

从宗教学的角度看，一个民族（这里指“广义”民族，准确地说是古代民族）在自己的形成、发展时期，会拥有多种图腾。古羌—蜀族团各氏族部落在前蚕丛时期直至进入三星堆文明社会以前的漫长的发生、发展时期，应该会有多种图腾崇拜。当然，这多种图腾崇拜的内涵是会出现差异的。就图腾类型来看，其中可能有群落图腾、氏族图腾、胞族图腾、部落图腾直至民族图腾；就图腾的演变来看，又有单一型的图腾，如蚕、龙、羊、太阳、鸟、鸡、大山、白石图腾，也有复合型的图腾，如烛龙图腾。还需指出的是，古羌—蜀族团各氏族部落在其发生、发展时期曾拥有过的各种图腾，在三星堆文明时期已大抵失去了其原初意义，而仅作为祖先崇拜、神灵崇拜的一种标识。尽管如此，它终究是与图腾崇拜相关联的图腾孑遗，是不能割裂开来的。

一、蚕崇拜

在古羌—蜀族团的发展史上，蚕无疑占有极其重要的地位。因而，过去多数学者都赞同《说文》的关于“蜀，葵（桑）中蚕”的解释，将蚕归入古羌—蜀族团的图腾之一。民间传说则以为蚕神嫘祖出生在岷江河谷，古蜀国的第一代王蚕丛，即为教民蚕桑的君王。今茂县叠溪西的蚕陵山、都江堰市西的蚕崖关、蚕崖石，都因蚕—蚕丛而得名。

《史记·五帝本纪》说：“黄帝居轩辕之丘而娶于西陵之女，是为嫘祖。”《汉书·地理志上》说，蜀郡有蚕陵县；《水经注·江水》官本刻作“西陵”，清人沈炳巽谓：“西陵”乃“蚕陵”之误。今人陈轿驿《水经注校证》已改为蚕陵县。邓少琴先生认为，蚕陵即今四川茂县之叠（金文的“嫘”之省）溪，因嫘祖而得名。邓少琴先生还根据近人姚蔚元《北朝胡姓考》的论证，指出“西陵氏之嫘祖，是为羌族”①。今川西蚕农多供奉蚕神——西（蚕）陵神母神像，并有民谣流传曰：“三月三日半阴阳，农妇养蚕勤采桑。蚕桑创自西陵母，穿绸勿忘养蚕娘。”②

我国典籍中的蚕桑之神大致有三。其一为嫘祖娘娘。宋代高承《事物纪原》卷九载：“黄帝正妃西陵氏（嫘祖）养蚕为丝。”因她教民养蚕缫丝，被祀为神。除了姚蔚元、邓少琴先生的考证外，更有多种史料可证嫘祖娘娘确实是出生、生活于岷江上游的古羌—蜀人氏。其二即为青衣神——蚕丛氏。明刻《三教搜神大全》卷七载，蚕丛常服青衣巡行郊野，教民蚕事。死后，乡人感其德，为之立祠祭祀。前蜀冯鉴《续事始》引《仙传拾遗》则载，蚕丛，教人蚕桑，作金蚕数千头，每岁之首给民一蚕，“民所养之蚕必繁孳，罢则归蚕于王”。其三为蚕花娘娘，亦称“蚕姑”“蚕女”（图2）“马头娘”“马头神”，起源亦甚早。晋干宝《搜神记》卷十四说：

① 参见邓少琴：《巴蜀史迹探索》，135～136页，成都，四川人民出版社，1983。
② 陈浩东主编：《成都民间文学集成》，41页，成都，四川人民出版社，1991。

图 2　蚕女（选自清宣统刻《绘图三教源流搜神大全》）

旧说太古之时，有大人远征，家无余人，唯有一女。牡马一匹，女亲养之。穷居幽处，思念其父，乃戏马曰："尔能为我迎得父还，吾将嫁汝。"马既承此言，乃绝缰而去，径至父所。父见马惊喜，因取而乘之……马不肯食，每见女出入，辄喜怒奋击，如此非一。父怪之，密以问女，女具以告父，必为是故。父曰："勿言，恐辱家门。且莫出入。"于是伏弩射之，曝皮于庭。

> 父行，女与邻女于皮所戏……马皮蹶然而起，卷女以行。邻女忙怕，不敢救之，走告其父。父还，求索，已出失之。后经数日，得于大树枝间，女乃马皮尽化为蚕，而绩于树上。其茧纶理厚大，异于常蚕。邻妇取而养之，其收数倍。因名其树曰“桑”。桑者，丧也。

《搜神记》还引《天官书》与《蚕书》，讲“蚕与马同气也”；又因为有上述故事的流传，今川人便将山间一种好像桑树的灌木称为马桑树。现在阿坝师范学院内后山就可见到这种桑树（属马桑科植物）。它在民间传说中原本是一种高大的通天神树，但是否就是可供养蚕之用的那种桑树（属桑科植物），不得而知，但古羌—蜀人将马头娘奉为“先蚕”“蚕神”却是事实，并且还经常将它与嫘祖、蚕丛或青衣神混为一谈，忽男忽女，变幻不定。不过，这正合乎民间传说与神话故事的一般特征。

应该说，嫘祖—蚕丛（青衣神）—马头娘这三位蚕神在古羌—蜀人眼里实为一神，且都有一个共同的特征——纵目。早有《荀子·赋篇·蚕赋》即说蚕“身女好而头马首”，以为蚕身柔婉而头如马首，而马首之双目即似“纵目”。任乃强先生以为，之所以以蚕首比马首，系因“蚕丛出于牧羌，善养马，既又创养蚕，恒以良马和蚕丝与华夏贸易，故华人谓‘蚕与马同气’。以天驷为蚕，天马为丛辰，护持蚕命。故俗于饲蚕之月禁杀马，而绘蚕丛神像做马头。华夏周秦之俗如此，汉魏晋世亦当如此。故晋人传马头娘故事（崔豹、程雅皆晋人）”[①]。

由蚕—蚕丛为纵目形象，我们又不禁联想到三星堆的大型青铜纵目人面具以及青铜爬龙柱形器上的那条“烛龙”。我们还注意到，这“烛龙”短而圆的身躯，与其纵目四羊角大头很不成比例，也不类众所熟知的曲虬浑长苍劲的龙的形象。因此，我们以为这“烛龙”之身乃是蚕身。

此外，我们也注意到，在古羌—蜀人的宗教意识中，蚕—龙—虎是一回事，三者同类，可互相转化。古羌—蜀人曾奉马（在羌族为白马，乃蚕之化身）、龙（红龙、天龙）为图腾。其关系，即如《管子·水地》所言：“龙生于水，被五色而游，故神。欲小则化如蚕蠋，欲大则藏于天下，

① 任乃强：《四川上古史新探》，成都，四川人民出版社，1986。

欲上则凌于云气，欲下则入于深泉；变化无日，上下无时，谓之神。”《荀子·蚕赋》杨倞注引《蚕书》更明确说：“蚕为龙精”。至于龙为虎，《山海经·南山经》说：“祷过之山……浪水出焉，而南流注于海。其中有虎蛟，其状鱼身而蛇尾。”郭璞注“蛟”云：“蛟似蛇，四足，龙属。”《山海经》将虎蛟并称，似以此命名“其状鱼身而蛇尾”之怪物，或以为虎蛟（龙、马、蚕）同类。至于虎为蚕，今人张文则列举巴蜀铜器纹饰及巴蜀符号，认为几乎所有的“虎纹”都呈现这种蚕样的形状，而很少有真正的条状“虎纹”，并指出：“蚕在巴蜀符号中是一个无所不在的神灵，既可幻化为蛇，也可神化为虎；所谓巴蛇、白虎云云，不过是蚕的不同隐语。”①

的确，在已出土的巴蜀器物中，有大量的蚕桑图画或文字，联系到前所列举的有关蚕神的种种记载与传说，反映了古羌—蜀聚居地，包括岷山—岷江河谷与以成都平原为中心的古蜀国诚系当时中国（也是世界）的桑蚕业的一大发源地甚或是第一发源地。在这些巴蜀符号中，有三种出现次数较多的符号，较为明显地演示出古羌—蜀人观念中，蚕化龙、化虎，蚕—龙—虎三位一体的思维定式(图3)。因而我们回过头来对前述那支带羊角的青铜爬龙柱形器进行再观察，就会明白此乃集龙、羊、蚕、虎等古羌—蜀族团于长达一两千年乃至两三千年以上的发生、发展史上曾拥有过的多种图腾于一体的复合图腾。任乃强先生考蚕丛氏的得名说：

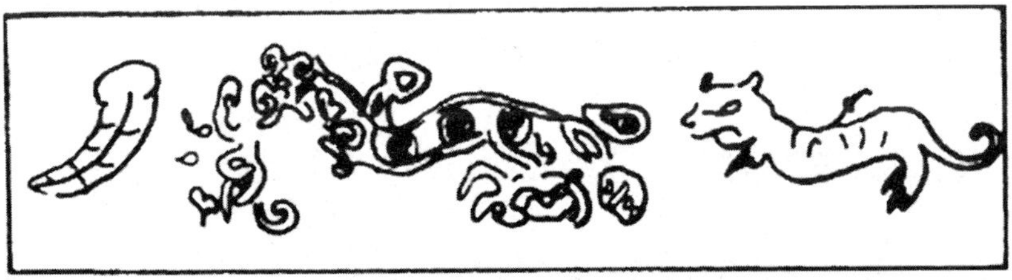

1蚕　　2龙　　3虎

图3　成都地区出土战国青铜器上的巴蜀符号

丛者聚也（《说文》）。自聚为集，被聚为丛（丛，繁体作

① 张文：《巴蜀符号琐谈》，载《四川文物》，1992（2）。

叢），故从聚之字并从取。蚕丛氏始聚野蚕于一器而采桑饲养之，使便于管理。结茧于蔟，则茧无遗佚。选蛾交配，则种可优良。产卵于皿，则卵不散乱而便于冬藏控制孵化。凡此种种，皆今世养蚕者遵奉之法而导始于聚饲者也。野蚕性不聚食，共初强之聚食，须经多次失败。迨其成功，则使制丝之术成为一次飞跃，故世遵行其法者敬之，颂为“蚕丛氏”。不言丛蚕而曰蚕丛者，羌语宾语在谓语后。盖其时蜀族仍为羌之一支，群羌称之如此。①

邓少琴先生引《诗经·豳风·东山》“蜎蜎者蠋，蒸在桑野”指出：“蠋（蠋通蜀）为野蚕，经蚕丛氏之驯养而家蚕，此为古代蜀人一大发明，故以蚕丛称之。”②

综合任、邓两先生的考证，我们大致了解到：古羌—蜀先民在极其艰难的自然条件下，为了生存与发展，在牧牛羊和少量农耕（在未进入成都平原以前，从松潘到叠溪这段岷江河谷，亦可耕作，只是耕作地面积太小）同时，也兼营狩猎与养殖；而养殖业主要是养蚕，用以自身蔽体、美饰和向周边氏族部落进行以物易物的贸易活动。养蚕本身则有一个从拾野茧抽丝制绵到有意识地植桑养蚕的演变过程。以后全国乃至全世界的养蚕业，即由此发源和推广开来。

由于蚕（马）或蚕丝在古羌—蜀的氏族部落的形成与发展时期“功不可没”，因而古羌—蜀族团将其敬奉为图腾（进入阶级社会以后又转为神灵，形成许多美丽动人的传说），便是顺理成章的了。

二、龙—羊崇拜

三星堆青铜爬龙柱形器上的“烛龙”造型，使我们想起了《山海经·海外北经》中的一段记载：

钟山之神，名曰烛阴，视为昼，瞑为夜，吹为冬，呼为夏，不饮，不食，不息，息为风，身长千里，在无启之东。其为物，

---

① 任乃强：《四川上古史新探》，成都，四川人民出版社，1986。

② 邓少琴：《巴蜀史迹探索》，135～136页，成都，四川人民出版社，1983。

人面，蛇身，赤色，居钟山下。

钟山就是昆仑山。[1] 烛阴就是烛龙。[2] 这段神话意思是说，烛龙是一条赤色巨蛇，但是它不需要吃喝，也不需要呼吸，终日立于云中。当它睁眼的时候，宇宙的漫漫黑夜便被它眼中的光亮照明了；而当它合眼时，天地就黑暗了。烛龙的眼睛何以这样厉害？《山海经·大荒北经》说它“直目正乘”。“正乘”之意，语焉不详，历来颇多分歧；但对“直目”，注家都赞成郭璞的说法，即“目纵”之意，三星堆二号坑出土的那面宽 1.38 米的大型青铜人面像（被人们称作“纵目人面像”），眼珠即呈圆柱形，外突达 16.5 厘米（图 4）。这大致就是烛龙“直目”的写照吧？这也就难怪三星堆遗址里有不少龙的形象，如大型青铜立人像左衽上的龙、青铜爬龙柱形器上的龙（烛龙）、青铜神树上复原长度可能达 4 米的龙[3]……因为烛龙是蛇身，所以我们又在二号坑发现了一条残长 54 厘米的青铜蛇。

图 4　三星堆大型青铜人面像（江聪摄影）

《华阳国志·蜀志》说，古蜀国的第一代王蚕丛“其目纵”。因此有不少研究者都认为三星堆纵目人面具就是其先祖蚕丛的形象——也就是烛

① 《淮南子·俶真》：“钟山之玉。”汉高诱注：“钟山，昆仑山也。”
② （晋）郭璞注：《山海经·海外北经》：“烛龙也，是烛九阴，因名云。”
③ 胡昌钰、蔡革：《鱼凫考——也谈三星堆遗址》，载《四川文物》，1992（S1）。

龙的形象。近代研究者还认为祝融音读与烛龙近，烛龙又可视为神话传说中的火神、光明之神和南方之神——祝融。[①]《山海经·海内经》云：

> 炎帝之妻，赤水之子听訞生炎居，炎居生节并，节并生戏器，戏器生祝融，祝融降处于江水（岷江）。

《蜀王本纪》则说："蚕丛始居岷山石室中。"这样来看，传说中的祝融、蚕丛最早都活动于川西北的岷山—岷江一带。所以，古羌蜀人将他们合为一个神，并引为自己的先祖来崇拜，当是不无道理的。

顺便提及的是，前举三星堆一号坑青铜爬龙柱形器上的烛龙，生有两对四支向下卷曲的犄角（一对大，一对小）。按其形制，这当是青藏—川西高原毛用羊——绵羊的盘羊角（二号坑出土的三羊三鸟尊以及铜罍上的羊角，也是这种盘羊角）。《国语·晋语》云："炎帝以姜水成……炎帝为姜姓。"而姜、羌相通，按《说文》《风俗通》等解释，羌为父系制部落时代以羊为号的"西戎牧羊人"。任乃强先生考证说："羌族称周族之女为姬，周族称羌族之女为姜。他们都是由母系氏族社会转进到父系氏族社会还不久，是保持尊重女性习俗的一种体现。"[②] 邓廷良先生在《琼鸟与牦牛羌》一文中则指出："炎、黄、鲧、禹、稷皆古氐羌中功业昭著之大人（酋长），夏及其支系周亦绵为羌中赫赫大部。"邓先生还认为："羌人纵部族繁杂，但概而言之'西戎牧羊人也'，故乃是以'羊'为总图腾之一大系部族集团。也正如《山海经·西次三经》云：'凡西次三山之首，自崇吾之山至于翼望之山，凡二十三山，六千七百四十四里，其神状皆羊身人面。'"[③]（图5）我们认为，不论古羌人的"总图腾"是否就是羊图腾，但三星堆青铜爬龙柱形器上的那条带羊角的烛龙曾为古羌人图腾之一的论断却是可以成立的。

---

① 王兆乾：《楚人祝国的祭仪——贵池傩舞〈打赤鸟〉再探》，载《文艺研究》，1990（6）。

② 任乃强：《四川上古史新探》，成都，四川人民出版社，1986。

③ 邓廷良：《琼鸟与牦牛羌——兼谈图腾变迁的另一面》，载《社会科学战线》，1984（3）。

图5　羊身人面神（选自明蒋应镐《山海经释义》及清汪绂《山海经存》本）

我们还注意到，殷墟出土的甲骨上的许多“羊”字，都是双角盘曲、一对大眼的形象，这正是西羌绵羊的象形，而不是内地咸羊的象形。1976年在殷墟“妇好”墓中出土的大角人玉器上，其盘羊角的特征也很突出。不过，据任乃强先生研究，在那个时代和以前，中原尚“未有过驯养野羊的工作”[①]。因此，骆宾基先生关于青铜爬龙柱形器乃是夏初或夏前半期以夏的族标荣誉形式对蜀王进行分封册命的礼器遗存的观点，[②] 是不能成立的。如果我们硬要将这带有四羊角的龙判为某种族团的族标的话，亦当归为祝融（烛龙）—蚕丛族团的名下，因为其不仅带有卷羊角，而且其二目亦很突出，古羌—蜀族团（即烛龙—蚕丛族团）的特征十分鲜明。当然，我们也可以反骆先生之说而用之：如果夏族团确是以卷羊角龙为族徽的话，那么这正是古羌—蜀族团从川西高原北上开拓与发展事业的物证。

---

① 任乃强：《四川上古史新探》，成都，四川人民出版社，1986。

② 骆宾基：《三星堆出土的古蜀“龙护柱”族标考》，载《四川文物》，1992（S1）。

三、鱼崇拜

大家知道，在原始社会里，渔猎生产是一大支柱产业，特别是对于地处海边、湖滨、河畔的人们，捕鱼业则简直就是第一产业了，即便在新石器时代原始农业发达起来以后，渔业的地位依然十分重要，而且这种重要性一直延续至今——这是无须赘言的。

古羌—蜀的原始先民因为依傍大江（这里指岷江）及其大小支流而与鱼朝夕相处，且因生产力低下，须得向鱼讨生活，一日三餐都离不开鱼，因而向鱼套近乎、拉亲情，奉鱼为图腾而敬祀之，以求鱼图腾或鱼神庇护渔业生产的兴旺发达。

《山海经·大荒西经》说：

> 有鱼偏枯，名曰鱼妇。颛顼死即复苏。风道北来，天乃大水泉，蛇乃化为鱼，是为鱼妇，颛顼死即复苏。（图6）

按《史记·五帝本纪》的说法，颛顼是黄帝之子昌意在蜀地若水（即今雅砻江及与雅砻江合流后至云南巧家县的一段金沙江）娶蜀山（岷山）氏女所生。另据郭璞引《淮南子·地形》注云："'后稷龙在建木西，其人死复苏，其中为鱼。'盖谓此也。"后稷即弃，是帝喾（黄帝后裔）妃子姜嫄踏巨人脚印感孕所生之子，为周始祖。而我们从《山海经》和《淮南子》所记得知，作为黄帝一脉的颛顼、后稷死后都化作了鱼神（或半人半鱼之神），这其实就是古羌—蜀先民，也是中华先民的一种以鱼为图腾的图腾神。

比较有趣的是，后稷之葬在建木西，即成都平原。《山海经·海内西经》说："后稷之葬，山水环之，在氐国西。"对后稷葬所，郭璞注云："在广都之野。"《华阳国志·蜀志》云：

> 广都县，郡（指成都）西三十里，元朔二年（公元前127年）置，有盐井渔田之饶。

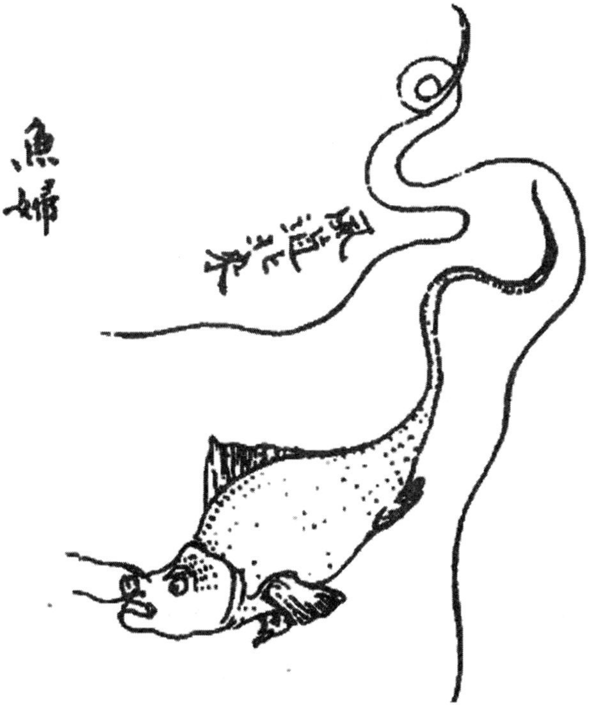

图6　鱼妇（选自清汪绂《山海经存》本）

而后稷墓葬所毗邻的氐人国，也是一个鱼人国。《山海经·海内南经》说："氐人国在建木西，其为人，人面而鱼身，无足。"按，上古典籍（如《史记》《汉书》《后汉书》）中"氐羌"不分，"氐羌"混用，乃因氐、羌同源（入魏晋以后，氐才从羌族中分化出来，形成单一民族）。《山海经》里的这个神异的氐人国（鱼人国）其实就是羌人国。

神话传说反映出一定时期的社会经济和社会风貌。四川至今也是全国水资源最为丰富的地区之一，更不用说四五千年以前的远古时代了。按照任乃强的看法，在传说中的鱼凫时代，"成都平原还是一片水域，不可居人"。也正是由于这个原因，古羌—蜀部落中的一支才会从世居很久的茂汶盆地（在今四川省茂县、汶川间）进入成都盆地来捕鱼，形成后人传说中的鱼妇（或鱼凫）——鱼人国（剔去神话色彩，应为渔人国）。在维持旧业的基础上，这支渔人部落又"发觉这块湖沼未涸的沮洳地内，仍有局部的陇冈丘陵是可以住人的……从而开始在丘陵上试行耕种，逐步拓展，终至于开辟了成都平原，以至于建成国家”[1]。不用说，这支渔人部落先前在茂汶盆地居住时，大致也是以打鱼为生，并驯养鱼凫（今俗称鱼老鸹）的，而且很可能是以鱼和凫为图腾——以后又奉为始姐和神灵。三星堆一号坑出土的雕刻有两对两两相背的鱼的金杖（不少人认为是王族的权杖）、鱼嘴形牙璋、长1.2厘米的白色鱼形玉佩、“鸟头把勺”中的“鱼鹰头”以及“形似蚕蛹，上穿孔，径2.2厘米，长仅3厘米”的陶质网坠模型，正是这支渔人部落后来在广汉三星堆建立国家的实证。

这里，顺便交代一下：有的研究者认为禁止捕食图腾物，是图腾禁忌的主要内容，因而崇鱼氏族—部落是不会以捕鱼为业的。我们认为，这种看法过于简单了。

首先，对世界各地残存的图腾崇拜习俗的调查表明，图腾禁忌的表现形式因地而异，并非一种模式。在不少地方并不是一味禁止捕杀、捕采图腾物类。这是因为图腾崇拜是与原始社会生产力发展水平相适应的观念产物。在母系氏族公社时期，人们过着狩猎与采集生活，大多数图腾物都是人们狩猎和采集的对象——动植物，它们是原始人类赖以生存的必要条件。就总体而言，各氏族部落的原始先民们实际实行的是“错落图腾禁忌”，即只禁捕食本氏族部落的图腾物，而将他氏族部落的图腾物作为自己的捕食对象。但也有以自己得以仰赖为生的动植物为图腾的。诚如马克思所言：“某些部落中的氏族都戒除食用成为自己氏族名称的动物，但绝不是普遍的规定。”[2] 这些氏族的图腾祭祀之一就是祈求大量繁殖图腾物，以保证其生产、生活所需。澳大利亚阿兰达部落称这种祭祀为“印蒂齐乌玛”，意思是“制造”或“生产”。他们的图腾禁忌只是不准滥捕滥杀。至于在大多数部落中关于不捕食图腾物的禁忌，恰恰是针对曾经普遍捕食图腾物的实际而制定的。这固然是出于对图腾始祖亲族的情感，也由于这种食物来源的短少或其他生产领域的扩大，旨在引导开辟新的来源，或强化“神圣的观念”，并以此确立人伦道德规范，以维持生态平衡，进而维持整个社会的生产、生活秩序。（当然，这只是就原始先民的潜意识和其效果影响而言；在当时，他们并不可能有如此明确和长远的生态平衡和保护观念。）

① 任乃强：《四川上古史新探》，成都，四川人民出版社，1986。

② 转引自巫瑞书等主编：《巫风与神话》，210页，长沙，湖南文艺出版社，1988。

其次，民族学的常识告诉我们，在进入父系氏族公社以后，氏族宗教发展成为部落宗教（自然崇拜、祖先崇拜、英雄崇拜等），原先作为氏族宗教主要内容的图腾崇拜逐渐衰落（当然在衰落过程中，仍有一些新的图腾崇拜产生并混杂于部落宗教中）。在这种背景下，关于图腾的禁忌逐渐松弛，捕食图腾物的例子绝非鲜见。新中国成立前处于部落公社时代的鄂伦春族崇拜熊，并以之为图腾。当他们打到熊时，便哭着抬回来，吃完后再哭一场，将熊骨和内脏像对死者一样实行“天葬”。旧时赫哲人和鄂温克人也以熊为图腾，但也要猎熊。猎到熊后则以叩拜，并将其头、心、肝及其他内脏进行“风葬”。侗族人则把鱼和始祖母都称为“萨”，其古歌中还把子孙后代与鱼群相比，把族姓的鼓楼以“鱼窝”相喻，具有图腾主义的意味。然而他们仍捉鱼吃鱼，并将腌鱼作为待客的上品。

可见，对图腾物的崇拜与捕食是可以并行的。“禁忌”，本是人为的道德规范，作为一定的自然与社会条件下的产物，其本身就包含非恒定的或然性，何况进入夏代以后的中华先民已从部落公社时代向着部族社会进行大转变，因而，他们在奉鱼为图腾或始祖一类的崇拜对象的同时而捕鱼、食鱼，便不足为奇了。

马克思、恩格斯在《德意志意识形态·费尔巴哈》一文里写道：

> ……我们首先应当确定一切人类生存的第一个前提，也是一切历史的第一个前提，这个前提是：人们为了能够“创造历史”，必须能够生活。但是为了生活，首先就需要吃喝住穿以及其他一些东西。因此第一个历史活动就是生产满足这些需要的资料，即生产物质生活本身。①

现在，我们便明白了这样一个事实：古羌—蜀先民鱼图腾崇拜之所以产生并得以延续下去，乃在于对鱼资源的依赖以及对扩大这种资源的祈愿和实际努力。所以，这就难怪我们会在《诗经》之《小雅·无羊》里看见这样的情景：“牧人乃梦，众维鱼矣……大人占之，众维鱼矣，实维丰年。”这里的“众”，按清人马瑞辰《毛诗传笺通释》里的说法，当为蝗

---

① 中共中央马克思恩格斯、列宁斯大林著作编译局：《马克思恩格斯选集》（第一卷），158～160页，北京，人民出版社，2012。

虫的省借。诗的大意讲的是生活在广袤的青藏大草原（包括陇西南大草原、甚至还包括川西北大草原）上的古羌牧羊人一边放牧，一边梦想着漫天的飞蝗变成无边的鲜活的鱼群。而占卜则为他祈梦：说这是大丰年的吉兆。

《小雅》中的《鱼丽》也三次提到“鱼丽于罶（捕鱼的竹笼）”，并与“物其多矣，维其嘉矣”，“物其有矣，维其时矣”等反复连唱。

就“鱼丽于罶”句而言，谓鱼留于网（笼），其本身便是顺遂心愿的事。《诗序》说：“鱼丽，类万物盛多，能备礼也。”因此，《鱼丽》一诗的中心，其实也是以鱼预告丰年的意思。

对于《小雅·无羊》中的牧羊人梦见蝗虫变鱼儿的奇事，今人一定会有所不解：牧羊人咋不梦变羊儿呢？同样奇怪的事情还发生在西藏阿里地区日土县任姆栋（属古羌人的生活区。藏族在两汉时还属于西羌人的一支）的巨幅岩画上。据苏北海《古代西域岩画中父系氏族社会时期的崇拜文化》一文报道，在该幅岩画上，有骑着羊的牧羊人，有多达 125 头的羊群，但最为突出的也是岩画的中心思想却是人与鱼的关系：因为画有一条圆鼓鼓的大鱼和 13 条小鱼，旁边是 4 个戴鸟首形面具的人在载歌载舞。[①]

联系到《诗经》里的古羌牧羊人的神奇之梦，我们起码会弄明白两层意思：

第一，古羌牧羊人做鱼梦并非真在想着羊变鱼，而是希望“年年有余（鱼）”（为谐音双关），羊儿多多呢！这样来看，《诗经》所记古羌牧羊人的梦境，其实开了中国民俗文化中关于“年年有余”之吉祥说法或观念的先河。

第二，古羌牧羊人以鱼兆丰年，乃是借用鱼强大的生殖系统和繁衍能力。我们注意到，在前举西藏日土县任姆栋岩画上，与鱼相伴的戴鸟首形面具的人，那面具有何意义？是否象征着男性生殖器呢？其实，该幅岩画上就“有写实的男女生殖器各一个”，还有 10 个鼓腹陶罐。更为重要的是，13 条小鱼中，有 10 条皆在大鱼腹中，尚处于孕育状态。因此，可以说，以鱼的生殖繁衍力隐喻丰产，乃是古羌人的一种原始信仰观念，当然也可以说是从黄河流域到青藏高原再到长江流域的全体中华先民的普遍的原始信仰观念。不过，需要强调的是，这里的丰产还包含人类自身的生殖

① 史式、黄大受主编：《中华民族史研究》（第二辑），205 页，海口，海南国际新闻出版中心，1997。

繁衍这一活动，不独是衣、食、住等物质资料的生产。诚如前引马克思、恩格斯《德意志意识形态·费尔巴哈》一文所说：

> 一开始就进入历史发展过程的第三种关系是：每日都在重新生产自己生命的人们开始生产另外一些人，即增殖……这样，生命的生产，无论是通过劳动而生产自己的生命，还是通过生育而生产他人的生命，就立即表现为双重关系：一方面是自然关系，另一方面是社会关系；社会关系的含义在这里是指许多个人的共同活动，不管这种共同活动是在什么条件下、用什么方式和为了什么目的而进行的。[①]

作为古羌人的鱼图腾还含有人类的自身繁衍这一项内涵的表征，则是鱼为女阴之象。《周易·井卦九二》爻辞有“井谷射鲋”句，“射鲋”犹言“射鱼”。唐人李鼎祚集解说“鱼为阴物”，所以《周易·剥卦六五》爻辞云：“贯鱼以宫人宠，无不利。”这里大意是说，“六五”的皇后率后宫众嫔妃依照次序，鱼贯（像游鱼一样一个接一个地）而入，去接受君王的宠幸。《周易》之所以以鱼喻女人，除了鱼的繁殖力以外，还在于鱼的轮廓形象（特别是双鱼轮廓形象）与女阴相似。所以，在包括古羌人在内的中华上古先民的鱼图腾崇拜里，当有十分明显的女阴崇拜——生殖崇拜的内容，这是不言而喻的。这样来看，我们对闻一多先生关于《诗经》里的“鱼是匹偶的隐语”，“以烹鱼或吃鱼喻合欢或结配”的发覆之论便不得不点头称是了。

前面讲过，在三星堆一号坑发现有雕刻着两对两两相背（共四组）的鱼的金杖。它全长1.43米，直径2.3厘米，重463克。这件金杖于本文的意义还在于：那上面的四组鱼雕图，是被四支飞箭贯穿的（飞箭上还有飞鸟）。鱼雕图案下方，则有作开口大笑状、戴太阳（呈五齿放光芒或言莲花盛开状）帽的头像，亦是正反面皆有，为两幅（图7）。从古羌—蜀图腾的角度看，金杖图案正合鱼崇拜之象，亦合《周易》“射鲋”“贯鱼”之意，具有生殖崇拜的内涵。金杖上的飞鸟，或是鱼凫（鱼老鸹），疑是

---

① 中共中央马克思恩格斯、列宁斯大林著作编译局：《马克思恩格斯选集》（第一卷），158～160页，北京，人民出版社，2012。

鱼凫氏的象征。有学者以为其反映了三星堆政权内部鱼凫氏败亡，被杜宇氏取代的史事。

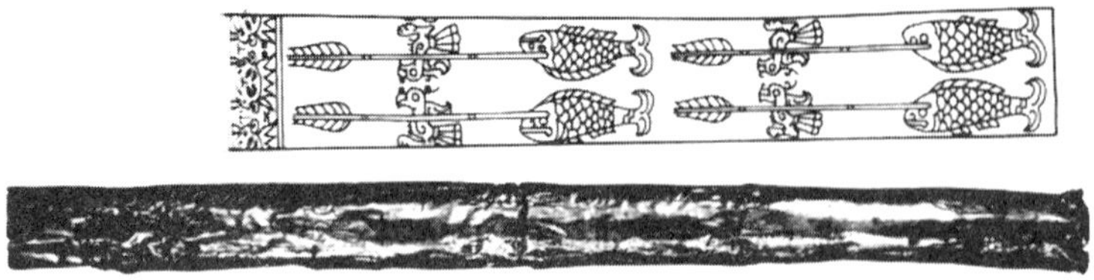

图7　三星堆金杖（选自四川省文物考古研究所编《三星堆祭祀坑》）

四、太阳崇拜

古羌—蜀族团曾有过太阳崇拜，甚或有过太阳图腾——这似乎是没有问题的。我们仅从现代羌族服饰（包括荷包等）及其他装饰中不断出现的太阳或疑似太阳图案，即可获得证明。在羌族服饰图案中有一种火盆花，“是以火塘为中心射向四方的散点花，表现火花四迸的活力感和跳动感”①。羌族有民谚“金炉不断千年火，玉盘常点万代灯”，说的就是它。我们以为，这应当是太阳的特征；所谓火盆花，其实是对光芒四射的太阳的模拟和刻画。羌族信奉的火塘神亦是对所尊奉的太阳神的一种演绎，或者说是太阳神的变异。

金灿灿的太阳，不知多少万年前就辉映着地球，庇护着人类，给人类以无限的遐想。与此相应，包括古羌—蜀人在内的古人敬仰太阳，崇拜太阳，祈祷太阳，创造出难以计数的令人激动不已的太阳神话。太阳于是成为世界各民族神话中最具普遍性的意象。正是在这个基础上，19世纪形成的西方宗教研究领域中的第一个最大学派——自然神话学派的代表人物英国人麦克斯·缪勒（Max Muller）提出，人类所塑造出的最早神是太阳神，最早的崇拜形式是太阳崇拜。太阳神话是一切神话的核心，一切神话都是由太阳神话派生出来的。太阳“从仅仅是个发光的天体变成世界的创

① 王君平主编：《羌族文化与羌绣服饰艺术》，9页，北京，中国文联出版社，2009。

造者、保护者、统治者和奖赏者——实际上变成一个神，一个至高无上的神”①。缪勒同时还指出，宗教的演变历程是从崇拜太阳的单一神教向多神教发展，最后又演变成唯一的神教。不过太阳崇拜产生于什么时候，国外学术界尚无一致意见。属于新石器时代的卡累利阿上千幅岩画（发现于今俄罗斯西北部卡累利阿共和国的奥涅加湖和白海地区，距今六七千年），画面所绘大多为飞禽走兽，“此外，尚有种种图形——圆和半圆，并绘有辐射之光束”②。一些研究者据此认为，绘有光束的圆和半圆，是日月的象征。其实，在世界各地，都发现有从新石器时代至青铜时代的太阳崇拜的遗迹。

从考古资料来看，中国太阳神观念和太阳崇拜在新石器时代已经形成。1976 年，青海东部出土的马厂型马家窑文化中有圆圈“＋”字纹彩陶壶、四圆圈“＋”字网纹彩陶壶、四圆圈“米”纹彩陶壶、六圆圈“×”字网纹彩陶罐、四圆圈“×”字联珠纹彩陶壶。1974 年和 1977 年青海民和出土有“卐”形纹彩陶壶。其中“＋”字纹与印第安人象征太阳的“＋”字完全相同。上述地区都是后来古羌广泛活动的区域。

属于青铜时代的三星堆二号坑出土有一种青铜轮形器（共 4 件），呈圆形，直径约为 70 厘米；中心似轮毂的大圆泡的直径约 20 厘米，有 5 根

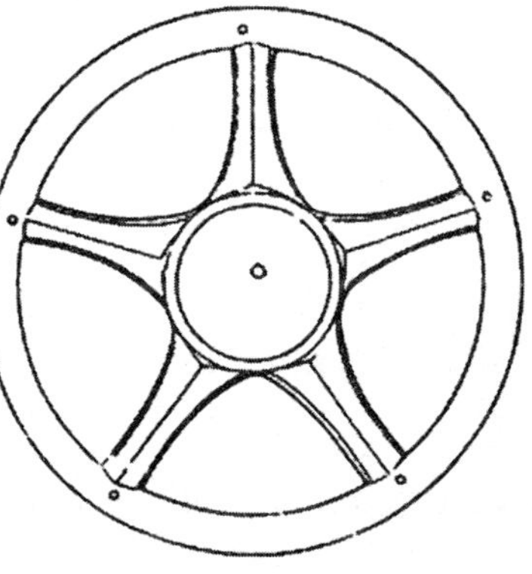

图 8　三星堆青铜轮形器（选自《三星堆祭祀坑》）

① ［英］麦克斯·缪勒著，金泽译：《宗教的起源与发展》，186 页，上海，上海人民出版社，1989。

② ［苏］C. A. 托卡列夫著，魏庆征译：《世界各民族历史上的宗教》，37、38 页，北京，中国社会科学出版社，1985。

似轮辐的放射状直条与外径相连。这应是古羌—蜀先民太阳崇拜的遗物。轮形器的中心大圆泡可释为太阳，放射状直条可谓四射的光芒（图8）。将太阳描绘成轮形器，是世界各国太阳崇拜民族比较一致的简易画法，如在前举古羌人活跃的今青海乐都县出土的彩陶盆上的太阳纹、今四川珙县发现的僰人悬棺壁画上的太阳图案（图9）……僰人亦属古羌人的一支。

图9　四川珙县僰人悬棺壁画上的太阳图案（圆形者）

太阳崇拜是以天体为对象的自然崇拜的一种。在人类未形成之前，太阳便已存在了。人类诞生以后，太阳作为一种自然物体，与人类朝夕相处。但在人类社会的早期，即原始采集、狩猎时代，尚没有发生太阳崇拜，因为尽管太阳对人的影响较为显著，但毕竟未对人生活和生命安全产生直接影响。能够与人的生活、生命安全构成利益攸关联系的是野菜、野果和各种动物（包括凶禽猛兽）。只是进入新石器时代以后，即人类能够进行生产性的生产（农业和畜牧业）以后，太阳对人，才有了直接的利害关系，人们才感觉到太阳对生产和生活所形成的巨大影响，感觉到自己的劳动成果受到太阳的制约，从而促使人们较多地思考太阳、猜想太阳。人们观察到，在春天，在和煦温暖的太阳照射下，农作物、牧草和其他各种植物开始发芽、开花和长出新枝，并在日照时间较长的夏、秋两季长得特别快，终于结出果实。原始人不理解太阳的奥秘，便以为太阳具有能使万物复苏、生长的超自然力量，甚至视之为丰产的主要赐予者。不过，太阳的脾性是难以捉摸的，有时顺乎人心，能尽人意；有时却故意与人作对——需要它时不出来，不需要它时却偏偏烈日当空。因此，原始社会的人们即以为，太阳也像人一样，有灵魂，有喜怒哀乐，进而形成太阳有灵观念。后来，人们又逐渐把太阳人格化，且视之为神而加以礼敬或祭祀。[①] 中国各地史前文化或奴隶制文化时代的各式太阳造型（如三星堆轮形器），当是这种太阳祭祀的供奉物。

羌族民间故事中有《月亮和九个太阳》的版本，讲原来天上曾有过九个太阳同照大地的事发生。一位叫木哈木拉的神箭手于是弯弓搭箭，一天射落一个太阳，最后只留下一个太阳照白天，让月亮照黑夜。[②] 这个故事，与汉族神话中的“后羿射日”颇相似。这说明包括古羌人在内的古人，虽尊太阳为神灵，但是也要让它顺应人心，关照人间，不要太任性。换言之，包括羌人在内的上古时代的古人，既有顺应自然规律的素养，亦有掌握自然规律、为我所用的雄心。这即如后来道教早期经典《西升经》第二十六章所讲：“我命在我，不属天地！”

神话传说是人类社会生活的折光，无论是羌族还是汉族，抑或其他各族的众多射日神话，都与严重的天干旱魃有关，如《庄子·齐物》云：“昔者十日并出，草木焦枯。”东汉王充《论衡·感虚篇》云：“儒者传书，言尧之时，十日并出，万物焦枯。”为此，人们创造出“后羿射日”和“夸父逐日”一类缠绵悱恻而又悲壮动人的神话故事，表达出渴求日柔雨顺甚或把握自我、人定胜天的愿望。

不过，总的来讲，包括古羌人在内的上古时代的人们，经历了与太阳的长期共处，更多的是看到它的长处，认为它能给人带来光明、温暖，还能明辨善恶、洞察人间。所以，大约在进入新石器时代以后，人们便开始奉太阳为丰产之神、保护之神以及光明正大、明察秋毫之神。三星堆二号坑出土的那尊高达2.6米的大型青铜立人像，就糅合了传说中的太阳神形象。在中国日神传说中，太阳往往又被异形为莲花。《淮南子·地形训》

---

① 何星亮：《中国自然神与自然崇拜》，148页，上海，三联书店，1992。

② 孟燕等编：《羌族民间故事选》，15、260～263、272页，上海，上海文艺出版社，1994。

高诱注说："若木上有十日，状如莲华。"羌族释比所戴法冠，除了猴皮帽外，常见的还有一种呈莲花盛开状的太阳帽。有人说这是从道教法师借用而来。其实在羌族释比心目中，这样的穿戴乃是一种太阳崇拜；退一步讲，也是冥冥之中对远古太阳崇拜的一种追忆。据何耀华先生的调查，新中国成立前云南昆明西山区大小勒姐等村的彝族，每逢农历冬月二十九日都要举行"太阳会"，村人到山神庙中去祭祀"太阳菩萨"。祭祀时，用五色纸书写"太阳菩萨"几个字，念《太阳经》7遍。供品上雕刻的象征太阳的图案就是莲花。彝族的渊源，也与古羌人有关。其先人僰（濮），系"羌之别种"[①]。古羌—蜀文明的遗存——三星堆大型青铜立人像头上戴的那顶高17.7厘米的花冠，繁茂怒绽，明显如盛开的莲荷。这与古巴蜀符号中的一种太阳状符号（任乃强《华阳国志校补图注》释为古蜀的"日"字）是一致的。因而，这青铜立人像的造型，似可释为头顶太阳，是古羌—蜀人顶礼膜拜和祈祷的对象。前文言及的三星堆金杖上雕刻的戴太阳帽头像图亦可为证。头顶太阳的形象，在中国古史传说中的对应神是先前在东方建立了鸟国——少昊之国，而后又去统治西方的天帝少昊。他是黄帝与西（蚕）陵嫘祖在江水（岷江的古称）所生之子青阳。[②] 郭沫若先生主编的《中国史稿》第一册考证说：少昊部落集团各氏族"全是鸟的名字，明显的是图腾的残迹"。据甲骨学专家考证，少昊是商人的先祖，商人又曾以太阳为名，且奉太阳为神。[③] 少昊的昊，从日从天，是头顶太阳的人。可以说，少昊是集鸟崇拜（属图腾崇拜）与太阳崇拜（属自然崇拜）于一身的部落族团。但是，以岷山—岷江河谷为地望的少昊族团（即古羌—蜀族团）何以入主中原称王称霸，又何以复出于三星堆——这个与殷商同时代的西南奴隶制大邦国都城的金銮殿上？这确实是一桩难解之谜。也许是其发迹于岷山—岷江，而后溯岷江经今甘肃、陕西入河南；旋有一支再沿此路线返归故里？也许是其主要一支出蜀去闯天下，而留下另一支沿岷江西南下进抵三星堆立国建都？不论历史真相如何，总之，有

---

① 中国大百科全书总编辑委员会《民族》编辑委员会：《中国大百科全书·民族》，500页，北京，中国大百科全书出版社，1986。

② 《大戴礼·帝系》云："黄帝居轩辕之丘，娶于西陵氏之子，谓之嫘祖氏，产青阳及昌意。"《汉书·律历志下》云："少昊帝，《考德》曰少昊曰清。清者黄帝之子清阳也。"

③ 胡厚宣：《甲骨文商族鸟图腾的遗迹》，见《历史论丛》（第一辑），139、140页，北京，中华书局，1964。

关太阳崇拜的大量实物图形毕竟在三星堆遗址被令人揭露出来,尤其是与中原地区和长江流域同时代文化迥然不同的能足以显示古羌—蜀文化特色的“鸟头勺把”被大量揭露出来，这确是一个令人讶然的事实。

五、鸟一鸡崇拜

今天在广汉三星堆博物馆展出的那棵顶天立地、气势宏大的青铜神树的原件，乃是先前在三星堆二号坑出土的三棵青铜树中的一棵，刚出土时主干就高达3.59米。1990年，考古工作者对其复合后的主干高度是3.96米，枝尖残缺。枝干分三层，每层有三枝，每枝上立一铜鸟（图10）。那三棵青铜神树，有可能就是羌族民间传说中能通达天庭的神树——马桑树，或者是古文献中的“建木”。不过，《山海经·海外东经》又云：“汤

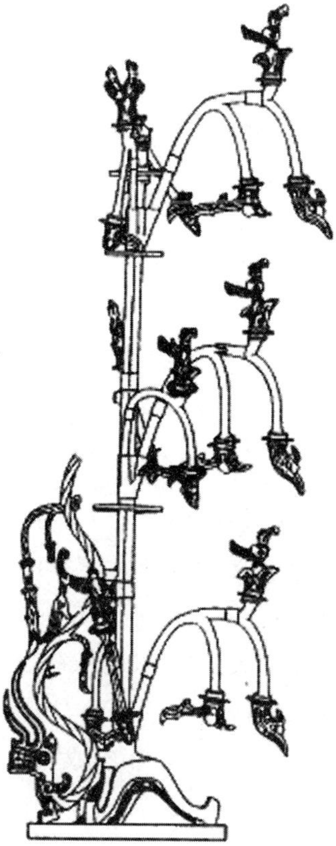

图10　三星堆大型青铜树（选自《三星堆祭祀坑》）

《淮南·地形》则谷上有扶桑，十日所浴……九日居下枝，一日居上枝。”云：“若木在建木西，末有十日，其华照下地。”若依此而论，三星堆遗址出土的三棵青铜树的神话原型，也可能不是“建木”（因《山海经》所载建木无枝、无鸟），而是“若木”。据《山海经·海内经》载：若木在“蜀郡旄牛徼外”，即今之川西雅砻江（古若水）一带，为黄帝与嫘祖之子昌意的诞生地。按若木的原型，复原后的三星堆青铜神树残缺的树尖部分当还有鸟，共为十鸟；或者说，还有一日，共为十日。十鸟即十日。

的确，在世界不少民族传说中，都将鸟视作太阳的象征，如古埃及的鹰神荷拉斯即为太阳神。在古波斯人的钱币上，其作为太阳子孙国王的皇冠上，便装饰着象征太阳的翼翅。中国古籍中常说的“金乌”“赤乌”“阳乌”“踆乌”，即指太阳。羌族民间故事《吉祥鸟》中带给人们幸福和欢乐，且能惩恶扬善的吉祥鸟，也是一只金色鸟。[1] 它或许就是号称金天氏的古羌最早祖神之一——少昊的化身。在古羌—蜀人的记忆中，少昊既是金色鸟，亦是太阳神。前举西藏任姆栋岩画上戴鸟首形面具者，可能代表少昊氏部落集团（即古羌部落集团）所崇奉的鸟图腾，或是呼唤生命、催促新生、激扬奋进的天鸡形象，是生命的天使、生活的天使。前举三星堆金杖上开口大笑、戴太阳帽的头像与之异曲同工，同样带给古羌—蜀人生命的希望和生活的欢乐。

佚书《玄中记》说：“蓬莱之东，岱岳之间，有扶桑之树。树高万丈，树岭常有天鸡，为巢栖于树上，每夜半时则天鸡鸣，而日中阳乌则应之。阳乌鸣，则天下之鸡皆鸣。”东方朔《神异经·东荒经》则说：“巨洋海中，升载海日。盖扶桑山上有玉鸡，玉鸡鸣则金鸡鸣，金鸡鸣则石鸡鸣，石鸡鸣则天下鸡皆鸣。”欧阳询等编纂的《艺文类聚》卷九十一引《玄中记》的一段又说：“东南有桃都山，上有大树，名曰桃都，枝相去三千里，上有天鸡，日初出，照此木，天鸡即鸣，天下鸡皆随之。”联系到前引《山海经》扶木（桑）上有日有鸟的记载，原来，在上古先民的意识里，鸡、鸟（乌）、太阳竟是相通的，都是一回事。在中国各民族的太阳神话中，被射后剩下的太阳（有时也有月亮）总是躲在某处，人间一片黑暗，各种动物均去叫唤太阳，但唯一成功者是公鸡。羌族民间故事

① 孟燕等编：《羌族民间故事选》，15、260～263、272页，上海，上海文艺出版社，1994。

《太阳和公鸡》所述往事，与此大同小异。① 因为鸡与太阳（生命）具有相关性，因此鸡亦被视为灵魂的载体，故而原始先民们也崇拜鸡（主要是公鸡），以鸡作为占卜的神判（某些地区，直迄近代仍有“鸡招”——以鸡召唤魂魄的巫风）。所以，我们才会在属于古羌—蜀文明的三星堆遗址发现大量的鸡眼造型，带有鸡喙特征（上嘴弯曲）的“鸟头把勺”、陶塑鸡冠以及那一只似应待在青铜神树上的气宇轩昂的青铜大公鸡（图11）——那就是天鸡，是古羌—蜀人遥远记忆中的英雄祖先少昊。“我有迷魂招不得，雄鸡一声天下白”（李贺《致酒行》），说的就是它。

图11　三星堆青铜公鸡（江聪摄影）

① 孟燕等编：《羌族民间故事选》，15、260~263、272页，上海，上海文艺出版社，1994。

六、大山崇拜

古羌先民中有很大一部分生活在大山的怀抱中，因而自然而然地便生成出对大山的崇拜，又分化出对白石的崇拜。在古羌—蜀人看来，大山如身边的岷山，高大雄伟，险峻深邃，奇禽猛兽栖息其间，又拥有丰富而奇特的物产，从而对其生出难以接近的神秘感进而引发无边的遐想——以为是一种神灵的化身，即如《礼记・祭法》："山林川谷丘陵，能出云，为风雨，观怪物，皆曰神。"而《山海经》所记载的山神，则可谓光怪陆离而蔚为洋洋大观。

三星堆遗址出土器物中，以玉器为多；玉器中以璧、璋为多，且形制最大，而在出土璧、璋中，则以璋数量第一。它们都是古羌—蜀人大山崇拜的产物。

何为璋？按《说文解字》的解释："剡上为圭，半圭为璋。"这大致是说，所谓璋，即指将一件尖头圭（由石斧演变而来）从锋尖开始，由上而下纵劈而得之半圭。如此形制，其实就是二号坑中所出土的那三件被人们称为"边璋"者。《周礼・考工记・玉人》说："大璋、中璋九寸，边璋七寸。"周代的 1 寸约等于 2. 31 厘米，7 寸边璋即当于 16. 17 厘米。而三星堆遗址出土的那三件中绘有 10 幅图案的大边璋（K2③：201 附 4），通长竟长 54. 4 厘米。因此有研究者认为，这不是边璋。

其实，《周礼》乃战国晚期时代的儒书，它既是对过去时代礼制的总结，更是立足于当时而对未来社会伦理道德的理想勾勒。因此，它不能成为评判新石器时代晚期至殷代及西周中原礼制和礼器的准绳或圭臬，更不用说那时期的古羌—蜀礼制和礼器了。

古羌—蜀人由于有着自己的民族禀赋和文化积淀，因此在器物造型上多显示出雄浑、粗放、豪迈的风格。纵观三星堆遗址所出之璋（不论石质还是玉质），从十几厘米到一百多厘米者皆有之，远出于《周礼》所记璋之规格。所以我们主张不必拿《周礼》所记来对三星堆古羌—蜀文物以一一坐实。既然大家都习惯边璋的叫法，就听之由之吧——这就如同今天多习惯于"祭祀坑"的叫法一样。不过从形制上看，被称做边璋者，固然"逾矩"而过大，太张扬，但其顶端似呈由长方形斜切边而钝角状，则颇接近于山东嘉祥汉武氏祠画像石里《祥瑞图》中的尖峰玄圭之半，即标准之璋。

对于三星堆遗址所出“牙璋”也当如是观。何为“牙璋”？论者一直各执一端。其实即连“璋”之形状，也是众说纷纭。明智的态度，应该具体问题具体分析。今天我们所见到的三星堆古羌—蜀“牙璋”——有牙之璋，大致就是大开叉形和鱼嘴形两种。其实两者都是峰尖开叉，不过鱼嘴形是其射（倾斜的刃部端边）向内弧，至顶端开小叉，近似鱼嘴而已——这与除“边璋”以外的上宽下窄、顶端大开叉（当然开叉弧度与角度有大有小）的其他璋大不同。

上述分析，我们大致已较清楚，作为三星堆玉礼器中两大重器型之一的璋，可归纳为两大属三大种，即所谓边璋和牙璋两大属；牙璋属内有大开叉形和鱼嘴形两种（图 12）；连同边璋凡三种。

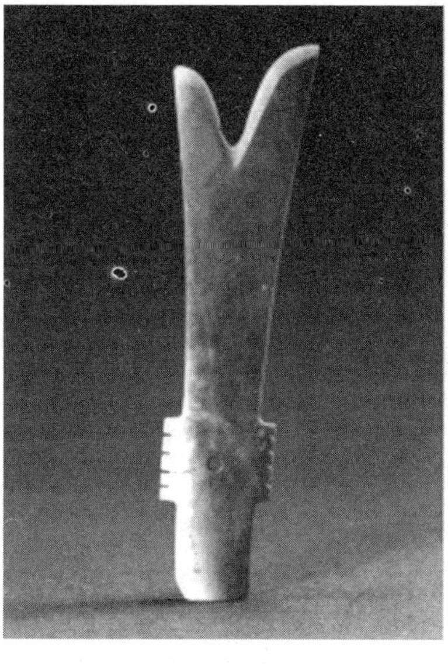

大开叉形牙璋

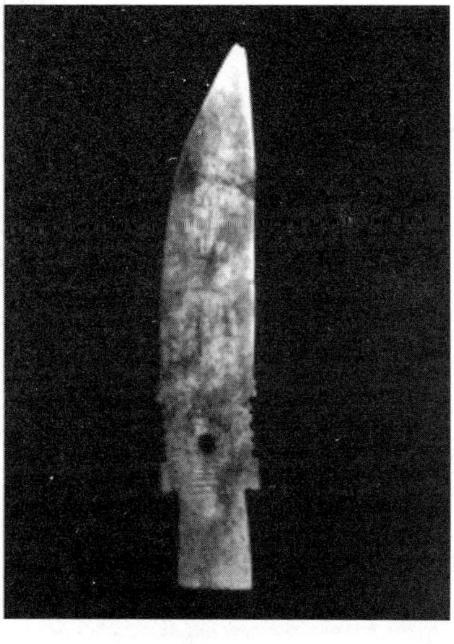

鱼嘴形牙璋

图 12　三星堆玉牙璋（江聪摄影）

三星堆形制各异，从大到小成系列组合之璋的用途是什么呢？我们认为乃用于祭祀天地祖先和大山，特别是大山——这一点颇类于汉儒郑玄对《周礼·考工记·玉人》的注（其注称璋为天子巡狩时祭祀山川的器物）。这是因为：

第一，璋中有被“明显的火烧裂纹”者，如“边璋”（K2③：201附4）。[①] 这是“烧柴燎祭天”的痕迹。

第二，所有的璋，特别是牙璋，都可视为山峰形。这是对大山的模仿。

第三，“边璋”（K2③：201附4）上的图案都含有并突出大山的内容（图13），且绘有牙璋的造型。[②]

图13　三星堆玉边璋（选自《三星堆祭祀坑》）

璋以祭山，正是源于古羌—蜀人多是高原的儿女、大山的儿女，他们在三星堆立国建都，事业兴旺发达后，忘不了岷山故地，忘不了青藏高原—川西高原的山水养育之恩，因而便用采自岷山—岷江谷地的各类玉石制作出这些带有大山图案和代表大山形象的各类牙璋、边璋来予以礼敬、

① 二陈：《广汉三星堆遗址二号祭祀坑发掘简报》，载《文物》，1989（5）。

② 二陈：《广汉三星堆遗址二号祭祀坑发掘简报》，载《文物》，1989（5）。

祭祀、祈祷。其中的鱼嘴形牙璋大致又含有古羌—蜀先民对其鱼—鱼凫族先祖的追念之情。而祀山的本质又是祀天、祀上帝、祀天神、祀祖先。因为山离天最近——大山高耸，直插云天，似与天界相通。在天界那边，有上帝，有诸天神，亦有死后灵魂不灭，有大山返归天堂的列祖列宗。所以三星堆遗址出土的玉器多带有燔燎后的痕迹。按《尚书》《尔雅》《通典》等记载，中原自上古虞舜时代即开始了燔燎——柴祭。其祭祀时，先在圜丘（代表大山）上积柴，柴上放置牺牲、玉帛之类，而后燔烧，让烟和气味上达于天，以祈求天帝和先祖的保佑。《尚书》等的记载大致反映了先秦时代今天中国地域内的古羌系统和华夏系统（这两大系统关系最为亲密）各族先民大体一致的礼天敬祖观念。而从出土文物看，特别是从那些颇为壮观，成列成组的璧、璋体系看，古羌—蜀先民的祀山礼天敬祖意识实不亚于甚或超过中原华夏居民——因为其用于祀山礼天敬祖的玉石璋、玉石璧都做得特别大，都远远超出中原礼制的规定（或者说根本不受中原礼制的束缚）。这实际是与其源出古青藏高原—川西高原的西羌血统相适应的。作为高原儿女、大山儿女（从主要成分来看）的三星堆古羌—蜀先民，从本质上讲，乃具有豪放粗犷、不假虚饰、恣意张扬心旌和勇猛无畏、奋发开放、锐意进取的大气魄、大格局、大性情，而这正是三星堆的璧、璋等三星堆的玉石文化尤显浑厚博大，特别具有震撼力的一个谜底之所在。

（作者系阿坝师范学院少数民族文化艺术研究所研究员、四川省人民政府文史研究馆馆员）

大禹神话传说中人与动物关系解析

刘丽萍

随着时代的发展，人们的神话创作经历了从不自觉到半自觉，再到自觉创作的过程，传说渐广神话渐衰。当“人”逐渐树立了自己在世界的中心位置，自然渐远人渐近。其中，大禹神话传说世代相传，薪火相递，数千年传承，在我国历史上形成了独一无二的“大禹现象”。

《孟子·滕文公上》载曰：

> 当尧之时，天下犹未平，洪水横流，泛滥于天下。草木畅茂，禽兽繁殖，五谷不登，禽兽逼人。兽蹄鸟迹之道，交于中国。

《孟子·滕文公下》又载曰：

> 当尧之时，水逆行，泛滥于中国，蛇龙居之，民无所定；下者为巢，上者为营窟。（尚）书曰：“洚水警余。”洚水者，洪水也。使禹治之。禹掘地而注之海，驱蛇龙而放之菹，水由地中行，江、淮、河、汉是也。险阻既远，鸟兽之害人者消，然后人得平土而居之。

洪水滔天，滩泽广大，民不聊生。大禹时代以水为患的生态环境里，猛禽恶兽成了人民的天敌，人们该如何面对这些猛兽呢？神话传说中透露了原始社会人与动物的三种关系：顺服，以图腾崇拜为代表；征服，以大禹类神人武力制伏猛兽为代表；驯化，以人们驯养动物，为人所用的故事为代表。这三种关系反映了原始社会早期人与动物彼此混同、万物合一的观念，也反映了随着原始社会发展到高级阶段，人逐渐觉醒，将自己区别于其他动物，并有意识地驯化利用动物，甚至将它们引入人类为阶级、为王权的文明斗争的观念。

一、顺　服

原始渔猎时代，和人们接触最频繁的是动物，大到虎、狼、熊、鹰，小到鸟、鱼、虫、禽，都是氏族成员生活的重要组成部分。它们既是食物来源，也是生活伴侣。袁珂先生认为：“刚刚进入历史的原始人，的确浑噩得像动物，连生和死都不能分辨。后来渐渐理解到受创出血的死，但是对于睡眠状态的死却不能分辨。再往后连睡眠状态的死都能理解了却又因为做梦看见死者向他走来，因而幻想人的身体内有一个灵魂住在里面……由于相信人有灵魂，推而广之，自然界的万事万物，也都被设想为有灵魂的了，万物有灵论是从这个时候开始的。万物有灵论是原始人对自然界各种物事的初步的拟人化……由此而产生拜物教。”① 拜物教就是图腾的开始。

（一）大禹父亲——鲧所在氏族图腾是熊

《史记·夏本纪》记载：“禹之父鲧，鲧之父曰帝颛顼，颛顼之父曰昌意，昌意之父曰黄帝。”在《史记·五帝本纪·索隐》引皇甫谧云：“黄帝生于寿丘（甘肃天水），长于姬水（陕西北部和甘肃交界地区），因以为姓，居轩辕之丘，因以为名，又以为号。”这一段文字说明大禹的父亲（未必是血缘父亲）一族源自黄帝。黄帝为姬姓。姬字从女从臣，而商周青铜器铭文中的臣字实际上是熊的竖立形象（为了便于书写和契刻而形成的惯例），所以姬字最早为熊的形象，“因而可证黄帝氏族应当以熊为图腾”。

根据《左传·昭公七年》：“昔尧殛鲧于羽山，其神化为黄能。”《国语·晋语八》：“昔者鲧违帝命，殛之于羽山，化为黄能，以入于羽渊。”这个版本我们看到大禹的父亲鲧死后没被葬在羽山，而是化身为黄熊。也

① 袁珂：《中国神话史》，418 页，重庆，重庆出版社，2007。

就是说，黄熊是大禹父亲鲧的化身。

那么大禹有没有表现出与熊氏族的某些联系呢？

《汉书·武帝纪》颜师古注引《淮南子》：

> 禹治鸿水，通轘辕山，化为熊。谓涂山氏曰："欲饷，闻鼓声乃来。"禹跳石，误中鼓。涂山氏往，见禹方作熊，惭而去。到嵩高山下，化为石，方生启。禹曰："归我子！"石破北方而启生。

此段大禹治理洪水，打通轘辕山时自己变成了熊，吓跑涂山氏的事件叙述可以间接地推定出大禹和熊之间一定有过密切的联系。至于古史所传禹夜化黄熊，拱开轘辕山，水道得通。此类传说应与禹先祖图腾相关。关于黄熊的神话有不同的版本。在这则说明中，黄熊是大禹的化身。马克思说人是在对象身上反观自身，当时的人类把对熊的力量崇拜反过来烙印在本族群的首领身上。

（二）大禹母亲所在氏族图腾是蛇

《吴越春秋·越王无余外传》记载："鲧娶于有莘氏之女。"《太平寰宇记》说："莘国，姒姓。夏禹之后，周武王母太姒即此国之女。"有莘氏是活跃在陕西西部的一支氏族。禹所处的时代，是母系向父系社会过渡的时期。禹姓姒，随母姓。姬，是女人踩熊脚印，姒，则是女人抱蛇之象。"以"字在甲骨文中作蛇状。大禹的母系姒氏是以蛇为图腾的氏族或部落。

（三）两系合一，熊部族和蛇部族的结合幻化

《左传》《国语》《史记·夏本纪》《山海经》等文献中，有鲧死后化为黄熊或者黄龙的记载。鲧死后化为黄熊之说，源自父系；化为黄龙之说，源自母系。《楚辞·天问》："焉有虬龙，负熊以游？"有角为龙，无角为虬。龙者在蛇头上加羊角，虬者即未成龙的蛇类。熊趴在蛇身上，正是熊和蛇婚媾的形象。

综上可知，屈原的楚辞中所问非虚。虬龙正是大禹的化身，代表了其

母亲的氏族图腾，背负着的熊，正是父系氏族的图腾标志。由此可见两个部落的融合。

小结一

早期图腾的诞生是和原始社会人们对万物的认识结合在一起的，在物我合一的“活物论”时代，“大约认为大自然的一切，包括自然现象、生物和无生物都是像自己一样，是有生命、有意志的活物”①。

马林诺夫斯基说：“如果我们把图腾放入其较大的布局中，而看到其中的自然崇拜和对于动植物的祭祀，我们便容易觉得这样的信仰是确认人与其周围环境之间有一种亲密的亲属关系。”② “原始人不仅认为他们同某种动物之间的血缘关系是可能的，而且常常从这种动物引出自己的家谱，并把自己一些不大丰富的文化成就归功于它。”③ 因此，与动物联姻特别是与某种有神力的动物联姻，就很易形成有关人类生育繁衍的人兽婚母题，并通过这个母题增强族的凝聚力。弗雷泽对此也有类似的看法：“图腾是野蛮人出于迷信而加以崇拜的物质客体。他们深信在图腾与氏族的所有成员中存在着一种直接和完全特殊的关系。……个体与图腾之间的联系是互惠的，图腾保护人们，人们则以各种方式表示他们对图腾的敬意。”④这句话中有两个重要信息：第一，“特殊的关系”意思是婚姻关系，人类个体与图腾之间的互惠表明了人们将图腾看做和自己一样有知觉、有情感，知道疼痛、会恐惧的平等对象。所以人类希望向这些图腾动物学习，汲取他们身上的力量或者勇气。第二，人们以如萨满等类人为巫师，其通过所行的巫术仪式来祭祀兽类，向它们表示真诚的敬意。大禹父族和母族的图腾联姻证明了人与动物的这种原始平等关系。

---

① 袁珂：《神话的起源与宗教的关系》，35 页，载《神话论文集》，上海，上海古籍出版社，1982。

② ［英］马林诺夫斯基著，费孝通等译：《文化论》，77 页，北京，中国民间文艺出版社，1987。

③ ［俄］普列汉诺夫著，汝信等译：《普列汉诺夫哲学著作选集》（第三卷），386 页，北京，生活·读书·新知三联书店，1962。

④ ［英］詹姆斯·乔治·弗雷泽著，徐育新译：《金枝》（上），86 页，北京，中国民间文艺出版社，1987。

二、征 服

大禹在治水的过程中，有时还要勇敢地用武力降妖捉怪，如无支祁和相繇。

那么无支祁究竟是何方神圣呢？且看如下引文：

1. 尧九年，巫支祈为孽，应龙驱之淮阳龟山足下，其后水平，禹乃放应龙于东海之区。

——《山海经·大荒东经》吴任臣注引《岳渎经》

2. 禹理水，三至桐柏山，惊风走雷，石号木鸣。土伯拥川，天老肃兵，功不能兴。

禹怒，召集百灵，授命夔龙，桐柏等山君长稽首请命。禹因囚鸿蒙氏、商章氏、兜卢氏、犁娄氏，乃获淮涡水神名无支祁。善应对言语，辨江淮之浅深，原隰之远近。形若猿猴，缩鼻高额，青躯白首，金目雪牙，颈伸百尺；力踰九象，搏击腾踔疾奔，轻利倏忽，闻视不可久。禹授之童律，不能制；授之乌木由，不能制；授之庚辰，能制。鸱脾，桓胡，木魅，水灵，山妖，石怪，奔号聚绕，以数千载（计），庚辰以戟逐去。颈锁大索，鼻穿金铃，徙淮阴之龟山足下，俾淮水永安流注海也。

——《戎幕闲谈》引李公佐的《古岳渎经》

3. 楚州有渔人，忽于淮中钓得古铁索，挽之不绝，以告官。刺史李阳大集人力引之。锁穷，有青猕猴跃出水，复没而逝。后有验《山海经》云："水兽好为害，禹锁于军山之下，其名曰无支奇。"

——《唐国史补》卷上

根据材料一和二综合可知，被称为水怪的无支祁虽然名字有不同的版本，如"无支奇"（《唐国史补》）、"巫支祈"（《山海经广注》）。但是可知无支祁是大禹治水神话中一个阻力角色。再根据材料二和三可知，此怪物非马非龙，乃是一只猿猴，具有面目凶恶、力大无比、富有攻击性、善于作祟为害一方等特点。

另有一个怪物是“舍身九头怪——相繇”。

> 共工之臣相繇，九首蛇身自环，食于九土。其所歍所尼，即为源泽，不辛乃苦，百兽莫能处，禹湮洪水，杀相繇，其血腥臭，不可生谷；其地多水，不可居也。禹湮之，三仞三沮。乃以为池，群帝因是以为台，在昆仑之北。
>
> ——《山海经·大荒北经》
>
> 共工之臣曰相柳氏，九首以食于九山。相柳之所抵，厥为泽溪。禹杀相柳，其血腥，不可以树五谷种。禹厥之，三仞三沮，乃以为众帝之台，在昆仑之北，柔利之东。相柳者，九首人面，蛇身而青，不敢北射，畏共工之台。台在其东。台四方，隅有一蛇，虎色，首冲南方。
>
> ——《山海经·海外北经》

大禹时代原始社会走向末期，王权私有带来了争斗，大禹遇到了很多阻力，共工部族就是一支。《山海经·大荒西经》有记载“有禹攻共工国山”。共工的臣子相繇，或曰相柳氏的也起身反叛，它是个相貌丑陋、食量巨大的食土九头蛇身怪，凡是它所呕吐过或者接近过的地方都成为滩涂沼泽，而且充斥着辛辣苦腥的味道。百兽都不敢与之相处。大禹为了堵塞洪水斩杀了相繇，结果斩杀之地，不能生谷；成为水滩，不能居住。即便如此，人类的英雄大禹表现出了无畏的积极抗争精神，多次用堆积土方，阻塞水源的办法将水患平息。神话里人兽斗的另一个价值就是见证人类精神的光辉，对灾难的乐观对待，对正义和部族利益的勇敢捍卫。

小结二

神话里出现的，如无支祁和相繇一样的反叛者形象，外形上或人兽合体，或怪兽，大都力大无比，为害一方。神话传说描述的人兽斗是惊心动魄的，是异于人之体验的，但是却用诗一样的语言遮蔽了曾经的真实，比如部族战争的血腥、人类内部阶层等级的分化、王权斗争的残酷。因此人对动物的征服，既投射了人类社会向文明前进的印迹，也反映了人在征服动物、改造自然的道路上逐渐占领了主导位置。正如著名神话学家袁珂先生所解释的，神话的本质是什么？神话是始终给人以力量、信心和勇气的文学创作。它是朴素的，但也是开放的；是属于过去万物有灵时代的，但也是属于世世代代人民的。它是融汇古今、生动活泼，充满人性光辉的人类杰作。

三、驯　化

在中国神话中出现过“百兽率舞”驯化动物的人。大禹神话中最典型的是（禹父）鲧、大禹还有（禹臣）伯益。

（一）鲧曾经率兽造反，说明他有统帅群兽的能力

《吕氏春秋·行论》中记载：

> 尧以天下让舜，鲧为诸侯，怒于尧曰：“得天之道者为帝，得地之道者为三公。今我得地之道，而不以我为三公。”以尧为失论。欲得三公，怒甚猛兽，欲以为乱。比兽之角，能以为城；举其尾，能以为旌。召之不来，仿佯于野以患帝。舜于是殛之于羽山，副之以吴刀。

鲧作为一个部族的首领，因尧失信无道，便犯上作乱，率兽造反。那些猛兽的角并列起来可以为坚固的城墙，尾巴举起来可以做高扬的旌旗。这里鲧用以反对尧帝的力量来自于猛兽，俨然他有号令众兽的本事。

（二）大禹也曾指挥过黄龙与玄龟

《拾遗记》载：“禹尽力沟洫，导川夷岳，黄龙曳尾于前，玄龟负青泥于后。玄龟，河精之使者也。龟颌下有印，文皆古篆，字作九州山川之字。禹所穿凿之处，皆以青泥记其所，使玄龟印其上。”《抱朴子》：“禹乘二龙，郭支为驭。”还有《吕氏春秋》：“禹南济乎江，黄龙负舟。舟中之人恐惧，禹仰而笑曰：‘吾受命于天，竭力以济生人。命受天也，奈何忧于龙焉？’龙弭耳低尾而逃。”大禹在治水过程中，挖渠通沟，疏导河川，垫平山丘，少不了黄龙和玄龟等动物的帮助。尽管在后代的神话传说中，大禹驾驭应龙的事件有不同的杜撰，但是至少说明历代文人对人可以

驾驭动物这一点是认同的，何况是古之“圣王”。

（三）臣子伯益驯兽

伯益曾佐舜调驯鸟兽，可称得上是调驯和豢养家畜家禽的开山鼻祖。

伯益与禹治理洪水，他主要负责驯服鸟兽。《孟子·滕文公下》载：“舜使益掌火，益烈山泽而焚之，禽兽逃匿。禹疏九河，瀹济漯而注诸海，决汝、汉，排淮、泗而注之江，然后中国可得而食也。”《史记·秦本纪》载：“大费拜受，佐舜调驯鸟兽，鸟兽多驯服，是为柏翳。”柏翳就是伯益。袁珂先生认为伯益终生的宏业就是调教鸟兽。[①] 故《汉书·地理志》云“伯益知禽兽”，《后汉书·蔡邕传》云“（伯益）综声于鸟语”，皆可证伯益能驯化鸟兽。诸多典籍证明随着时代的发展人越来越有意识地豢养驯化动物为己所用，人俨然有分离和高于动物的倾向。

小结三

现在当我们津津乐道于神话的“虚幻不实”和“趣味横生”时，更多的思维路向是将今天的寓言、童话、传说之类的概念思维附着在原始人身上，实际上原始人认为古代的动植物“能说会走”都是实在的。袁珂先生认为：“在原始先民看来，都是实有的东西，而且因为看不见的纽带和这些东西相联系，精神上还会起一种震颤；而童话或寓言里能说会走的动植物，却不过是拟人化的文学形象。”[②] 袁先生的话指明了神话中出现人了解禽兽语言且善于驯兽，在原始社会是带有普遍性的实在。

今天由于我们人类的生活环境发生了巨大变化，越来越觉醒的人的“自我”彰显出巨大的改造自然和社会的力量。机器、工业化、制度与专业分工等物质的繁荣却将人与自然的关系分离得越来越远。我们无暇在意日出日落、山林湖泊、花开叶落的自然美好，更无缘与动物了解亲近，时间太久了，便生出了对人类昔日生活的隔阂、猜想，甚至赋予其“幻想”的标签。因此大禹神话中有能驯化动物的英雄，那曾是人类早期的美好，但并不表示人类可以借此炫耀自己的强大，自己的“世界之中心”位置，以至于无视一切生灵。正好相反，人类应有的反思是：学会更加谦逊地向动物学习，耐心地去了解它们，学会与它们和谐的相处。如英国神话学家

① 袁珂：《中国神话传说词典》，325 页，上海，上海辞书出版社，1985。

② 袁珂：《中国神话史》，8 页，重庆，重庆出版社，2007。

凯伦·阿姆斯特朗解释的："神话正是因为它的生命力而成为一种真实，并非因为它给予我们所谓的事实真相。"①

参考书目：

1. 袁珂．中国神话传说词典．上海：上海辞书出版社，1985.

2. 袁珂．山海经校注．北京：北京联合出版公司，2014.

3. 袁珂．中国神话史．重庆：重庆出版社，2007.

3. 政协北川县文史资料研究委员会．大禹史料汇集．成都：巴蜀书社，1991.

4. 周幼涛，李永鑫．大禹学研究概览．绍兴：绍兴市社会科学院，2007.

5. 陈勤帜．大禹研究文集．成都：四川省大禹研究会，1991.

6. ［英］爱德华·泰勒．原始文化．连树声，译．桂林：广西师范大学出版社，2004.

7. ［英］马林诺夫斯基．文化论．费教勇，等译．北京：中国民间文艺出版社，1987.

8. ［俄］普列汉诺夫．汝信等译．普列汉诺夫哲学著作选集：第三卷．北京：生活·读书·新知三联书店，1962.

9. ［英］詹姆斯·乔治·弗雷泽．金枝：上．徐育新，译．北京：中国民间文艺出版社，1987.

（作者系浙江越秀外国语学院国际教育学院副教授）

① ［英］凯伦·阿姆斯特朗著，胡亚豳译：《神话简史》，7 页，重庆，重庆出版社，2005。

与大禹有关的远古歌谣

刘立云　张　放

大禹是夏朝第一任君王，是我国传说时代与尧、舜齐名的贤圣帝王，他最卓著的功绩，就是历来被传颂的治理滔天洪水，又划定中国国土为九州。大禹是为中华民族的历史发展做出了巨大贡献的伟大历史人物。他的重大功绩不仅在于治理洪水，发展国家生产，使人民安居乐业，更重要的是结束了中国原始社会部落联盟的社会组织形态，创造了“国家”这一新型的社会政治形态。正因为如此，在流传至今的远古歌谣中，与大禹有关的，或者说是歌颂大禹的，就有几首。从这些歌谣，完全可以看到远古人民对大禹的尊重。

一、禹娶涂山之歌：《涂山歌》

《吕氏春秋》说：

> 禹年三十未娶。行涂山，恐时暮失嗣，辞曰：“吾之娶，必有应也。”乃有白狐九尾而造于禹。禹曰：“白者，吾服也；九尾者，其证也。”于是涂山人歌曰：“绥绥白狐，九尾庞庞。成于家室，我都攸昌。”于是娶涂山女。

此段引文系据《北堂书钞》《艺文类聚》《太平御览》等书转引，今本《吕氏春秋》失载。这其中的《涂山歌》是四句：

> 绥绥白狐，九尾庞庞。

成于家室，我都攸昌。

“绥绥”是独行求匹偶之貌。“庞庞”表示粗大。译为现代文，即是：

孤孤单单走来的白狐狸，
九个尾巴毛茸茸又粗又长。
大禹和涂山女结为连理，
我们这里将永远发达兴旺！

大禹娶亲之事，发生在治水过程中。《史记·河渠书》说：“禹抑洪水十三年。”《汉书·沟洫志》说：“禹湮洪水十三年。”关于这13年中的情况，《史记·夏本纪》中有概括的介绍：“（大禹）劳身焦思，居外十三年，过家门不敢入。”但《尚书·益稷》记大禹的自述为：“娶于涂山，辛、壬、癸、甲。启呱呱而泣，予弗子，唯荒度土功。”又《吕氏春秋》说：“禹娶涂山氏女，不以私害公，自辛至甲四日，复往治水。”这两则材料都是说大禹只告了四天婚假，即“复往治水”。可见其婚娶是在治水期间。《史记》所说“居外十三年，过家门不敢入”，是不包括回家结婚这一次的。《孟子·滕文公上》说大禹“八年于外，三过其门而不入”，或许此“八年”是从新婚离家时算起。这样，大禹“三十未娶”，于30岁这一年结婚时，在外治水已有五年的历史。

据《礼记·曲礼上》《仪礼·士冠礼》等书的记载，古代男子19～20岁行“冠礼”，表示已成年，可以娶妻了。大禹至30岁而未娶，已是晚婚的“大男”。《吕氏春秋》说他急于结婚是“恐时暮失嗣”，即担心年纪大了不能生育，无法传宗接代。他对女色并不贪恋，所以新婚才四天便离家去治水了。

至于涂山之地，历来说法不一，有会稽（今浙江绍兴）、江州（今重庆巴县）、当涂（今安徽当涂）、濠州（今安徽怀远）等不同的说法。近人根据古籍记载并结合现场的踏勘、访问，认为在会稽一说较为正确。其具体地点，被认定在今绍兴县安昌镇东南2公里处，现山名为西扆山，又称西余山。当地农民至今尚传禹杀防风氏于涂山，血流入河，河水被染红。西扆山村北的红桥村即因此而得名。在西扆山西南数公里处有称为

“型塘”的地方。[1]

大禹的婚姻，据《吕氏春秋》提供的资料，是很带有传奇性的。当他因治水走到涂山时，预感到自己的婚事将会一帆风顺，所以说：“我该娶亲了，一定会有想嫁我的人。”正当其时，有一只长着九条尾巴的白色狐狸来到他面前。古代一般认为狐狸是瑞兽，是吉祥的征兆，因而他说“白者，吾服也；九尾者，其证也”，意思是出现白狐，也就是象征衣裳也是白色的自己将迎来吉利的事。涂山当地的人，也从白色九尾狐的出现预感到把涂山的一位少女嫁给大禹，将会降福给涂山，于是便编了这首《涂山歌》吟唱。

《涂山歌》首句中的“绥绥”是描述狐狸的样子。前人对《诗经·卫风·有狐》的“有狐绥绥”之“绥绥”，有两种不同的解释——雌雄并行貌或独行求匹貌。《涂山歌》中之白狐既然有一定的象征性，当以独行寻求配偶的后一解释较好。次句以表示厚实、粗大的“庞庞”形容白狐的“九尾”。以上两句，是用具有象征和比喻意味的瑞兽白狐独行求匹的意象起兴，接着的后两句即转向关于大禹求偶的正题。古人所谓“女有家，男有室”[2]，指男女的结婚成家，故“成于家室”即指大禹同涂山当地的女子成婚。涂山人认为这件婚事意义深远，故结尾一句说“我都攸昌”。“都”，原指城邑，这里具体指涂山当地；后两句合起来的大意就是：大禹与涂山女子成亲会使当地繁荣昌盛。

《涂山歌》有它的传奇性：大禹是治水英雄，开创中国国家体制的“人文始祖”。中国古代的英雄都不会落单，去焦虑什么“时暮失嗣”，自有美女来伴；而来伴大禹的美女，竟然是由瑞兽九尾白狐变化而成。

因为《涂山歌》有传奇性，所以后世对它多有增添。

赵晔《吴越春秋》在记载著名的禹娶涂山女传说后，说“禹因娶涂山，谓之女娇”，还记载了《涂山歌》：

绥绥白狐，九尾庞庞。
我家嘉夷，来宾为王。
成于家室，我都攸昌。

---

① （清）沈德潜选编：《古诗源》，北京，中华书局，2006。

② 王宁宁：《中国古代乐舞史》，太原，山西人民出版社，2009。

天人之际，于兹则行，明矣哉！①

这里增加了两句："我家嘉夷，来宾为王。"对此，很好理解：我家在涂山，涂山是个好地方；来的都是客，我们对来客很尊重。

"天人之际，于兹则行，明矣哉！"这使该歌具有了一定的天人感应的神秘色彩。"天人之际，于兹则行"二句，直接表明：九尾白狐与大禹婚事这两者之间，正是一种天人感应的关系。人兽婚配神话背后所隐藏的文化意义是，涂山氏是一个以九尾狐为图腾物的部族，九尾白狐被涂山氏当做自己的祖先。从科学的观点看，将社会人事同自然现象做简单的比附，当然是荒唐的。但从人类社会的演进史来看，诸如此类的天人感应，正好反映了人类童年时代的思维比较幼稚的一面。

九尾狐，最早出现在《山海经》中："青丘之山，有兽焉，其状如狐而九尾，其音如婴儿，能食人，食者不蛊"；"青丘国在其北，其狐四足九尾"。狐，在中国传统文化中，一直是一个亦正亦邪的形象。解读《山海经》这些古老记载，可知九尾狐其实是位于东方或南方的青丘这个地方原始部族的图腾物，《山海经》说它"能食人"，表明它在威胁敌人、保护本部族安全方面具有神性。又说"食者不蛊"——吃了它的肉可以不受邪气的侵害，这显然是与九尾狐图腾信仰相关的原始巫术，相信九尾狐具有辟邪的魔力。

《山海经》中的九尾狐，乃是一个能"食人"的妖兽。到汉代的《白虎通·封禅》，九尾狐则象征子孙繁衍，这亦是禹娶于涂山氏之女的遗意。"食人"之传渐隐，"为瑞"之说渐渐出现。可见，狐有灵气（妖气），在数千年前，已是公认。再到后来的唐宋时期，狐已经被人设庙参拜，而且十分流行。唐朝张鷟《朝野佥载》说："唐初以来，百姓多事狐神……当时有谚曰：'无狐魅，不成村'。"而到了明清，狐的形象就更加丰富了。九尾狐中最著名的妲己形象，就出现在那时的《封神演义》中；而《聊斋志异》《阅微草堂笔记》里，狐仙、狐妖的故事更是不胜枚举。

读《涂山歌》这样的诗歌，除了令人感受到时代的进步之外，也使读者如同成年人面对幼稚天真的儿童一般，可以领略到意想不到的轻松与喜悦。

① 杨伯峻：《春秋左传注·宣公七年》，北京，中华书局，2009。

二、中国最早的情歌：《候人歌》

考察中国民歌发展的历史踪迹可以发现，中国最早有文字记载的一首情歌是被称为《候人歌》的民歌。

据《吕氏春秋·音初》篇记载：

> 禹行功，见涂山之女。禹未之遇，而巡省南土。涂山氏之女乃令其妾候禹于涂山之阳。女乃作歌，歌曰："候人兮猗！"

意思是：

大禹治水经过涂山，娶涂山氏之女为妻。而后就到南方巡视水情。涂山氏之女就叫她的侍女，在南面山坡上迎候大禹，同时作了一首"候人兮猗"的歌让其演唱。

这首被称为《候人歌》的民歌就是中国最早有文字记载的情歌。

"候人兮猗！"虽只有一句，却是我们今天所能见到的比较可信的夏代诗歌的遗文。这是中国第一首爱情诗，确切说是第一首爱情歌，而且是情歌鼻祖。

这首被称为《候人歌》的情歌虽然歌词只有一句"候人兮猗！"但是它却是一首完整的诗歌，短小质朴，纯真可爱。俄罗斯学者柯斯文在《原始文化史纲》中有一句名言："最原始的歌唱中的歌词常常是同一呼声或同一言辞的重复。"① 从中外大量的有关论著中都可找到很多只有一句，却反复吟唱的原始诗歌。《候人歌》极简洁的唱词，揭示和印证了古代音乐文献《乐记》关于远古歌唱起源过程的论述："情动于中，故形于声"；"故歌之为言也，长言之也"。这是说，感情在内心激动起来，也就表现为声音；用歌唱代替语言，实际是说话声音的延伸扩展。有意思的是，我们今天还能在纳西族东巴教所用古代东巴象形文字"唱"的结构上，见到"歌唱是语言发展"这一古老音乐起源论的图像演示。东巴文用直线（一）表示说话声音；用波纹线（～～～）表示说话声音转化为歌唱声

① 转引自赵沛霖：《兴的源起》，北京，中国社会科学出版社，1987。

音，歌唱声音上下的虚线（－－－－）表示歌唱时输送出的气息。

“候人兮猗”这句话由两个实词加两个感叹词所组成，意译成现代语言，就是：你知道我在等你吗？我的爱人！

涂山之女等候的对象，就是那个同时存在于神话传说和正史文本里的、中华民族的第一位取得治水成功的大英雄——大禹。

涂山是大禹治水中很重要的地方。《左传·哀公七年》说：“禹合诸侯于涂山，执玉帛者万国。”就是记载大禹治水时曾在涂山大会诸侯，率众治水。涂山又名当涂山，据传在今安徽省蚌埠市西面的怀远县。该县在隋朝开皇初期，名为涂山县，直到元至元二十八年（1291年）改名为怀远县。涂山位于淮河东岸，与荆山隔淮河相对。山上有禹王宫，门前的山坡上有一巨石，酷似人形，人们称“望夫石”，好像是涂山氏之女守望着禹王归来。“望夫石”下的山坡上，有后人刻下的十分醒目的四个大字“候人兮猗”。禹王宫的始建年代不详，有房屋三进，占地15亩。前为禹王殿，后为启母殿。四周墙壁上嵌有历代文人名宦题写的碑刻。相传农历三月二十八日是禹王的生日，届时朝拜者和游人蜂拥而至，形成大型的庙会。

传说大禹为治水，东奔西走，30岁时，在涂山遇见了涂山氏之女女娇。春暖花开，绿染桑林，纯洁而健康的男女，在野外一见钟情，相继走入桑树林里，完成了一次天当被来地作褥的浪漫交合。

婚后不久的大禹便离家治水去了，一别13年没有回过家。大禹采用疏导的方法治水，他开渠排水、疏通河道，把洪水一路引向了黄海。为了疏通淮河，禹劈开荆、涂二山，从此这两座山便夹淮河而对立了。而此时他的妻子女娇也生下了儿子启，婴儿正在哇哇地哭。禹从门外经过，听见哭声，也狠下心没进去探望。“三过家门而不入”的千古佳话就此流传。

大禹为治水，确实太忙了。对大禹来说，治水的业绩关乎百姓的生产、生活，安居乐业，也决定着他个人能否成为部落联盟首领的前途。但是对女娇来说，爱情是唯一的。思恋中的她，不觉忆起了初次见到这个“身九尺二寸长”[①] 的魁梧男子的情景，于是产生灵感，发为心声“候人兮猗”短短的四个字，直接又简单。这深情的呼唤，表达出强烈的思念

① （汉）司马迁：《史记·夏本纪》“索引”《帝王纪》，北京，中华书局，1999。

之情。

涂山氏之女日夜向丈夫治水的方向远眺，但望穿秋水，也不见大禹归来。她朝思暮想，最终化作一块望夫石，端坐在涂山的东端，后人称之为“启母石”。

望夫石是个广泛流传的民间故事，因为这个故事，连司马迁在撰写《史记·夏本纪》时，也为涂山氏之女记上了一笔：“夏后帝启，禹之子。其母涂山氏之女也。”《候人歌》在历史上的影响就更大，后人总结说，这就是中国历史上最早的情歌，也是最早的民歌雏形。

《吕氏春秋·音初》在记载了《候人歌》之后，又说：

实始作为“南音”。周公及召公取风焉，以为《周南》《召南》。

《候人歌》被称为“南音之始”。所谓“南音”，就是南方民歌，又称南曲、南乐、南管、弦管，主要由“指”“谱”“曲”三大类组成，是我国古代音乐保存比较丰富、完整的一个大乐种。

尽管不论是传统民歌还是创作歌曲都来源于生活，但不同地区的民歌还是具有不同的风格特色的。南方与北方，在民歌风格与演唱方法方面都存在差异。南方地区河流交错，气候温和，土地肥沃，自然景观秀丽，这里的人们聪颖细致，民歌的歌词都比较含蓄，善用比、兴，其旋律多婉转、细腻、抒情。而西北地区高原纵横，山石峥嵘，蓝天下一望无垠的黄色土地，气候寒冷，人们为了生存必须与大自然做斗争，所以民歌的音调高亢、嘹亮，质朴中带着严峻和深沉。

《诗经》是我国最早的一部诗歌总集，汇集了从西周到春秋中叶（公元前11—前6世纪）500年间流行于15个诸侯国的民歌。它的鲜明特点是运用现实主义的艺术手法，真实地反映了当时的社会生活。在《候人歌》影响之下产生的《周南》和《召南》，被列为《诗经·国风》的前两篇。据一些学者考察，“二南”当被视为南方民歌，其地域性就是江汉流域的诗歌，也就是楚地歌谣。元人祝尧在《古赋辨体》中说：“江汉皆楚地，盖自王化行乎南国，《汉广》《江有汜》诸诗已列于‘二南’、‘十五国风’之先。”清人何天宠则进一步强调：“楚何以无‘风’，后儒以为删诗不录‘楚风’，非通论也。”据《水经注》引《韩诗序》云：“‘二南’其地在南郡和南阳之间。”这块地域，包括今天的河南南阳、湖北襄阳、宜昌、江陵、武汉一带，这正是春秋战国时期楚国的腹心地区。所以“二南”诗篇，应多是产于这一地的楚歌谣。[1]

女娇作的《候人歌》是有史可稽的中国第一首情歌，它虽然只有短短的一句，但经过女娇侍女深情一唱，遂成了我国文化史上的著名诗章，开启了中国爱情诗的先河，也成为爱情诗歌规范和气质的圭臬。涂山女娇，也因此成为中国远古神话中的诗歌女神。后来的《诗经》《楚辞》用“兮”这个字，都明显受到这首歌的影响，故有“南音导其源，楚辞盛其流”之说；以后的汉赋也与之一脉相承。《诗经·国风》里的那些“乐而不淫，哀而不伤”的诗歌，都可看做是由这首诗歌开的先河。此后，先秦的爱情诗歌才蔚为大观，周王朝也才有诗可采了。

三、舜禹时君臣以歌对话：《赓歌》

《赓歌》，《史记·夏本纪》称《舜又歌》，《艺文类聚》卷四十三称《舜作歌》。文见《尚书·益稷》：

帝曰：“来，禹！汝亦昌言。”禹拜曰：“都！帝，予何言？予思日孜孜。”皋陶曰：“吁！如何？”禹曰：“洪水滔天，浩浩怀山襄陵，下民昏垫。予乘四载，随山刊木，暨益奏庶鲜食。予决九川，距四海，浚畎浍距川；暨稷播，奏庶艰食鲜食。懋迁有无，化居。烝民乃粒，万邦作乂。”皋陶曰：“俞！师汝昌言。”

禹曰：“都！帝，慎乃在位。”帝曰：“俞！”禹曰：“安汝止，惟几惟康。其弼直，唯动丕应。徯志以昭受上帝，天其申命用休。”

帝曰：“吁！臣哉邻哉！邻哉臣哉！”禹曰：“俞！”

帝曰：“臣作朕股肱耳目。予欲左右有民，汝翼。予欲宣力四方，汝为。予欲观古人之象，日、月、星辰、山、龙、华虫，

---

[1] 雷莎：《〈诗经〉中“二南”即楚风论辩》，载《探索与争鸣》，2010（4）。

作会；宗彝、藻、火、粉米、黼、黻，絺绣，以五采彰施于五色，作服，汝明。予欲闻六律五声八音，在治忽，以出纳五言，汝听。予违，汝弼，汝无面从，退有后言。钦四邻！庶顽谗说，若不在时，侯以明之，挞以记之，书用识哉，欲并生哉！工以纳言，时而飏之，格则承之庸之，否则威之。”

禹曰：“俞哉！帝光天之下，至于海隅苍生，万邦黎献，共唯帝臣，唯帝时举。敷纳以言，明庶以功，车服以庸。谁敢不让，敢不敬应？帝不时敷，同，日奏，罔功。无若丹朱傲，唯慢游是好，傲虐是作。罔昼夜□□，罔水行舟。朋淫于家，用殄厥世。予创若时，娶于涂山，辛壬癸甲。启呱呱而泣，予弗子，唯荒度土功。弼成五服，至于五千。州十有二师，外薄四海，咸建五长，各迪有功，苗顽弗即工，帝其念哉！”帝曰：“迪朕德，时乃功，唯叙。”

皋陶方祗厥叙，方施象刑，唯明。

夔曰：“戛击鸣球、搏拊、琴、瑟、以咏。”祖考来格，虞宾在位，群后德让。下管□鼓，合止柷敔，笙镛以间。鸟兽跄跄；箫韶九成，凤皇来仪。夔曰：“于！予击石拊石，百兽率舞。”

庶尹允谐，帝庸作歌。曰：“敕天之命，唯时唯几。”乃歌曰：“股肱喜哉！元首起哉！百工熙哉！”皋陶拜手稽首飏言曰：“念哉！率作兴事，慎乃宪，钦哉！屡省乃成，钦哉！”乃赓载歌曰：“元首明哉，股肱良哉，庶事康哉！”又歌曰：“元首丛脞哉，股肱惰哉，万事堕哉！”帝拜曰：“俞，往钦哉！”

译为现代文，即是：

舜帝说：“来吧，禹！你也发表高见吧。”禹拜谢说：“啊！君王，我说什么呢？我只想每天努力工作罢了。”皋陶说：“啊！究竟怎么样呢？”禹说：“大水弥漫接天，浩浩荡荡地包围了山顶，漫没了丘陵，老百姓沉没陷落在洪水里。我乘坐四种运载工具，沿着山路砍削树木作为路标，同伯益一起把新杀的鸟兽肉送给百姓们。我疏通了九州的河流，使它们流到四海，挖深疏通了田间的大水沟，使它们流进大河。同后稷一起播种粮食，把百谷、鸟兽肉送给老百姓，让他们互通有无，调剂余缺。于是，百姓们就安定下来了，各个诸侯国开始得到了治理。”

皋陶说：“好啊！你的这番话真好啊！”

禹说：“啊！舜帝。你要诚实地对待你的在位的大臣。”

舜帝说：“是啊！”

禹说：“要安静你的心意，考虑天下的安危。用正直的人做辅佐，只要你行动，天下就会大力响应。依靠有德的人指导接受上帝的命令，上天就会再三用美好赐予你。”

舜帝说：“唉！靠大臣啊最亲近的人啊！靠最亲近的人啊大臣啊！”

禹说：“对呀！”

舜帝说：“大臣做我的股肱耳目。我想帮助百姓，你辅佐我。我想用力治理好四方，你帮助我。我想显示古人衣服上的图像，用日、月、星辰、山、龙、雉六种图形绘在上衣上；用虎、水草、火、白米、黑白相间的斧形花纹、黑青相间的‘己’字花纹绣在下裳上。用五种颜料明显地做成五种色彩不同的衣服，你要做好。我要听六种乐律、五种声音、八类乐器的演奏，从声音的哀乐考察治乱，取舍各方的意见，你要听清，我有过失，你就辅助我。你不要当面顺从，背后又去议论。要敬重左右辅弼的近臣！至于一些愚蠢而又喜欢谗毁、谄媚的人，如果不能明察做臣的道理，要用射侯之礼明确地教训他们，用鞭笞警戒他们，用刑书记录他们的罪过，要让他们共同上进！任用官吏要根据他所进纳的言论，好的就称颂宣扬，正确的就进献上去以便采用，否则就要惩罚他们。”

禹说：“好啊！舜帝，普天之下，至于海内的众民，各国的众贤，都是您的臣子，您要善于举用他们。依据言论广泛地接纳他们，依据工作明确地考察他们，用车马衣服酬劳他们。这样，谁敢不让贤，谁敢不恭敬地接受您的命令？帝王不善加分别，好的坏的混同不分，虽然天天进用人，也会劳而无功。”

“没有像丹朱那样傲慢的，只喜欢懒惰逸乐，只作戏谑，不论白天晚上都不停止。洪水已经退了，他还要乘船游玩，又成群地在家里淫乱，因此不能继承尧的帝位。我为他的这些行为感到悲伤。我娶了涂山氏的女儿，结婚四天就治水去了。后来，启生下来呱呱地啼哭，我顾不上慈爱他，只忙于考虑治理水土的事。我重新划定了五种服役地带，一直到五千里远的地方。每一个州征集三万人，从九州到四海边境，每五个诸侯国设立一个长，各诸侯长领导治水工作。只有三苗顽抗，不肯接受工作任务，舜帝您要为这事忧虑啊！"

舜帝说："宣扬我们的德教，依时布置工役，三苗应该会顺从。皋陶正敬重那些顺从的，对违抗的，正示以刑杀的图像警戒他们，三苗的事应当会办好。"

夔说："敲起玉磬，打起搏拊，弹起琴瑟，唱起歌来吧！"先祖、先父的灵魂降临了，我们舜帝的宾客就位了，各个诸侯国君登上了庙堂互相揖让。庙堂下吹起管乐，打着小鼓，合乐敲着柷，止乐敲着敔，笙和大钟交替演奏，扮演飞禽走兽的舞队踏着节奏跳舞，韶乐演奏了九次以后，扮演凤凰的舞队出来表演了。

夔说："唉！我轻敲重击着石磬，扮演百兽的舞队都跳起舞来，各位官长也合着乐曲一同跳起来吧！"

帝因此作歌，说："勤劳天命，这样子就差不多了。"于是唱道："大臣欢悦啊，君王奋发啊，百事发达啊！"

皋陶跪拜叩头继续说："要念念不忘啊！统率起兴办的事业，慎守你的法度，要认真啊！经常考察你的成就，要认真啊！"于是继续作歌说："君王英明啊！大臣贤良啊！诸事安康啊！"又继续作歌说："君王琐碎啊！大臣懈怠啊！诸事荒废啊！"

舜帝拜谢说："对啊！我们去认真干吧！"

这其中帝舜和皋陶所作之歌即所谓"赓歌"。文中之"赓"是连续、继续的意思；"载"者，为也，作也。《赓歌》是以对歌的形式继续君臣间的讨论。将《赓歌》从文中提取出来：

股肱喜哉！元首起哉！百工熙哉！

元首明哉，股肱良哉，庶事康哉！

元首丛脞哉，股肱惰哉，万事堕哉！

《尚书·益稷》主要是记录舜和禹的对话。一开始，禹陈述自己来领百姓治水的功绩，同时强调要注意国计民生；接着，讨论君臣之道；最后，在一片歌舞升平的和乐气氛中，君臣相互勉励。文中，禹告诉舜，三苗不肯服役，应当留心，不要以武力征服，而是要用德感化。

孔安国《尚书正义》说："帝歌归美股肱，义未足，故续歌'先君后臣，众事乃安'，以成其义。"[①] 君臣唱和，相互勉励的情景，就在这三段歌声中得到了充分的展示。

《赓歌》在历史上又被称为《元首歌》。它的这几句歌词很有意思，放在任何时候都有资鉴作用，因为它综合起来就是说：君主（元首）若是圣哲英明、振作奋发，大臣们（股肱）竭诚尽忠、乐于用命，一切事情都能兴旺发达；否则，君主处事琐碎，抓不住要领，大臣们或者懒惰懈怠，或者无所适从，那就什么也做不成了。

舜、禹等君臣和谐议事的情况在历史上皆有赞赏，誉为君臣之道的典范。近人郑观应《盛世危言·议院》说："中国历代帝王，继统分有常尊，然而明良喜起，吁咈赓歌，往往略分言情，各抒所见。"

后人也有仿《赓歌》的作品，例如唐代诗人陆龟蒙的《赓歌》：

采江之鱼兮，朝船有鲈。

采江之蔬兮，暮筐有蒲。

左图且书，右琴与壶。

寿欤夭欤，贵欤贱欤。

四、政通人和的图像：《卿云歌》

《卿云歌》在远古时期歌谣中最有影响，相传是功成身退的舜帝禅位

① （汉）孔安国：《尚书正义》，上海，上海古籍出版社，2007。

给治水有功的大禹时，有才德的人、百官和舜帝同唱之歌。《尚书大传》《竹书纪年》《史记》等典籍对它都有所记载。

《卿云歌》始见《尚书大传》。《尚书大传·虞夏传》记载说：舜在位第14年，“卿云聚，俊乂集，百工相和而歌《卿云》，帝乃倡之曰：‘卿云烂兮，糺缦缦兮。日月光华，旦复旦兮。’于是行祭礼，钟石笙筦变声。乐未罢，疾风发屋，天大雷雨。帝沉首而笑曰：‘时哉夫，天下非一人之天下也，乃见于钟石！’”① 清人沈德潜选编的《古诗源》收录了《卿云歌》，并认为，歌中的“旦复旦兮”隐喻禅代之旨。②《卿云歌》即是舜荐禹行天子事，并与俊乂百工相和而歌。钟石变声，暗示虞舜逊让；卿云呈祥，明兆夏禹受禅。这一传说故事，充满了奇异神话色彩，《卿云歌》的主题，则反映了先民向往的美好的政治理想。

《竹书纪年·帝舜有虞氏》对此也有记载：

> （舜）在位十有四年，奏钟石笙筦未罢，而天大雷雨，疾风发屋拔木，桴鼓播地，钟磬乱行，舞人顿伏，乐正狂走。舜乃磬堵持衡而笑曰：“明哉，天下非一人之天下也，亦乃见于钟石笙筦乎。”乃荐禹于天，使行天子事也。于是和气流普应，卿云兴焉，若烟非烟，若云非云，郁郁纷纷，萧索轮囷，百工相和而歌《卿云》。帝乃倡之曰：“卿云烂兮，糺缦缦兮。日月光华，旦复旦兮。”群臣咸进，稽首曰：“明明上天，烂然星陈。日月光华，弘于一人！”帝乃再歌曰：“日月有常，星辰有行。四时从经，万姓允诚。于予论乐，配天之灵。迁于圣贤，莫不咸听。鼚乎鼓之，轩乎舞之。菁华已竭，褰裳去之。”于是八风循通，卿云丛集，蟠龙奋迅于其藏，蛟鱼踊跃于其渊，龟鳖咸出其穴，迁虞而事夏。舜乃设坛于河，依尧故事，至于于下昃，荣光休气至，黄龙负图，长三十二尺，广九尺，出于坛畔，赤文绿错，其文言当禅禹。③

① （汉）伏胜撰，（清）陈寿祺辑校：《尚书大传》（卷一），北京，中华书局，1985。
② （清）沈德潜选编：《古诗源》，北京，中华书局，2006。
③ 王国维：《今本竹书纪年疏证·五帝纪》，沈阳，辽宁教育出版社，1997。

《卿云歌》全歌分三章，由舜帝首唱、八伯相和、舜帝续歌三部分构成。即是：

卿云烂兮，糺缦缦兮。日月光华，旦复旦兮。

明明上天，烂然星陈。日月光华，弘于一人。

日月有常，星辰有行。四时从经，万姓允诚。于予论乐，配天之灵。迁于圣贤，莫不咸听。鼚乎鼓之，轩乎舞之。菁华已竭，褰裳去之。

“糺”同“纠”，“糺缦缦”指萦绕飘浮，形容卿云纡徐曲折之状。原内容为：卿云烂兮，糺缦缦兮。日月光华，旦复旦兮。“旦复旦”即日复一日。意思是：祥云灿烂，延绵不绝，日月光辉，永驻人间。

将其翻译为现代语，即是：

卿云灿烂如霞，瑞气缭绕呈祥。日月光华照耀，辉煌而又辉煌。

上天至明至尊，灿烂遍布星辰。日月光华照耀，嘉祥降于圣人。

日月依序交替，星辰循轨运行。四季变化有常，万民恭敬诚信。鼓乐铿锵和谐，祝祷上苍神灵。帝位禅于贤圣，普天莫不欢欣。鼓声鼚鼚动听，舞姿翩翩轻盈。精力才华已竭，便当撩衣退隐。

《卿云歌》由君臣互唱，情绪热烈，气象高浑，文采风流，辉映千古。

首章是舜帝对“卿云”直接的赞美歌唱。关于“卿云”之名，《史记·天官书》说：“若烟非烟，若云非云，郁郁纷纷，萧索轮囷，是谓卿云。卿云见，喜气也。”① 在古人看来，卿云即是祥瑞之喜的象征。“卿云烂兮，糺缦缦兮”，若云若烟，卿云灿烂，萦回缭绕，瑞气呈祥；这祥瑞之兆，预示着又一位圣贤将顺天承运受禅即位。“日月光华，旦复旦兮”，

① （汉）司马迁：《史记·天官书》，北京，中华书局，1999。

这更明显寓有明明相代的禅代之旨。圣人的光辉如同日月。他的受禅即位，大地仍会像过去一样阳光普照、万里光明。这与其说是舜帝的歌唱，毋宁说是万民的心声和愿望。

次章是“八伯”的和歌。八伯者，畿外八州的首领。这里当指舜帝周围的群臣百官。舜帝首唱“卿云”，八伯稽首相和：“明明上天，烂然星陈。日月光华，弘于一人。”他们进而赞美上天的英明洞察，把执掌万民的大任再次赋予一位至圣贤人。这里对“明明上天”的赞美，也是对尧舜美德的歌颂。《尚书·尧典》说：“昔在帝尧，聪明文思，光宅天下。将逊于位，让于虞舜。”而今者虞舜，效法先圣，荐禹于天，以为后嗣。没有尧舜的美德，就没有禅让的美谈。尧舜之举比起明明上天，更值得称颂。

舜帝的续歌则表达了一位圣贤的崇高境界和伟大胸怀。十二句可分三层。前四句以“日月有常，星辰有行”作比，说明人间的让贤同宇宙的运行一样，是一种必然的规律。只有遵循这种规律，才能使国家昌盛，万民幸福。中四句叙述“迁于贤圣”的举动，既顺从天意也符合民心。可谓普天之下，莫不欢欣。最后四句表现了虞舜功成身退的无私胸怀：“鼚乎鼓之，轩乎舞之。精华已竭，褰裳去之。”正当人们击鼓鸣钟、载歌载舞，欢呼庆贺夏禹即位之时，自感“精华已竭”的虞舜，却毫无声息地泰然“褰裳去之”。只此两句，一位崇高伟大的圣贤形象便跃然纸上。

尧、舜禅让，载于《尚书》；《卿云歌》，盛传于战国至秦末。而尧、舜均属传说人物，所以《卿云歌》颇难征信。很可能这是身处战国或秦季乱世，目睹争夺劫杀，而向往礼让治世者的代拟之作。不过，自战国、秦汉以来，禅让传说和《卿云歌》，代代相传，深入人心，对形成以礼让为美德的民族精神产生了积极的影响。柳诒徵论“唐虞之让国”时写道：“吾民初非不知竞争，第开化既早，经验较多，积千万年之竞争，熟睹惨杀纷乱之祸亡无已，则憬然觉悟，知人类非相让不能相安，而唐、虞之君臣遂身倡而力行之。后此数千年，虽曰争夺劫杀之事不绝于史策，然以逊让为美德之意，深中于人心，时时可以杀忿争之毒，而为和亲之媒。故国家与民族，遂历久而不敝。”① 这对认识《卿云歌》的历史背景和文化意

① 柳诒徵：《中国文化史》，长沙，岳麓书社，2010。

义颇有启发。

《卿云歌》在艺术上，可以说是辞藻华美，意境超迈，孕育骚赋句法，足可与《诗》之《雅》《颂》媲美。它描绘了一幅政通人和的清明图像，表达了上古先民对美德的崇尚和圣人治国的政治理想。

正是因为《卿云歌》在政治、艺术上都非常值得肯定，所以在中华民国时期曾两度被改编为国歌。第一次为1913年4月8日第一届正式国会开会典礼时作临时国歌，袁世凯时期废止。歌词为："卿云烂兮，糺缦缦兮，日月光华，旦复旦兮，日月光华，旦复旦兮。时哉夫，天下非一人之天下也。"歌词后两句为众议员汪荣宝所添加，由比利时音乐家让·奥士东（Jean Hautstont）谱曲。第二次为袁世凯下台后，北洋政府总统徐世昌于1919年规定将《卿云歌》中的"卿云烂兮，糺缦缦兮，日月光华，旦复旦兮，日月光华，旦复旦兮"这几句由作曲家肖友梅配上乐曲作为民国国歌。国民政府上台后废止。

《卿云歌》与我国的两所大学的校名、校训有关。众所周知的复旦大学是中国近代第一所私立大学，其前身是马相伯于1902年创办的震旦学院。震旦开学一年多之后，因法国教会势力干预学校教务，篡夺校政，以于右任为首的大部分同学愤然退学。1905年，他们重新拥戴马相伯创立了复旦公学，于右任取名为"复旦"，表示不忘"震旦"之旧，更含复兴中华的意义。"复旦"二字就选自《卿云歌》中"日月光华，旦复旦兮"的名句，取其日月更新，自强不息，寄托着当时中国知识分子自主办学、教育强国的愿望。

光华大学是民国时期在上海滩与复旦齐名的大学，是1925年6月由退出美国教会学校圣约翰大学的数百名师生所创建的一所综合性私立大学。1925年，"五卅"惨案在上海爆发，各界纷纷走上街头。圣约翰大学及附中的师生也组织罢课抗议，但遭到校方阻挠。6月3日，学生553人以及全体华籍教师19人，集体宣誓脱离圣约翰大学，10余名应届大学毕业生声明不接受圣约翰大学颁发的毕业文凭。这一日便定为光华的校庆日。6月4日，离校学生教师集会商议自行设校事宜，他们的举动受到社会各界和学生家长们的支持，纷纷出钱出地。经过各方协助，在短短三个月内就成立起新的大学——"光华大学"。"光华"的名字亦取自《卿云歌》的"日月光华，旦复旦兮"。后来光华大学就以日月卿云为校旗，红白为校色，“知行合一”四字为校训。

五、最古老的数字诗：《夏后铸鼎繇》

《墨子·耕柱》记载：

巫马子谓子墨子曰：“鬼神孰与圣人明智？”子墨子曰：“鬼神之明智于圣人，犹聪耳明目之与聋瞽也。昔者夏后开使蜚廉折金于山川，而陶铸之于昆吾；是使翁难雉乙卜于白若之龟，曰：‘鼎成三足而方，不炊而自烹，不举而自臧，不迁而自行。以祭于昆吾之虚，上乡！’乙又言兆之由曰：‘飨矣！逢逢白云，一南一北，一西一东，九鼎既成，迁于三国。’夏后氏失之，殷人受之；殷人失之，周人受之。夏后殷周之相受也，数百岁矣。使圣人聚其良臣，与其桀相而谋，岂能智数百岁之后哉？而鬼神智之。是故曰，鬼神之明智于圣人也，犹聪耳明目之与聋瞽也。”

译为现代文：

巫马子问墨子：“鬼神与圣人相比，谁更明智呢？”墨子答道：“鬼神比圣人明智，就好像耳聪目明的人比聋盲明智一样。从前夏启派蜚廉到山川采金，在昆吾铸了鼎，于是叫卜人翁难乙用百灵的龟占卜，卜辞道：‘鼎铸成了，三足而方，不用生火它自己会烹，不用举动它自己会藏，不用迁移它自己会行。用它在昆吾之墟祭祀。尚飨。’翁难乙又解释卦兆，说：‘鬼神已经享用了。那蓬蓬的白云，一会儿南北，一会儿西东。九鼎已经铸成功了，将要三代相传。’后来夏后氏失掉了它，殷人接受了；殷人失掉了，周人又接受了它。夏后殷周三代互相接受九鼎，已经数百年了。假使一位圣人聚集他的贤臣，和他杰出的国相共同谋划，又怎么能知道几百年以后的事呢？但是，鬼神却能够知道。所以说，鬼神比圣人明智，就好像耳聪目明的人比聋盲明智一样。”

清人沈德潜选编《古诗源》卷一有《夏后铸鼎繇》：

《困学记闻》云：“太卜三兆，其颂皆千有二百，夏后铸鼎繇云云。”

逢逢白云，一南一北，一西一东，九鼎既成，迁于三国。（北与国为韵，而以一西一东句间之，章法甚奇。）[①]

显然，这是将《墨子·耕柱》中的“逢逢白云，一南一北，一西一东，九鼎既成，迁于三国”作为《夏后铸鼎繇》了。“繇”，在古代汉语中通“谣”。《夏后铸鼎繇》也就是《夏后铸鼎谣》。许多书都认为《夏后铸鼎繇》是夏代歌谣，如《中国古代乐舞史》就是将它系于“夏代歌谣”的。[②]

《夏后铸鼎繇》虽然只有20个字，却出现了四个“一”、一个“九”和一个“三”，共有6个数字，差不多占了全文的三分之一，它是一首名副其实的数字诗。我国古诗浩如烟海，数字诗大部分也都出现在古诗中。《夏后铸鼎繇》应该是最古老的数字诗了。

《夏后铸鼎繇》说的是“禹铸九鼎”这一著名传说。

《左传·宣公七年》记载：“昔夏之方有德也，远方图物，贡金九牧，铸鼎象物。”《左传·哀公七年》记载：“禹会诸侯于涂山，执玉帛者万国。”[③] 在这次大会上，各方诸侯都带来了朝贺的礼物，大国献玉，小邦献帛。大禹大享诸侯后，对各诸侯又重加赏赐，并申明贡法，要求务须按照规则缴纳。同时，大禹也表示要竭力保护各诸侯国的权利，使其不受邻国的侵犯。涂山大会之后，诸侯们高高兴兴分道而去。大禹也率领群臣返回都城阳城。走到半路，忽然传来急报，说皋陶去世了，大禹听了，不胜伤悼，返都之后，就又改荐伯益于天。这样，从前疑心的诸侯知道误会了大禹，就在坚决拥护大禹的同时，也积极进献各类贡品。

---

① 盛鸿郎：《涂山考》，见《大禹研究》，杭州，浙江人民出版社，1995。
② 杨伯峻：《春秋左传注·桓公十八年》，北京，中华书局，2009。
③ 张觉：《吴越春秋校证注·越王无余外传》，北京，知识产权出版社，2014。

为表示敬意，各方诸侯常来阳城献“金”即青铜，后来，九州所贡之铜年年增多，大禹想起从前黄帝轩辕氏功成铸鼎，为了纪念涂山大会，就准备将各方诸侯进献的“金”，铸造成几个大鼎。但为免诸侯责备，大禹经过深思熟虑，决定哪一州所贡之金，就拿来铸哪一州的鼎，将哪一州内的山川形势都铸在上面，并将从前治水时所遇到的各种奇异禽兽、神怪等一并铸在鼎上，使九州之百姓知道哪一种是神、哪一种是奸。

大禹已在位五年了，承帝舜之制，也五岁一巡狩。巡狩回来后，气势磅礴的九鼎铸成，即冀州鼎、兖州鼎、青州鼎、徐州鼎、扬州鼎、荆州鼎、豫州鼎、梁州鼎、雍州鼎。鼎上铸着各州的山川名物、珍禽异兽。九鼎象征着九州，其中豫州鼎为中央大鼎，豫州即为中央枢纽。九鼎集中到夏王朝都城阳城，借以显示夏王大禹成了九州之主，天下从此一统。九鼎继而成为“天命”之所在，是王权至高无上、国家统一昌盛的象征。大禹把九鼎称为镇国之宝，各方诸侯来朝见时，都要向九鼎顶礼膜拜。从此之后，九鼎成为国家最重要的礼器。

后来夏朝为商所灭，九鼎就迁于商朝的都城亳邑。商朝为周所灭，九鼎就迁于周朝的镐京。后来成王在洛邑营造新都，又将九鼎安置在洛邑，谓之定鼎。这就是所谓的“鼎在国在，鼎失国亡”。九鼎作为镇国之宝、传国之鼎仅传三代约两千年后，因周末战火频仍而神秘失踪，至今不知所在，成为千古之谜。

因为禹铸造九鼎，直到现在，“一言九鼎”“问鼎中原”等还是人们常用的词汇。

《夏后铸鼎繇》就五句：“逢逢白云，一南一北，一西一东，九鼎既成，迁于三国。”膨松舒卷的云，东南西北地往四处飞。九鼎已经铸造成功了，它可是要传承三代的啊！问题也就在这里：“九鼎既成，迁于三国。”铸鼎的夏人又怎么可能提前预知鼎要传承三代呢？显然，《夏后铸鼎繇》是后人的追述之歌。

以上几首与大禹有关的远古歌谣，之所以流传至今，足以证明在中国人的心目中，公认大禹是伟大的治水英雄，中国第一个王朝的立国始祖。记载于史书和流传于民间的大禹的丰功伟绩，折射出大禹近乎完美的人格和高尚的品德，并因之而成为中华民族传统精神的楷模。他在治水中不畏艰险、身先士卒、公而忘私、三过家门而不入的伟大品格，是中华民族精神的体现，同时也为他赢得了后世子孙的崇敬和传颂。大禹的杰出贡献，对中国历史的演进和发展产生了深远的影响。

（刘立云，四川音乐学院副院长、文学博士、教授、硕士生导师；张放，四川音乐学院音乐研究所常务副所长、教授、唢呐演奏家、硕士生导师）

禹陵演变过程考略

龚剑锋　叶　洁

西汉史学家司马迁的《史记》中有《夏本纪》，近一个世纪以来，随着大量商周时期的文物被发掘，说明《史记》中所记载的殷商历史是可信的。这证实司马迁确实是一位严谨的史学家，那么《史记》中所记载的殷商之前的夏朝也应该是客观存在的。因为夏朝的存在，作为夏朝的开国君王大禹——三皇五帝中最少神话传说而最多真实性的人物——的历史就更引起了人们的兴趣。学者们对大禹的出生之地、活动区域、主要功绩、崩葬之地等问题争论不休，形成了影响很大的大禹文化学。其中，弄清大禹崩葬之地的发展演变过程以及大禹究竟葬在何处，是大禹文化研究中不可避免的问题。

禹葬会稽四千多年间，墓穴的名称、地属政区，以及墓穴标识，几经变化。大禹墓穴的名称经历了从墓到陵的变化。墓，从土，莫声。上古时期凡掘塘穴葬棺木，盖土与堆平，不植树者称墓。而陵则表示与地形地势的高低上下有关。帝王墓穴在先秦时称墓、称坟、称冢，或称丘。《诗·王风·大车》曰“谷则异室，死则同穴”，所以葬处亦称穴。因此，在先秦的史籍中，称大禹的葬处曰墓、曰坟、曰冢、曰穴，而不称陵。帝王坟墓称陵自秦汉始，大禹墓称陵亦自秦汉始。几千年来，大禹墓地的所辖政区屡屡变动，先秦称大越；秦置山阴县；南朝陈析山阴县以会稽山区为主的地域置会稽县，大禹墓地在会稽县境；至清宣统三年（1911 年）八月，山阴、会稽两县合并为绍兴县。因此，陵名前冠以地属名，故有山阴大禹陵、会稽大禹陵、绍兴大禹陵之称。虽然政区屡变，但因大禹陵在大禹命名的会稽山麓，故秦汉以后多称会稽大禹陵，而在近现代习惯称大禹陵或禹陵。

一、禹墓初创

关于大禹，《史记·夏本纪》中这样介绍："夏禹，名曰文命，禹之父曰鲧，鲧之父曰帝颛顼，颛顼之父曰昌意，昌意之父曰黄帝。禹者，黄帝之玄孙而帝颛顼之孙也。禹之曾大父昌意及父鲧皆不得在帝位，为人臣。"[①] 可见，大禹是黄帝的后代。

我们知道，关于中华民族的始祖轩辕帝的相关历史记载有很浓厚的神话色彩。轩辕帝的陵墓坐落在"桥山"。关于黄帝陵的修建，历史上有这样一个美好的传说：黄帝有一天出巡到河南，骤然，晴天霹雳，乌云翻滚，一条黄龙腾云驾雾从天而降，对黄帝说："陛下的使命已经完成，请归天吧！"黄帝迫不得已，只好跨上龙背。当黄龙飞到桥山时，黄帝怀念百姓，请求黄龙下降。周围百姓听说黄帝要驾云归天，纷纷赶来围住他，有的握住黄帝的鞋子，有的抓住衣带，苦苦挽留。但在黄龙的催促下，黄帝只好把衣冠留下，哭别百姓。后来人们为了铭记黄帝的恩德，就把其衣冠葬在桥山。黄帝陵就这样修建起来了。

古籍中关于黄帝陵的记载有：

《今本竹书纪年》："（黄）帝以土德王，应地裂而陟。葬，群臣有左彻者，感思帝德，取衣冠几杖而庙飨之，诸侯大夫岁时朝焉。"[②]

《通典》："或引桥山有皇帝之冢，是葬神也。答曰：'时人思帝，葬其衣冠，非葬神也。'"周生又云："昔皇帝体仙登遐，其臣扶微等敛其衣冠，殡而葬焉，则其证也。"答曰："孔子论黄帝曰：生而人利其化百年，死而人畏其神百年，亡而人用其教百年。此黄帝亦死，言仙谬也。就使必仙，何议于葬？"[③]

从以上两则文献记载中可发现，黄帝陵并非黄帝的圣躬藏穴，而是后人为纪念黄帝而建的衣冠冢。此外，还有文献记载，黄帝时期帝王墓葬规制简单，多不坟不封，现引如下：

① （汉）司马迁：《史记》，北京，中华书局，2006。

② 周幼涛、何海翔：《大禹文化学资料选编》，21 页，长春，吉林大学出版社，2013。

③ （唐）杜佑：《通典》，2702 页，北京，中华书局，1988。

《前汉纪·孝成皇帝记》载："光禄大夫刘向上疏曰：昔黄帝葬桥山，尧葬济阴，丘垄皆小。舜葬苍梧，二妃不从。禹葬会稽，不改其亩。殷汤无葬处，文武周公葬于毕。秦穆公葬于雍祈年馆下，樗里子葬于武库，皆无丘垄之处。"①

《汉书·楚元王传》载："黄帝葬于桥山，尧葬济阴，丘垄皆小，葬具甚微。"②

神话传说和相关古籍文献记载都表明，黄帝其人充满了神话色彩，黄帝陵是人们为了纪念黄帝而建的黄帝的衣冠冢。其墓初建时期，规制简单，丘垄皆小。那么，作为黄帝玄孙的大禹，作为现今已被证实的、有据可查的华夏民族在神州大地奠基立国的第一位伟大祖先，他死后的墓葬是否也只是一个衣冠冢？他的墓地建制与黄帝陵相比，又有什么异同呢？

《史记》载："十年，帝禹东巡狩，至于会稽而崩。"③ 从此，大禹这位华夏立国始祖，在经历了平治洪水、平服苗乱、创建神州第一个国家政权的千辛万苦之后，安息在会稽山上。关于禹墓的建制，先秦史籍中多有记载。

《墨子·节葬下》载："禹东教乎九夷，道死，葬会稽之山，衣衾三领，桐棺三寸，葛以缄之，绞之不合，通之不埳。土地之深，下毋及泉，上毋通臭。既葬收余壤其上，垄若参耕之亩，则止矣。"④

先秦时期记载的禹墓的建制十分简单：衣衾三件，用桐木做三寸之棺，用葛藤束住，虽然封了口但并不密合，凿了墓道但并不深，掘地的深度下不及泉，上不透臭气。葬毕，将剩余的泥土堆在上面，坟地宽广大约三尺。

《史记·夏本纪·集解》引《皇览》曰：禹"因病死，葬，苇棺，穿圹深七尺，上无泄泻，下无邸水，坛高三尺，土阶三等，周方一亩"⑤。

《淮南子·齐俗训》曰："昔舜葬苍梧，市不变其肆；禹葬会稽之山，

---

① （东汉）荀铖：《前汉纪》，卷26，3页，北京，商务印书馆，1926。

② （东汉）班固：《汉书》，卷36，1517页，北京，中华书局，2005。

③ （汉）司马迁：《史记》，北京，中华书局，2006。

④ 墨翟：《墨子》，47～48页，上海，上海古籍出版社，1989。

⑤ （汉）司马迁：《史记》，37页，北京，中华书局，2006。

农不易其亩。”①

《越绝书·记地传》曰：“（禹）葬会稽，苇椁桐棺，穿圹七尺；上无漏泄，下无即水；坛高三尺，土阶三等，延袤一亩。”②

《吴越春秋·越王无余外传》曰：“（禹）命群臣曰：‘吾百世之后，葬我会稽之山，苇椁桐棺，穿圹七尺，下无及泉，坟高三尺，土阶三等葬之。’后曰：‘无改亩以为居之者乐，为之者苦。’”③

汉代文献中所记载的禹墓建制则是“苇槨桐棺，穿圹七尺；上无漏泄，下无即水；坛高三尺，土阶三等，延袤一亩”。即用芦苇和青铜制成棺材，墓穴深七尺，不露出地表，下面不会渗水，祭坛高有三尺，分三层土台，绵延一亩地。平地安葬，不造陵园，不图奢华，使百姓不用改变田地的垄界，影响种植。

《嘉泰会稽志》曰：“圣人所以送终，事最简易，非若汉世人主豫自起陵也。”④ 总之，早期的禹墓和黄帝陵有相似之处，都是不坟不封，建制十分简单。

但是，禹墓与黄帝陵相比，又有其自身的特点。周幼涛先生根据《淮南子·氾论》“禹劳天下，死而为社”的记载，认为大禹坟墓是建在祭坛（社坛）之上的。由于墓建坛上，坛、墓难分，故后世有称禹墓为坛的记载。如《越绝书·记地传》称坟为坛，曰“坛高三尺”；《嘉泰会稽志》曰：“千人坛，即禹陵也。《史记正义》引《会稽旧记》曰：禹葬茅山，有聚土平坛，人功所作，故谓之千人坛。”这个坛、墓一体的设施系人工聚土而成。《墨子·节葬下》所说的“收余壤其上”，即“聚土为坛”，亦即“封土为社”。据陈剩勇先生考证，《史记·封禅书》所载“自禹兴而修社祀”的“夏社”，其基本形制规范，一是封土筑坛，二是有阶级，三是呈方形。⑤ 并以良渚文化的瑶山祭坛的构筑与之相比较，以说明“夏社”的渊源。而文献所载禹墓“坛高三尺”“土阶三等”“周方一亩”，完全符合“夏社”的规范。

---

① 陈广忠译注：《淮南子》，587 页，北京，中华书局，2012。

② 袁康、吴平辑录：《越绝书》，57 页，上海，上海古籍出版社，1985。

③ 赵晔：《吴越春秋》，168 页，长沙，岳麓书社，2006。

④ 浙江省地方志编纂委员会编：《宋元浙江方志集成》（嘉泰会稽志卷 6），1742 页，杭州，杭州出版社，2009。

⑤ 孟文镛：《越国史稿》，89 页，北京，中国社会科学出版社，2010。

二、禹陵建筑

远古时代，殡葬都极为简易，陵无坟丘建制。《易经·系辞》曰："古之葬者，厚衣之以薪，葬之中野，不封不树。"① 因而随着时间的推移，一些先祖的葬地也就在人们头脑中渐渐模糊了。又因为这些先祖如黄帝、尧、舜、大禹等都为中华民族文明发展做出过巨大的贡献，因此，后人在寻找他们的墓葬及祭奠他们的过程中，修建起许多纪念性的建筑。禹陵早在夏朝就开始出现地表建筑了。

（一）禹　穴

绍兴会稽山上有禹穴，这是一个很古老的传说，自司马迁将其载入《史记》之后更是著名中华，令后世凡东游者莫不以探此穴为要事。但是禹穴究竟为何物，确切的位置在何处，特别是有何历史文化意蕴？长期以来学术界都是众说纷纭，莫衷一是。

"禹穴"见之于文献记载，始于《史记》。《太史公自序》曰："二十而南游江淮，上会稽，探禹穴。"② 这说明到司马迁这一探一说之后，禹穴方才引起广泛的注意。其后，东汉的《越绝书》中也出现此名："禹穴之时，以铜为兵，以凿伊阙，通龙门，决江导河，东注于东海。"③ 然而对于上面我们所提出的三个问题，两本书中都没有做任何说明。据历史地理学家陈桥驿先生考证，《越绝书》的渊源相当久远，"袁康和吴平的工作，无非是把一部战国人的著作加以辑录增删而已"④。

据此，关于禹穴的传说在越地应该是早就流传，司马迁可能是在南游江淮收集史料时听到这一传说后，方才"上会稽，探禹穴"，赶去实地考察的。

但是到南北朝时期的文献中，禹穴方才显示出两个物质具象来。

一是"井"。贺循《会稽记》曰："会稽山有禹井，去禹穴二十五步。

① 姬昌：《易经》，189 页，哈尔滨，北方文艺出版社，2013。

② （汉）司马迁：《史记》，北京，中华书局，2006。

③ 袁康、吴平辑录：《越绝书》，81 页，上海，上海古籍出版社，1985。

④ 周幼涛、何海翔：《大禹文化学资料选编》，227～278 页，长春，吉林大学出版社，2013。

谓禹穿凿。”北魏郦道元《水经注》曰：“（会稽）山东有湮井，去庙七里，深不见底，谓之禹井，云东游者多探其穴也。秦始皇登会稽山，刻石记功，尚存山侧。”[①]《汉书·地理志上》曰：会稽山“上有禹井”。宋王十朋《会稽三赋》曰：“今禹寺后有禹井，谓禹穿凿，故名。”[②]

二是“冢”。南朝宋裴骃《史记集解》引张晏曰：“禹巡狩至会稽而崩，因葬焉。上有孔穴，民间云：禹入此穴。”此后，唐张守节又以禹穴为一天然洞穴，并系之于宛委山。其《史记正义》在注引了《吴越春秋》上关于禹登宛委山发现石匮，得金简玉字之书的一段文字之后，紧接着说：“山中又有一穴，深不见底，谓之禹穴。史迁云：上会稽，探禹穴。即此穴也。”他将禹穴与禹得治水之书相联系，这个说法对后世影响很大，因此又衍生出禹穴为禹藏书之处的说法来。

宋《太平御览》引《会稽记》又将禹穴和禹井分开：“郡有禹穴……又有禹井。”[③]宋周氏则注《会稽三赋》引东晋贺循《会稽记》亦曰：“会稽山有禹井，去禹穴二十五步。谓禹穿凿，故因名之。”

在宋《嘉泰会稽志》中，对禹穴的记述已是歧义迭出，如“会稽山”条云：“宛委山即禹穴，号阳明洞天。”“龙瑞宫”条云：“龙瑞宫在县东南二十五里，有禹穴及阳明洞天。”“阳明洞天”条云：“阳明洞天，在宛委山龙瑞宫……洞外飞来石下为禹穴，传云禹藏书处，一云禹得玉匮金书于此。”“飞来石”条云：“飞来石，在禹穴侧。”“宛委山”条云：“自《旧经》诸书皆以禹穴系之会稽宛委山。里人以阳明洞为禹穴。今无所考。”

明郑善夫作有一篇《禹穴记》：“禹穴在会稽山阴，昔皇帝藏书处也。禹治水至稽山，得皇帝《水经》于穴中，案而行之，而后水土平，故曰禹穴。世莫详其处，或曰今阳明洞是也。又云禹既平水土，会诸侯稽功于涂山，寻崩，遂葬于会稽之阴，故山曰会稽，穴曰禹穴。至今窆石尚存，或然也。”郑善夫在文中指出，禹穴有两种说法：一是皇帝藏治水之书的地方，因大禹用该书治水成功，故名禹穴；二是大禹的崩葬之地，并将禹穴与窆石相联系，这是一个较早的材料。

① （北魏）郦道元：《水经注》，卷四十，757页，北京，华夏出版社，2006。
② （宋）王十朋：《重刻会稽三赋》，卷三，15页，台北，成文出版社，1983。
③ （宋）李昉：《太平御览》，卷五十四，262页，北京，中华书局，1985。

到清《康熙会稽县志》中，禹穴的形貌清晰起来，此志视禹穴和阳明洞为一物。

（二）窆　石

窆石在会稽山东北麓，龙头墩禹庙正殿东侧坡上。明袁宏道曰："窆石立如人，鼻穿腰半折。"大禹崩葬于会稽之后，窆石就开始屹立于龙头墩了，可以说窆石存在的时间与大禹冥寿同长。窆石状如秤锤，顶端穿孔，色莹然微红，高 2.09 米，底围 2.3 米。窆石亦称窆器。

据传，此石为禹落葬时用做桩或柱，上系以绳索，以牵引棺椁下墓穴；或谓下棺后，以此石镇之，有安定、安息、标识之意。窆石，最早见于《周礼》，郑玄在《春官·冢人》给窆石做注曰："窆器，下棺丰碑之属。"[①] 其在《礼记·檀弓》中注亦云："窆石为下棺工具。"[②] 清《康熙会稽县志》曰："窆石，在禹庙之左，高丈许，状如秤锤。旧经：禹葬会稽山，取此石为窆。"[③]《越中杂识》曰："禹葬于会稽，取石为窆，盖用以下棺，故顶上有穿，状如秤锤，所以系绳也。"[④] 民国初年以来刊行的各版《辞源》及 20 世纪末出版的《汉语大字典》之"窆石"条云：古时用以引棺椁下墓穴之石。民国四年（1915 年）版《辞源》"窆石"条云："今浙江绍兴禹陵有窆石，其形长椭圆，上有穿，昔人以为禹葬会稽时所遗。孙吴时补刻'窆石'二字于上。"清龚自珍《说碑》："墓有碑，穿厥中而以为窆石也，刻文字非古也。"龚氏说窆石"刻文字非古也"，意思是说窆石本无字，石上题刻是后来才有的。所以，《辞源》在"刻'窆石'"前加了一个"补"字。

大约在明代以前，一般认为葬禹的具体位置在窆石处。关于窆石，南宋《嘉泰会稽志》和明天顺六年（1462 年）九月的韩阳《禹陵重建窆石亭记》都有明白陈述。窆石所在地，《嘉泰会稽志》称"大禹陵"，韩阳记"禹陵"。《嘉泰会稽志》"大禹陵"条云："禹巡守江南，上苗山，会计诸侯，更名苗山曰会稽山，死而葬焉，是山之东，有陇隐若剑脊，西向

---

① 郑玄、贾公彦：《周礼注疏》，334 页，上海，上海古籍出版社，1990。
② 郑玄、孔颖达：《礼记正义》，324 页，上海，上海古籍出版社，2008。
③ （清）董钦德辑：《康熙会稽县志》，卷五，152 页，台北，成文出版社，1983。
④ 悔堂老人：《越中杂识》，160 页，杭州，浙江人民出版社，1983。

而下，下有窆石，或云此正葬处，疑未敢信然。然《檀弓》注：'天子六綍四碑，所以下棺。'则窆石者固碑之制度，至其数不同，或繁简异宜，或世代悠远，所存止此，皆不可知也。窆石之左是为禹庙。依丘陇南而立。"又云："先秦古书帝王墓皆不称陵，而陵之名实自汉始。"[①] 这里说明禹陵的具体位置在窆石之旁，并引《檀弓》说明窆石的含义。《周礼注疏》亦云："及窆，执斧以莅匠师。"注曰："窆，谓葬下棺也。"[②] 可见"窆"是古代下葬时的工具。禹陵的窆石，上有穿孔，史谓下棺时做绳索穿引之用，墓成则以此做墓穴之标识。故禹墓在窆石之旁。《大清一统志·绍兴府一》载："窆石在会稽县禹陵，旧经云：禹葬会稽，取此石为窆，上有古隶不可读，今以亭覆之。"[③] 所以长期以来，窆石是禹陵标识性之物。

关于窆石所在正是大禹葬处，韩阳的《禹陵重建窆石亭记》比《嘉泰会稽志》说得更肯定、更明白。窆石自古有亭覆其上，柱皆以木为之。明天顺元年（1457 年），羊城彭谊任绍兴知府，他去窆石"谒陵之后，睹亭之倾覆，徘徊叹息。谓斯陵乃先圣王所藏之穴，国朝岁时致祭，三年则遣使函香捧帛诣陵祝告之，礼莫重焉。虽有殿堂，而所尊所重以是陵故也"。从上述引言可知，当时皇帝每三年一次遣使诣陵祝告，就是在窆石亭举行的。所以，彭谊作为一府之长，目睹亭之倾覆，自知修葺有责。于是立即用工凿山取石，历时两年，建石柱八角亭覆于上。天顺六年工毕，韩阳作《禹陵重建窆石亭记》述其事。记曰："窆石之下，即神禹所藏穴也，故先辈有'一代衣冠埋窆石'之句。……今圣躬所藏之窆在于会稽，凡生于兹土仕于兹郡者，安可不加敬而怠忽乎？亭覆于上，至为切要。"从以上所述，即从彭谊重建窆石亭的心情和韩阳记的内容看，当时认定窆石之下是大禹的墓穴，窆石是大禹陵的标识，所以韩阳的碑记题名为《禹陵重建窆石亭记》，把禹陵和窆石合在一起，视为同一。清乾隆元年，李绂《敕修夏禹王陵庙碑记》云："禹葬会稽，以窆石证葬处，故累朝祀典，凡祭禹陵，必于会稽。"李氏之说，与韩记同义。韩阳记碑文至今字

---

① 浙江省地方志编纂委员会：《宋元浙江方志集成》（嘉泰会稽志卷六），1742 页，杭州，杭州出版社，2009。

② 郑玄、贾公彦：《周礼注疏》，334 页，上海，上海古籍出版社，1990。

③ 仁宗：《大清一统志》，卷二九四，30 页，北京，商务印书馆，1934。

迹明晰如故，其碑亭和窆石亭相伴左右已历五百五十余年。他们在无声中陈述着大禹陵的历史。

笔者在此录诗数首，以见古人对窆石与禹陵关系的看法。

宋人魏了翁《窆石》："禹穴无从一罅通，禹陵原在万山中。饮泉窆石皆如旧，误却东游太史公。""太史公"指司马迁，他登会稽，探禹穴，不知窆石所在正是禹安葬之处。又一首宋代徐天佑《窆石》："龙盾无计返灵游，回首山河昔九州。欲问帝陵何处见？数千年石一荒丘。"明确指出这窆石所在的荒丘正是帝陵之所在。值得注意的是，在窆石之旁，有两块碑石：一曰"石纽"，二曰"禹穴"。"石纽"谓禹出生之地。《吴越春秋》载："（鲧）家于西羌，地曰石纽。石纽在蜀西川也。"[①] 这表明禹的籍贯乡居。"禹穴"就是禹之墓，古人称墓冢为圹穴。这两块石碑当是后人所立，但也是时人的识见。陆游《出游》诗中亦说："秦碑禹窆风烟外，一吊兴亡万古愁。"这里的秦碑指随秦始皇巡越时李斯的《会稽刻石碑》；而"禹窆"即指此窆石。见此两古物，兴起古来兴亡的无限愁思。可见"禹窆"的历史价值。

宋代诗人喻良能在《禹帝祠》小序中有一段精彩的文字："淳熙戊戌（1178 年）四月十一日，斋宿祠下，同孙签判次襄、夏察判蹈中自窆石登山。披榛荆至绝顶，见其地正平，中起大冢，前对群峰，下瞰窆石，巍然俨然，真前代王者之陵寝也。于是前日之疑始释。因相与再拜，喜而赋诗云。"这更具体证明了禹穴的确切位置。

（三）禹　庙

大禹庙，亦称禹庙、夏禹庙、夏王庙、夏禹王庙，世人习惯称其为禹庙，或禹王庙。禹庙地处会稽山东北余脉石帆山别峰龙头墩西坡，距绍兴城 6 公里。

在先代有关著述、方志和诗文中，禹庙亦称禹祠、大禹祠或祠庙联用。宋《嘉泰会稽志》在不同条目下，或称禹庙，或称禹祠。如云"少康立祠于陵所，梁时修庙"，就是庙祠并称。宋潘阆有诗题名《泊禹祠》，但第一句云："禹庙高高万木齐"；而其《癸未岁秋七月祷禹庙》诗，第

① 赵晔：《吴越春秋》，154 页，长沙，岳麓书社，2006。

二句却云："森森大禹祠"。陆游诗有题名《禹祠》《禹庙》。清山阴褚继曾《谒禹陵歌》有"剩有空山祠庙在"句。

会稽山禹庙始建于夏朝，已存在四千多年。大禹死后，其子启即天子位，治国于夏。《吴越春秋》云，启始"立宗庙于南山之上"。南山，会稽山别称，禹墓所在。启创立的宗庙，为会稽山禹庙前身。夏王启距今已有四千多年，这就是会稽山禹庙演进的历史跨度。到夏朝中叶，帝少康封庶子无余居越守护陵庙。对此，《史记·越王勾践世家》和《吴越春秋》都有记载。前者云：无余受"封于会稽以奉守禹之祀"①。后者云："禹以下六世少康，封其庶子无余于越，以租贡才给宗庙祭祀之费。"② 无余受封越地是禹裔专事守护陵庙的举措。再者，以当时的建筑状况而论，陵庙建筑每十几、二十年就得进行修缮，因此，所谓"以租贡才给宗庙祭祀之费"，就包含了修护陵庙的费用开支。据绍兴《姒氏世谱》载：无余传七世（即禹十二世孙）为越王娄，娄传立商世，而无权位，同为编氓，禹祀断绝二十七世。在此期间禹庙存、圮不详。

在殷商、西周间，会稽山禹庙还未有相关的文字记载。但在《越绝书》《吴越春秋》和绍兴《姒氏世谱》中，有东周时期越国禹庙的记述，并有可供分析研究越国时期禹庙存续的史料。《越绝书》云："故禹宗庙在小城南门外大城内。"③ 越王勾践于周敬王三十年（公元前490年），以今绍兴城中卧龙山（又称府山）为依托，筑了周2里又223步的小城，旋而将小城向东南扩大，又建筑了周20里加72步的大城。大城东南接会稽山麓"故禹宗庙"。《越绝书》在《禹宗庙》前冠以"故"字，故者，旧也，它表明在勾践之前禹庙就已存在。

关于勾践之前，越国禹庙就已经存在，以下再综合《吴越春秋》《水经注》和绍兴《姒氏世谱》的有关史料，并摘录《史记》相关记载，以明其实。禹六世孙无余受封于越，奉守大禹陵庙。无余三十五世孙无壬。无壬"为众民所立，复君臣之义，明治安之策"。无壬传子暤，暤"专心守国，不失上天之命"。暤卒，传子夫谭。夫谭卒，子元常立，"越之兴霸自元常始"。太史公在《越世家》中云：勾践"灭强吴，北观兵中国……

① （汉）司马迁：《史记》，北京，中华书局，2006。
② 赵晔：《吴越春秋》，172页，长沙，岳麓书社，2006。
③ 袁康、吴平辑录：《越绝书》，61页，上海，上海古籍出版社，1985。

盖有禹之遗烈焉”[①]。《吴越春秋》云：勾践“祭陵山于会稽”。越国以大禹为始祖，以受封于越奉守大禹陵庙的无余为族祖，因此，当无壬复君臣之义，无曎守国不失上天之命，元常兴霸业之时，必以隆礼奉祀始祖大禹陵庙，如此，勾践才堪称“盖有禹之遗烈焉”。故《水经注·渐江水》云：“夏后少康封少子无抒（无杼即无余）以奉禹祠为越，世历殷周，至于允常（即元常），列于‘春秋’，允常卒，勾践称王，都于会稽。”[②]

关于勾践时期及其以后之禹庙情况，《水经注·渐江水》又云：“勾践所立宗庙，在城东明里中甘滂南。”[③]《史记·太史公自序》正义云：越国所立的禹庙，至“越亡遂废也”[④]。周显王三十六年（公元前333年）越为楚所亡，越王无彊被杀。按此所述，如无壬“复君臣之义，明治安之策”时就立禹庙以祀，至越被楚所亡，禹庙遂废。但《姒氏世谱》云，无彊之子玉，虽“不称王而称君，仅保会稽，守奉陵祠”。《姒氏世谱》对玉以下两世，无“守奉陵祠”的记载。按以上史料所知，越国从无余三十五世孙无壬至四十六世孙玉，都守护着先祖大禹的陵祠。如此，越国王、君守奉陵祠共有十二世，时达三百余年，这是有文字为据的。

因大禹的事迹和精神对后世影响很大，自秦朝开始，历代君王大多都很重视禹庙的修葺和保护。

（四）陵　碑

明代中叶之前，大禹陵以庙左窆石为标识。天顺六年（1462年），韩阳《禹陵重建窆石亭记》明其事。至嘉靖三年（1524年），在大禹山西麓兴建的大禹陵园中，树起了“大禹陵”碑。自此，这座巨碑就是大禹陵的标识了，大禹就葬在大禹陵碑之后的高丘处。

嘉靖二年（1523年），礼部员外郎郑善夫来越，此时，南大吉以部郎出任绍兴知府。他在任内锄奸兴利，群民德之，列越中名宦。两位诚敬大禹的非绍籍人士，聚首会稽，同议禹陵禹祀之事，以“缵禹之绪”。

郑善夫是一位研究先代帝王和大禹的专家。其一，他是掌礼仪、祭

① （汉）司马迁：《史记》，北京，中华书局，2006。
② （北魏）郦道元：《水经注》，卷四十，758页，北京，华夏出版社，2006。
③ （北魏）郦道元：《水经注》，卷四十，758页，北京，华夏出版社，2006。
④ （汉）司马迁：《史记》，北京，中华书局，2006。

享、宴乐等职的礼部要员，深知当朝的重大礼制。明代，对先代帝王陵寝的保护和祭祀都十分重视。如洪武三年（1370 年），遣使访先代帝王陵寝，命各省具图以进，浙江行省进大禹陵庙图；在先代七十九位帝王中，礼官考其功德昭著者为三十六，夏禹王列第八，并规定对这三十六位先代帝王每三年遣使致祭，皇帝即位登极遣官告祭。洪武七年（1374 年）明太祖御制祀历代帝王乐章，九年令大禹陵五百步内禁樵采，设陵户二人，有司督近陵人看守。郑氏不仅了解并掌管这些礼制和规定，并从中熟知大禹及其陵墓的历史和现状，还知道绍兴虽以窆石所在为禹穴，然终莫能定窆石所在就是禹葬之处这一情形。其二，他在绍兴时，实地考察了大禹陵庙及其周围地域，并撰成《禹穴记》一篇。《禹穴记》云："禹葬会稽之阴，故山曰会稽，穴曰禹穴，至今窆石尚存，或然也。"今和"山阴朱君节、王君琥氏来，复探禹穴，寻黄帝藏书处，乃玩梅梁，摩裟窆石，睹先圣遗像，得禹穴于菲井之上，徘徊瞻眺，想其卑宫而菲食，为之喟然兴怀。"又云："自昔至人，见转蓬而造车，观游鱼而造舟，得河图而成卦，因洛图而作范，咸取诸物也。余乃今知所取于山川矣。"郑氏去宛委山寻黄帝藏书处，但"莫详其处"；再到曾用梅木做梁的禹庙，瞻仰大禹像，又上庙左坡上，抚摸窆石；还踏看了菲井上下四方。他一路徘徊瞻眺，"取于山川"，对地形地物地貌做了极为仔细周密的调查考察。他说"窆石尚存"，肯定了窆石是禹葬时的一种工具，至于窆石之下是否就是禹葬之穴，他说"或然也"，实际做了否定。但他经实地"徘徊瞻眺"之后曰"得禹穴于菲井之上"，指出了大禹墓穴所处的方位。万历三年（1575 年）成册的《会稽县志》载："郑善夫定（大禹葬身之墓穴）在（禹）庙南可数十步许，知府南大吉信之。"郑善夫来越之时，南大吉出任绍兴不久，正亟以敬先圣王敦民风为务，并偕同郑氏一起，深入会稽山麓考察。当郑善夫最后确定大禹墓地在禹庙南数十步许，南大吉就确信不疑，于是在嘉靖三年（1524 年）书写了一块遒劲整饬的"大禹陵"碑，从此禹陵就以此作为标识。

三、禹陵的意义

夏商周断代工程定夏朝约开始于公元前 2070 年，也就是说，大禹陵的存在已经有四千多年的历史。禹陵从初创时的平地安葬，建制简单，到人们为了纪念大禹，开始修建禹庙、窆石、大禹陵碑等地表建筑，大禹陵作为中华民族历史上第一位君王的墓地，其存在演变有其独具魅力的价值。

（一）因守陵需要夏朝诞生了于越国

《吴越春秋·越王无余外传》载："越之前君无余者，夏禹之末封也。……禹以下六世，而得帝少康，少康恐禹祭之绝祀，乃封其庶子于越，号曰无余。"①《越绝书·记地传》亦载："昔者，越之先君无余，乃禹之世，别封于越，以守禹冢。"② 也就是说，少康登上王位后，恐怕他的祖先夏禹在会稽的陵墓无人祭祀，就封他的庶子到那里立国。少康的庶子到达会稽地区后，自号"无余"，于是越国建立。因此，无余应当是越国的开国元勋和缔造者。

无余之后，因史阙有间，君位的继承情况不甚清楚。据说无余之后传了十多代，末君微劣，不能自立，只得混同于众人，转为编户之民。禹冢的祭祀也一度中断。

又过了十多年，"有人生而言语"，指天向禹墓说："我是无余君之苗末，我方修前君祭祀，复我禹墓之祀，为民请福于天。"于是，老百姓一年四季都把贡品放在禹的墓前，并共同拥立这位无余君的后代继承越君之位，号曰无壬。从此以后，越国君位的世系又不甚清楚了。《吴越春秋·越王无余外传》又载："无瞎卒，或为夫谭。夫谭生允常。常立，当吴王寿梦、诸樊、阖闾之时。越之兴霸，自允常矣。"③

从上述文献记载的情况看，越国因少康为防止禹祭绝祀而建立，其开国之君是少康中兴时的无余；而使越国稍有君臣之义，并建立较为完整的国家体系，同时恢复禹祀的是无壬；不过，越国的霸业却是从允常开始的。

① 赵晔：《吴越春秋》，172 页，长沙，岳麓书社，2006。
② 袁康、吴平辑录：《越绝书》，57 页，上海，上海古籍出版社，1985。
③ 赵晔：《吴越春秋》，172 页，长沙，岳麓书社，2006。

（二）大禹陵证明中华民族历来是一个不可分割的整体

在大禹陵存在的四千多年间，中华大地上经历过很多次的统一、局部统一和分裂割据。作为中华大地统治者的民族，既有原来就在中原地区的民族，也有本在中原区域之外的民族，最后统一为中华民族。问题是，无论谁作为中华大地上的统治者，都对大禹和大禹陵充满了敬畏。从关中地区进而统一中国的秦始皇“上会稽，祭大禹”，到以东北少数民族身份入居中原的清康熙皇帝、乾隆皇帝分别为大禹陵书“江淮河汉思明德，精一危微见道心”“绩奠九州垂万世，统承二帝首三王”的对联，皆说明大禹陵的长期存在，证明中华民族从来就是一个统一的、不可分割的整体。

（三）大禹陵祭禹祀典对中华民族有重要的凝聚作用

据《吴越春秋》记载，禹子启即位后，每年春秋派人祭禹，并在南山上建了宗庙，此后便开始有了守禹陵、奉禹祀的活动。该活动历时数千年，传承不绝。

司马迁在《史记》中把“祭祀”的出现归结于“禹禅会稽”，《史记·封禅书》中说：“自禹兴而修社祀。”也就是说，国之“祭祀”是大禹创造的。大禹治水成功，召集了全国的诸侯来，《史记》记载他“大会计，爵有德，封有功”，于是，“更名茅山曰会稽”，“会稽者，会计也”。“会稽”在这里的意思不是计划，也不是计功，而是“会祭”，也就是“祭祀”之意。所以，典籍资料中有“国之大事，在祀与戎”的记载，把祭祀天地和战争并列为国家大事。

大禹作为中华民族历史上第一位君王，其一生最大的功业是：平治洪水，奠定了立国的根基；建立夏朝，巩固和发展了治水成果，使当时松散的部落联盟成为多民族统一的国家。大禹的杰出贡献，对中国历史的演进和发展产生了深远的影响。所以，祭禹就成为中国历代王朝祀典中的一项重要内容。

大禹陵祭禹祀典对中华民族有重要的凝聚作用。在先秦，夏禹与黄帝、尧、舜同列祀典。自汉朝以来，历代在京师立庙，祀奉先代创业之主、有道明君，夏禹均在其列。其时，神州大地禹庙星布。因为大禹陵是我国历史上最悠久的祭祀、供奉大禹的庙宇，所以大禹陵的祭祀，历来代表的都是国家祭祀。

四千多年来，大禹陵总是俎豆千秋，玉帛相接，清庙巨丽，祭祀绵亘。历代祭禹，古礼攸隆，影响巨大。自夏王启开端，祭会稽大禹陵已有定例，夏王启首创的祭禹祀典，是中华民族国家祭典的雏形。[①] 夏之后，祭禹祀典曾一度中断，到了越王勾践时代，又开始建造大禹宗庙，祭祀大禹。公元前210年，秦始皇东巡时也曾专门“上会稽，祭大禹”。唐代以后，地方官到任祭禹已成惯例。宋建隆元年（960年），宋太祖颁诏保护禹陵，开始将祭禹正式列为国家常典。宋代以后，由皇帝派出使者，帝沐赍礼来会稽祭禹者更多。到明代，遣使特祭成为制度。清代，康熙、乾隆皇帝又亲临绍兴祭禹。

大禹陵祭祀可分官祭、民祭两大部分。官祭，自夏帝启创制起，绵延至今；民祭，以会稽姒姓宗族祭脉络最为清晰，发端于少康封无余于越，守祀大禹陵寝时。整个大禹祭典的历史有着起源古远、规格崇高、祭祀频繁、脉络清晰等特点，更由于会稽大禹陵守陵村的存在和姒姓宗族祭祀的延续而独具特色。

大禹作为中国历史上第一个开国君主，其在国内外的影响很大，随着历史的演进，大禹已成为国人的一个精神寄托和文化信仰。大禹陵作为大禹的圣躬藏穴，延续了上千年，可以说禹陵的存在有其独具魅力的价值。

（龚剑锋，浙江师范大学人文学院历史系、江南文化研究中心、环东海研究院硕士研究生导师、教授；叶洁，浙江师范大学人文学院历史系学士）

① 李殿元：《论大禹陵的文化价值》，载《天府新论》，2013（2）。

中岳嵩山乃帝禹圣山论

常松木　王巧玲

中岳嵩山位于河南西部，西起嵩县外方山，东至新郑具茨山风后岭，其主体太室山和少室山在登封境内。大禹一生和嵩山关系密切。他出生于嵩山，家居于嵩山，治水于嵩山，受封于嵩山，建都于嵩山，享祭于嵩山。中岳嵩山是千古名山、中华文化圣山，拥有丰富的大禹文化遗迹和大禹神话传说。嵩山及洛阳周围是全国大禹神话传说、大禹文化遗迹最丰富和最集中的区域。嵩山南麓的登封市和禹州市 2008 年 1 月分别被中国民间文艺家协会命名为中国大禹文化之乡，因此中岳嵩山堪称帝禹圣山。

一、嵩山自古即是中华名山

嵩山古称外方山、崇山、太室、黄室、天室、崇高山、嵩高山等。《括地志》云：“阳城嵩高山，一名太室山，亦名外方山，在洛州阳城县北二十三里。”盘古、伏羲、女娲、黄帝、颛顼、帝喾、尧、舜、祝融等中华民族传说中的人文先祖皆曾在嵩山地区活动。据传盘古死后腹部化为中岳，四肢化为其他四岳。伏羲在嵩山北麓画八卦，女娲在嵩山北麓抟土造人，嵩山东部即以伏羲山命名，后因同音讹为浮戏山。黄帝都于有熊，即今嵩山东麓新密、新郑交界的轩辕丘。帝喾建都于嵩山北麓的西亳。祝融部落原始居地与颛顼部落的原始居地大体一致，主要分布在河南嵩山、新郑一带。《左传·昭公十七年》载：“郑（新郑），祝融之虚也。”《汉书·地理志》说：“今河南之新郑，本高辛氏之火正祝融之虚也。”可以说，嵩山地区是华夏文明起源的核心地区，在文明起源和形成中占有举足轻重的地位。在国家“十五”“十一五”“十二五”重大科研项目“中华文明探源工程”中，嵩山周围的登封王城岗、偃师二里头、新密新砦等5处遗址以其重要地位和突出的研究成果而成为亮点。

“华夏”一词的由来与嵩山有密切关系。著名考古学家唐兰在《西周青铜铭文分代史徵》中说：“华，地名，在今河南密县（今属新郑）。华邑在新郑，有熊之墟，祝融之墟。重黎，郐国均在新郑。”钱穆先生在《国史大纲》中说：“华夏连称者，乃嵩山山脉亦得华名，国语中写阳城，有‘前华后河，左洛右济’之说。华在洛东，即今嵩山。又《史记》魏有华阳，司马彪曰：‘华阳，亭名，在密县。’《周礼·职方·豫州》有‘其山镇华’语，皆其证。”华夏中的“夏”，就是夏部族，夏部族的活动中心就在嵩山地区，大禹在嵩山脚下的阳城建立了夏王朝。“华夏”后来成为中国的代名词。

由于嵩山在华夏历史文明中的特殊地位，所以自古以来即被尊为中国名山。《史记·封禅书》载：“天下名山有八，三在蛮夷，五在中国。中国华山、首山、太室、泰山、东莱山。此五山黄帝之所常游，与神会。”这说明黄帝时期，太室山即嵩山已列入中国五大名山。《史记·封禅书》又载：舜帝“五月，巡狩至南岳。南岳，衡山也。八月，巡狩至西岳。西岳，华山也。十一月，巡狩至北岳。北岳，恒山也。皆如岱宗之礼。中岳，嵩高也。五载一巡狩。禹遵之。”尧舜时期，五载一巡狩中岳，可见中岳当时地位之崇高。《史记·封禅书》又载：“及秦并天下，令祠官所常奉天地名山大川鬼神可得而序也。于是自殽以东，名山五，大川祠二。曰太室。太室，嵩高也。恒山、泰山、会稽、湘山。”秦并天下后，明确规定殽山以东的五座名山即嵩山、恒山、泰山、会稽、湘山。《汉书·郊祀志》载，汉宣帝神爵元年（公元前61年）颁发诏书，确定以泰山为东岳，华山为西岳，霍山（即天柱山）为南岳，恒山为北岳，嵩山为中岳。从此，始见于《周礼·春官·大宗伯》“以血祭祭社稷、五祀、五岳”中的五岳制度正式形成，包括中岳嵩山在内的五岳即成为中国名山的代表。

之后，历朝历代对中岳嵩山都倍加推崇。晋代郭璞《太室赞》：“嵩惟岳宗，华岱恒衡。气通元漠，神洞幽明。巍然中立，众山之英。”[①] 唐裴崔《皇唐嵩岳少林寺记》载：“海内灵岳，莫如嵩山。山中道场，兹为

---

① （清）景日昣：《说嵩》（嵩岳文献丛刊第三册），823页，郑州，中州古籍出版社，2003。

圣殿……颍上灵岳，山间宝殿。秀出梵天，孤标神县。”① 都穆《游嵩山记》：“盖嵩山巍然中国之中。其周围二百里，群山拱列，有类儿曹。宜其秀钟灵聚，为五岳之尊。”② 王士性《嵩游记》：“二室顶不三十里而遥，而以为神州首岳……为天中，钟颢苍最清淑之气，以总领诸岳而然乎！”③ 上述文献分别称嵩山为“众山之英”“海内灵岳”“五岳之尊”“神州首岳”，可见中岳嵩山地位之崇高。另外，嵩山还有“五岳之冠”④“群岳之宗”⑤ 等称谓，少林寺山门前的明代东牌坊上有镌刻“地在天中，四海名山为第一；心传言外，十方法教是初元”的对联。清代中岳庙建有名山第一坊，亦与这些称谓相呼应。

二、嵩山地区是鲧、禹的封地

嵩山地区是夏部族的发祥地，同时也是鲧、禹的封地。《国语·周语上》载：“有夏之兴也，融降于崇山。”韦昭注：“融，祝融。崇，崇高山也。夏居阳城，崇高所近。”《太平御览》又引韦昭注云：“崇、嵩字，古通用，夏都阳城，嵩山在焉。”鲧封于崇山，史书多有记载。夏族先祖鲧和禹因居于“崇”地而被之为崇伯。《国语·周语下》载：“其在有虞，有崇伯鲧，播其淫心，称遂共工之过，尧用殛于羽山。其后伯禹……而度之于群生。”韦昭注曰：“鲧，禹父。崇，鲧国。伯，爵也。”《尚书·舜典》曰：“禹代鲧为崇伯。”故此处的“伯禹”亦即崇伯禹。《太平御览》卷一百五十引《帝王世纪》云：“夏鲧封崇伯。故《春秋传》曰谓之‘有崇伯鲧’。”司马贞《史记·夏本纪·索隐》载：“《连山易》云：‘鲧封于崇。’故《国语》谓之崇伯鲧。”《水经注·淮水》所引《连山易》亦曰：“有崇伯鲧，伏于羽山之者是也。”《郑州古今史要》载：“鲧是尧舜

① 登封县志办公室编：《新编少林寺志》，63～64页，北京，中国旅游出版社，1988。

② （明）傅梅：《说嵩》（嵩岳文献丛刊第一册），528页，郑州，中州古籍出版社，2003。

③ （明）傅梅：《说嵩》（嵩岳文献丛刊第一册），535～536页，郑州，中州古籍出版社，2003。

④ （唐）韦行俭：《嵩岳中天王庙记》，见《登封县志》，75页，明嘉靖八年本，登封县志办公室重印。

⑤ （宋）陈知微：《增修中岳中天崇圣帝庙碑铭》，见《登封县志》，89页，明嘉靖八年本，登封县志办公室重印。

时居住在嵩高山（又叫崇高山，今嵩山）下的夏部落首领，故又称崇伯鲧。”① 这说明，尧舜时封鲧为崇伯，后来禹亦继任崇伯一职，嵩山已称“崇高”。《国语·周语》也说：“昔夏之兴也，降融于崇山。”意为夏朝兴起于崇（嵩）山。

也有史料称禹被封为“夏伯”，而其封地历代皆称为夏地，今河南省登封市祖家庄以南的仍称“夏地”。《帝王世纪》载：“尧命以为司空，继鲧治水，十三年而洪水平。尧美其绩，乃赐姓姒氏，封为夏伯，故谓之伯禹。”《路史》载：“禹封高密以处于栎，是为有夏，曰夏伯。”《水经注》载：“河南阳翟县有夏亭城，夏禹始封于此，为夏国。是禹以司空受封于夏，故至是改称为夏后也。”《姒氏世谱》载：“甲子八十一载，封禹于夏，赐姒氏姓。”另外，河北省文物研究所的佀庆琪先生说：“据《华夏姓氏》所载，大禹封国于夏，当时居在河南荥阳汜水（古汜水），取姓姒氏，建都阳城（今河南登封）。”② 栎和后世的阳翟，即今位于嵩山南麓的禹州，荥阳汜水位于嵩山北麓，这说明“夏”即嵩山南北的广大地区。《汉书》曰：“颍川、南阳，本夏禹之国。”《史记正义》：“禹居阳城。颍川、南阳皆夏地也。”颍川即今河南许昌、禹州一带，在嵩山南麓；而南阳亦在今天所说的嵩山文化圈内。因此，大禹的封地在嵩山周围应确定无疑。

三、嵩山是禹贡名山

《尚书·禹贡》是中国最早的地理著作，详细记载了大禹治水的过程。《禹贡》载：“荆河惟豫州：伊、洛、瀍、涧既入于河，荥波既猪……熊耳、外方、桐柏，至于陪尾……东过洛汭，至于大伾……导洛自熊耳，东北会于涧、瀍；又东会于伊，又东北入河。”③ 大禹治理黄河时，曾经疏通伊、洛、瀍、涧四条河流，而这四条河流在嵩山北麓汇合后注入黄河，大禹治水时还曾经过外方山以及嵩山北麓的洛汭。

---

① 郑州市教委教研室编：《郑州古今史要》，13 页，郑州，河南大学出版社，1989。

② 刘良玉：《寻找拥有稀罕姓氏的你：我姓佀，大禹是我的祖先》，载《燕赵都市报》，2007－02－05。

③ 李民、王健：《尚书译注》，69～79 页，上海，上海古籍出版社，2004。

大禹治水于嵩山地区，不仅《禹贡》有载，亦见诸大量典籍。《绎史》十二引《随巢子》曰："禹娶涂山，治鸿水，通轘山，化为熊。涂山氏见之，惭而去，至嵩高山下，化为石。禹曰：归我子。石破北方而生启。"《淮南子·本经》云："舜之时，共工振滔洪水，以薄空桑。龙门未开，吕梁未发，江淮通流，四海溟涬，民皆上丘陵、赴树木。舜乃使禹疏三江五湖，辟伊阙，导廛、涧，平通沟陆，流注东海。鸿水漏，九州干，万民皆宁其性。"关于大禹，在嵩山地区的记载很多，所以郑州大学教授赵长海认为："大禹治水的最主要工程，均以嵩山为中心地带，使大河沿太行北流，即今称之曰禹河故道。"①

大禹治水成功，"声教讫于四海，禹锡玄圭，告厥成功"②，受到人们的无限尊崇。人们睹河洛而思禹功，不断歌颂禹治水的功绩。《春秋左传·昭公元年》载："天王使刘定公劳赵孟于颍，馆于雒汭。刘子曰：'美哉禹功！明德远矣！微禹，吾其鱼乎！吾与子弁冕端委，以治民，临诸侯，禹之力也。子盍亦远绩禹功而大庇民乎？'"意即如果没有大禹治水，则人们皆将化成鱼类。

今河南浚县境内的大伾山，因大禹治水时曾经登临，历代皆称"禹贡名山"，今仍有"禹贡名山"石刻。从这个意义上说，嵩山地区作为大禹治水的核心地区，嵩山如称为"禹贡名山"，亦应当之无愧。

四、嵩山是大禹祭祀和受祭的名山

天下名山，五岳为先。五岳之尊，中岳嵩山。中岳嵩山很早就受到祭祀，《山海经·中山七经》载："苦山、少室、太室皆冢也，其祠之以太牢之礼，婴以吉玉。"钱穆《山海经注》曰："冢者，神鬼之所舍也。"意即苦山、太室山、少室山是神灵所居的地方，要用三牲齐备的太牢和吉玉来祭祀。黄帝常在嵩山"与神会"，尧、舜曾多次巡狩嵩山，实际都是来祭祀嵩山。而大禹是最早被明确记载祭祀嵩山的。《竹书纪年》载："禹治水既毕，天赐玄圭，以告成功。"又载："十五年，帝命夏后有事于太

① 刘白雪、常松木主编：《大禹与嵩山》（上册），97页，郑州，中州古籍出版社，2009。

② 李民、王健：《尚书译注》，83页，上海，上海古籍出版社，2004。

室。”[①]“有事”就是祭祀的意思。不久，舜帝命大禹摄政。舜帝驾崩后，大禹即位于嵩山脚下的阳城。

大禹治水，地平天成，万世永赖。嵩山地区人们非常尊崇大禹，建有不少禹王庙或启母庙、少姨庙来祭祀大禹及其夫人启母、少姨。启母庙、少姨庙皆建于西汉。东汉时，颍川太守朱宠又分别在其庙前建神道阙，即启母阙和少室阙。2010 年 8 月 1 日，包括这两座阙在内的登封天地之中历史建筑群已被联合国教科文组织列入《世界文化遗产名录》。而嵩山周边地区的禹州、巩义、偃师等地还相继建有启母、少姨庙或少姨庙行宫，来祭祀启母和少姨。到了明代，登封知县又在东关创建禹王庙，祭祀大禹和伯益。至于大冶禹王庙（俗称北五里庙）、唐庄郭村的禹王庙（俗称白圪垯庙）创建时间无考。另外，嵩阳书院道统祠、观星台帝尧殿、君召常寨村水王庙、告成五渡村舜王庙、徐庄关湾村舜帝庙，亦都将尧舜禹或尧舜禹汤合祭。嵩山南麓的禹州方岗镇于唐天宝年间建有禹王庙，三峰山古钧台尔后也建有禹王庙。道教尊尧、舜、禹为三官大帝，嵩山地区还建有很多三官庙或三元殿，其中之一即奉祀水官大禹。这些庙宇就是嵩山地区人们祭祀大禹、爱戴大禹的明证。

五、嵩山是大禹故里故都所在地

大禹故里在河南登封。大禹出生于中岳嵩山少室山脚下的石纽屯，有大量神话传说和文化遗迹可证。登封有大禹降生、拜师、治水、立国、去世的一系列传说，尤其是石纽屯一带流传有众多大禹的神话传说。关于大禹降生，千百年来相传大禹的原神是天上的下雨王，因不慎丢失雨簿，被恶龙拾到，导致人间暴雨不断，洪灾肆虐，因此天帝罚其下界将功折罪。而流传更为广泛的是鲧腹生禹的故事；嵩山西部三门峡一带亦有祝融用吴刀剖开鲧腹，腹中飞出一条小龙，降落到嵩山的传说。

大禹故里在登封，除上述神话外，还有三大实证。一是学术界主流观点认为夏部族的发祥地和活动中心地区在以嵩山为中心的伊、洛、汝、颍上游一带。徐中舒、徐旭生、安金槐等老一代学者皆认为夏部族是以嵩

① 张玉春：《竹书纪年译注》，106 页，哈尔滨，黑龙江人民出版社，2002。

山、伊洛为其活动中心的。著名历史学家吴汝祚先生在《夏与东夷关系的初步探讨》中亦以大量实例论证夏墟在颍河上游。二是大禹的父亲鲧的封地在嵩山地区。三是考古成果证明，大禹生活于河南龙山文化晚期，而嵩山附近发现有大量龙山文化晚期的文化遗址，这一点是其他自认大禹故里地区所不能比拟的。

关于大禹建都嵩山脚下的阳城，《史记》《世本》《竹书纪年》《纲鉴易知录》等皆有记载。《史记·封禅书》引世本云："夏禹都阳城，避商均也。"《汉书·地理志·颍川郡》亦引《世本》云："禹都阳城。"孙作云教授《关于夏初史》一文认为王城岗遗址就是禹都阳城遗址，并从神话传说、文献记载、考古实证、地望等几个维度进行了分析论证。1975 年以来 40 年的考古发掘证明，禹都阳城就在今登封告成镇西的王城岗遗址。安金槐先生的《登封王城岗与阳城》、方燕明先生的《王城岗考古与发现》中皆有结论。兹不赘述。

2014 年 12 月 19—20 日，由河南省炎黄文化研究会、黄河文化研究会、河南省社会科学院历史与考古研究所、中国大禹文化研究中心联合主办"登封与大禹故里学术座谈会"，来自中国社会科学院、苏州大学、河南省社会科学院、郑州大学、河南博物院、河南省文物考古研究院、河南大学等单位的专家学者一致认为登封是大禹故都故里所在地："登封是古代阳城所在地，目前已发现并确定了战国秦汉的阳城遗址在登封告城附近。禹都阳城或禹居阳城在登封，不仅有大量的文献依据，也有王城岗龙山城址做支撑，学术界已进行了大量的考古与文献研究。登封为禹都阳城所在地，为学术界的主流观点。在登封祖家庄等地所保留的石纽以及相关的大禹传说和地名，为大禹故里留下了更为鲜活的人文材料，值得学术界关注，尤其是启母石以及东汉启母阙，更为登封为大禹故里与故都提供了具体的论证材料。相关论点，在全国诸说中占据重要地位。"

六、嵩山地区有大量大禹文化遗迹

在嵩山南麓的登封和"有夏之居"的伊洛地区，流传很多关于大禹的神话传说。这些神话传说几乎都有文化遗迹与之相对应。

大禹的出生地在嵩山少室山下石纽屯一带，有祖家庄、夏店河、禹岭、夏地、息壤岗、石纽石、姚沟、擂鼓石、金牛峰、东军地、禹王坛以及少室山、少室阙等文化遗迹。登封轘辕关、阳城关、蛟河、焦山、禹洞、长岭山、大河口以及偃师的水泉口，洛阳龙门，禹州诸侯山、禹王锁蛟井、钧台，汝州湖浪山、码头崖、法行寺锁蛟井，嵩县三涂山等文化遗迹亦是大禹在嵩山地区治水的有力证明。禹都阳城王城岗遗址更是大禹建都嵩山的明证。大禹的父亲、妻子、儿子在嵩山的文化遗迹有登封的太室阙、启母石、启母阙、少室阙、筮启亭以及禹州的钧台等。大禹的裔孙太康、少康等在嵩山地区的文化遗迹分别有嵩山北麓巩义的斟寻、洛汭以及嵩山南麓登封颍阳的古纶国遗址、颍京城隍庙等。嵩山地区应是全国大禹神话传说和文化遗迹最丰富和最集中的地域。

综上所述，中岳嵩山自古即是天下名山，无愧于中华文化圣山这一称谓。嵩山地区是大禹及其父亲鲧的封地，是夏部族活动的中心地区。《禹贡》记载了大禹在嵩山地区治水的诸多事迹，嵩山称为禹贡名山名副其实。大禹治水成功后祭祀嵩山，嵩山地区建有很多纪念大禹及其妻子的神庙，这为进一步确立嵩山的圣山地位奠定了坚实的基础。多重证据证明大禹的故里在登封，禹都阳城王城岗遗址以及嵩山地区大量的大禹文化遗迹都诠释了大禹和中岳嵩山的密切关系。因此，我们完全有理由说：中岳嵩山就是帝禹圣山。

（作者常松木系河南省登封市大禹文化研究会常务副会长；王巧玲系登封市大禹文化研究会工作人员）

羌族的时间符号："六月二十四日"解读

罗　曲

过去，一说到农历六月二十四日，人们就会自然想到火把节，所以六月二十四日似乎成了火把节的代名词。又因为火把节作为彝语支民族中不少民族都实行，但彝族最为隆重，文化蕴含特别丰富，所以在外界不少人中，一说到火把节就想到彝族，六月二十四日成了彝族的一个重要文化符号。其实，当我们把研究的目光放广阔些，并充分重视其相关口碑资料等，就会发现六月二十四日作为一个文化符号，不仅出现于彝族文化系统中，在其他的地方亦存在，而且绝对不是其他地区传播到彝区或彝区传播到其他地区的结果，而是作为一种与天文气象有关的时日，是在不同时空中的"平行发现"，只是在彝族中至今仍明显地表现着。

英人陶然士对羌族进行长期调查后，于1921年写成《青衣羌——羌族的历史、习俗与宗教》一书。四川大学钱谦先生将其中的"羌族的习俗与宗教"译出，发表于《四川民族史志》[①] 1988年第1期，其中有这样的内容：羌族"每年有三个重要的传统节日：一个是农历十月一日，这天是羌人新年的开始；一个是农历二月二日；一个为农历六月二十四日"。从目前所掌握的材料看，六月二十四日作为羌族的重要传统节日，其具体内容已不见于后来的民俗活动之中，有关叙述羌族六月二十四日活动内容的文字也极少，陶然士当年亦没有更多的记述。因此，六月二十四日似乎成了羌族的一个难解的文化密码。本文以彝族六月二十四日火把节为线索，结合在西南生活过的古民族群体现象，对羌族中的六月二十四日加以解读。

---

① 《四川省志·民族志》编纂委员会办公室编印：《四川民族史志》（内刊），1988。

一

羌族巫师唱经中有段“二王唱词”说：“古时候岷江地方，有能干的兄弟俩，哥哥名叫牙鲁，生于八月初三日，是法力无边的大巫师。弟弟名叫于永，生于六月二十四日，是个本领高强的猎手。弟兄两人很有本事，当上了地方的大首领。老大统领岷江上段，老二统领岷江下段，为民做了好事情，敬神又有诚心。两人死后成了神，老大封为岐山大王，老二封为罗和（灌县）二王。格溜（茂汶）修了岐山大王庙，灌县修了罗和二王庙。每年他们的生日，人们都要敬神做祭祀。”① 羌族民间神话《岐山大王和罗和二王》则说罗和二王“又叫二郎神，被皇帝封为川主，各地给他修了川主庙”②。

这是目前为止笔者所知道的在羌族口承语言民俗中发现的有关六月二十四日的文化内容，虽然极其简略，但却是我们破译羌族六月二十四日这个文化密码的一个重要线索。从星象运行以及由此标示的季节看，农历的六月二十四日是北斗星斗柄变位的时节，处于夏至前后或夏至。在关于羌区邻近地带的史志中，有六月二十四日活动的信息。如《灌口镇志》记载，每年农历六月二十四日为二王庙庙会期，相传这天是川主二郎神的生日，届时赶庙会祭川主。③ 相关民俗资料载：“（六月）二十四日，州西灌口二郎生日，最为繁盛。庙在万胜门外一里许，敕赐神保观。二十三日……于殿前露台上设乐棚、教坊、钧容直作乐，更互杂剧舞旋……至二十四日，夜五更争烧头炉香，有在庙止宿，夜半起以争先者。天晓，诸司及诸行百姓献送甚多，其社火呈于露台之上，所献之物动以万数。”④

① 四川民间文艺家协会、四川省民间文学集成办：《民间文学论丛》（第1集），65页，1986。

② 冯骥才主编，中国民间文艺家协会编：《羌族口头遗产集成·神话传说卷》，68页，北京，中国文联出版社，2009。另据四川省民族学会和四川省民族研究所编《民族论丛》第7期第21页载：北川青片乡羌族六月二十四日有川主会。笔者认为，这里的川主与二郎神“于永”，都是后世的人对先民所祭祀的某一神的异称。

③ 四川民间文艺家协会、四川省民间文学集成办：《民间文学论丛》（第1集），63页，1986。

④ 伊永文：《东京梦华录笺注》（下），758页，北京，中华书局，2007。

史志除了记述与现羌区相邻的川西“灌口”六月二十四日祭祀川主的内容外，还有关于川南及黔西一带在六月二十四日祭祀川主的记述。如《遵义府志》云：“六月廿四日，各醵钱祀川主，宰牲歌舞。”除川黔外，过去湖北亦有在六月二十四日举行相关民俗活动的事项，只是过去湖北祭二郎川主的活动已演变为“赛二郎”的娱乐活动。其时，“一人前导，山民呼行者，举行者名，则元人小说所载孙悟空也。是日蕲人无远近，皆来就观。辍市肆，肃衣冠，立于门，出只鸡百钱为寿，必请命于行者，以致于神，一不与则行者机变毕动，矫捷苦生，击人屋瓦器皿，应手皆碎。乾隆十九年，知州钱望悉取像焚之，二郎神如故”①。此外在西南地方史志中，还把六月二十四日称为星回节（火把节）、过年节。如光绪时的《越嶲厅志》卷十“夷俗”条说：“倮锣（过去对彝族的异称——引者注）以六月二十四日为小年，满山星火，名火把节，十月朔为过大年。”民国《禄劝县志》卷三《风俗志》也载：“六月二十四、五日为火把节，亦谓星回节，夷人以此为度岁之日，犹反人之星回而除夕也。”诸如此类的记载极多，在此不赘录。但就上述的材料而言，似乎已可探见羌族六月二十四日这个传统节日所含文化意义的端倪。

任何民族的文化史，都有一个共同的规律，即人们的崇拜意识是从自然崇拜几经发展才到对人神的崇拜。在这一发展中，除祭祀文化成分外还会增加娱乐成分。由此看来，六月二十四日祭川主二郎神当是后起的一种“升华”与发展，因为仅就二郎神而言，就有李二郎神、赵二郎神、杨二郎神，而且产生的年代都较晚。② 而“赛二郎”，更趋于一种民俗游艺活动，与六月二十四日这个传统节日本来意义已相去甚远。前面说过，与古羌人有文化关系的彝族在六月二十四日过火把节。在丰富的彝族火把节传说中，反映火把节原初意义的是六月二十四日乃赔天神的命债，其民俗活动的实质是季节变换之时的祭天活动。羌族祭的于永，虽然比李二郎、赵二郎、杨二郎早，但也不是羌族六月二十四日所祭对象的“原型”。羌族过去的六月二十四日的民俗活动，亦当与气候季节的变换有关，即和彝族

---

① 胡朴安：《中华全国风俗志》（上编），“黄州”条、“江苏”条、“浙江”条，上海，上海科学技术文献出版社，1986。

② 四川民间文艺家协会、四川省民间文学集成办：《民间文学论丛》（第1集），60页，1986。

及西南其他的一些少数民族一样，六月二十四日也是羌族先民以火“迎星回”而过年的民俗活动。应该说，此项民俗失传很久，不为现在的羌人所传承，即便是20世纪70年代前的陶然士在调查时也只记下六月二十四日为羌族三个重要传统节日之一，除说到祭品以及祭祀活动中十分重视火外，并无其他具体描述。但他的调查所说的羌族三个重要节日中，除二月初二外，一个是十月初一，另一个是六月二十四，并明确说十月初一是羌族的新年。这个内容与上述《越嶲厅志》关于“倮倮以六月二十四日为小年，满山星火，名火把节，十月朔为过大年”的记载，可以说在本质上是相通的。所以笔者认为，羌族的六月二十四日作为他们过去的一个重要传统节日，祭祀于永仅仅是一个方面，这个节日原来的内容是以火“迎星回”的过年节。如果说农历六月二十四日的火把节是彝族历史上的过年节，那么羌族的农历六月二十四日作为其传统节日的时间，在历法上亦反映了一种历法。

这个观点的提出，不仅是因为英人陶然士的调查记录与《越嶲厅志》所载的彝族习俗相同，而且还有羌族的原始信仰文化为证据。

西南少数民族于六月二十四日过火把节时，“以火占农”的行为表现了对火的崇拜。羌族亦崇拜火，而且渊源久远。蚩尤、炎帝、黄帝几大族团，是与中华民族有渊源关系的先民。其中，炎帝族团为古羌人，不仅与西南的许多民族有着族源关系，而且还是现在生活于四川的羌族的祖先。《左传》云：“炎帝为火师，姜姓其后也。”姜即羌。《管子·轻重篇》载：“炎帝作钻燧生火。”因为炎帝是火师，其后裔即后来的羌族崇拜火是很自然的事。羌族口承语言民俗《蒙格西送火》说，天上的火神蒙格西与如布西私通，如布西被贬到人间。那时人间还没有火，饿了吃树果树根，冷了穿树叶兽皮。有一次，蒙格西与如布西私会后对她说：“以后有了娃儿，就叫他到天上找我，给人间取火啊!”后来，他们的儿子出世了，取名燃比娃。经过三灾八难，他找到了蒙格西；又经过九死一生的磨难，把火种藏在白石里带回了人间。[1] 这段神话不仅说明了羌族先民崇拜火，同时还透露了这样的信息：羌族本是天上火神蒙格西的后裔。羌族视自己为火神后裔，崇拜火的信仰，除体现在口承语言民俗中外，还表现于日常的生活

① 冯骥才主编，中国民间文艺家协会编：《羌族口头遗产集成·神话传说卷》，37～41页，北京，中国文联出版社，2009。

习俗之中。羌族的炊灶与彝族的一样，是在家中生活区域挖一圆形小坑，周边镶以石块，立三个打制成弯曲状的石头相拱卫，上可支锅煮食，下为空心便于烧柴。这三个弯曲的打制石头，一旦立于火塘上，成为火塘的一个结构，有的便充当起了“神”的职责：其中靠神龛一角的那一块被尊定为火塘神；位置向着内屋的那一块则被尊定为已故的祖先。火塘一经使用，火塘里的火亦就与野外的野火有了区别，具备了神性，成了一家人兴衰的象征：“红火”意味着家业兴旺，烟火就是子嗣的绵延。所以，对火要特别慎重小心，每当用过火后，以一根柴棒放于火塘内，用灰烬盖上，使之慢慢暗燃保存火种。一根快燃完时必须马上再添一根，若出现接不上而使火熄灭的现象就意味着“断火”，是不吉利的或者是很危险的征兆。在现在的羌族里，为了清洁卫生，不许任何人在火塘边随意吐痰、踏脚、搭小孩尿布。但在过去，羌族人不许在火塘边吐痰、踏脚、搭小孩尿布，是怕得罪火神，受到火神惩罚的一种禁忌行为。火在羌人家中被视为神，在野外亦不是平凡之物。当一个人在深山老林里住宿时，烧上一堆大火，便认为邪魔妖怪不敢近前，从而使人借着火的“神力”，平添了几分胆量。羌人过去不仅在生时视火为神灵之物，就是死了也离不开火，要以火烧其尸。《荀子·大略》载：“羌之虏也，不忧其系累也，而忧其不焚也。”之所以这样，笔者以为是出于这样的观念：羌人是天上火神蒙格西的子孙，死后亦应归于火，让灵魂随着烟火返回天界，与祖先团聚。

被称为火师的羌族祖先炎帝，在汉文史书《白虎通·五行》里记道：“炎帝者，太阳也。”太阳神炎帝是极慈爱的火神，与他的玄孙祝融一道治理南方，是人们尊敬的“火德之帝”。由此可见，羌族的祖先炎帝在人们的心目中，既是火又是太阳。正因为这样，在羌族的神话《太阳和月亮》里说，发洪水后，世上只剩下兄妹二人，天神木巴叫他们成婚重新繁衍了人类。妹妹名叫太阳，哥哥名叫月亮。木巴要他们在天上过神的生活，但他们为了照料自己的子孙而谢绝了。天帝木巴受到感动，分别送给他俩一盏神灯，叫他们白天黑夜来回周游着照看他们的子孙。就这样，太阳妹妹白天出来照看子孙，月亮哥哥夜晚出来照看子孙，当太阳妹妹从西方落山时，月亮哥哥便从东方升起来。[1] 在这则神话里，羌族认为太阳和月亮是

① 袁珂：《中国古代神话》，70～74页，北京，中华书局，1981。

从地上升到天上的，是人类再生的始祖，视自己是太阳和月亮的子孙，反映出了羌族过去独特的天体崇拜观念。因为他们视自己为天上火神及太阳的子孙，所以他们的天体崇拜包括对火的崇拜和对星辰的崇拜，是对光亮的崇拜。其科学方面的内涵，则有历法学上的意义。六月二十四日为北斗星斗柄变位的时节，处于夏至左右，太阳光直射点开始向南转移，日出点由东北向东移动，日落点从西北向西移动，白昼逐渐缩短，黑夜逐渐增长。过去的羌族年复一年地在这一天举行祭祀活动，本身就具有天文历法的意义，其活动亦可称之为年节活动。为了证明这个问题，下面再从另一个方面进行佐证。

二

羌族祖先炎帝既是火师又是太阳神。羌族既视自己为天上火神蒙格西的子孙，又视自己为太阳和月亮的后裔。这种有趣的文化现象，表明了羌族先民对火崇拜和对太阳崇拜的互渗性或同一性。这种互渗性或同一性把我们的思路引向了一个新的境界，为我们破译羌族六月二十四日这个文化密码提供了进一步的线索。

羌族的先民最先和其他民族的先民一样，也是靠采集野果和狩猎维持生活的。他们在自己求生存的过程中，发现白天太阳光的照耀给大地带来光明和温暖，人能够胜利地寻找供自己生存所需的食物，而到了夜晚则不如白天明朗，有时甚至伸手不见五指，而且较白天寒冷，不能进行采集野果或捕捉野兽充饥的工作。羌族先民很早就形成了“日出而作，日落而息”的生活规律，并且具备了从这次日出到下次日出就是“一天”的时间概念。因此，在羌族先民的心目中，人日出而作、日落而息的生活规律取决于太阳光的出现，于是视太阳为神秘之物而加以崇拜，而且还对太阳的出没与身边的自然现象加以留意和探索，并编织出相应的解释神话。如在《太阳和公鸡》里说，天神木巴派太阳从早到晚照顾人间，让人们晒东西，查看人间善恶大事。但太阳瞌睡多，每天都不能按时起床，经常被木巴打了几个耳光才起来，所以它刚升起来时脸还是红的。后来，太阳就与它的朋友公鸡商量，请公鸡每天早晚喊它一声，按时睡觉起床，免得天天挨打。经过一番商量后，公鸡接受了太阳的请求。从此，每天早晨公鸡一叫，太阳就起来了；下午公鸡一叫，太阳就回去睡觉了。

这个神话告诉我们，羌族先民不仅从太阳光照到什么地方，什么地方就会被人看得清清楚楚的现象，把太阳想象为明察人间善恶的神明，而且视太阳是导致白天黑夜的根本原因，能据公鸡的啼鸣与太阳出没的关系来解释白天黑夜的节奏规律。这是羌族先民对身边自然现象细心观察的结果，反映了羌族先民对光亮的需要及其对光亮的探索，同时也反映了当时羌族人的思维模式和对客观世界的探索精神。这里值得一提的是，羌族的这种对光亮的需要和认识，与彝族支格阿龙射太阳的神话大同小异。彝族的这个神话讲，支格阿龙射去多余的太阳，剩下的太阳不敢出来。他与公鸡、太阳定下条约：早上公鸡叫接太阳，下午公鸡叫送太阳。彝族和羌族对太阳的认识，无疑是相同的。这可能有两个原因，一是因为彝族和羌族与古羌人均有族源关系，因而这种同质认识是一种文化基因的表现。如果是这样，说明六月二十四日对他们都有相同的文化意义。二是处于相同生产力水平下的、因客观条件所限相互极难往来的各民族，往往会出现对文化的“平行创造”，在不同的空间里创造出同质的文化，因而在羌族和彝族的神话里，具有对光亮的同质认识。但无论从哪一方面看，彝、羌两个民族的这两则神话所蕴含的对光亮的需求及其认识、崇拜，反映了我们的先民在对光亮的认识上，首先着眼于日月；又因为太阳带给人以温暖，故而对太阳的印象大大超过月亮。

随着历史的发展，人认识了火并加以运用，这不仅使人结束了吃生食的历史，而且作为一种光亮，火可以视人的需要而随时取用，大小可以人为控制，不像太阳那样随着“公鸡的啼鸣而出没”，不像月亮那样明暗不能人为控制。所以，对火的认识与运用，使人的历史进入了一个崭新的阶段，“第一次使人支配了一种自然力，从而最终把人同动物界分开”[①]。但是，在当时的羌族先民看来，火虽然是一种能控制的光亮，在黑夜里也能运用，但在本质上火光与阳光都是光亮，而且火光与阳光都有温热的特征；加之有时太阳光照射在聚光状的反光晶体上，导致旁物燃烧起火，夏天的太阳炎热就像火烤一样，因而他们很容易产生火来自太阳或者火是太阳“下凡”的联想。羌族先民还发现，当太阳随着公鸡下午啼鸣落山后，

① 恩格斯：《反杜林论》，112页，北京，人民出版社，1972。

给人们带来光亮的是月亮和星星，而且流星火花的产生和天空中的雷鸣闪电在夜晚看得十分清楚。由于雷电导致的野火更多的是发生在夜晚，于是，羌族先民又很自然地产生火与星辰的联想，把火光等同于星光，认为火光来自于天上。正因为有这样的感悟，羌族神话里才有火来自天上的内容；并由于对光亮的崇拜，视自己为天上火神的后裔。在羌族先民看来，火来自天，光亮来自天，他们崇拜火与光亮就是崇拜天，崇拜天就应有祭天的行为。正如羌族神话《羌戈大战》所说："大树自有根，大河自有源，我们不忘祭天事，应该好好来盘算。"[①] 由此可知，祭天确实是羌族曾有过的重要文化现象。从众多的民族祭天所透溢的科学成分看，在一定的时节祭天，表明了一种季节的到来或过去。如《礼记·月令》所载的"立夏之日，天子亲帅三公、九卿、大夫，以迎夏于南郊"就是一个例子。

人的活动总体而言可分为认识活动和实践活动，其中实践活动会促进认识的升华。所以，在对于时间的认识上，任何民族在实践活动中，在认识了比"日"更长的时间单位月、季、年之后，会进一步认识到季节的更换与天上某些星辰运行位置的变化有关，于是将对天的崇拜与人间季节的更换相联系，形成了一些在季节更换时所开展的民俗节日活动。对此羌族亦然。如前所述，农历六月二十四日，是北斗星斗柄变位（正上指）的时节，其时为夏至左右，太阳的出落点开始变化，白昼渐由长变短。所以，不少民族或地区均在这天举行有关的民俗活动。诸如，西南的一些少数民族在这天"举火迎星回""祭天过岁"[②]；一些汉区在这天祭雷神，烧雷祖香[③]；一些汉区在这天祭火神庙里的"火德星君"或"火星老爷"[④]；还有一些汉区在这天赶"庙会"，祭川主。因此推而论之，羌族的六月二十四日作为过去重要的传统节日，其内容亦当是祭天，是见于北斗星斗柄之转换或太阳出落位置的变化，白昼开始缩短而进行的一种民俗活动，具有历法的意义。在羌族历史上，曾有在六月的传统节日里，以山羊作为供品的民俗事象，而且当时的羌族人认为烤食供物的献祭之火，给祭神的人们带来了光明。六月二十四日作为羌族的一个重要传统节日，至陶然士调查

① 罗世泽、时逢春：《木姐珠与斗安珠》，成都，四川民族出版社，1983。
② 《文明中国的彝族十月历》，昆明，云南人民出版社，1988。
③ 《火历钩沉——一个遗失已久的古历之发现》，载《中国文化》，1989 年创刊号。
④ 《四川省志·民族志》编纂委员会办公室编印：《四川民族史志》（内刊），48 页，1988。

时虽已无举火把的行为，但仍极为重视火；而且从祭品看，其隆重程度不亚于十月初的羌历年。这就进一步说明，与彝族、哈尼族等西南少数民族一样，六月二十四日亦是羌人过去祭天“迎星回”的过年节，所标示的历法，或许也是十月太阳历。① 对此，还可以从一些汉文史料得到一点启发。《左传·昭公十七年》云：“炎帝氏以火纪，故为火师而火名。”“以火纪”同“以火纪时”，是以古时称的大火星的视运行来纪叙时节、规定人事。这里虽然没有点出六月二十四日，但却说明了古羌人有观星辰定时节的历法文化。因此，视火及来自天上的光亮为一体并对之崇拜的羌族，在北斗星斗柄换位的夏至时节和太阳出落点变位的时节即六月二十四日举行祭祀活动，当然有着历法（年节）的意义。

三

从上述已知，六月二十四日作为一个历法的文化符号，牵涉汉族和少数民族的不少地区。这说明，具有历法意义的六月二十四日，是中华民族的先民们在认识自然规律时，在不同时空里的“平行发现”，并无“专利”的性质——因为北斗星辰就在各民族头顶上。所以，不能说某个地方在六月二十四日举行的民俗活动是受某一“中心”地的影响之故，质言之，即不能说少数民族六月二十四日的火把节来自于汉区，亦不能说江浙汉区六月二十四日祭雷神、湖北六月二十四日“赛二郎”就源于西南的少数民族。同理，羌族的六月二十四日作为一个象征季节转换的日子，乃是其先民在中华大地不同空间的“平行发现”。当然亦不能因为史料里有炎帝是火师和太阳神，就把羌族的包括火在内的光亮崇拜全归于炎帝及其古羌人，因为崇拜包括火在内的光亮，几乎是远古人类的一个普遍文化现象，比如四川古濮人崇拜火与太阳，在其铜鼓上有火焰及太阳图案。羌族的先民除了来自西北的古羌人外，还应该融合有蜀地的土著居民，因而羌族的六月二十四日作为一个文化符号，当是古羌人和蜀地土著在历史的天空下“平行发现”的同质文化的复合。

对于没有自己的文字记载其历史的羌族来说，神话史诗是他们最重要

① 已故羌族学者罗世泽先生曾在四川民间文艺家协会召开的第一届理论研讨会上发言说，过去羌族有过十月历，但未见他的有关论文及调查材料。

的历史文化材料。羌族神话史诗《羌戈大战》“羊皮鼓的来源”节说，羌族先民生活于岷山，“忽然魔兵从北来，烧杀抢掠逞凶焰，羌人集众往西行，找寻幸福新草原”。该诗的“羌戈相遇”“羌戈大战”两节说，羌族先民得雪山之助逃过北来魔兵的劫难后，又遇到了“戈人”，戈人[①]首领叫“格波”。他们打败了戈人后在戈人的住地“格溜”建立起新家园。他们要祭天，但当时的古羌人只有牛羊没有猪，“戈地肥猪产夷多（成都)”，于是派人去戈地夷多买猪做牺牲。

在这里，还有未被人们注意到的重要文化信息。从《羌戈大战》这部神话史诗看，羌族先民至少与北来的“魔兵”、当地的“戈人”发生了战争，进而产生了相互间的融合。最值得注意的是，战胜戈人后的羌族在祭天时，因为他们只有牛羊，需要的猪便要到戈地成都购买。这就隐约地告诉我们：第一，当时的羌人是游牧民族，还没饲养猪，祭天的牺牲只用牛羊。第二，战胜戈人后要在祭天的牺牲中加进猪，说明当时的羌人中融进了很大数量的被打败了的戈人，而戈人是农业民族，已饲养猪，祭天的牺牲以猪为主。所以，战胜戈人后祭天的牺牲加进猪，是融合了大量戈人的新的羌民族共同体祭天时，在祭品上照顾各自的信仰、意志，从而巩固新的民族共同体的一种反映。应该特别强调的是一种民族融合的反映，文化整合的表现。

现在，再从文化语言学的角度来看看《羌戈大战》所说的“戈人”“格溜”“格波”的具体指向是什么。这里的“格溜”因“戈人”居住而得名，“戈”“格”当为同一音节的音译异写，因而“戈人”就是“格人”。据曾在四川民族出版社工作过的彝族编审严云清先生回忆，据传峨边过去曾居住过一种“格撮”。彝语“撮”译为汉语是“人”，故“格撮”就是“格人”。因此，笔者认为《羌戈大战》中的“戈人（格人)”与峨边过去的“格人”或许是同一民族。濮人是西南历史上的土著族团，异写为蒲、卜、仆等，异称为僰。在四川有川南“僰国”，都掌、邛濮、羿子也是四川濮人中的支系。除此之外，在历史上仡佬、夜郎是濮人中很大的两个支系，分布较广，遍及川滇等地。刚才所说的“戈”“格”当是

① 现在省文联工作的羌族汪青玉先生曾讲，据羌地老人传说，戈人个子矮小，是农业民族。这与四川省民委编《悬棺葬资料汇集》郑德坤文中关于僰人又叫矮子，农业较发达的考证相吻合。

对古濮人支系“仡佬”的“仡”的音译异写，而“格波”或许就是“仡僰”，“格溜”即“仡溜”，与“仡佬坝”“仡佬沟”之类的地名同义。因此，《羌戈大战》中的“戈人”，当是四川的土著濮人。

在四川，濮人的遗迹相当多，暂且不说川东、川南为濮人的重要居住地，就川中及其附近而言，有关濮人的亦记载不绝于史，现摘录几条以飨读者。明曹学佺《蜀中广记》卷三十四引《土夷考》说：“大渡河南岸为临河堡……堡之上通大小冲山，及海脑坝僰夷树，旧种人聚落也。”为证实这个信息，笔者查证明谭希思撰、云南图书馆馆藏旧抄本《土夷考》，其所记述的相关内容，与明曹学佺《蜀中广记》卷三十四所引内容大同小异，且有关濮（即僰）人的记述在《土夷考》中有多处。《土夷考》之中的“临河等关堡图说”有如是记载：“临河堡在大渡河南岸，与河白羊肆崖汉水口相对，其上通大小山冲及海脑坝僰夷村。”未见“旧种人聚落”字样。在该书另外的章节里，还有“邛部司强，在西番，倮倮次之，僰夷又次之”① 等有关僰夷的记载。今雅安附近的泸定县，则有“海螺沟”的地名。这里的海螺沟，并非因有海螺而得名，而是《蜀中广记》中“海脑”的异读异写，亦即是“仡佬”的异读异写，为濮人居住的遗迹。曹学佺《蜀中名胜记》新津条引《胜览》云：“投龙观在新津县六里，枕夜郎溪及白木水。”“夜郎”为濮人，可见现成都市区附近历史上曾是濮人的居住之地。《蜀中名胜记》“峨眉县”条说：“其地（峨眉）皆稻田塍埒，俯仰隈奥，气候和暖，不异于外，有蒲氏村，云汉蒲公之后。”之所以把他们称为“汉蒲公之后”，笔者以为是受传统中一切文化源自中原汉地的一元论影响所致。四川不仅是濮人的重要居住地，而且濮人还曾经“王蜀”。《太平广记》引《野人闲话》说：“黄万佑修道于黔南无人之境，每三、二十年出成都市药。蜀王建迎入宫，尽礼事之……问其齿，则曰：‘吾只记夜郎王蜀之岁’。”从《通典》《水经注》等史料看，开明氏故治乐山一带，曾是“故夜郎国”；而夜郎作为民族，当是濮人。事实上，王蜀的杜宇氏、开明氏均应是濮人，广汉三星堆文化遗址出土的巨型青铜立人像，亦是“尾濮”形象，② 正因为有这样的历史文化背景，古羌人在

① 原文为“猓猓”，带有侮辱性，所以笔者引用时按其他历史文献中的写法写为“倮倮”。

② 参见：《文史杂志》1990（4）中《鳖灵神话之我见》一文及广汉文化馆《蜀风》1991年创刊号《古蜀国竹崇拜探源》一文。

“格溜”等地战胜戈人（即濮人）而融进大量的濮人后，祭天所增加的牺牲——猪，要到“戈地夷多”（实为濮地成都）购买。也因为有这样的历史文化背景，笔者在本文中才认为“戈人”即“仡人”，亦即“濮人”①。

正因为羌族的先民包含了古羌人和四川的古濮人，所以羌族的六月二十四日作为一个文化符号，应当看成是羌族先民们在不同的空间里的平行创造后的整合。前文已论及古羌人炎帝氏是火师、太阳神，“以火纪时”，濮人也有火崇拜、太阳崇拜。这里需要指出的是，濮人不仅崇拜火，崇拜太阳，而且他们与六月二十四日的关系，载于史料是较早的。例如，胡朴安在《中华全国风俗志》下编“峒溪诸苗奇俗纤志二”里说：“僰人号十二营长，罗鬼仡老，言语不通，僰人为之传译。披毡衫。如吹篾，有凄楚声。六月二十四，祭天过岁，朔望日不乞火。性悍好斗，卢鹿（即罗罗，彝族先民之一——引者注）同风。”何为僰人?《礼记·王制》载：“屏之远方，西方曰僰。”郑注曰：“棘当僰，僰之言逼。”所以，这里的棘人就是僰人，亦即是濮人。而“吹篾”，就是包括现羌族在内的西南各少数民族的口弦吹奏活动。明曹学佺《蜀中名胜记》引《夷裔考》云：“僰人者，其先世本华人，有罪贬远方，以棘围之，故其字从棘从人，汉制郡县有蛮曰道，故曰僰道。其俗每岁六月二十四日为星回节，竟举火把盈于野。”僰人就是濮人，是遍及西南的土著民族，史称“百濮”。这样来看说僰人是受贬华人与事实不符。②

从符号学的角度看，文本是符号的组合，但组合的表意所要求的是必须有意义的合一性，不然无法形成一个有效的表意文本。所以作为一个能指符号，英人陶然士所说的羌族三个传统节日中于农历六月二十四日过的节日，③ 从原始宗教信仰文化看，是包括火、太阳在内的光亮崇拜的祭天日子。它与彝族的六月二十四日一样，具有历法学上的意义。从文化的发

---

① 濮人是四川古时的世居民，曾王蜀，一些支系或部落分布于现羌族的一些居住地，并曾与羌族先民发生融合是不足为奇的。因为有羌族先民与古濮人相融合的历史事实，故历史上曾有“羌僰”的称呼（见《后汉书·木笃列传》）。

② 濮人为西南土著民族，除吕思勉《中国民族史》的论述外，现史学界多有此结论，现在编撰的《彝族史》之类的著述亦是这样的观点。

③ 四川民族出版社2010年出版的《羌族释比图经》中有二十四把连珠神箭的说法，这二十四与农历二十四中的“二十四”有无关系，值得研究。

生发展看，羌族的六月二十四是羌族的先民古羌人和古濮人在不同的空间里平行创造的同质文化的整合，是文化伴随着民族的交流而发生融合的一种反映。

（作者系四川省人民政府文史馆特约馆员、西南民族大学教授）

迁居羌民的族群生活与文化记忆

李祥林

川西北岷江及涪江上游是目前中国唯一的羌族聚居区所在，其中尤以汶川、茂县、理县和北川为中心。近年来，笔者常常去川西北核心羌区，走城镇访村寨，做田野调查。此外，笔者对川西北核心羌区之外的羌民群落及其文化也时有留意，下面就以迁居异地的尔玛人为例谈谈相关见闻、感受和思考。

一

2014年春节前夕，笔者去成都市中区南边的新会展中心赶年货节，在邛崃展区售卖清茶的摊位前看见了几位身着漂亮羌装的年轻女子，笔者问她们来自哪个村子，回答“木梯村”。笔者说：“哦，原来是夕格的。”姑娘们闻言有些惊讶，问笔者怎么知道“夕格”，笔者说去过她们的村子，也知道她们村里的好些人和事。笔者说的“夕格”（羌语之汉语译音），是她们原来在岷江上游汶川龙溪老家的寨子名称，这个羌族寨子在“5·12”地震后由政府协调整体迁往成都市所辖的邛崃南宝山，并且在迁居地有了新村名叫“木梯”。[①] 2011年6月6日，笔者就在这个异地安置的羌族村寨，住宿在村民以自家房屋开设的旅店。那天是农历五月初五端午节，早晨起来，笔者请男主人不用单独做饭，就随他们一家人一起吃。主人应允后，下厨房忙活去了。中午，他们家老少三辈7人加上笔者和另外一人，围着大圆桌，一起热热闹闹地吃了顿节日餐。餐桌上，黄瓜、茄

---

① 关于从汶川“羌人谷”中迁出的这个村寨，笔者实地走访后撰有更详细的田野笔记，请参见李祥林：《城镇村寨和民俗符号——羌文化走访笔记》，44～70页，成都，巴蜀书社，2014。

子等新鲜蔬菜，青椒肉丝、麻辣豆腐、酸菜粉丝汤（笔者曾问男主人，他们来到这里后还做不做汶川老家那样的酸菜，回答说还做）、老腊肉回锅炒土豆片（辈分最高、上位就座的是81岁的陈大爷，他说自己有两个儿子四个女儿，大女儿嫁到汶川绵虒，其余都来这里了。主人还告诉笔者，这香喷喷的老腊肉是从汶川老家那边带过来的），道道菜肴都可口。由于是端午节，主人家还特意准备了避邪驱毒的雄黄酒，大家举杯，互道祝福。山里人待客的淳朴、热情，让我们感动。

南宝山上，绿树满目。尽管已入夏天，但山上气温仍较低，尤其是早晚。羌民寨子里，老年人多身着青布长衣衫（或深蓝色），用青布帕包头（也有白布），扎布腰带，有的外套青布褂子；中青年男子一般穿商店买来的休闲服或西服；妇女身穿天蓝、水红、油绿等颜色的民族服装，系着有羌绣图案的围腰。我们所住农家旅店，名叫“羌妹山庄”。饭后，同陈大爷聊天时笔者注意到，老人家的腿上依然按照老家山里人习惯裹着白羊毛织的绑腿。陈大爷身板硬朗，为人和气，虽说左耳有些听不见，但是他非常乐意同客人交谈。抽着兰花烟，他老人家娓娓讲述“黄水潮天，伏羲兄妹造人烟”的民间故事，讲新中国成立初期他去杂谷脑（理县）开会的经历（汶川龙溪过去曾归理县所辖），讲龙溪乡“窝尔村”（阿尔村）“比亚多寨”（巴朵寨）的释比（他对笔者知道该寨子的余老释比以及释比文化很高兴），讲屋顶上建“纳察”供奉白石要请释比安神位，讲寨子里一年中有两个日子最重要（五月初五还愿，十月初一羌历年），等等。众所周知，羌族是有语言无文字的民族（迁居木梯的夕格人保存羌语传统甚好，他们彼此谈话时，大人小孩都讲的是羌语）。尽管陈大爷说自己没念过书，但他年轻时显然属于寨子里为数不多的走出山沟见过世面的人。老人家感谢政府给了他们这么好的房子，感谢政府给每家每户送来电视机，说自己来这里后生活适应，山下油榨赶场也去过。过去在老家，交通不便，孩子上学难，如今到了这里，适龄的孩子都在油榨乡街上的学校念书，平时吃住在学校，周末回家……漫步村里，我看见宣传栏上有题为《旅游胜地·多彩西羌》的文字写着：“‘5·12’地震因灾失地异地安置群众依托南宝山得天独厚的自然资源，自力更生，主动思考致富门路。在各级政府的指导和大力帮助下，积极创办农家旅游，发展以羌文化为主题的乡村旅游”；“在南宝山，游客能吃羌家饭、住羌家房、跳羌族舞，体验羌族同胞异地安置的新生活”；“未来的南宝山必将成为成都龙门山旅游区的一个独特民族文化旅游度假区”。

异地安置羌民的这个村子位于名叫“木梯口”的山口，公路就在村前，每天有数趟班车经过这里，从邛崃市客运站开往芦山县大川镇，后者在行政区划上属雅安市所辖。2008 年“5·12”地震后，在政府协调和安排下，汶川县龙溪乡直台村和夕格村的羌民于 2009 年整体搬迁到了南宝山上。县级市邛崃属于成都市所辖，邛崃这边从油榨乡上山，翻过山去，那边山下就是芦山大川（说起芦山，熟悉巴蜀文化的人知道，那里是历史上“青衣羌”分布的区域。2013 年 4 月 20 日雅安大地震，也发生在芦山、宝兴这一带）。来自汶川、青川的灾民安置区都在南宝山上，从油榨街上望去，绿树茂密的山上有白色的建筑，当地人说那里就是安置羌族同胞的。从大川到油榨，移民安置点依次为 A、B、C、D 四个区，B 区目前尚空着，安置移民的实际有三个区。D 区为汶川龙溪直台村安置点（由于时间关系，笔者这次未去该村，待以后走访），搬迁后仍然沿用原来村名，归油榨乡管辖；C 区和 A 区则隶属邛崃市南宝乡。C 区海拔最高，位于名为“木梯”的山垭口，随之以“木梯”作为村名，村民全部来自汶川龙溪乡垮坡村夕格组，由于地势有限，有 29 户 120 多羌民安置在此；另有 33 户 130 多夕格组羌民安置在 A 区，与青川灾民 600 多人同在一个地方。去过岷江上游灾区的人知道，汶川龙溪乡有直台、垮坡、大门、俄布四个不通车的村寨，地震后生存环境受到严重破坏。垮坡村包括垮坡、夕格二组，如今整体移居邛崃南宝山的是后者，村民中杨、陈二姓居多。龙溪是汶川大山里一条沟，对于地处深沟中的高山村寨来说，交通是个老大难问题。夕格寨从来不通公路，孩子上小学得去垮坡村，要走两三个小时崎岖险峻的窄窄山道，遇到下雨，就不敢让孩子出门。为了子孙后代有更顺畅的出路，夕格人走出了闭塞的环境，来到这里。

川西北羌区处于大山怀抱之中，其西南部绵亘着邛崃山脉，主峰为四姑娘山。邛崃山脉为四川盆地灌县至天全一线以西山地的总称，南北绵延约 250 公里，是岷江与大渡河的分水岭，也是四川盆地和青藏高原的地理界线和农业界线。今雅安市所辖的芦山、宝兴、天全一带，就是历史上“青衣羌”（古羌的一支）所在区域。昔日的青衣羌，今天移居此地的羌民，历史与现实之间似乎在冥冥中发生着联系。靠近芦山大川那边的 A 区所在地叫金花村，但这部分羌民在行政上仍归上面村子管辖，叫木梯村二组。在A区同羌民聊天，在年轻的村主任布置整洁的家里，笔者谈到汶川大地震，谈到龙溪羌民的搬迁，谈到巴夺寨和夕格寨的余释比和杨释比，谈到包括释比、羌绣等在内的羌族文化的抢救和保护，他们感到很亲切，连连说笔者像是“家乡过来的人”。尽管笔者并非羌人，住家和工作都在成都，但走访川西北羌族地区、研究羌族文化已有多年，在羌区也交了不少朋友，已有的羌文化知识储备顿时拉近了同这里羌族同胞的距离。村民告诉笔者，目前从大邑县花水湾那边有一条通往这里的公路正在修筑，估计不久后会贯通。到时候，游客来南宝山游玩就有两条路可走（从成都方向过来的游客，一般不走芦山大川那边，一是因为绕道，二是因为路况不佳），会更方便。从2009年5月算起，夕格人从老家汶川迁出已经好几年了。在远离老家的地方，他们现在的生活如何呢？从硬件设施看，应该说政府给村民的安置条件不错；从政策保障看，开发南宝山旅游已纳入当地发展规划，可以说有值得期待的前景。不仅如此，远方老家的相关部门及单位如阿坝师专等也在关注并帮助这批迁居异地的同胞。如今，为了发展有民族特色的旅游，在方方面面扶持下，移居南宝山的羌民村落中开设了“羌妹山庄”“宝山客栈”“夕格人家”“感恩山庄”“羊角花羌庄”等多处农家乐，旨在为前去旅游、度假的客人们提供方便。

“南宝山打造羌文化基地”，这是见于媒体的报道。根据迁入地政府的规划，凭借自身羌文化资源，发展特色农家乐式旅游，是昔为“夕格”今为“木梯”的村民们新生活的重点，他们正在为此努力。在村委会办公室，村支书拿出一沓资料给我看，一份是《邛崃市南宝山羌寨文化景观项目设计方案》，其中有双碉式羌寨大门，有村边山梁上的高高矗立的碉楼，有村口公路对面供奉白石的羌文化广场，等等。敬奉白石是羌族传统习俗，因为白石代表着神灵，是他们心目中的神圣之物。羌人有语言无文字，在口口相传的羌族民间文学中，从故事到歌谣到谚语，关于白石的神圣性叙说屡屡有见。木梯村口的祭祀塔右侧坡脚供奉着五尊白石，每尊白石都以石板砌龛，挂上了羌红。村里人告诉笔者“白石是从老家运过来的”。与81岁的陈大爷聊天，笔者问五尊白石代表哪些神灵，他告诉笔者，白石在羌语中读音“俄菲”，五尊白石分别代表“玛必”“川主”“山王菩萨”“地盘业主”“木比达”。来到迁居地之后，村民们还组织了羌文化表演队伍，并且应邀到周边乡镇如平乐去表演过羊皮鼓舞，展示过羌绣产品等。谈论起这些，朴实的夕格人不无自豪之感。老家的人，老家的物，老家的事，老家的山水，老家的习俗，跟"老家"这字眼相关的一切对于夕格民众来说都铭记着极深刻的族群记忆。正如村支书这位羌族汉子跟笔者聊天时所言，"保住自己的传统文化"，这对迁居异乡的尔玛人来说尤其是他们的安身立命之根。

二

"节日"是民俗学和文化人类学研究的重要课题。以年度为周期往复举行仪式活动的节日就是族群生活本身，是族群文化生存的鲜活体现，其从精神乃至物质层面对强化族群认同、展示族群文化具有不可取代的意义。借法国学者涂尔干的话来说，"仪式是在集合群体之中产生的行为方式，他们必定要激发、保持或重塑群体中的某些心理状态"，而"人们举行仪式，是为了将过去的信念保存下来，将群体的正常面貌保持下来"。[①] 仪式化的过羌年习俗对于尔玛人正具有如此这般重要价值。如今，"羌年"已被联合国教科文组织列入急需抢救的世界濒危文化遗产名录。前述木梯村的山梁上今已建起高高的碉楼，那是异地安置的汶川羌民在迁入地举办首个羌年庆典时奠基的。2010 年 11 月 6 日，农历十月初一，移居南宝山的羌族民众在当地政府的支持下欢聚在一起，热热闹闹地过起了本民族的节日，且看当时媒体报道："挂羌红、跳锅庄、喝咂酒、吃团圆饭……昨日是农历十月初一，羌族一年一度的传统节日——羌历新年。'5·12'地震我省唯一一个跨市州异地安置的邛崃市南宝山安置点沉浸在一派欢乐祥和的气氛之中，来自汶川、青川的异地安置在此的羌族同胞在感恩与祈福中与客人们一道载歌载舞，喜庆羌年。今年的'羌年'，也是他们在新家生活安顿好后过的第一个羌年节。"[②] 2011 年 6 月，第三届非物质文化遗产节在成都举行。在同时举办的非物质文化遗产保护国际论坛上，联合国

---

① ［法］爱弥尔·涂尔干著，渠东等译，《宗教生活的基本形式》，11 页、513 页，北京，商务印书馆，2011。

② 石莉芳、李固远、谭曦：《南宝山异地安置点震后第一次喜庆羌年》，载《华西都市报》，2010－11－07。

教科文组织《保护非物质文化遗产公约》秘书处负责人塞西尔·杜维勒女士致开幕词，对“5·12”汶川地震后像羌历年这种传统节日习俗在“帮助群体在自然灾难后重拾信心”所发挥的积极作用给予了肯定。

在多民族的中国，四川也是多民族的重要省份。现在羌族主要聚居地在四川，而邻省贵州亦有部分羌族同胞。据2000年第五次全国人口普查，黔地羌民共有1431人，大部分居住在铜仁地区的石阡、江口两县（约1200人，其余200多人散居在贵州各地）。石阡羌族的人数多于江口，在该县呈散居状态（据了解，石阡县本庄镇亦有少数姜姓羌人，自称为姜子牙的后人；而在四川茂县坪头村灾后重建的羌祖庙，笔者看见，被尔玛村寨供奉的先祖有炎帝、大禹和姜子牙）。在贵州江口，羌族则主要聚居在县境东北部的桃映乡匀都村漆树坪组。这个寨子位于梵净山东麓的香炉山上，距离县城30公里左右，与松桃县的寨英古镇、苗王城以及湖南省的凤凰古城相邻。渝怀铁路有14.5公里路段过境，经过小屯、溪口、桃映、匀都、新寨5个村，并在新寨建有县级客、货两运站。2013年8月下旬，笔者去铜仁走访傩文化，在市区街头见有卖“江口豆腐干”的摊位，便上前向摊主打听如何去江口更方便，答曰路程不远，火车、汽车皆可，若从铜仁乘坐火车，过了观音岭便是桃映站（如笔者所见，从成渝出发去铜仁，过了秀山等地进入贵州境内，火车要经过桃映站，但由于是小站，快车不停；若是到了铜仁再前往桃映，则须回过头来走）。从所处地势看，漆树坪羌寨背山面谷，海拔1030米，离香炉山顶不到200米。这里山高谷深，林茂草盛，风景优美。贵州羌族主要有胡、姜、夏、包四姓，漆树坪村羌民以胡姓为主，用他们自己的话来说，村里的外姓主要是嫁进来的媳妇和个别上门女婿，姓胡的均是一个逃难的老祖公的后人。由于地处山区相对偏远，本民族传统多多少少有所存留，譬如着装，有考察者比较之后指出，“贵州羌族和岷江上游羌族同根同源，其服饰也非常相似”①。如今，这个村寨已被列入国家住建部等公布的第二批“中国传统村落名录”，其保护发展将得到相关政策和资金支持，江口县也正在把漆树坪作为具有民族特色的旅游村寨努力推出，并且明确以“羌族文化旅游”作为该乡“主要经济产业”之一。打造“贵州唯一羌寨”，这是见于当地文化旅游

① 李锦伟、杨兴英：《贵州羌族服饰概观》，载《铜仁学院学报》，2010（5）。

类招商引资项目书的说法。

羌人自称尔玛，羌年又叫尔玛年。世事变迁，羌族的不少民俗事象在桃映乡匀都村漆树坪已趋消失，但是十月初一过尔玛年依然为该寨子的羌族民众所看重，并且在历史演变中逐渐融入当地文化元素，形成了独具特色的过羌年景观。如今，十月初一过羌年甚至成为该地方尔玛人的标志性习俗，受到政府的看重。且看贵州省民委网站所言，“铜仁各族人民还保留着丰富多彩的民族节日。如土家族的过赶年、苗族的四月八、侗族的赶坳、仡佬族的敬雀节、羌族的过羌年等”①。2011 年 10 月 27 日，农历十月初一，漆树坪迎来了一年一度的尔玛年，羌民们在寨老的带领下庄重地祭祖祭神，喜洋洋地打糍粑、饮咂酒，围着篝火跳起欢快的萨朗。此时此刻，连外嫁了的姑娘、外出务工的人都赶回家来，团聚过年。作为羌民聚居的山寨，漆树坪至今仍努力保持古朴的习俗，名列“贵州 30 个最具魅力民族村寨”，被人们称为“神秘的梵净尔玛堡寨”。根据报道，“整个村子共有 88 户，328 口人，以胡姓为主。从四川省阿坝藏族羌族自治州的茂县迁徙而来，已历 11 世 300 多年。最老的房屋有近 200 年”②。这支胡姓羌民，先迁湘西，继迁铜仁，再到江口，几经辗转，最后落脚在这里。传统服饰方面，羌民多穿自家织染的土布或麻布长衫，外套羊皮褂，大裆长裤，扎腰带，裹麻布或羊毛织的绑腿，包青色或白色头帕，衣领、袖口、对襟有扎花，戴耳环、手圈、簪子和银片等饰品。女性穿饰有图案的勾尖鞋，这种鞋子在过羌年场景中犹能见到。民间习俗方面，漆树坪羌民以山羊为图腾，信奉太阳神（天神）、火神、风神、树神、寨神、土地神等，主要节日有农历五月初二祭风神、五月初五祭土地神、十月初一过羌年等。如今，文体活动有斗牛、斗羊、对山歌、扳手力、舞蹈《欢乐的萨朗》《醉了金秋》等。1996 年，桃映乡漆树坪的羌族舞蹈《欢乐的萨朗》《醉了金秋》等在县文艺会演中荣获二等奖；2005 年，在多彩贵州江口海选赛中荣获一等奖；2007 年，在锦江广场杯舞蹈大赛中又获二等奖……

1986 年，经过民族识别和贵州省人民政府批准，漆树坪 200 多名胡姓

---

① 《铜仁地区民族乡》，http：//www.gzmw.gov.cn/ShowNews.aspx？NewsID = 144，2009 - 06 - 07。

② 《漆树坪羌寨：在传承与发展路上前行》，http：//www.cnepaper.com/fjssc/html/2011 - 11/04/content_ 3_ 1.htm。

村民的身份由汉恢复为羌。据胡姓族人讲述，他们的祖上原本来自四川，是岷江上游茂汶地区的尔玛人，明末清初由于战乱，一家兄弟三人分开了，一位留在原地，一位去了江西，另一位则去向不明。到了江西这支，出于生存的考虑，隐瞒了原有的民族身份，改称汉人。后来，这支胡姓羌民又离开江西，辗转来到贵州铜仁，从流经铜仁城下的锦江支流小江溯河而上，先后在瓮格沟、胡家坡、漆树坪择地而居……在漆树坪，制铧作为尔玛人的传统手工技艺，在其口碑中就是先祖从四川带过来的。他们制作的产品，铧口锋利，经久耐用，在江口、松桃、铜仁一带有名。如今，恢复了羌族身份，村里也曾派年轻人去汶川等地寻根，并从当地同胞那里学会了《欢乐的萨朗》等舞蹈。眼下，村里除了羌族200多人外，另有苗族70余人。从行政区划看，羌寨漆树坪今属江口县桃映土家族苗族乡所辖，与兄弟民族比较，“羌年”无疑是漆树坪尔玛人保存族群记忆、彰显自我身份、强化内部认同的重要文化符号，他们对之抱有很高热情实为情理中事。曾有调查者来此寨，发放了关于羌族过羌年的感受及认知调查表30份，收回30份，结果显示：漆树坪羌族对本民族过羌年的感受和认识都非常深刻，了解羌年来历的人达60%以上，热衷于过羌年的人达100%，过羌年的参与率达100%，对本民族舞蹈、歌谣及其他情况的知晓率达60%。可见，漆树坪羌族由茂汶地区迁至江口地界，时间尽管已过去几百年，但由于地处偏远高寒山区，相对较为闭塞，因此能较多地保留尔玛人原有的历史文化和风俗习惯，十月初一过羌年便是突出的例子。① 调查数据表明，由于适应族群内部需求，“羌年”对于当今尔玛人（尤其是身处羌文化核心区之外的尔玛人）的号召力、凝聚力和影响力不能不说是无可取代的，漆树坪羌寨为此提供了一个活态例证。

“白石莹莹象征神”，以白石象征神灵的信仰之于尔玛人由来古老。羌族神话传说中，天神曾以白石帮助尔玛人打败了魔兵；日常生活中，过尔玛年的时候，人们要到供奉白石的祭塔前举行隆重的仪式。因此，在祭神的塔上，在民居的屋顶上，尔玛人都会放上代表神灵的白石，他们的口头文学中也有关于白石的种种神圣叙事。以羌文化核心地茂县为例，如笔者走访所见，松坪沟有“白石海”及神奇的民间传说，还有“5·12”地震

① 庄鸿文：《对漆树坪“羌年”的考察与思考》，载《铜仁学院学报》，2011（1）。

后重点打造的“白石羌寨”……就民居建筑言，迁入贵州的羌族同胞建造的民居多系木结构青瓦房，开间为三，一楼一底，依山而建，坐北朝南。房屋周围要构筑土墙，墙高约同底楼，厚尺许，还有防卫用的枪孔。20世纪80年代江口县民委及贵州省民族学院人员来到漆树坪进行民族调查时，除了查询家谱和走访老人，对村中人家老房子雕花窗上的羊头图案也特别在意。保持族群记忆对于迁居异地者十分重要，据《羌族词典》等介绍，当漆树坪羌民的房屋、土墙建好之后，有一道程序是不可少的，就是从山上选取一块洁白的石头带回家，放在墙头上。在漆树坪羌寨，据当地媒体报道，“每间房屋檐顶四角或一角常垒有一块白石头，是‘尔玛’人供奉的白石神”[①]；不仅如此，“农历每年正月初三大清早，是‘尔玛’人各家各户同时过敬‘白石节’的时刻”[②]。在这群移居异地的羌族同胞中，还形成了正月初三敬奉白石的节日风俗，体现出白石信仰的“在地性”(localization) 特色。不仅如此，当地羌民还有“白石头放在路上，黑石头放在路边”的谚语。总之，尽管迁居黔地的尔玛人在日常生活中多已入乡随俗，但古老的白石信仰连同过尔玛年的传统习俗仍然执着地保留下来，并且代代传承，体现在他们的日常生活及口头文学中，成为其族群记忆的鲜明表征。

三

毋庸置疑，“族群的仪式包含着特殊人群的宗教认同和归属依据”[③]。从文化人类学看，与自我根基探寻和自我身份归属相关联的文化记忆对于一个族群来说是必不可少的，但就其现实呈现而言，这种基于族群历史和族群生活的文化记忆又不是那么简单的，其中有值得我们深入关注和研究的东西。

关于黔地羌族，当今出版的《羌族词典》有收录，曰：“羌族是贵州省的14个世居民族之一，主要聚居在位于黔东北的铜仁地区。……贵州

---

① 《江口县桃映乡漆树坪羌寨》，http://zt.gog.com.cn/system/2011/07/29/011153971.shtml。

② 刘源泉：《白石莹莹象征神——羌寨风情暨“尔玛”文化揽胜之六》，http://www.gz.xinhuanet.com/zfpd/2007-11/02/content_11565075.htm。

③ 彭兆荣：《人类学仪式的理论与实践》，124页，北京，民族出版社，2007。

羌族有自己的语言，但无文字。语言属藏语系，藏缅语族的羌语支。同时通行汉语、汉文。”又云：“贵州羌族除少部分居住在城镇、平坝外，绝大部分人口居住在海拔1000米左右、属于武陵山区的崇山峻岭中……”[①] 不过，川西北羌族聚居区之外的尔玛人不仅仅见于贵州，湖北亦有（后者在《羌族词典》中尚无收录）。根据有关信息，“依据《湖北省散居少数民族工作条例》，经咸丰县人民政府批准并报恩施州民宗委备案，咸丰县正式设立黄金洞乡麻柳溪羌族行政村，这是继2003年鹤峰县设立中营乡三家台蒙古族村以来，恩施州设立的第二个少数民族行政村”[②]。黄金洞乡归恩施土家族苗族自治州所辖，该乡所辖麻柳溪村包括8个村民小组，365户1280人，其中羌族234户878人，占全村人口的68.6%（根据咸丰县第六次人口普查）。有记者报道，“麻柳溪是中国中部唯一的羌族村寨，深藏武陵山中的羌寨，文化独具韵味”，如今村寨建筑，“羌寨的吊脚楼不仅具有土家族干栏式吊脚楼的特点，更具有羌寨碉楼高耸入云的气魄”。[③] 根据当地的口头叙事，这800多羌民以姜姓为主，祖上是在清乾隆、嘉庆年间为躲避战乱从贵州清江迁来的，已有200年以上历史。也就是说，麻柳溪的姜姓羌民属于过去时代徙居各地的羌人后裔的一支。2014年农历十月初一在茂县过羌年，笔者向四川省羌学会会长陈兴龙谈起湖北此寨，他很高兴，说选个时间去走走，会会这批羌族同胞。麻柳溪村地处恩施、利川、咸丰三县（市）交界处，位于长江支流唐崖河畔，平均海拔800米，河流两边多生长麻柳树，村子也因此得名。村里人依山傍水而居，住房是当地传统的木结构吊脚楼（咸丰土家族吊脚楼营造技艺于2010年被列入国家级非物质文化遗产名录）。这个被称为“鄂西土家苗寨的羌族部落”的村子引起外界关注，主要是在2008年“5·12”汶川地震以来。尽管这支迁居羌民后裔在生活上早已融入客居地，但在当地政府扶持下，亦在用力打造“羌族民俗风情村寨”，希望借此发展旅游，使渴望脱贫致富的当地人的生活水平得到提升和改善。据悉，地方政府计划投资70余万元在该村20余处添置羌族标志性图案符号，包括碉楼、凉桥及水车等，

① 羌族词典编委会编：《羌族词典》，9～10页，成都，四川出版集团巴蜀书社，2004。

② 《咸丰县设立黄金洞乡麻柳溪羌族行政村》，http：//www.esmzw.com/Article/ShowArticle.asp？ArticleID＝4079，咸丰县民宗局，2013－06－48。

③ 《羌寨劲吹文化风》，http：//www.enshi.cn/20120719/ca257404.htm，2012－11－29。

设计定制了200套羌族标志性服装，凡此种种，都意在“大力营造土、羌族多民族文化氛围”①。2013年，国家民委在全国启动少数民族特色村寨命名工作，经各地申报和专家评审，有340个村寨被批准为“首批中国少数民族特色村寨”，麻柳溪村名列其中。随着村寨环境改善，加上媒体宣传的助力，不但有国内其他省市游客来该村观光旅游，还接待过英国、法国、比利时、日本、韩国等国家和我国香港、澳门、台湾地区的游客，随之而来的经济和社会效益也让村民们有了初步感受。为了拾回文化记忆，凸显族群身份，张扬本民族特色，2012年，该村负责人专门去岷江上游汶川羌区老家“寻根”，听故事学歌舞觅传统，经过一番认真考察和学习之后，在村里修建了他们认为带有羌族特色的石头建筑和风雨桥，使之“成了发展旅游的重要景观”②。于是我们看到，这个地处长江中游的“荆楚第一羌寨”有了新建的碉楼，有了“羌笛园”“羌寨人家”“天韵羌寨食乐汇”等农家乐，青山、绿水、茶园中也有了“羌族采茶女”，还成立了“民间文化演出队”。有报道称，“麻柳溪的羌族群众，把羌族文化与土家族文化融合，形成独具特色的本土民间文化”，这里有深厚的民歌传统，“村民人人是歌手，个个是舞者”，他们唱道：“羌寨山歌年久长，山满歌来歌满乡，娃儿落地歌当奶，肚儿饿了歌当粮。”“羌寨是个山歌乡，三岁娃儿都会唱，百岁老人唱高腔，哪个敢称山歌王。”“羌寨山歌有歌仙，唱起山歌不怕天，天塌下来用歌顶，地陷下去用歌填。”③ 凡此种种，无不显示出以“羌”为标志的文化资源在今天不无缘由地被激活和运用，既服从当下族群需要，又装点当下族群生活，并且已成为地方旅游发展中的一个新亮点。

外迁已久的尔玛人，需要努力拾回已经失去的“文化记忆”；刚刚外迁的尔玛人，需要尽量保存尚未丢失的“文化记忆”。从身份认同看，这

---

① 《寨数这方秀人是这方勤——恩施州咸丰县麻柳溪村特色村寨建设试点工作回眸》，http://www.hbmzw.gov.cn/structure/zwdt/ztbd/zw_22495_1.htm，咸丰县民宗局，2013-11-21。

② 《羌村支书：姜胜泽》，http://www.cnqiangzu.com/a/20130221/1640.shtml。

③ 李春国：《茶海羌寨民歌村——踏访“全国生态民歌村”咸丰县黄金洞乡麻柳村》，http://www.mzb.com.cn/html/report/141125444-1.htm，2014-11-19。

种文化记忆对于族群来说至关重要，有如大禹崇拜之于川西北尔玛人。[①] 2013 年 6 月，也就是端午节期间，在木梯村羌文化广场举办了南宝山首届羌文化艺术节。6 月 9 日上午，按照安排，首先是羌族欢迎仪式，木梯村群众集合在羌文化广场公路两侧，夹道欢迎领导及来宾，吹唢呐，献羌红；其次是羌族祭祀活动，由释比、皮鼓队、狮灯队围绕祭祀塔绕三圈，由释比和狮灯进行祭拜，然后立天灯；最后是羌族民俗艺术歌舞表演，节目有咂酒开坛、山歌《羌磨情缘》、羌舞《喳喳喳威》及狮子舞、跳皮鼓等。艺术节活动还有羌族互动游戏，包括推杆、抱蛋、跳背篼等游戏；晚上是萨朗晚会，围着篝火，载歌载舞，有羌族婚礼习俗展示，以及释比传人表演踩铧头、耍火链等民间绝活[②]……以上活动内容，见于 2013 年 5 月 17 日的网上发布，而在同年 3 月 30 日网上发布的关于这次艺术节的方案中，可以看见其主要活动共包括五项内容，其中第一项是羌族“瓦尔俄足节”祭祀活动，即木梯村全体群众在羌文化广场祭祀塔前进行升灯、狮灯拜祭等祭祀活动，而该方案介绍艺术节时间时亦明确写着“6 月 12 日（端午节，羌族瓦尔俄足节）”[③]。有意思的是，这里刻意突出了“瓦尔俄足节”。其实，从该节日起源故事及相关仪式不难明白，“瓦尔俄足”本是北部羌区村寨的传统节日，有特定的区域性，正如该地出生的本民族学者所指出，其“起源于茂县曲谷乡河西村。该村由 15 个古寨村落组成，160 余户，600 余人”[④]，汉语称为“歌仙节”。木梯村为何要突出此节呢？盖在 2008 年“5·12”地震之后，“瓦尔俄足”在当地政府及知识分子的推动下有从村寨节日向羌区全民性节日提升的趋向（地震后当地政府将此节放到县城举办就是例子，还有热心人士极力主张以此为“羌族妇女节”

---

① 关于大禹崇拜在川西北羌族地区，请参阅拙文《民间叙事和身份表达——羌区大禹传说的文学人类学探视》，载《西南民族大学学报》（人文社科版），2010（10）；《川西北岷江上游的禹迹羌风》，载《内蒙古大学艺术学院学报》，2014（2）。

② 《南宝乡南宝山首届羌文化艺术节》，http：//www. chengdu. gov. cn/qionglaishi/detail. jsp? id =1460735，木梯村，2013 –05 –17。

③ 《2013 年木梯村产业发展规划和发展目标任务》，见《木梯村支部书记总结、感想》，http：//www. chengdu. gov. cn/qionglaishi/muticun/detail. jsp? id = 1361345，木梯村，2013 – 03 – 30。

④ 陈兴龙：《人口流动与羌族文化传承研究——基于“瓦尔俄足”文化生态保护的人类学思考》，载《阿坝师范专科学校学报》，2014（1）。另外，有关这个节日的情况，请参阅《茂汶羌族自治县志》，677 ~678 页，成都，四川辞书出版社，1997；《四川非物质文化遗产民间文学艺术集录》，338 ~339 页，成都，巴蜀书社，2011。

向联合国教科文组织申报世界文化遗产)，而该节经过现代性建构在人们眼中亦被视为羌文化的典型符号之一。在此背景下，迁往异地的汶川夕格村民在努力张扬羌文化时，也在考虑如何利用这个名声响亮的节日符号来充实本村的“羌文化节”，以扩大“我族”的影响，吸引四方的游客。农历五月初五，既是来自汉区的端午节（此节在羌区亦久有影响），又是尔玛村寨的歌仙节，两节时间相合，对于迁居的羌人来说，后者对于凝聚族群情感、强化族群联系更具重要意义（用康纳顿的话来说，“某些带有仪式性的习俗起到了记忆共同历史的作用”①，而节日正属于此类习俗，其对“记忆共同历史”非常重要)。由此可见，属于群体的“文化记忆”一方面和历史及传统习俗相连，另一方面和当下的生活有关。这种“集体记忆”基于族群需要和族群诉求，可谓是“立足现在而对过去的一种重构”②，其中鲜明地烙印着今天的时代印记。也就是说，这种记忆不仅仅是对过去的简单复写，它往往在“复活”传统的同时又在“建构”传统，若借用《传统的发明》一书的话来讲，其往往“采取参照旧形势来回应新形势”③。今天，移居他乡的夕格民众（也包括其他外迁羌民）努力用“老家”的方式来展现“我族”文化，强化族群认同也加深族群记忆。这“老家”，既指夕格老家、龙溪老家，也指汶川老家、羌区老家。正是在这多层面的“老家”意识中，与“羌”有关的种种元素被调动、运用起来，与“羌”有关的种种符号被组合、建构起来，从而成为一种带有明显的当代烙印的“文化记忆”。这种关系族群身份、基于族群需求的“文化记忆”，连接过去，指向未来，是尔玛人现实生活的生动体现。

（作者系四川大学文学与新闻学院教授、文学人类学研究生导师）

① ［美］康纳顿著，纳日碧力戈译：《社会如何记忆》，51 页，上海，上海人民出版社，2000。

② ［法］莫里斯·哈布瓦赫著，毕然、郭金华译：《论集体记忆》，53 页，上海，上海人民出版社，2002。

③ ［英］E. 霍布斯鲍姆、［英］T. 兰格著，顾杭、庞冠群译：《传统的发明》，2 页，南京，译林出版社，2004。

对羌族民间民俗文化传承创新的思考

——以羌族节俗文化为例

刘汉文

古老的羌民族在漫长的历史长河中，创造和积淀了深厚而丰富的民族文化。

羌族主要分布在四川省阿坝藏族羌族自治州茂县、汶川、理县、北川羌族自治县，以及黑水县、松潘县、平武县和丹巴县部分地区。此外，贵州省石阡县和江口县有部分羌族。羌民大多世居高山或高半山，以农耕为主，许多民间习俗仍得到较好的传承，如茂县黑虎妇女为实现给黑虎将军行万年孝的诺言至今头包“虎头帕”；原真的祭祀还愿仪式仍在汶川的雁门、龙溪等羌族聚居区传承和延续；每年的羌年和瓦尔俄足节，古老的羌族年歌和“瓦尔俄足”古歌依然在茂县羌山羌城传唱。

根据多年来的跟踪调查，除了移风易俗的正常发展变化外，一些民俗传统出现衰弱、简化、变异和消失的现象，特别是羌族的一些传统节日民俗，在“5·12”地震后其式微现象更加明显。面对民族传统文化的衰弱或逐渐消亡的状况，各级政府做了大量的工作，实施了多项民族文化保护工程，积累了丰富的经验，已取得可喜的成就。《中华人民共和国非物质文化遗产法》于2011年6月公布施行，规定“非物质文化遗产，是指各族人民世代相传并视为其文化遗产组成部分的各种传统文化表现形式，以及与传统文化表现形式相关的实物和场所”，将“民俗活动、礼仪、节庆”列为主要内容之一，并规定自治州、县人民政府鼓励、扶持和利用优秀非物质文化遗产资源。

一、羌族传统民间节俗文化资源及其价值

就节日习俗而言，除了春节、端午节等节日外，节庆活动还有很多，几乎每月都有一个节日，而且民间节日和宗教节日互相穿插。主要有羌年、转山会、瓦尔俄足、俄苴节等重要的节俗。可以说，羌族文化遗产形态多样，类型齐全，内容丰富，具有鲜明的民族特色和地域特色。其中，“羌族瓦尔俄足节”为第一批国家级非物质文化遗产，羌年于2009年列入联合国教科文组织《急需保护的非物质文化遗产名录》。

节日民俗，实质上是民族文化延续、传播的重要途径和载体，凝聚并规范着民族的文化心理、宗教信仰、伦理道德、价值观以及各种文化习俗，是民族文化众多子系统之一，是一定民族和社会文化的组成部分及表现系统。在众多的民俗活动中，节日民俗最能集中、最典型地体现出民族意识、民族自尊心和民族自豪感，能更直接地促使当地民众更加主动地审视和阅读自己民族的文化，修正和重构自身的文化价值取向，增强民族归属感，使得民族认同更加清晰，增加相互间的亲和力和凝聚力，提高民族的“文化自觉”意识。

羌族节俗文化是中华民族文化的重要组成部分，无论是生产生活类的民俗活动还是宗教类的民俗仪式，都集祭祀、歌舞、文学、服饰、餐饮、娱乐为一体，属于综合性民俗文化，是羌族民间传统文化集中展示与社会生活总体呈现的平台，是传承羌族文化精髓的重要载体。以节日庆典为主的各种民俗活动，表达了羌族人民对所居住、生存、依赖的这片土地的崇拜，充分体现出羌民族尊重自然、和睦万物的价值取向与传统智慧，在羌族人民的社会生活中发挥着重要的社会整合与人文教化的作用。

民俗文化具有独特的科学价值和潜在的经济价值。合理保护和科学传承羌民俗传统，就是保护和延续人类多元文化传统。羌民俗文化的合理保护和科学传承，对弘扬优秀传统文化、促进羌地区的文化创新、促进民族团结、构建和谐社会、促进地方文化经济建设和发展，都具有深远的历史意义和现实意义。

二、传承创新现状与困境

（一）羌　年

据羌族史诗《木姐珠和斗安珠》记述，天神木比塔的三女儿木姐珠不顾天条禁令，下嫁羌家小伙斗安珠，他们同甘共苦，辛勤劳作。满怀丰收喜悦的木姐珠召集家人，将丰收的青稞及各种肉食，供在房顶的纳萨上，点燃香柏枝，敬奉天宫诸神。一家人手牵手围成圈，唱起歌跳起舞，表达心中的感恩情怀和对来年美好生活的憧憬。年复一年，羌人便在每一年的同一天都要举行相同的仪式，逐步演变成为羌族的年节传统。

传统的"羌年"大体可分为节日前准备和节日活动两个部分。节前准备一般从农历九月底开始，家家户户清扫房屋，赶制新衣，备办年货，捎口信请外嫁的女子回娘家过年。

农历九月三十日（或二十九日），释比们便按古规组织祭祀活动。从当天午后开始诵经敬神、请神，边唱诵经文边用清水、香柏枝为牺牲（牛或羊）除秽洗礼。直到十月初一凌晨，释比诵着经，在众人的簇拥下将牺牲牵到神林的白石祭塔前；再次为牺牲除秽洗礼后，由会手宰杀；然后将祭血洒于白石塔前，用羊头敬祭神灵。释比在众人胸前各系一根羊毛线，并以最美好的言词赞美寨民，祝福全村来年五谷丰登、人畜兴旺。最后，各户男丁于祭坛分工清洗并烹煮牛羊肉。等到天明，锣鼓声响起，村中男女老幼穿着盛装，带着太阳馍馍、月亮馍馍和酒陆续聚集，围圈畅饮分享美食。此间笑声不断，歌声不断，曾经的恩怨纠葛也在此时冰释，活动达到高潮。

在羌区一些地方，祭祀活动结束后，全寨青壮男子会同老人组成庆吉队伍，载歌载舞到每家每户道贺，并由老人领唱，众人和唱喜庆歌。更多人则汇聚村寨的平地，欢跳萨朗，畅饮咂酒。节庆活动，一般持续两三天，多则六七天。

（二）瓦尔俄足节

在茂县西湖羌寨有这样一个传说：农历五月初正是羊角花盛开的时

节，一天，银铃般清脆的歌声从村寨上面的林中传来，人们循着歌声前往，看到一位身穿素白麻布衣裳，头顶黑色头帕，腰上拴着挑花围腰的羌家姑娘边唱边舞，她说她叫“萨朗”。于是大家围着萨朗，请教唱歌、跳舞。乡亲们跟着萨朗跳着唱着，忘却了不快，忘却了忧愁，也没了劳动后的疲惫。过了些时日，萨朗突然消失在人们的视野，只留下一只绣花鞋。后来，每年羊角花开的五月，妇女们都要到女神梁子的石塔周围唱歌跳舞，以纪念萨朗女神，感恩萨朗女神带来美妙的歌和舞，这些歌和舞就叫“萨朗”了。而每年五月初三到初五，就成了羌族的传统节日——瓦尔俄足。

“瓦尔俄足”为羌语音译，本为“五月初五”之意。传统上，此节与羌年一样深受羌民重视，通常，远在他乡的游子都会在“瓦尔俄足”和羌年回家团聚。根据调查，“瓦尔俄足”传统保持最好的是在以茂县曲谷乡为代表的北部羌区；不过，过去在南部羌区，亦深受当地羌民重视。汶川县龙溪乡有阿达英吉的传说，汶川县雁门乡有绵绵格斗兜则的传说，都与萨朗姐的传说极其相似；只是由于历史发展中的种种原因，南部羌区的瓦尔俄足节渐渐淡化。

（三）羌年节日习俗的现状及传承保护

民俗文化是民间民众的风俗生活文化的统称，是在普通民众的生产生活过程中所形成的一系列物质的和精神的文化现象，具有普遍性、传承性和变异性。而如今的羌族地区交通越来越便利，人们交流的距离也越来越短，羌族民族文化赖以生存的社会与文化语境发生了巨大的变化，羌族民俗文化也随之悄然发生了变化。

羌年节俗和瓦尔俄足节俗呈现明显的简化和淡化的现象。传统的羌年，家家户户要请释比到家中安神位，请诸神各司其职，护佑人畜平安。有的还要请释比还家愿，感恩诸神给家人带来丰收和安康，祈求诸神来年一如既往地保佑全家，赐予丰收和吉祥。整个节日过程完整而充满虔诚与和谐的氛围。但是，“5·12”地震对羌族节俗的文化生态带来的几乎是毁灭性的破坏。如今，羌区民居建筑结构发生了根本性的变化，许多民俗事象已失去依托和平台。再者，人们的生产生活方式也发生了巨大改变，甚至部分民众的人生观和价值观也发生了一些变化，羌族节日过程被羌区部分民众有意或无意地简化和淡化了。就客观而言，是多种原因导致了文化生态系统的破坏；就主观原因来说，则是在民族文化遗产的保护过程中，当地民众的民族自觉和民族自信不足。

长期以来，各级政府非常重视羌族节俗文化的保护工作，在州、县各级的努力下，通过宣传呼吁和积极申报，终在 2006 年 5 月，国务院批准将瓦尔俄足节列入第一批国家级非物质文化遗产名录（编号 4661 ×——18）。2009 年 10 月，羌年被联合国教科文组织列入《急需保护的非物质文化遗产名录》。2010 年 5 月，羌年和羌族瓦尔俄足节与藏历年一同被推荐为民族传统节日保护示范项目。

三、羌民俗文化传承创新对策研究

民俗文化既是社会意识形态之一，又是一种历史文化遗产。

据《2013—2017 年中国民俗文化产业发展进程与投资战略分析报告》显示，尽管国内采取了一系列的措施保护民俗文化，但仍主要集中于非物质文化保护国家制度的确立与学术界发起的“救亡图存”式的田野调查工作，而对于民俗文化的产业化开发及其在整体文化产业结构中的转化机制等方面的研究则明显不足。我国所开发的文化产业，多是针对自然与历史文化遗产、传媒文化、时尚文化而进行，以乡土社会为主要阵地的民俗文化尚未引起足够重视。与此形成鲜明对比的是，民俗文化产业在全国各地兴起，早已超出传统意义上的展演制销模式以及“文艺搭台，经贸唱戏”的简单框架，初步显现出一定的规模化发展与自觉性追求。但由于总体战略的不够清晰、产业布局的混乱、产业创意力量的薄弱分散，我国民俗文化产业化发展与可持续发展已遭遇瓶颈。

在羌族民俗文化传承保护和创新过程中，应从长计议，科学当先，因地制宜。

第一，出台具有较强可操作性的指导性政策，建立健全相关法律法规。以保护为前提，根据文化资源可持续利用发展的整体性原则和人本性原则，合理开发利用。

第二，促进羌民俗文化进校园。一是在中小学的选修课或兴趣小组活动中，设置羌族民俗文化常识、节日歌舞等内容；二是支持、帮助和配合阿坝师范学院建设地方特色高校，让阿坝师范学院成为羌文化传承的重要基地。

第三，尊重民俗文化本身。在保持其文化的原真性不变的基础上，吸纳不同文化的精华部分，以期达到符合现代生活的需求标准。政府以引导为主，重在激发民众的热情，让民众主动参与。值得注意的是，国内个别地方在民族文化的利用和创新过程中，缺乏科学性和理性认识，过分关注文化遗产的潜在经济价值而过度开发；未能重视节日文化的内涵，未能考虑民众的感受，将原本具有道德教化意义和社会关系整合功能的节日内涵抽空，成为“官办”的表面繁荣的节日，使节日本身的吸引力逐渐减弱。民众自发欢度的节日，变成了政府花钱组织、民众被动参与的节日。有的决策者甚至从主观意志出发，对节日文化做出轻率的价值判断和选择，对节日活动的某些具体内容肆意改动；任意取舍或只选择其中的某些环节开展文化建设，而把有机结合的其他节日文化事象与节日整体割裂开来，出现歪曲、嫁接、异化等现象，挫伤了当地民众的民族自尊心和自信心。《中华人民共和国非物质文化遗产法》规定：“使用非物质文化遗产，应当尊重其形式和内涵。禁止以歪曲、贬损等方式使用非物质文化遗产。”在羌族民族文化的保护和建设发展过程中，我们要吸取教训，防止类似现象的出现和问题的发生。

第四，引导羌区民众积极投身于民族文化的保护当中，让社区和民众参与管理。文化保护是将文化资源转换为资本得以延续的基本保证，其中群众性保护尤为重要。只有民众的保护意识增强了，文化才能得到真正的保护和传承；只有民众明确了外来文化与本土文化的关系，才会更加珍视自己的文化，才会投身到本民族文化的保护当中。

第五，加强对外展示和宣传，共享羌族民俗文化。通过展示和宣传促进州内外各族人民对多元文化价值的认识和珍视；在民俗文化共享中，改变单一的观光模式，增强互动性，让外来者积极参与，亲身感受；开发特色民俗旅游产品，避免与其他旅游地的旅游商品雷同。

四、结　语

在漫长的历史长河中，羌族人民以特有的民间习俗传承着本民族的民族精神和灿烂的文化，也以此延续着古老而深厚的文化传统。羌族民间习俗的流变亦反映了羌族地区的社会历史和文化变迁。因此，从长远来看，我们应该思考的重点和探寻路径是：如何科学地开展羌族民俗文化的保护和传承工作，延续优秀文化传统；如何在保护的基础上进行科学创新、合理利用，以促进羌族地区的经济文化的发展和繁荣。

参考文献：

［1］李松，王建民，张跃，朱凌飞，马居里，许雪莲．中国少数民族节日在国家文化建设中的地位和意义．艺术百家，2012（5）．

［2］田兆元．关注非物质文化遗产保护背景下的民俗文化与民俗学学科的命运．河南社会科学，2009（5）．

［3］庄春辉．阿坝州羌族文化生态保护利用的价值及对策．西藏艺术研究，2010（3）

［4］陈光军．阿坝州非物质文化遗产保护情况调查．非物质文化遗产研究集刊，2013（3）．

［5］高丙中．年节文化与当代社会．江西社会科学，2006（2）．

［6］黄泽．西南民族节日文化．昆明：云南教育出版社，1995.

［7］刘魁立．非物质文化遗产及其保护的整体性原则．广西师范学院学报：哲学社会科学版，2004（4）．

［8］施惟达．民族村寨文化的现代建构．民族艺术，2004（4）．

［9］赵家琪，燕朝西，张邦铺．非物质文化遗产传承人的法律保护——基于阿坝州的实证分析．技术与市场，2012（11）．

［10］罗江华．农村民俗文化的生存危机与保护策略．重庆教育学院学报，2007（3）．

［11］前瞻网．2013—2017 年中国民俗文化产业发展进程与投资战略分析报告．http：//www. qianzhan. com/report/detail/23f70e4866b24e96. html.

（作者系阿坝师范学院少数民族研究所副所长，副教授）

川西地区在西藏对外经济往来中的作用

黄辛建

川西地区主要是指今天四川省阿坝藏族羌族自治州和甘孜藏族自治州的全部，以及绵阳市、凉山彝族自治州的部分地区。这一带正处于费孝通先生所提出的“藏彝走廊”区域范围之内，居住着藏族、羌族、回族、汉族、纳西族、彝族等诸多民族，不但是民族往来极为频繁的地区，也是历史上西藏对外经济往来的中间地带和主要通道之一。

一、西藏经川西北地区对外往来的主要通道

早在隋唐之前，在川西北一带已经形成了一些联系西藏和四川、云南及青海等地的孔道。吐蕃王朝在军事征服过程中，便开始在这一地区建立交通网络。在这里，我们可以先看一下吐蕃王朝时期自逻些城进入川西北地区的主要通道：其一，从吐蕃王朝的首都逻些出发东行，经工布地区进入芒康一带，然后顺江南下，进入川西一带；[①] 其二，以逻些为出发点，首先沿东北方向，越过唐古拉山，经青海湖，进入青海地区，然后从青海南下，经玉树等地进入川西地区。[②] 吐蕃王朝征服和经略川西地区的主要路线正是在灭掉吐谷浑等部落后，以青海为基地，经青海南下。[③] 当然，自西藏进入川西地区的道路还有其他的支线或小道，但上述两条线路无疑是自吐蕃的中心逻些城进入康区的主要通道。处于中转站位置的昌都，实

---

① 赵心愚：《纳西族历史文化研究》，74～81 页，北京，民族出版社，2008。

② 石硕：《西藏文明东向发展史》，118 页，成都，四川人民出版社，1994。

③ 欧阳无畏：《钵的疆域和边界》，见《西藏研究》，144～145 页，台北，中国边疆历史语文学会，1960。

际上成为了吐蕃王朝经营川西地区的基地。考古挖掘发现，昌都有着悠久的历史，在这里发现的卡若遗址系新石器时代的代表性文化，与雅砻流域的先民有着亲属关系。在吐蕃王朝建立之前，昌都已经成为青藏高原一个重要的经济文化中心，是这条古道上的重要的枢纽。除上面提到的往来通道外，吐蕃从川西地区对外交通还有以下两条主要线路：

一是川藏交通线。由于青藏高原地形由西向东倾斜，因此从西藏东行进入川西高原，再往东进入今阿坝和南下进入川西南地区有着十分有利的自然条件。按照任乃强先生的推断，吐蕃军队应是由昌都或芒康一带渡金沙江进入巴塘地区，然后东行到康定，再经乾宁、榆柯入阿坝，这实际上是指吐蕃经康区往东至松州的路线。同时，从川西高原南下至川西南地区的交通线虽然不被人们注意，但实际上也同样存在，主要是沿雅砻江、理塘河等河谷南下。其南线正是穿越康区，经巴塘、理塘、康定一带进抵嶲州、雅州和黎州。① 779 年，吐蕃与南诏一道攻击蜀地，其进军路线分为三道，其中“一出茂州，过文川及灌口；一出扶、文，过方维、白坝；一出黎坝、雅，过邛、崍”②。可见，吐蕃王朝在川西一带的黎州、雅州、茂州等地域与四川之间已经建立了多条线路通道。

二是滇藏交通线。根据赵心愚教授的考证，这一交通线可达吐蕃和南诏的政治中心逻些和羊苴，即今天的拉萨和大理，主要线路走向是从逻些出发东行，经工布地区进入芒康一带，然后顺江南下，沿澜沧江、金沙江间的河谷地带进入滇西北，过金沙江到丽江一带再南下剑川，最后到达羊苴。③

上述交通线与宋代开始盛行的茶马贸易通道的主要线路是基本重合的。茶正式传入卫藏地区是在吐蕃王朝时期。藏汉之间茶马古道的开通始于唐王朝与吐蕃王朝之间的往来。茶马贸易的大规模兴起是在宋代，到明清时代达到极盛时期。此时，茶已经作为藏族人不可或缺的生活必需品。茶马古道这条交通要道始于卫藏，沿雅鲁藏布江东行，经林芝抵达昌都。随后被分为南北两道，即滇藏道和川藏道。④ 这里的滇藏道与前述的吐蕃

---

① 赵心愚：《纳西族与藏族关系史》，198～199 页，成都，四川人民出版社，2004。

② （后晋）刘昫：《旧唐书》卷一一七《崔宁》。

③ 赵心愚：《纳西族历史文化研究》，74～81 页，北京，民族出版社，2008。

④ 石硕：《昌都：茶马古道上的枢纽及其古代文化——兼论茶马古道的早期历史面貌》，载《西藏大学学报》，2003（4）。

时期的滇藏交通线的路径是基本一致的，川藏道则与川藏交通线相同。川藏道的最终目的地为雅安产茶区，滇藏道的中甸为云南西部的产茶区。可见，康区作为茶马贸易的重要通道，在其中发挥了重要的作用。到明代，丽江一带已经成为滇茶销藏的重要中转站。据称，明朝的“丽江与蜀松维如瓶相角，松州赏番茶有杂木叶伪者，番人怒而掷之，疆吏以为怪，安知滇徼外之茶彼无仰乎”①。元朝在完成对藏区的征服后，设置了27个大的驿站，朵甘思界内共设9站。② 元朝驿站的北线沿玉树、德格，过金沙江至昌都地区，最后进入卫藏，至萨迦。南线经松潘、茂州，与四川入藏之北线汇合，过甘孜、德格，然后与北线合并。③ 从所经线路可以看出，元代的驿站在康区主要经过了康北和昌都一线。

到了明朝，朝贡和互市异常频繁和繁荣。为此，明朝决定“乌斯藏赞善、阐教、阐化、辅教四王”的朝贡路线，“由四川路入”。④ 到成化年间，又将赞善王朝贡路线改为取道甘青一线，阐教、阐化及辅教三王仍从四川路，其他如大乘法王、大宝法王及护教王均从四川入贡。⑤ 因此，康区作为卫藏通往中原地区的中间地带，是卫藏地区僧俗首领来往卫藏与中原地区之间的主要通道。朝贡道路的主要线路是与茶马古道路线基本相合的，分为南北两路。两条线路均以昌都为起点，北线经江达、德格、甘孜、炉霍、道孚抵达打箭炉，南线则向东经察雅、左贡、芒康、巴塘、理塘、雅江抵达打箭炉，南北两线在打箭炉会合后，经雅安，然后过名山、邛州、新津，经成都，前往明都朝贡，并进行贸易。

清代以来，随着清军入藏驱逐准噶尔军队，以及其后数次出兵进藏平定西藏内乱，清廷在康区建立了驿站和塘汛制度。清代设立的塘的主要职能是传递信息，与驿、台、站、铺同属驿传系统，遍布全国各省，文献中时常以“塘铺”并称。不过，塘往往也兼具防守的作用，总是与汛防联系起来。康区的塘兵就是由汛兵中分拨出来的。汛则是绿营军中最低一级的军事建制，其职官一般为千总、把总、外委千总和外委把总，常以“营

① 云南省编辑组编：《纳西族社会历史调查》，143页，昆明，云南民族出版社，1983。

② 达仓宗巴·班觉桑布著，陈庆英译：《汉藏史集》，168页，拉萨，西藏人民出版社，1986。

③ 庞琳：《元代入藏驿道考述》，载《西藏研究》，1999（4）。

④ 《宪宗实录》，卷七八。

⑤ 《宪宗实录》，卷七八。

汛”连称。[①] 驿站和塘汛制度的建立使经川西地区往来西藏的通道在使用和管理上都远远超过了以前任何一个时期。清代在川西地区的塘汛的设置始于康熙年间。至乾隆年间，塘汛得到进一步重视，并逐步确立与完善。[②] 清代前期，康区塘汛主要沿川藏线南路设置。其路线主要有以下几道：其一为川藏道，“自打箭炉出口至藏，计程不及五千里，共安台八十四处，安汛十三处”[③]。其二为滇藏道，自云南中甸出口至洛隆宗，计程3080里，凡38站。[④] 从清朝中后期开始，滇藏之间的通道才真正畅通，促进了滇茶的发展，滇茶开始大规模入藏，并在辛亥革命后取代四川边茶占据了西藏的茶叶市场。

清朝廷在打箭炉、理塘、巴塘、察木多等进出藏要道上设置塘汛、粮台并驻扎少量兵丁，以保障内地与西藏之间的交通往来。上述为清代在康区设立的官道。同时，川藏道分南北两路，分别为川藏官道和川藏商道，其路线与明代藏区僧俗首领前往内地朝贡所经过康区的南北路线是一致的。到了民国时期，虽然西藏与内地之间时常阻隔，但相互之间的往来联系在康区的通道仍然和上述道路一致。诸如刘曼卿入藏、十三世达赖喇嘛圆寂后黄慕松入藏致祭册封等，均是自打箭炉出关，经川藏官道，沿昌都进入卫藏，然后抵达拉萨的。今天，我们进出西藏的滇藏路、川藏路同样是沿着自古以来形成的往来西藏地区与云南及四川之间的交通主干线而建的，并仍然发挥着重要的交通命脉作用。

二、西藏以川西地区为通道开展的经济往来活动

通过上面的梳理，我们可以发现，历史上自西藏经川西地区的通道主要有三条，即滇藏道、川藏官道和川藏商道。需要指出的是，上述这些交通通道仅仅是西藏经川西地区联系外界的主要线路，其间必然还穿插了相当数量的支线。

---

① 刘文鹏：《清代驿传及其与疆域形成关系之研究》，1～9页，北京，中国人民大学出版社，2004。

② 邹立波：《清代前期康区塘汛的设置及其作用与影响》，载《西藏研究》，2009（3）。

③ 和宁：《西藏志》，45页，拉萨，西藏人民出版社，1982。

④ 边巴次仁、朗杰扎西：《清代入藏驿站及西藏地方内部驿站考》，载《西藏大学学报》，2008（4）。

历史上，这些途经川西地区的通道既是商道，亦是官道，组成了卫藏对外经济往来的交通网络。由于这些通道主要是穿越青藏高原东缘地带、横断山脉区域的高山峡谷地带，山谷纵切，两山夹一河，垂直高差大，许多道路均是在山崖上凿出，十分狭窄，因此这些通道更是一条条险道。据调查，到解放前，途经昌都一带的“道路都是旧式的栈道，有些地区砌成石栏，下面是悬崖峭壁；有些还在河流两岸架起溜索，由空中溜渡行人和牲畜”①。道路如此险峻，导致货物运送的价格非常昂贵。据民国时期的记载，川茶在“打箭炉斤不过银一钱，拉萨价动十倍，道远运艰也”②。

正是以川西地区的这些交通线为往来通道，西藏进行了频繁的对外往来交流活动，茶马古道这个词语正形象地呈现了这条道路在西藏对外经济往来中所发挥的重要作用。在汉藏文及英文资料中，均存在一些关于西藏方面以川西地区为通道开展对外经济贸易往来活动的记载。

首先，我们来看一些带有纪实和游记性质的叙述和调查资料。根据徐霞客的游记记载，在丽江地区，有人“以居积番货为业”③。这里的番货，即指来自藏区的货物。巴塘是西藏通往内地的重要通道，根据英人唐古巴在1867年的观察：“巴塘有别于里塘，位于美丽富饶的山谷，气候与苏格兰北部相似，是一巨大集贸中心，卫藏和蒙古地区的商人来此地购买从四川经打箭炉运来的砖茶。”④ 1930年，国民政府派遣刘曼卿入藏，途经康区，她在丽江观察到这样一个情况：“丽江市镇，纵横四五里，房屋栉比，人烟稠密，市之中心有四方街者，为最繁盛之所。沿街多堆集碗糖、盐块，以及洋货、布匹等物求售。彼等顾客除本地人外，则以康、藏人为最多，盖年来康、藏商业中心因战争影响已由阿墩而移至此地矣。……每当七八月之交，例须举行骡马会。康、藏商贾云集，名驹绝足来自远方，吉日良辰，驰骋于广野之间。”⑤ 根据《纳西族社会历史调查》记载，民国

① 西藏社会历史调查资料丛刊编辑组：《藏族社会历史调查》（四），21页，北京，民族出版社，2009。

② 吴光耀：《西藏改流本末纪》，见赵心愚、秦和平、王川编：《康区藏族社会珍稀资料辑要》，36页，成都，巴蜀书社，2006。

③ 朱惠荣校注：《徐霞客游记校注》（下），930页，昆明，云南人民出版社，1985。

④ 赵艾东：《唐古巴的考察与英国对中国西南边疆的觊觎》，载《中国边疆史地研究》，2010（4）。

⑤ 刘曼卿：《国民政府女密使赴藏纪实》（原名《康藏轺征》），134页，北京，民族出版社，1998。

时期，在丽江县城，由西藏人设立的字号就有两家，为“铸记”“玉记”，丽江的“各大字号均派有专人到维西、康定、拉萨等地收购或推销货物，主要是做藏区的生意”①。其次，是带有官方性质的记载。《木里政教史》记载了1655年来自西藏的“第巴衙门的两个商人带着五百余人和无数匹驮子驮着很多货物欲赴汉区去换盐巴，因为需要人领路及当汉语通司”，向木里“喇嘛家要人”。② 王恒杰先生在其论文中提及两份宝贵的资料，分别为1683年和1691年由西藏方面发给中甸一带的文令，文中特别提及：“独肯宗松衮家过去是藏商房东，对藏商备极尊重、照顾”，西藏方面“对地方赋税等曾给予过管理执照”，并给予关照。③ 同时，和硕特蒙古统治藏区之际，达赖喇嘛及班禅等格鲁派集团首领派遣商旅往来打箭炉进行贸易的同时，还获得了在沿途收取鞍子钱的权力。④

上述数则史料分别来自汉人、藏人和英人的游记、记录和调查资料，官员的文报，格鲁派的政教史以及西藏方面所发出的文告。从中我们可以掌握三个重要的信息：一是来自西藏的藏商参与到往来康区的贸易活动中，而且其中还有很大部分是由格鲁派集团及西藏地方政府所派遣的；二是西藏通过川西地区前往云南、四川等地进行交易往来的活动非常频繁，并形成了很大的规模，川西地区的土著居民在这一过程中也发挥了相当重要的作用，为藏商提供了很大的便利，并产生了专门以“居积番货为业”的人和产业；三是处于藏汉交界地带的川西地区城镇在西藏对外交往中发挥了巨大的作用。

例如，茶是藏区民众生活的必需品，“川茶行藏为大宗，藏产沙金、麝香、鹿茸、兽皮、虫草、贝母、黄连、红花、青果、紫草、雪莲、雪猴、雪鱼、雪蛤蟆、梧桐泪，凡诸药材，皆聚打箭炉易茶而去”⑤。清代放松了对边茶的限制，川藏茶叶贸易进一步扩大。康熙四十一年（1702

---

① 《民族问题五种丛书》云南省编委会等编：《纳西族社会历史调查》，27～28页，北京，民族出版社，2009。

② 阿旺钦饶著，鲁绒格丁等译：《木里政教史》，11页，成都，四川民族出版社，1993。

③ 王恒杰：《读〈结打木、杨达木二城考〉》，载《中国藏学》，1993（4）。

④ 《年羹尧奏陈平定罗卜藏丹津善后事宜十三条折》（中国第一历史档案馆藏宫中朱批奏折），见中国藏学研究中心等编：《元以来西藏地方与中央政府关系档案史料汇编》，345～359页，北京，中国藏学出版社，1994。

⑤ 吴光耀：《西藏改流本末纪》，见赵心愚、秦和平、王川编：《康区藏族社会珍稀资料辑要》，36页，成都，巴蜀书社，2006。

年），清廷于康定设立茶关，康定自此成为汉藏贸易的中心和集散地，凡西藏购茶和清廷赏给达赖之茶均在康定起运。① 丽江是滇西北贸易的中心，而雅安和康定，正如邢肃之所言：“绝大多数康藏的老百姓虽没有到过汉地，不知道汉地的情形，但都知道打箭炉和雅安这两个地方，正是因为茶叶的关系。”②

因此，川西地区的任何动荡，都危及川藏道的畅通，影响到西藏与外界的往来联系。正因如此，西藏方面对经川西地区通达内地的这一通道非常重视。在吐蕃征服川西地区之后，就在这一带进行经济贸易往来，以加强物质交流。③ 自宋代以来的茶马互市交易的雅安、康定、松潘等的几个重要的交易场地均处于川西地区，可见川西地区在西藏对外经贸往来中的作用不断凸显。五世达赖喇嘛时，当格鲁派与和硕蒙古联合，对抗噶玛噶举派与藏巴汗、白利土司之间的联盟之际，川西地区道路阻滞，一度使西藏方面遭受到很大的困难。④ 清代以来，三岩地区多次发生夹坝抢劫事件，影响到此道路的畅通。乾隆年间，三岩发生抢劫达赖喇嘛茶包事件，西藏方面派遣了藏军与清兵及土司军队共同围剿，取得胜利。清末工布朗吉叛乱发生后，西藏方面派遣军队出兵助剿的原因之一正是由于川西地区道路阻断，使往来文报无法通行，西藏地区无法获得来自内地的茶叶以及粮饷等物资，均有饥馑之虞。⑤

尤其值得注意的是，西藏方面还多次主动要求增加或者重新开通在川西地区的互市口岸。吴三桂叛乱之际，五世达赖喇嘛与吴三桂之间在打箭炉地方开展茶马贸易，一度被清廷视为暗助吴三桂。⑥ 到了民国时期，由于康藏纠纷不断，西藏途经川西地区的交通往往是中断的，为此西藏往往

---

① 任新建：《论康藏的历史关系》，载《中国藏学》，2004（4）。

② 邢肃之口述，张健飞、杨念群笔述：《雪域求法记：一个汉人喇嘛的口述史》，75页，北京，生活·读书·新知三联书店，2012。

③ 樊绰著，赵吕甫校释：《云南志》，卷七，《云南管内物产》，284页，北京，中国社会科学出版社，1985。

④ 五世达赖喇嘛著，陈庆英、马连龙等译：《五世达赖喇嘛传》，184页，北京，中国藏学出版社，2006。

⑤ 陈一石：《清代瞻对事件在藏族地区的历史地位与影响》（二），载《西藏研究》，1986（2）。

⑥《达赖喇嘛为申辩未允与吴三桂同叛朝廷奏书》（蒙古文老档），中国第一历史档案馆、中国藏学研究中心合编：《清初五世达赖喇嘛档案史料选编》，77～78页，北京，中国藏学出版社，1998。

在和谈之际提出恢复贸易往来的条件。1930 年的“大白”纠纷发生后，唐柯三与琼让于 11 月 7 日达成的条约中的第八条就专门约定“恢复商业交通”[①]。可见，川西地区的通道的阻滞对西藏地区的影响是非常大的。

三、结　语

综上所述，在西藏对外经济往来中，川西地区一直发挥着往来通道的重要作用。以川藏官道、川藏商道和滇藏道为主，覆盖众多支道和小道而形成的交通网络，成为西藏对外经济往来的重要通道。自吐蕃时期以来，西藏对这一通道非常依赖，并通过川西地区的通道开展了广泛而频繁的往来交流活动，川西地区也成为卫藏对外经济联系的重要通道，川西地区的康定、雅安、松潘等城镇也发展成为西藏对外经济交往的重要集点。

（黄辛建系阿坝师范学院办公室主任，博士，副教授）

① 中国第二历史档案馆、中国藏学研究中心：《康藏纠纷档案选编》，221～222 页，北京，中国藏学出版社，2000。

北川祭禹习俗的发展和变迁

朱 静 杨 柳

大禹是我国传说时代与尧、舜齐名的贤圣帝王。他最卓著的功绩，就是治理滔天洪水，划定九州，并创建了我国第一个国家政权——夏。大禹及其治水功绩之所以被千古传颂，就在于大禹精神体现了中华民族自强不息、艰苦奋斗的求生存、求发展的坚强意志和崇高品格，是中华民族奋发前进的大旗、精神力量的源泉。

据古代文献记载，北川是大禹故里。这里有着丰富的大禹降生遗迹和历史典籍，传说故事家喻户晓；千年传承的大禹祭祀习俗更是长盛不衰，特色鲜明。千百年来，北川大禹祭祀习俗是怎样传承下来的？本文尝试对北川历史上的几个节点中大禹祭祀习俗的传承和发展进行分析，为大家稍加解惑。

一、唐宋之前，民间自发祭祀大禹

（一）古籍记载的大禹出生地

早在战国时期，《孟子》和《竹书纪年》就认为，大禹生于石纽，是“西夷之人”。汉代文献一致称“禹兴于西羌”“禹生于西羌”，也认为大禹是西部的少数民族。而蜀地的学者扬雄在《蜀王本纪》中进一步指明：“禹本汶山郡广柔县人也，生于石纽，其地名痢儿畔。”“禹，六月六日生于石纽。”汉代北川境域属广柔县管辖。唐代始置石泉县，自此以后，史家们皆指石泉为禹生之地。

（二）羌人最朴实的大禹崇拜

大禹生于西羌，是羌人的首领。羌族人民历来视大禹为先祖圣王，对大禹敬若神明。羌人崇拜大禹，在冉駹[①]部落的民歌《送嫁歌》[②]中也能体会到："现在就来唱我们的根，耶格西[③]是我们第一个最能干的人。他疏通了八条河，他疏导了八年。第一次，他听见孩子哭，就想到了还要跟野兽作战；第二次，他看见孩子笑，就增加了毅力；第三次[④]，他看见孩子跑，更鼓起了勇气。疏通了八条河，还有一条疏不通，他睡不着，不高兴，坐在石头上发闷。比格者吉[⑤]问明白，叫他安心，好好睡觉。一夜就把河拱开，比格者吉是条母猪精。九条河都疏通了，千流万河归大海。"可见，大禹在羌族民众心中是始祖，是羌族民众生活和学习的榜样；不论在婚丧嫁娶还是在祭祀欢庆中，只要有机会，羌族民众都会将大禹的丰功伟绩进行传扬。

石纽山在今北川县禹里以南一里许。据《华阳国志》记载，早在汉代，羌人就把大禹诞生地石纽山看得十分神圣，方圆百里不敢居住、放牧。到了南北朝时期，这种崇禹的传统又有了新的发展：《水经注》提过，广柔县之石纽，是大禹诞生地。这一带的百姓一直不敢在石纽山百里内居住、放牧。犯了罪的人逃匿到此，便不再受到追捕，能躲藏三年不被抓，会得到原谅，说是受到大禹神灵的保佑。

（三）羌族民众早期进行大禹祭祀的形式

据相关史料记载：唐贞观八年（634 年）在禹里设置石泉县时，石纽山下已有当地羌族民众自行建立的大禹庙。这一带的羌人每年春、秋及农历六月初六日大禹诞辰，都要举行祭禹活动。后来禹庙虽遭兵燹祸乱，却随圮随修，庙祭从未间断。可见，虽然石纽山禹庙初建时间不可考，但是

① 冉駹是岷江上游地区的古羌族，其内部包含若干文化传统不尽相同的群体。《后汉书·南蛮西南夷列传》云："冉駹者，武帝所开，元鼎六年以为汶山郡。其山有六夷、七羌、九氐，各有部落。"

② 这是一首羌族传统婚礼中人们围着咂酒跳"萨朗"，由老人们唱的酒歌。

③ 耶格西，大禹的羌族名字。

④ 这里的一次、二次、三次是指大禹治水三过家门而不入的故事。

⑤ 比格者吉，大禹妻子的羌族名字。

在唐宋之前，历代羌人在石纽山一直对大禹进行着民间自发的庙祭仪式，且连年不绝。

南宋计有功《大禹庙记》中记载，直到南宋时期，茂、汶等地羌民尊大禹为“汶王”，常自发举行祭禹活动。

可见，唐宋以前的大禹祭祀，是以百姓民间祭祀为主体的，也不只庙祭一种形式，但石纽山已成为庙祭的最佳地点。

二、宋朝时期，主政官员官祭形成

（一）宋代民族矛盾激化后的北川形势

北川关内地区作为冉駹属地，自西汉元鼎六年（公元前 111 年）进入西汉版图后，所属地域不论是汶山郡还是北周时期的汶州北部郡、唐朝的茂州，不论是北周保定四年（564 年）设置的北川县还是唐贞观八年（634 年）析北川县地置石泉县，治地都在今茂县县城。可见，历代封建统治者大都因北川关内地区与茂州居民同属羌人且山水相连，而将其视为一体进行管理。

宋代，羌人与封建统治者冲突频繁。北宋熙宁九年（1076 年），为了截断茂州到石泉的道路，孤立石泉地区的羌人，达到分而治之的目的，将石泉县改隶于绵州。[①] 政和七年（1117 年）又设置石泉军，进一步提高其防御地位。至此，石泉（北川）成为封建统治者防御羌人的前哨阵地。

这一调整虽然取得了加强石泉防御、分化北川羌人的目的，但是却不能实现对石泉羌人的直接管理。为政者思想上仍然将石泉羌人与松茂的羌民一样视为异己而加以防范，这使得大部分番寨仍处于与外界隔绝的状态，没有彻底解决民族矛盾根源。

（二）番汉文化的交流为官祭提供了助力

石泉县改由绵州管辖后，创造了番汉民众接触交流的有利条件。除了民间交流、影响扩大之外，地方官员也开始重视文教，大力传播汉文化。

① 《宋史》对其有翔实记载，于 1076 年改石泉由绵州管辖。

《石泉县志·重建均治记》记载："（石泉）县始于唐至贞观，宋政和七年升而军之，控扼西夷故也。绍兴间，平凉侯魏禧守此一十三载，官廨、学校、城郭规置周备，颉颃内郡。"认为平凉侯魏禧在绍兴十三年（1143年）以后的知军任上做了两件大事：一是完善武备，筑土城防羌人骚扰；二是大兴文教，建学宫传经讲学。此后，石泉的地方官员一直十分重视文教，汉文化对北川产生了重大影响。

（三）南宋重建禹王庙与官祭大禹的延续

1. 禹王庙重建始末

为了缓解民族关系，抚化羌人，保持民族地区的稳定和安宁，南宋绍兴二十八年（1158年），石泉知军赵公（佚名）欲重建因兵燹祸乱毁掉的大禹庙。因其上任时，石泉一带受汉文化影响巨大，被视为汉区，赵知军不敢肯定石泉的"石纽"是不是大禹故里，曾请教南宋文学家计有功。

计有功作《大禹庙记》详细记叙了此事，并给予答复："石泉始隶于茂，国朝熙宁割隶于绵，政和抚夷，又升而军之。礼乐文物，日浸月长，且为石纽夷地，置而弗论。"他认为石泉一带受汉文化影响，时间久了，人们的认识和观念也有了变化，以致产生了疑问。同时，计有功还指出："自石泉之名立，其后唐《地理志》、国朝《职方书》、《先儒舆地记》皆以石纽归石泉。虽莫辨其故，然汶山之山曰铁豹，江水出焉。汶川之山曰玉垒，湔水出焉。石泉之山曰石纽，大禹生焉，合之则一，离之则散，处于三邑之近，无可疑者。"这不仅肯定了石泉是大禹故里，又暗示了从汶川到石泉，百姓都是羌人的事实。

计有功的这些思想打消了赵知军及石泉一帮官吏的疑虑。在人力、财力都极其匮乏的情况下，赵知军在石纽山下重建了一座富丽堂皇的禹王庙，其规模"以门计一十有八"，"形丽势胜，神明拥会"。[①]

2. 官祭的形成

禹庙落成，赵知军邀请各界人士齐聚庙前，举行了隆重的祭禹仪式，并表示要像大禹一样关心人民疾苦，推行德政。这是北川历史上第一次由官方出面对大禹进行祭祀，至此，官方祭禹形式形成。官方对大禹的认

① （南宋）计有功：《大禹庙记》，傅增湘纂辑：《宋代蜀文辑存》下册，812页，香港，龙门书店有限公司影印，1971。

可，也渐渐消除了羌人与朝廷的对立情绪，缓解了部分矛盾。此后数十年，北川一带没有羌人与官府为敌的记载，这和此前的北宋末年不得不调集施、黔一带的土军平定“石泉蛮叛”以及南宋末年矛盾再次激化以至于连石泉军治衙门也难以保全的情况形成鲜明对照，足可见赵知军“打大禹牌”处理民族问题的高明之处。

自此，石纽山下大禹庙就成了官方祭禹的场所。历朝历代的到任官员一直将祭禹作为解决民族矛盾的一个重要突破口，把维护和重建禹庙作为重要的政绩。在北川羌人与官军冲突最为频繁的明朝，嘉靖四十年（1561年），戍守石泉的文职兵备周宗也采用了当年赵知军同样的方法来“抚化番夷”，消除羌人的对立情绪：他不仅在石纽山下重建了大禹庙，还刻制了岣嵝碑立于庙中。此碑现存于禹里镇西山禹碑亭。据碑上的跋文称，周宗刻碑的目的，一是为了“壮石纽之灵”，使石纽山更加神圣，二是为了表明自己要像大禹一样“修文德以化戎”的政治主张。

三、清代以来，重视文治的官民同祭

清代以后，随着“改土归流”的进程，很大部分的北川羌人开始穿汉服、说汉话、习汉俗，被视为汉人；北川地区的民族局势也趋于平稳。这一时期，地方官员对北川羌人的看法也发生了变化，对羌人多了一些宽容，认为“氐羌皆吾赤子”。在民族关系缓和的情况下，北川的地方官员仍然十分重视纪念大禹，积极修缮禹王庙，其主要目的则是表达对大禹的崇敬，彰扬大禹精神和提高地方知名度。

（一）清高宗乾隆对大禹故里的认证

1.《御批通鉴辑览》中的认定

在清代诸帝王中，清高宗乾隆最重文治，以文教施政治民，将推行文治与官方修史事业联系在一起，把设馆修史当做推行文治的重要工具，充分发挥史馆修史的政治功能。成书于乾隆三十三年（1768 年）六月的《御批通鉴辑览》就是最重要的证明。

清高宗特设《通鉴辑览》馆，在书法、论断等方面具体指示，引导馆臣按自己的意志对历史进行裁决。在编辑先秦历史时，为了制止对禹生之地的纷争，乾隆皇帝在《御批通鉴辑览》中特地对“禹生之地”做了认定。他在“夏后氏大禹，姒姓，颛顼之孙，鲧之子，生于石纽”这条史料特别做了批注：“谯周蜀本纪：禹本汶山郡广柔县人，生于石纽。元和志：禹所生处，考唐书地理志，茂州石泉县治有石纽山。石泉今属龙安府，山下有大禹庙，相传禹以六月六日生此。今以蜀纪、元和志为据。”

2. 祭禹规格和相关政策优惠

民国《北川县志》记载：“禹庙，每年春秋与关岳庙同时致祭，其仪注与文武庙同，唯无乐歌。当前清初年以北川为大禹降生之地，特颁祀典，祭以太牢，至今仍之。”[①] 从上述记载来看，清初朝廷的确“特颁祀典”，规定以“太牢”祭祀大禹，羊、牛、猪三牲齐备称为“太牢”，是古代诸侯、天子祭祀社稷之礼仪。这不仅反映了统治者对祭禹的重视，也表明了清代最高统治者对禹生北川的认同。据姜炳璋《石泉县志》记载，石泉作为大禹故里，朝廷对其是有许多优惠政策和特殊规定的：县令必须是科举出身；录取科举秀才，按朝廷分配名额加倍；贡赋减半或全免。另外，对于祭禹，朝廷也有明确的指示：六月六日大禹生辰，除了用“太牢”之礼致祭大禹外，县令还可以穿上黄袍（黄马褂）代表皇帝祭祀大禹；在县衙两旁设置只有州、府以上才能有的鼓楼、乐楼，以在致祭大禹及重大礼仪时使用，等等。

（二）姜炳璋重建禹庙，形成了堪称国祭的官民同祭大禹形式

清乾隆三十三年（1768 年，《御批通鉴辑览》成书之时），县令姜炳璋再次重建禹王庙，不仅将正殿修葺一新，还另建大门一座，两边各建房三间；以正殿供大禹，后堂供圣父崇伯、圣母有莘氏。同时，他还在石纽山前要道修建“神禹故里”坊，用石为基、木为柱，以小青瓦覆盖，上悬木质“神禹故里”匾额，左右木柱上挂木质楹联曰：“石纽之村笃生圣人皇皇史册古迹常新，刳儿之坪产石如血青莲好古大书禹穴”。匾额和楹联均为姜炳璋亲笔书写。

落成之日，举行了盛大的祭禹活动。县令姜炳璋着黄马褂，率领文武僚属，以盛大仪仗为先导，百余人抬着牛、羊、猪、帛、爵、登、簋、

① 四川省大禹研究会编：《禹生石纽在北川》，18 页。

笾、豆等祭品，从县衙出发，浩浩荡荡至禹庙。县内外百姓数千人随往，官民以“太牢”之礼仪祭祀大禹。县令二叩六拜，群臣、百姓三叩九拜，甚是虔诚。

此后，官民同祭的祭禹形式在北川形成，县内祭禹活动规模也进一步扩大。

（三）形式多样的民间祭祀蓬勃发展

汉羌文化的不断融合和清廷的重文政策，使得民间祭祀在这一时期蓬勃地发展起来。

1. 最神秘的祭祀——祈雨和防洪灾祭祀

北川人民不仅把大禹当做自己的祖先，更是当成神灵来崇拜。逢大旱之年，禹里百姓会自发地聚集到禹穴沟口的禹王宫祭拜大禹，祈求降雨。据禹里老人介绍，这种祭祀之前的准备比较麻烦：每家捐献一些布匹出来，缝制出一条五彩的布龙；祭祀之日由会首带领一路百姓进入禹穴沟深处，在洗儿池烧香，取出曾经洗涤大禹王的圣水来至庙前；在燃香供奉香果后，再由精壮汉子舞起布龙，其他百姓围绕四周，并向布龙不断泼洒由洗儿池取出的圣水，以祈求大禹王降雨，保佑丰收、祈求平安。

防洪灾的祭祀就相对简单多了：百姓在大禹像前祭祀，燃香蜡纸钱后，将纸钱灰烬收集，抛撒于洪水之中，以此祈祷大禹王显灵，将洪水消退。

2. 最具政治性的祭祀——官员上任祭祀

为缓和民族矛盾、更好地治理百姓，外地官员来北川任职者，通常都会通过宣扬自己认同大禹之“德”，利用百姓对禹的崇敬来教化百姓接受现行的政治秩序。在北川为官者一面不断地维护和修缮禹庙，另一面采用各种形式的祭禹活动。官员上任祭祀就是这些政治性祭祀中效果最明显的祭祀活动。

官员上任祭祀主要有在“一线天”小禹穴处祭祀和拓碑文祭祀两种。据禹里的老人介绍，明清时期，外地官员一到石泉（今北川）赴任，就会组织百姓带上三牲祭品，直奔禹穴沟“一线天”小禹穴处祭祀大禹。因禹穴沟山路陡峭，每次进行祭祀时，沿途百姓会“逢山开路、遇水架桥”，协助祭祀队伍通行（现在禹穴沟还有祭祀架桥等痕迹）。上任祭祀结束后，官员才会到县衙上任，开始履行职责。

拓碑文祭祀一般用在官员上任或者卸任时。官员带着祭品到禹穴沟口颜真卿所书“禹穴”碑刻处，向“禹穴碑”烧香祷告后，用宣纸将整个碑文全部拓下，仪式即告完成。此拓文会被官员珍藏，成为官员与百姓一致认同大禹精神的一个象征。

北川县境除禹里建有禹庙外，禹穴、片口、坝底、曲山、陈家坝、通口等地均建有禹庙或禹王宫。凡建有禹庙或禹王宫的地方，每年春秋及六月六日大禹生日，均由地方长官主持不同形式的祭祀活动。

四、改革开放后，弘扬民族文化、发展旅游经济中的民办官辅

“文化大革命”时期，北川大禹祭祀活动基本中断，但是大禹在老百姓的心目中还是神一样地存在。每逢初一、十五以及大禹诞辰，百姓还是悄悄地进行一些祭祀活动。

改革开放以来，为了将弘扬大禹精神与经济发展相结合，推动地方经济发展和繁荣，中共北川县委、县政府积极恢复大禹遗迹、开发大禹故里风景名胜，引导民间群体进行大禹祭祀活动。

（一）20世纪80年代至2008年地震前的大禹祭祀活动和禹迹恢复

1. 禹迹的恢复、建设和北川大禹文化研究发展

这一时期，为了弘扬大禹文化、发展经济，当地政府对北川禹迹的保护和恢复力度是空前的：1991年按临摹原形对“大禹故里”坊进行重修，同时在禹里场北建气势宏伟的仿古仿石建筑——大禹纪念馆；1994年在禹穴沟口重修禹王宫。这些建筑很快成为人们凭吊大禹功绩、缅怀大禹精神的重要场所，由全国各地大禹及夏文化研究院的专家、学者组成的四川省大禹研究会就设于大禹纪念馆。以知名历史学家李学勤为代表的学术界，从20世纪80年代起，从不同学科、不同角度探讨研究了北川大禹文化。在他们的协助下，四川省大禹研究会专家学者先后编辑出版了《大禹史汇编》《大禹及夏文化研究》《海峡两岸大禹文化研究会论文集》等诸

多大禹及夏文化研究著作，为弘扬大禹精神、推动大禹文化发展做出了积极的贡献。1992 年，时任国家主席的杨尚昆，亲笔题写了“大禹故里”四字。

在政府工作的推动下，民间发起的恢复和建设禹王庙工作也得以积极推进：曲山镇米市沟左岸，由民间发起修建的禹王宫已粗具规模，香火日益旺盛；青片、片口、坝底、曲山、陈家坝、通口等地也相继恢复或者新建了禹庙或禹王宫，用于民间祭祀大禹。2002 年，禹里乡的百姓，带着对大禹无比崇敬之情，自发集资投入资金 200 多万元，在禹里乡政府对岸、石纽山左侧修建禹王庙，并在殿前建造了高 10 余米的大禹塑像。每年六月六日大禹诞辰，这里都要举行隆重的庙会活动，成为县内外民间祭祀大禹的重要场所。

2. 大禹故里风景区的建设

大禹故里风景名胜区系 1989 年 3 月 23 日由绵阳市人民政府批准的市级风景名胜区，位于北川禹里镇境内。这里是古代治水英雄、夏朝创始人大禹的出生地。大禹故里风景名胜区主要景点有禹穴沟、采药山、石纽山、摩崖甘泉、三叉河、誓水柱、禹庙、金锣岩、刳儿坪、禹州池、一线天、血石流光等，均是史籍或者传说中记载的大禹及其母亲在北川的生活遗迹，其中还有扬雄、颜真卿、李白等的碑刻。

清朝石泉知县余炳虎曾以“石纽停云”“双江分色”“索桥晓度”“西山叠翠”“奎角连云”“禹穴听泉”“悬崖滴水”“血石流光”八首诗抒发自己对大禹故里人文古迹和奇异风光的热爱之情。

3. 大禹祭祀活动的恢复

随着政府对禹迹的恢复和建设，民间祭祀大禹活动渐渐复苏。其间，政府一直秉承“民办官辅”的祭祀方针，积极引导群众文明、健康地祭祀大禹。

这一时期的大禹祭祀活动延续了唐代以来的庙祭，即从农历六月初五开始，百姓汇集禹里乡（现禹里镇），载歌载舞，昼夜狂欢，以具有羌族特色的祭祀活动，歌颂先祖的功德，表达对先祖的崇敬和怀念，逐渐形成了独具特色的北川祭禹活动。

（二）2008年“5·12”特大地震后大禹禹迹及祭祀活动的恢复和发展

在震惊世界的“5·12”特大地震中，北川遭受了巨大灾难，一大批大禹遗迹遭到损毁，从事和热衷于大禹文化研究的人员不幸罹难，近30年来的大禹研究成果毁于一旦，大禹祭祀活动被迫中断。

1. 震后恢复情况

在党中央、国务院以及各级政府和领导的关怀下，北川迅速启动了文化重建工作。2009年7月，北川大禹祭祀习俗成功申报为四川省省级非物质文化遗产项目，从2010年起，全县各处因“5·12”特大地震损毁的禹迹渐渐恢复：禹穴沟口的禹王庙、石纽山下在禹王宫基础上重建的广莲寺、禹里镇西山上的禹碑亭等相继建成，民间也恢复了因地震一度中断的大禹祭祀习俗。

2. 党的十八大以来，北川祭禹活动的发展

党的十八大以来，习近平总书记对文化的发展、弘扬优秀传统文化提出了重要意见。中共北川县委、县政府积极响应，投入大量人力、物力保护大禹遗迹，开展大禹研究，突出大禹祭祀，打造大禹品牌，弘扬大禹精神。2014年7月，中国水利史学会认定北川为大禹降生祭祀地；禹穴沟自然、人文景观的重新开发也于2016年结束，投入运营；全县各处的禹庙以及与大禹相关文化实体的恢复和建设上了一个新台阶，《禹的故事》等相关读物普及到学校、村社。

与此同时，大禹祭祀活动在政府的引导下，内容更加充实，除了有传统的祭祀大典，还有相关的大禹文化交流、大禹出生和治水的演出等活动，使得大禹祭祀活动更加饱满，让参与者全方位地体验和感受大禹不畏艰辛、公而忘私、勤政为民等优秀精神，从而自觉地将其传承和弘扬下去。其中的祭祀大典和北川传统大禹祭祀一样，即从农历六月初五开始，百姓汇集禹里镇，载歌载舞，昼夜狂欢。初六早上，各祭品队伍、载歌载舞的表演队伍等多个队伍向石纽山进发，在大禹像前献上三牲[①]、供品，并念祭文，还要以具有羌族特色的歌舞，歌颂先祖的功德，表达对先祖的

① 这里的三牲是活的，祭祀结束后要放生。

崇敬和怀念。演出主要以“古羌部落”“禹生北川”“大禹治水”“民间崇拜”为线索，展示大禹和羌族，和北川不可分割的联系。学术交流会更是以研究大禹文化和大禹精神为主题，来推动大禹文化的传承和发展。

千百年来，民祭和官祭相辅相成，形成了北川浓厚的大禹纪念氛围和独特的大禹祭祀习俗。如今，新生的北川秉承科学求实、开拓进取的大禹精神，将习近平总书记倡导的弘扬中华传统文化与旅游经济融合发展，在保护优良传统文化、传承和弘扬大禹精神的同时，打造中华民族寻根问祖的圣地，使北川祭禹习俗成为大禹文化中一颗璀璨的明珠。

（朱静系四川省社科院禹羌文化研究所所长、北川羌族自治县禹羌文化研究中心主任；杨柳系四川省社会科学院禹羌文化研究所特聘研究员、中共北川羌族自治县县委党校副校长）

羌族的火葬历史文化分析

黎明春

羌族自古就有一整套完整的丧葬仪式，特别是火葬作为羌族最主要的丧葬方式很早就被史籍记载。但是由于羌族没有自己的文字，我们只能从其他民族（主要是汉族）的文学记载里去寻找羌族火葬的渊源。另一方面，随着时间的流逝，羌族民俗的很多古老内容已经遗失，特别是近代以来，随着“改土归流”和政治经济的影响，羌族大多数地区已经采用土葬，火葬古风已难寻觅。所以我们今天研究羌族火葬面临很多具体的困难。

一、羌族火葬的历史分析

经过笔者的搜集和整理，发现在史籍中记载羌族的史料有以下几类：

一是先秦的散文，比如《荀子》《墨子》《列子》等，这一类主要是记述羌族的一些风俗。

二是二十四史的记载，比如《后汉书·西羌传》《旧唐书·党项传》《新唐书·党项传》等，这一类记载有羌族的族源、活动范围以及羌族当时的情况。

三是西夏史料，因为古代史学家没有特别编著西夏的史书，所以，关于西夏的情况只能于二十四史以及其他史书中去探究，这一类书有关于西夏政治、经济、军事、社会情况的记载。

四是当地的地方志，主要有乾隆三十三年成书的《石泉县志》以及《汶川县志》《茂州志》等。这一类方志主要记录了当地的历史、建置与其他方面的情况。

下面笔者对这些史料中的记载加以分类，逐一分析。

《荀子·大略篇》："氐羌之虏也，不忧其系垒也，而忧其不焚也。"①

《吕氏春秋·义赏》："氐羌之虏也，不忧其系垒而忧其死不焚也。"②

《旧唐书·党项羌》："死则焚尸，名为火葬。"③

《太平御览》卷七百九十四《四夷部》："羌人死，燔而扬其灰。"④

通过这四段史料我们可以知道：其一，在很早以前，学者们就注意到了，在他们的西方，有一群人采用和自己不一样的处理尸体的方式，这群人就是"氐羌"。他们的俘虏"不忧其系垒也"，但是"忧其不焚也"，由此可见，羌族很久以前就采用了火葬。其二，正因为丧葬方式不同，学者们才会把它记载下来，并且从先秦到清朝，这一葬俗始终没有改变。其三，最迟在唐朝，学者们把这种丧葬方式命名为"火葬"。其四，羌族最早的火葬是不保留骨灰的，"燔而扬其灰"。

下列两段重要的史料，则反映了羌族火葬的大概过程，以及火葬礼仪中的"孝道"文化观念。

《墨子·节葬下》："秦之西有仪渠之国者，其亲戚死，聚柴薪而焚之，燻上，谓之登遐，然后成为孝子。"

《列子·汤问》："秦之西有仪渠之国者，其亲戚死，聚柴积而焚之，燻则烟上，谓之登遐，然后成为孝子。"⑤

---

① 《荀子》，（清）王先谦注，国学整理社辑：《诸子集成》，330页，北京，中华书局，1986。

② 《吕氏春秋》，（汉）高诱注，国学整理社辑：《诸子集成》，149页，北京，中华书局，1986。

③ 《旧唐书》卷一百九十八，列传第一百四十八，《党项羌》，2876、5291页。

④ 《太平御览》卷七百九十四，《四夷部》，6页，见《影印文渊阁四库全书》（第900册），113页，台北，台湾商务印书馆，1983。

⑤ 《列子》，（汉）张湛注，国学整理社辑：《诸子集成》，58页，北京，中华书局，1986。

这两段史料几乎相同，义（仪）渠国是春秋战国时期秦国西北边外的一个羌戎部落，它的疆域据《括地志》所记在唐代的宁（治今甘肃宁县）、庆（治今甘肃庆阳）二州，秦时属北地郡。汉朝时在此设置义渠道。仪渠国的人，他们的亲戚死了，大家找来柴火，累积起来，把尸体放在柴火上，然后点燃柴火，看着烟从上面升起，他们把这个过程叫做“登遐”。《说文解字》说：“遐，远也。”就是离开了这个世界，到了遥远的地方，只有这样，死者的亲属才会成为别人眼里的孝子。可见羌族采用火葬是为了让死者的灵魂随着烟火上升更好、更快地到另一个世界去。并且这个时候汉族丧葬中“孝”的观念已经影响到了仪渠国的人，也就是当时的羌戎。

还有一类史籍记载了羌族对于死亡的态度：

> 《后汉书·邓训传》：“戎俗父母死，耻悲泣，皆骑马歌呼。”①
>
> 《旧唐书·党项羌》：“老死者以为尽天年，亲戚不哭；少死者则云夭枉，乃悲哭之。”②
>
> 《新唐书·党项传》：“老而死，子孙不哭，少死，则曰夭枉。”③

羌族认为，人死是自然的规律，特别是老年人的去世，没有必要过多的伤心，即所谓“耻悲泣”，“亲戚不哭”，“子孙不哭”。今天在羌族的村寨也常常听到人们说“人有生错的，没有死错的”，反映了羌族老者死不哭、少者死乃悲的观念。

我们也可以从西夏国的一些典籍里发现有关羌族火葬的记载。西夏是以党项羌为主体民族的一个少数民族政权，④ 其最重要的典籍应该是《天盛律令》。

《天盛律令》是我国历史上第一部用少数民族文字印行的法典，分 20

① 《后汉书》卷十六，列传第六，《邓训传》，611 页。

② 《旧唐书》卷一百九十八，列传第一百四十八，《党项羌》，5291 页。

③ 《新唐书》卷二百二十一，列传第一百四十六，《党项传》，6214 页。

④ 关于党项与西羌的关系，后面将做详细介绍。

卷150门1460条，计20余万言，是西夏仁宗天盛年间（1149—1169年）颁布的一部法典，全称是《天盛改旧新定律令》，分为刑法、诉讼法、民法、经济法和军事法。

在该书卷三第十三门第三条载："诸人尸体已埋或已烧，尸灰未舍弃，已集土而放置，如他人损毁墓场时，使与前述墓地棺椁上动手，罪同等判断。"

同卷第六条载："诸人因逃难，乞丐者死，准许于官私闲地中埋烧，不准其处主人往他人地中埋烧尸体，违律时有官罚马一，庶人十三杖，将尸体掘出，放自己家中。若地主人不告诸司，自己随意将尸体地上抛掷时，按前述耕地出他人尸体不埋法判断。"

根据这两段文献记载可以发现，西夏当时不仅流行火葬习俗，而且在尸体火化以后，还要营造丘墓来埋藏骨灰，即文中"集土而放置"，"烧人尸处圈地"。这又和《太平御览》中"燔而扬其灰"的方式有所不同。

另外，在西夏灭亡以后，马可·波罗在西夏故地游历时，也看到了流行于这一带的"焚尸之俗"：

> 焚前，死者之亲属在丧柩经过之道中，建一木屋，覆以金锦绸绢。柩过此屋时，屋中人呈献酒肉及其他食物于尸前，盖以死者在彼世享受如同生时。迨至焚尸之所，亲属等先行预备纸札之人马骆驼钱币，与尸共焚。据云，死者在彼世因此得有奴婢牲畜钱财，等若所焚之数。柩行时，鸣一切乐器。①
>
> 其焚尸也，必须请星者选择吉日，未至其日，停尸于家，有时停至六月之久。②

至于其停尸的方法则是：

> 先制一匣，匣壁厚有一掌，接合甚密，置樟脑香料不少于匣中，以避臭气。旋以美丽布帛覆于尸上。停丧之时，每日必陈食于柩前桌上，使死者之魂饮食。陈食之时，与常人食时相等。其

---

① 沙海昂注，冯承钧译：《马可·波罗行纪》，190页，上海，商务印书馆，1936。

② 沙海昂注，冯承钧译：《马可·波罗行纪》，191页，上海，商务印书馆，1936。

尤怪者，卜人有时谓不宜从门出丧，必须破墙而出。①

根据马可·波罗的描述，我们可以判断这一葬俗是当时仍留在西羌故地的党项羌人特殊的葬俗。今天在羌族的火葬场内，仍然有一木屋，其主要作用就是在焚烧尸体前，将死者生前喜欢的食物放在这里，每年清明以及纪念日祭拜的时候，亦将纪念品放在木屋内。而羌族焚烧“纸札之人马骆驼钱币”等，用以让死者在另一个世界享用的习俗，则明显是汉族丧葬礼仪的影响。羌族用匣子盛放骨灰的习俗也和今天的汉族一致。

二、羌族的火葬文化分析

羌族的火葬内涵在羌族传统习俗以外，还吸收了其他民族（主要是汉族）的丧葬文化，尽管随着时间的流逝以及记载的残缺，这些文化已经融为一体，但是今天仍然有必要对其做一简单分析。

（一）孝的文化

在羌族的火葬文化中，首先不能不提到的就是孝的文化。“孝在中国文化中，在儒学中具有原发性、综合性，是其核心、根本与特色。”② 古代言孝的儒家经典《孝经》里面说：“孝子之事亲也，居则致其敬，养则致其乐，病则致其忧，丧则致其哀，祭则致其严。五者备矣，然后能事亲。”③ 将孝文化融入丧葬文化中，是中国古代儒家文化的一大特点。概括说来，孝包含事生和事死两个方面，而对事死尤为重视。

汉族的这一观念很早就对羌族产生了重要的影响，前引《墨子·节葬下》记载：“秦之西有仪渠之国者，其亲戚死，聚柴薪而焚之，燻上，谓之登遐，然后成为孝子。”从这一段材料中我们可以看到，在春秋战国时期，羌族人认为当死者的灵魂“燻上”“登遐”以后，才能成为“孝子”。这种处置死者尸体的方式显然和汉族“身体发肤，受之父母，不敢毁伤，

① 沙海昂注，冯承钧译：《马可·波罗行纪》，505页，上海，商务印书馆，1936。
② 肖群忠：《孝与中国文化》，北京，人民出版社，2001。
③ 李学勤：《孝经注疏》，38页，北京，北京大学出版社，1999。

孝之始也”[1] 传统的“孝道”观念完全背离。由此可见，羌族在吸收汉族文化的同时，也保留了自己传统的习俗。

（二）家族文化

羌族与汉族一样十分重视自己的家族家门。“家门是指沿着父系血缘关系这根主线，走出家庭向外延伸，三代左右的亲属称之为家门。”[2] 也就是说，家门是同一个爷爷或同一个祖爷的后代，是从二三代之外的家庭分裂出来的若干小家庭。家门是羌族维系整个民族共同体的重要结构，这也体现在墓地的选择上。汉族墓地的选择大多基于风水观念，羌族中也有这种情况，但是更多时候，羌族墓地还是以民族、家族、家门的方式来安排，体现出浓厚的血缘意识和家族观念。在羌族居住的寨子里，每一个家门都有自己的火坟场，火坟场是绝对不能混杂的。每一个家门死去的人，只能在自己家门的火坟场火化。在生前，他们以家门为代表的家族方式聚居；死了以后，到另一个世界，也是这样。每年清明，一个家门的人都会聚集在自己家门的火坟场祭奠自己的先人以及逝去的亲属。这对于整个家门的凝聚力起到了不可低估的作用。对于一个没有文字的民族来说，每个家族的火坟场在无意识间成为羌族人共同怀念先人、追忆历史的地方，它很好地维系了民族的血缘，增强了民族的认同感。这对于一个没有文字的民族来说至为重要。

（三）母系文化

在羌族丧葬中，仍然可以看见母系社会的遗风。在羌族社会生活中，母舅的地位十分重要。在羌族地区流传着一句话：“天上的雷公，地上的母舅。”在形容舅舅的能力时说：“风都吹不进，牛也拉不动，舅舅就得行。”说明舅舅在羌族熟人社会中具有权威地位。比如在死者刚死去的时候，必须马上去通知母舅以及母舅家的亲戚，然后才通知父系亲属以及寨中亲友。在母舅到达后，死者的亲属必须向舅舅汇报死者的死因，称已尽了最大的努力，仍然无法挽回死者的生命。舅舅在检查死者是否为正常死

---

① 《孝经·开宗明义章》，见《影印文渊阁四库全书》（第182册），40页，台北，台湾商务印书馆，1983。

② 徐平：《文化的适应和变迁——四川羌村调查》，88页，上海，上海人民出版社，2006。

亡以后，遗体才能入殓。

在棺材放入墓地后，舅舅、孝子以及释比方有资格绕着墓地转上三圈，和死者做最后的诀别，然后才能安葬。如果舅舅怀疑死因不明，可以大闹丧家。母舅及其家人在整个丧葬过程中的地位以及作用，明确地体现了羌族这一民族的古老——至今还有母系社会遗风。

三、羌族火葬的历史变迁

羌族在清朝"改土归流"前一直采用火葬，但这并不意味着火葬的具体方法始终如一，一成不变。按照火葬是否采用棺木葬具来划分，羌族火葬经历了两个发展阶段。第一个阶段在宋朝及其以前，羌族还没有习惯用棺材。人死后直接火化，然后将骨灰抛于野外。在宋朝后，羌族开始将骨灰放入小匣子内。第二个阶段大概始于清朝，此时已有棺材，为矩形，羌族称之为"方子"。

另外一次大的丧葬习俗变化的导因乃是乾隆四十二年（1777 年）的"改土归流"。在这以后，由于清廷的强制命令，羌族才渐渐放弃了火葬这一传统丧葬习俗，改用土葬为主，火葬只用来处理凶死的尸体。纵观羌族丧葬的历史变迁，我们可以发现，其所经历的时间不仅漫长，且充满了曲折。

（一）西夏时期的羌族火葬

西夏是 1038—1227 年间在中国西部建立的一个以党项族为主体，融合了鲜卑族以及汉族的一个少数民族政权。其统治范围大致在今宁夏、甘肃、新疆、青海、内蒙古以及陕西的部分地区。其疆域方圆数千里，东尽黄河，西至玉门，南界萧关（今宁夏同心南），北控大漠，幅员辽阔。

党项羌是羌族的一支，"古代广布于西北地区的羌方之中的，较晚兴起的一支"[①]。《旧唐书·党项传》载："党项羌，在古析支之地，汉西羌之别种也。魏、晋之后，西羌微弱，或臣中国，或窜山野。自周氏灭宕昌、邓至之后，党项始强。"[②] 这正是《后汉书·西羌传》所记载的西羌

① 吴天墀：《西夏史稿》，3 页，桂林，广西师范大学出版社，2006。

② 《旧唐书》卷一百九十八，列传第一百四十八，《党项羌》，5290 页。

聚居地。从分布的中心来看，党项和西羌同源。另外，从婚俗来看，党项是“妻其庶母及伯叔母、嫂、子弟之妇”①，西羌是“父没则妻后母，兄亡则纳嫠嫂”②。这些婚俗也可以说明至少在最初，党项和西羌不仅同源，而且很多风俗是相同的。因此我们可以认为，“史籍所记党项是源于羌的”③。

辽宋西夏金是我国民族融合的又一次高潮时期，对于一个多民族组成的西夏更是如此。根据文献资料和考古发现所证，西夏乃以火葬为主。

《旧唐书·党项传》：“死则焚尸，名为火葬。”

而更多的是近年来出土的墓葬，具体情况见下表。

西夏甘肃地区火葬墓统计表

地点	墓主人	数量	时代	葬俗	资料来源
银川市新市区		2		火葬	《中国考古年鉴》1985 年
武威市西郊林场	刘德仁、刘仲达	2	西夏天庆七年（1200 年）和天庆八年	火葬	《考古与文物》1987 年第 3 期
武威市西郊	韩式夫妇与吕氏夫妇合葬	1		火葬	《陇右文物》1996 年第 1 期
武威市		1	西夏乾祐十年（1179 年）	火葬	《中国文物报》1997 年 6 月 29 日
武威市乡镇企业局	唐奴见	1	西夏天庆八年（1201 年）	火葬	《丝绸之路》2000 年第 1 期

通过上表可以看出，虽然党项羌受到其他民族的影响，但是火葬仍然是其主要的葬俗。

另外，正如前述，马可·波罗在游历西夏故地时，也看到了流行于这一带的“焚尸之俗”。从马可·波罗的描述我们至少可以知晓，这个时候，羌族已不再“燔而扬其灰”了，而是“先制一匣……置樟脑香料不少于

① 《旧唐书》卷一百九十八，列传第一百四十八，《党项羌》，5291 页。

② 《后汉书》卷八十七，列传第七十七，《西羌传》，2869 页。

③ 李范文等：《西夏通史》，银川，宁夏人民出版社，2005。

匣中，以避臭气”，将骨灰放在一个小匣子里，这也改变了羌族以前将骨灰四处抛撒的习惯。

有些学者认为西夏火葬盛行，是由于受佛教的影响。这一说法明显不能成立。其一，西夏是以党项羌为主体的国家，而火葬是羌族的原始葬俗，即使党项在内迁后，也仍然实行火葬。北宋的毕仲游在其《乞理会河东土俗埋葬札子》里说：“党项其俗勤于养生，怠于送死。非士大夫家，中户以下，亲戚丧亡，即焚其尸，纳之缸中。寄放僧寺与墓户之家，类不举葬。盖虽上户，亦有不葬而焚之者。”[①] 河东一带是北宋时羌族内迁的聚居地，这里尚且如此，更不用说西夏故地了。其二，西夏盛行火葬也和当时的社会情况有关。辽宋西夏金时期一直是社会动荡的年代，在这个年代，活着的人都无法保护自己，对死者就只能一切从简了。而且西夏的国力远远不能和宋、辽以及金相比，国力的薄弱以及战争迫使国家大力提倡简单易行的火葬，比如在《天盛律令》里就规定：人尸骨已埋或已烧，尸灰未舍弃，已集土而放置，如有损毁者，则徙十二年。

由此可见，西夏是羌族火葬的第一个变迁时期，其时不再随意将尸灰抛撒，而装进了匣子里面，而且因为国力的衰弱和战乱，官方大力提倡，规范了整个火葬。

（二）宋明清时期火葬的“华夷之争”

羌族的火葬自古就与汉族“身体发肤，受之父母，不敢毁伤”的观念相冲突。汉族认为，火葬是对死者最严厉的惩罚：“古人之法，必犯大恶，则焚其尸。”[②] 然而自五代以后，奇怪的现象发生了：长期盛行土葬的汉族地区，火葬之法逐渐在民间兴起，而且蔓延各地，越演越烈，最终在宋辽金元时期，火葬已十分流行。对火葬的兴起，统治者和学者基于“华夏之尊”的立场，进行了坚决的反对。但至宋代之末，火葬之风不仅没有被扑灭，而且更加盛行。

这一时期，关于汉族地区盛行火葬的现象，史料记载颇多，如宋代周

---

① （明）黄准、杨士奇：《历代名臣奏议》卷一百一十六，《风俗》，见《影印文渊阁四库全书》（第436册），297页，台北，台湾商务印书馆，1983。

② （宋）程颢、程颐：《两程遗书》卷二下，见《影印文渊阁四库全书》（第698册），53页，台北，台湾商务印书馆，1983。

煇《清波杂志》卷十二记载宋代江南的情况是："浙右水乡风俗，人死虽富，有力者，不办蕞尔之土以安厝，亦致焚如僧寺。"[①] 再如《宋史》卷一百二十五《凶礼四》载："贫下之家，送终之具，唯务从简，是以从来率以火化为便，相习成风，势难遽革。"[②] 关于元代北京地区的情况，《元典章》亦有载："北京路百姓，父母身死，往往置以柴薪之上，以火焚之。"

以上史料至少说明以下几个问题：其一，这一时期火葬盛行的时间持续很久，从北宋一直到元代，中原汉族地区民间长期盛行火葬。其二，火葬盛行的空间范围广，从北边的北京路一带，到南方的江南莫不如此。其三，火葬覆盖的社会阶层多，从富人到穷人都流行。

那长期盛行土葬习俗的汉族地区为什么会流行火葬呢？笔者查阅有关史料，发现以下几个原因。

其一，受佛教葬俗的影响而采用火葬。《搜采异闻录》卷三载："自释氏火葬之，于是死而焚尸者，所在皆然。"宋辽金元之际，佛教进入全盛时期，至元朝佛教几乎可以视之为国教。这一时期，佛教拥有大量信众，其中许多人死后，按佛教葬俗而行火葬。

其二，贫困之家无力承担土葬的费用而实施火葬。《宋史》卷一百二十五《凶礼四》载："贫下之家，送径之具，唯务从简，是以从来率以火化为便，相习成风，势难遽革。"宋朝是理学盛行的时期，理学家门继承了儒家"生，事之以仪，死，葬之以礼"的葬礼思想，并且严格规范了丧葬的礼仪以及用具，这样就使得葬礼的经济成本提高很多。许多穷人死后无法按照儒家土葬仪式进行，不得不采用简单、节约的火葬。

其三，地少人多的客观现实。宋朝是我国人口增长的又一次高峰，而无论北宋还是南宋都没有完成真正意义上的统一，因此活人和死人争地的现象十分突出，诚如《宋史》所载："土狭民众，惜地不葬。"[③]

其四，受少数民族地区的影响而采用火葬。《续资治通鉴长编》载：

---

① （宋）周煇：《清波杂志》卷十二，见《影印文渊阁四库全书》（第1039册），86页，台北，台湾商务印书馆，1983。

② 《宋史》卷一百二十五，《凶礼四》，2919页。

③ 《宋史》卷三百一十四，《范纯仁传》，10289页。

“近代以来，遵用夷法，率多火葬。”[1] 这一材料中的，“近代以来”是指唐末五代以来，“夷法”是说少数民族的方法，主要指以羌族为代表的火葬系民族影响。自唐末五代以来，社会动荡，战乱迭起，宋朝同时和几个少数民族政权对峙，这在客观上促进了民族间的融合与交流。在这一过程中，以羌族为代表的卫生、方便的火葬“夷法”也渐渐被汉族接受。

上面仅仅是宋元时期的情况，从中可以看出，虽然统治者严禁火葬，但是由于这几个原因，火葬非但没有被禁止，反而更加盛行。值得注意的是，在这一时期，四川的火葬特别流行，据考古学者统计，在四川已经发掘的宋代火葬墓中，南宋的火葬墓占80%以上。[2] 这应该与四川是以羌族为代表的火葬系民族的主要聚居地有很大关系。

到了明清时期，相对统一、安定的社会政治环境，使统治者严禁火葬的做法得以变成现实。明清专制统治者基于“华夷之争”的观点，将火葬作为恶俗加以严禁，这也牵涉到长期以火葬为主的羌族。专制政治以强制性的极端手段，最终改变了羌族人的丧葬文化。

明清统治者首先从律法上做出严禁火葬的规定。《大明律·礼律》载：“其从尊长遗言将尸烧化乃弃置水中者杖一百。”清代继承了明代的这条法律，并且更进一步。《大清律例按语》卷五十五规定：“若毁弃缌麻以上尊长死尸者斩监候。”这是指尸体在家或在野外未殡葬被焚烧或投水中的情况而言，由此可见，中央王朝对于火葬的惩治态度更加严厉。

明清最高统治者也亲自出来高声说教，严斥火葬：

> 《明太祖实录》卷五十三记朱元璋言：“近世狂于胡俗，死者或以火焚之，而投其骨水，伤风败俗，莫此为甚。”
>
> 《清高宗实录》卷一记乾隆帝言：“自定鼎以业，八旗、蒙古各有安居，祖宗墟墓悉隶乡土，丧葬可依古以尽礼。朕思人子事亲送死，最为大事，岂可不因时定制而痛自猛醒乎？嗣后除远乡贫人不能扶柩回里，不得已携骨归葬者，姑听不禁外，其余，概不准火化，倘有犯者，按例治罪，旅长及佐领陷匿不报，一并

① （宋）李焘：《续资治通鉴长编》卷三，见《影印文渊阁四库全书》（第314册），73页，台北，台湾商务印书馆，1983。

② 根据《考古》1959年第1期、《文物参考资料》1956年第6期统计。

处分。”

第一段材料认为火葬来自少数民族的风俗，而且是件“伤风败俗”的事情，因此加以禁止。

第二段材料首先认为棺椁土葬是“圣人”的发明；其次入关之后，要遵圣人之制，主张改用棺椁盛敛而土葬之；最后，为保持政令的执行“概不准火化”，否则“按例治罪”。

最高统治者对火葬态度严厉，一般官员自然是令行禁止。清道光年间任大定知府的黄宅中，在其《谕民二十条》中规定：“大民恶俗，有焚骸火葬之事，屡经前府出示严禁，如敢再犯，从重治罪。”从中可以看出，火葬在黄宅中眼里不仅是“恶俗”，而且经过再三禁止后，民间仍然盛行，于是令“如敢再犯，从重治罪”。

另外，在《再续高邮州志》卷六“禁火葬条”有云：“倘示禁之后，仍有此等恶俗（指火葬），许地保及邻右人报官，严拿尽法惩治，地保邻右人知情匿报，另行发觉，一体治罪。”这又更进了一步了，不仅焚尸之人要被“尽法惩治”，而且连地保和邻居如果知情不报，也会被连坐。在古代，连坐是十分严厉的惩罚。由此可见，当时地方官员对于火葬的禁止力度颇大。

这一时期的大学者顾炎武在其《日知录》中《火葬》一篇论述道：“为迁其亲之尸而动之也，况可得而火之邪，举其尸而畀之火，惨虐之极无复人道，虽蚩尤作五虐之法，商纣为炮烙之刑，皆施之于生前，未至戮之于死后也”；而养育自己的父母却“遭此身后之大戮邪，震久切痛心”；认为“人之焚其亲，不孝之大者也”。为了改变这种“惨虐之极，无复人道”的做法，顾炎武提出三点措施：第一“严禁焚其亲也”，否则“以不孝罪之庶乎”；第二“谓宜每里给空地若干为义冢，以待贫民之葬，除其租税而更为之”；第三“礼教可兴民俗，可厚也”。

经过官府的严厉禁止、学者的反对，火葬在明清时期已经逐渐减少，只剩一些边远的民族地区。而到了乾隆年间，平定四川西北的大小金川叛乱结束后，整个羌族地区实行“改土归流”，羌族火葬的历史已经接近尾声了。

（三）"改土归流"对羌族火葬的影响

"改土归流"始于明初洪武年间，是明清统治者在西南一些少数民族地区废除世袭土司制度，改行临时任命流官统治的一种政治措施。最早是在民族众多的云南与贵州地区实行。到了清朝乾隆年间，发生在四川阿坝地区的大小金川叛乱，加快了这一地区的"改土归流"。

所谓大小金川之战，是包括乾隆十二年至十四年（1747—1749 年）和乾隆三十六年至四十一年（1771—1776 年）清廷发动的两次对金川地区的战争。金川位于四川西北部，"地不逾五百里，人不满三万众"[①]，但是第一次金川（大金川）战争，清廷"调派京东及各省满汉土官兵，共六万二千五百余员名……用帑银七百六十七万四千八百余两"[②]；第二次金川（大小金川）战争，共"调集十四省营十八路土司满汉屯土官兵，一十二万九千五百余名……用银六千一百六十万两"[③]。对于大小金川之战的起因和过程不是本文的重点，这里主要探讨战后清朝在这一地区施行的"改土归流"政策对于羌族火葬的影响。

平定大小金川后，清廷于乾隆四十一年"分置美诺、阿尔古两厅，四十四年，并阿尔古入美诺。四十八年，改懋功厅，驻同知，理五屯事务"[④]。由此可见，"改土归流"后，这一地区已经从土司的管辖变成了国家管理下的编户齐民；而朝廷官员必定会比以前的土司更加严格执行最高统治者的政策，包括对火葬的禁令。因此，羌族的火葬风俗至此被彻底禁止。汶川县龙溪乡释比唱经道："康熙四十二年前，羌人死后不用棺，草帘软裹架柴烧，寨寨都有火坟场。四十二年天下乱，乱后羌人归大朝，人死需穿六层衣，装入棺材用土埋。"这里释比所唱应该是乾隆四十二年，而不是康熙四十二年。"天下乱"是指第二次大小金川之战，"大朝"是指清朝廷。这一段唱经明确地显示乾隆四十二年羌族从火葬转入土葬。

① （清）阿桂等：《平定两金川方略》卷首一，《平定两金川告成太学碑文》，见《影印文渊阁四库全书》（第 360 册），1 页，台北，台湾商务印书馆，1983。

② （清）郑栖山编纂，张羽新点校：《平定两金川军需例案》（上），第 1 卷，1 页，北京，全国图书馆微缩复制中心出版，1991。

③ （清）郑栖山编纂，张羽新点校：《平定两金川军需例案》（上），第 1 卷，3 页，北京，全国图书馆微缩复制中心出版，1991。

④ 《清史稿》，卷六十九志四十四，地理十六，2239 页。

另外，我们从北川地区的例子也可以看出这一变化。乾隆皇帝平定大小金川叛乱后，派姜炳章任北川地区地方官。在姜炳章的眼中，北川羌族的本土文化，特别是火葬习俗是违反人伦的，因此他努力使这一地区的羌族人脱离“陋俗”，禁止本地人采用火葬。姜炳章有《白草歌》唱道：“咿嘤嘈杂难为听，唤译译来为予说。东邻父丧焚父骨，西邻杀牛疗痼疾。南邻持筹儿为奴，北邻负债女离室。愿将花雨洗蛮风，忍将吾民千三尺。纷纷父老皆点头，赭汗津津额头流。人类虽殊人性侔，何但朝鲜风俗化箕畴。”① 歌中表现了当时朝廷官员对少数民族风俗的偏见。从史料的记载来看，尽管姜炳章是一位敬业爱民的官员，但是也无法摆脱根深蒂固的思想观念。歌中有“东邻父丧焚父骨”之句，说明此时羌族仍时有火葬现象发生。但是在朝廷的严令禁止以及像姜炳章这样的官员“愿将花雨洗蛮风”的“努力”下，火葬和羌族渐行渐远，最终在羌族地区被废除。

经过一百多年，到了20世纪30年代，庄学本到这一地区考察的时候，已经看不到火葬了，他记述道：“这类的岩洞，多是他们（羌族）的祖先火葬以后收藏骨灰的墓穴。因为羌民还未同化之前，多数采用火葬……现在的羌民，多已采用了汉人的土葬，火葬是少见了。”②

历史是充满了偶然性和必然性的——这放在羌族火葬的历史，亦是如此。在漫长的历史长河里，羌族火葬从最早的“燔而扬其灰”，到西夏火化后将骨灰放入一个罐子，再到明清开始少数地区使用棺木来保存骨灰。这一历史演变的轨迹说明，随着民族间的交流加深，汉文化一点一点地影响着羌族文化……在这样的历史大趋势前，即便没有政治的强烈干预、最高统治者的严厉禁令，羌族的火葬能否延续下来，实在是个问题。当然，历史是不能假设的，但不可否认的是，也是在这个时候，由于大小金川之战带来的“改土归流”这一偶然事件，对羌族悠久的火葬传统给予了最后致命的一击。

（作者系四川省人民政府文史研究馆《文史杂志》编辑部副主任）

---

① 《石泉县志》卷十，《艺文志》，见《中国地方志集成·四川府县志辑》（23卷），350页，成都，巴蜀书社，1991。

② 庄学本：《羌戎考察记》，19～20页，成都，四川民族出版社，2007。

试论羌族的民族记忆符号

肖　燕

羌族是我国最古老的民族之一，在几千年历史的长河中，历经沧桑和磨难，今天主要生活在岷江上游一带，彰显着民族顽强的生命力。历史文献显示，上古西羌乃是一个多氏族多部落的民族，其聚居中心是河湟河曲地区。自其无弋爰剑以后，分支达 150 种，其中 9 种在河湟以外独立活动，52 种因衰落而逐渐依附于其他强大部落，另 89 种则各有部落组织。商朝时期，羌族部落长期被征伐，羌俘主要当做祭品和奴隶。据殷墟出土的甲骨统计，商王朝人祭的甲骨共 1350 片，在被残杀的 14 197 人中，羌人达到 7426 人；[①] 尤以武丁时期为盛，以羌人为祭品的甲骨记载达到了 60 多件。[②] 秦汉时期，随着羌族的繁衍日众，随之而来的是被更大规模地掠夺和剿杀。《后汉书 · 西羌传》记载："及忍子研立，时秦孝公雄强，威服羌戎。孝公使太子驷率戎狄九十贰国朝周显王。研至豪键，故羌中号其后为研种。及秦始皇时，务并六国……秦既兼天下，使蒙恬将兵略地，西逐诸戎，北却众狄，筑长城以界之，众羌不复南渡。"在羌族历史记忆中，外来侵掳时间最长、对人民造成的伤害最为严重的是从汉武帝开始到汉灵帝中平元年（184 年），前后 300 年左右的时间里，西汉、东汉王朝与已方先零部落发生的大规模的对抗，共计 16 次之多，平均不到 20 年就有一次。在这一过程中羌族人口剧减，余者则颠沛流离，逐渐形成了不屈不挠的民族抗争精神和艰苦奋斗的生存法则。今天，我们在所能看到、听到和收集到的羌族传统文化中，强烈地感受到羌族人民勇于抗争、百折不挠的民族性格和信仰坚定、勇于奉献的民族精神。尤其是满载丰富想象、

① 胡厚宣：《中国奴隶社会的人殉和人祭》，载《文物》，1974（8）。

② 陈梦家：《殷虚卜辞综述》，北京，科学出版社，1956。

通过口口相传的羌族神话和传说，饱含历史沧桑的释比唱经，以及在羌族歌曲、舞蹈、建筑、服饰里深深蕴藏着的各种神秘符号，无不显示出羌族人民的凝聚力。它们深刻地教育、影响着一代代羌族人民，增强了羌族人民的历史记忆。

一、羌族独特的神秘符号

上古文献记载，现居住在岷江上游一带的羌族，大多是秦汉时期陆续从甘肃、青海迁移过来的，有党项羌、冉駹羌、黑水羌、羌胡、牦牛羌、青衣羌、白马羌、汶山羌、白狗羌、哥邻羌、南水羌、白草羌、黑虎羌、罗打鼓羌、杨羌、草坡羌、青片羌、临涂羌、涉题羌、左封羌、向人羌、林台羌、葛延羌、维州羌、茂州羌、丹巴羌等30余支。应该说，现在岷江上游的羌族还保留着上古羌族的语言与建筑风格、“万物有灵”的原始宗教信仰以及其他独特的风俗习惯或禁忌。《史记·龟策列传》记载：“蛮夷羌虽无君臣之序，亦有决疑之卜。或以金石，或以草木，国不同俗。然皆可以战伐攻击，推兵求胜，各信其神，以知来事。”① 上古时期的羌族每当出征、播种都要占卜，祈求诸神保佑。他们的生活与他们信仰的诸神息息相关。几千年来代表诸神的神秘符号、信物以及相关的神话故事、民间传说，盛大而隆重的仪式在只有语言没有文字的羌族人民中代代相传，流传至今。

“符号”是文化记忆的必然结果，是特定意义的载体，是精神外化的呈现，其形式简单，种类繁多，具有能被感知的客观形式，其背后的象征意义，具有生成人性和塑造人类文化的作用，拥有很强的艺术魅力。伴随着人类的各种活动，人类社会和人类文化借助于符号才得以形成。任何一个民族都有着该民族所延续与继承的文化符号。羌族的文化符号主要有白石、碉楼、释比文化、羊角、牛角、羊角花、祭山会、羌历年、长篇史诗《羌戈大战》、神话故事、云云纹、卐字符、百年孝等，涉及羌族社会的文学、建筑、服饰、信仰等各方面。它们有的挂在建筑物上，有的供奉在石头堆砌的祭祀塔上，有的放在火塘上，有的绣在服饰和鞋上，有的被讲

① （汉）司马迁撰，（宋）裴骃集解：《史记》卷一百二十八，北京，中华书局，1959。

述、演唱……这些神秘的文化符号是羌族有别于其他民族的“特征纪念”，是羌族文化的重要组成部分。

（一）羌族民族符号——白石

羌族崇尚万物有灵，认为世间的万物生命都是神创造的。其创世神话有《开天辟地》《盘古开天》《阿补曲格创世》《山沟和平坝的形成》《狗是大地的母舅》《月亮和九个太阳》《太阳和公鸡》《太阳》《月亮》等。人类来源神话有《人是咋个来的》《神仙造人》《猴人变人》《阿补曲格造人种》《羊角姻缘》等。这些丰富多彩的神话充满了幻想，揭示了古羌人对世界形成的认知和猜想。在羌族崇拜的30多种神灵中，主要有自然神：天神、地神、山神、山神娘娘和树神；祖先神：大禹、木姐珠、祖师神（阿巴木纳）、瑕支仙姑、萨朗女神等；行业神：建筑神、石匠神（亦称“角角神”）、铁匠神和木匠神等。各村寨还有自己的寨神，寨神随各地不同的历史传说而不同，有的是远古图腾崇拜的遗迹，如鹰神、孔雀神、岩神、树林神、石堆、石羊、石虎、石狗、石猴、牦牛等。

白石为何作为众神的符号？我们从调查资料、有史以来记载羌族的零星文献、考古发掘以及羌族口头传唱的经典唱经等素材发现，羌族白石崇拜来源甚早，寓意相当丰富，极具神话色彩。

一是远古羌人对火的探究。在羌族神话故事《燃比娃取火》中有这样的描述：太古之时，羌人女首领阿勿巴吉与天上火神蒙格西相爱成亲，生子燃比娃。天神恶神作怪使魔法，大地出现了第一个冬天。阿勿巴吉为人类免遭冻死，命燃比娃上天找父亲取火。燃比娃历经艰辛找到父亲帮助取火，前两次被恶神发现，受伤带神火失败，第三次蒙格西将神火藏在白石中，嘱咐燃比娃“速将白石带下凡，两石相撞火花现，干草树枝将火引，熊熊烈焰暖人间”[①]。燃比娃将神火带到了人间。羌人把白石尊为至高无上的神，并形成习俗：人不得从火上跨过，火塘上不可伸脚，不能在火上烤不洁净的衣物。

二是羌族英雄史诗《羌戈大战》中叙述道：古羌人幸福生活在西北甘青大草原，遭到北方魔兵烧杀抢掠。羌人聚众西迁，途中遭到魔兵的追

① 羌族词典编委会编：《羌族词典》，成都，四川出版集团巴蜀书社，2004。

赶，危难之时是天宫的木姐抛下三块白石变成三座大雪山，挡住魔兵的追杀，挽救了羌人的生命。当羌人越过崇山峻岭，来到热兹（今松潘境内）大草原安居生活多年后，又遭到日补坝（今茂县境内）戈基人的抢劫，是天神施计帮助羌人，用坚硬的白石打败了戈基人："羌人战败戈基人，欢欢喜喜建家园。羌人堡寨修好了，白石神供在屋顶上。"① 为报答天神之恩，以示对天神的敬畏，羌人在离天最近的雪山山顶建祭祀塔，塔尖上敬奉象征天神阿巴木比塔的白石。

三是羌族神话故事《木姐珠》中讲道：木姐珠到凡间与斗安珠成婚时，天神嘱咐木姐珠"五块白石须带去"。木姐珠到凡间后，日常生活中忘记了天神的告诫和叮嘱，身上长满了癞疮疤求助于天神，天神告诉木姐珠请释比（即羌族的巫师）帮忙。"三块白石火塘烧，巫师燃香拿柏枝，烧过柏枝来作法，一身癞疤全熏了；盆里全装洁净水，红铁白铧盆内丢，再把白石盆中放，石铁蒸汽全身洗，柏枝燃香来熏身，盆中神水把身擦，木姐生的癞疮疤，熏洗一番全治愈。"② 小小的白石显示出驱邪治病的作用。

四是流传于茂县和黑水县毗连地区的神话传说讲道：古时，一羌族青年去山上牧羊，树上的一只乌鸦对他说：这里很快要出九个太阳，草木将全部烧光，你赶快离开这里，但不要告诉别人，否则不会有好下场。小伙子赶忙回到寨子里，挨家挨户转告这一消息。特大火灾来临时，全寨的人都逃离得救了，小伙子却变成了一块洁白雪亮的石头。后人为了感谢和怀念他，就在屋顶的中间、四角或围墙顶上供奉白石，向他祈祷祝颂。还有的传说讲远古时代，羌人常在草原放牧，为了不迷路，便在经过的每一个山头或岔道口的最高处放一块白石做路标，指示回家的路。

据《华阳国志·蜀志》记载，汉晋时期，蜀中汉人称羌人为"白石子"，其原因当是羌人奉白石为神。后来白石不仅仅象征天神、山神、太阳神、火神等，还逐渐发展成为代表一切神灵的象征，被羌人供奉在山上、地里、室内、房顶、火灶、树林等处并朝夕膜拜，成为保佑羌人吉祥平安、五谷丰登的神灵。

1945 年，考古学家夏鼐先生在甘肃寺洼的考古发掘中，发现远古羌

① 羌族词典编委会编：《羌族词典》，成都，四川出版集团巴蜀书社，2004。

② 茂县羌族文学社整理：《西羌古唱经》，茂县羌族文学社，2004。

人用石头随葬。20 世纪 80 年代以来，在今茂县南新镇别立村等处发掘的战国早期石棺葬中，也发现有大白石放在人骨头部、小白石堆放在人头骨两侧的随葬情况。[①] 这是羌人灵魂不灭的原始崇拜的普世性文化残存。透过羌区家家户户屋顶的白石，我们仿佛看到了远古羌人对火源的探索，祖先们历经艰难困苦终于安定在岷江上游的感人的真实的历史画面；看到了羌人与人为善，苦难之际坚定信仰，顽强勇敢、不屈不挠的精神。从某种意义上讲，白石代表了羌人的天命观、人生观、生死观、劳动观、苦乐观、幸福观、婚姻观、和平观、善恶观等一切世界观。它不单单是保护羌人威力无比的神物，是羌族民众持久的原始多神崇拜的认同与终身的归属符号，更是羌族人民扬善除恶、与命运抗争、心怀感恩的符号，是羌族的文化象征。

（二）羌族建筑符号——碉楼（羌语称为“勒色”）

碉楼作为羌区特色建筑符号，分为房碉、村碉和战碉。房碉为民居，一般为 3 ~4 层；村碉修建于寨旁高处或中央，可住、圈畜、存物和驻守。修筑时全凭目测和经验，信手砌成，下大上小，笔直如削，有四棱、六棱、八棱多种，最高达 13 ~14 米。《蜀中广记 · 风俗记》记载：“威茂古冉駹地……垒石为巢以居，如浮图数重，门内以梯上下，货藏于上，人居其中，畜圂于下……” 在羌族人民看来，其居所是神为他们安排好的。远古时期，羌人主要生活在甘青草原河湟流域一带，以游牧为主，逐草而居；秦汉时期迁徙进入岷江流域上游一带地区，这才开始垒石为屋，过起定居的生活。羌族史诗《羌戈大战》的“重建家园”中有生动地描述：“日补坝，宽又宽，萱草长满山；羌人战败戈基人，欢欢喜喜建家园。羌人堡寨修好了，白石神供在屋顶上；碉楼密密围四周，碉楼高耸好瞭望。”[②] 关于碉楼的具体修建，释比唱经的《上坛经》中有专门的唱词“莫河而格”（意为修房造屋）做指导。经中唱道：“皇天菩萨教造房，先在四周砌墙基。平了地基挖墙基，黄土稀泥抹好墙，刷上稀泥砌石块。四角房基砌好了，再把房柱立起来。立好房柱上房梁，横梁用力拉上房。横梁安好补楼椽，敬天敬地还神愿。再修房楼修三层，楼墙之上补房椽。房

① 蒋宣中：《四川茂汶别立、勒石村的石棺葬》，见《文物资料丛刊》（9），1985。

② 羌族词典编委会编：《羌族词典》，成都，四川出版集团巴蜀书社，2004。

椽要用粗竹竿，还要补上竹丫枝，补完竹丫再敬神。敬天敬地上六层，竹丫枝上抹稀泥。稀泥未干撒干泥，撒完干土砌边墙，敬天敬地修九层。敬神要把神旗竖，神旗要用白纸做。白纸神旗已做好，白纸神旗安旗帽。旗帽要用神线拴，拴好神线贴鸡毛。白纸神旗抹红血，神帽上要插鸡翅毛。"① 碉楼修好后，羌族民众将白石与杉树枝供奉在碉楼的最上端。现今羌寨，那傲然屹立的用石块、稀泥和竹竿、竹丫筑成的碉楼，大多经过千百年的风吹雨打和多次的地震考验，充分表现出羌族人民的智慧与技艺，彰显了羌族建筑文化鲜明的符号特征。

凡村寨中的喜庆仪式，羌族人都在村碉下的坝子里举行。尤其是每年农历八月初一的羌历年，全村寨男女老少汇聚于此载歌载舞，思源祀祖，谢神报恩。羌族民众和合自然的集体心理意识深深地积淀于碉楼之中。"碉楼"成为羌族精神世界的标志性建筑体，最高的碉楼建筑则是羌族民众精神的凝聚符号。其优秀的传统性与民族性，在数千年的历史演进中得以传承。正如宗教人类学家迈耶霍夫在论述人类文化中的物件的象征意义时说："这些象征不仅构成了宗教的核心，而且也构成了艺术、神话、世界观的核心。它们共同为个人与社会的整合提供动力，而且为抵御外来文化的移入提供了一道屏障。"②

（三）羌族传统文化符号——释比文化

释比文化是古老羌族遗留至今的奇特、原始的宗教文化，也是羌族最为突出的文化符号。释比作为释比文化的执行者和传承者，不脱离生产的宗教职业者，是羌族社会中人与鬼神间的中介人，即汉区的巫师或端公，羌语叫"许"或"释比"。他们在羌族社会中有着较高的社会地位，受到羌人的尊重。相传，释比的开山鼻祖是阿爸木拉，他是天神阿爸木比塔家里专管占卜凶吉、驱邪治病、送鬼之神。天神三公主木姐珠下凡和斗安珠婚后，父王木比塔得知人间妖鬼多，人畜得瘟疫，庄稼遭虫害，于是派阿爸木拉下凡扫除人间病害。阿爸木拉成为了凡间的释比。凡间羌人一切重

① 茂县羌族文学社整理：《西羌古唱经》，茂县羌族文学社，2004。

② ［德］巴·G. 迈耶霍夫：《象征的墨西哥惠乔尔印第安人中的"鹿—玉米—佩约特掌"象征复合体》，见史宗主编，金泽、宋立道、徐大建等译：《20世纪西方宗教人类学文选》，232页，上海，三联书店上海分店，1995。

大的祭祀活动，如敬神、还愿、安神、驱鬼、治病、除秽、招魂、消灾以及成年冠礼、男女婚约、敬神和祝福乃至婴儿命名、死者安葬超度等都由释比主持完成。新释比是由老释比授徒盖卦的。首先徒弟经严格挑选，需心无杂念、能吃苦、记忆力强的人，劳动之余学习，学习期 3 ~9 年不等。他们要对师傅口口相授、世代相传的300 多部经典加以背诵牢记，必须掌握踩红锅、踩铧头、预卜、送鬼等巫术。在经过远近闻名的数十位释比的考试下，通过抽背经段和表演法术，特别是最为独特的“请毒药王”仪式和“钢针穿颊”等项目才可盖卦谢师；在获赠师傅的一套法器后，就可受邀成为新释比了。在释比的唱经中即有阿吧白耶送大儿子学巫师的唱段：“正月初一吉祥日，阿吧白耶得了大儿子……三个儿子长了大，让儿出外去学艺。大儿子要学啥手艺，专学木匠和巫师。二儿学的啥手艺，打枪放狗学狩猎。三儿又学啥手艺，留在家里创家业……白耶大儿学成艺，成了端公木匠师。白耶二儿学成艺，成了羌家狩猎神。白耶三儿学成艺，耕种务农成祖师。”① 释比行艺所用的法器、穿戴的服饰以及唱诵的经典等是释比文化的重要组成部分和符号。这些符号源于远古，在羌人看来具有无比的神力和魔力，是民族生存的重要基础与人身保障。

1. 释比法器

法器是释比进行法事活动所用之物，神圣而受到羌人虔诚的尊敬。羌人相信法器能赋予释比超常的能力和力量。所有法器他人不能随意触摸，放置的位置是圣洁之地，如神龛或屋角高处。释比自己作法也是要首先洁身净手。在请神、敬神的上坛法事和中坛人事上，释比运用的法器与下坛鬼事的法器是不混合使用的。释比去世后，法器不能毁掉或埋葬，只能送给或卖给想拥有它的释比。随着时间的流逝，羌人相信通过代代释比的相传，这些法器更具有超自然的能力，会变得更加神圣，其法力随着年轮的增长而强化。释比法器主要有羊皮鼓、神杖、法印、猴头、锣铜、铜铃、令牌、鹰爪、师刀、铁铧、各种野兽角爪和牙骨、三角形的白旗、五色的三角旗、算簿等。

（1）羊皮鼓。为释比的首要法器。鼓径二尺，单面绷羊皮，内置一横木，置两枚法铃，发音各异，有公母之说。鼓槌为刺木，槌头包山驴皮。

① 茂县羌族文学社整理：《西羌古唱经》，茂县羌族文学社，2004。

据羌族神话传说，释比始祖阿爸木拉的经书被神羊偷吃了。天事人事天下事都记不清楚。在神的指点下，阿爸木拉将神羊杀掉，剥皮绷成鼓敲击，就能记起经卷内容并长诵。

（2）法印。形状有正方形和长方形，一般为铁质或青铜质。阳文汉篆体，多是一句体现法力的咒语。羌族谚语道："官有多大，比有多大。"说明释比法印的效力很不一般。法印主要用于释比所印制的各种神符上，以示有效和法力的加强。

（3）神杖。又称邪杖，大多为山藤或棘棍制成，也有铁质的。上有铜质或铁质神像代表鬼王，神像头部之下系有铜铃，下端尖头可插入地，用于驱邪、送魂、治病、跳神及战争。

（4）算簿。是一种用丝织布类为夹心，裱糊上白纸的折叠式书牒，上面有连续不断的彩绘人事、星宿、十二属相等各种形象生动的图谱，辅少许汉文。释比依据该簿推断、测算羌人的婚丧嫁娶、吉凶福祸、财气晦煞、良辰吉日，可谓是释比的工具书。

（5）师刀。各种样式，长短不一，上面有神秘的浮绘或浮雕图案，有的传承久远，专用于宰杀祭物，有威慑邪魔的作用。

（6）猴头。为金丝猴头骨，内装少许金屑或木片、水银、柴灰、泥土，代表金丝猴的五脏六腑。相传释比作法忘了回家的路，差点丢了性命，幸亏遇到金丝猴挽救并指点才回到家，因此金丝猴成为释比的护法神。释比每次还愿都带上猴头，请其领受祭物，表达报恩之意。

2. 释比服饰

释比的服饰平时与常人无异，只有在行艺做法事或主持祭祀活动时，穿戴的服装才特征鲜明：头上戴尖角的猴皮帽，身着长的白布衣或麻布衣，领子、袖口大。外套对襟坎肩，坎肩上有三排扣子，分别为白、黄、黑三色，象征高贵庄重。外面套一件羊皮大褂。下身着白布裙，裙边到脚背，脚缠白色绑腿。白裙、白绑腿是作为神的代言人所具有的色彩符号。猴皮帽是释比最重要的符号标识，用金丝猴的皮缝制而成，上有金丝猴的眼和耳，意味着帽子能看见、能听见，具有非凡的力量，非常神圣，能在释比和他所做的法事上赋予他庄严和神力；未出师的学徒不允许戴。其帽无檐，下圆口，上扁顶，成"山"字形，顶端的三个凸峰，据说第一尖代表黑白，为黑白分明之意；第二尖代表天；第三尖代表地。帽下檐是一排增强神力的子安贝壳，背面下端有三条飘带状的皮带，代表金丝猴的尾，正面上部左右各有一个子安贝壳为金丝猴的眼睛。猴皮帽一般是在祈祷、还愿时戴。猴是释比的护法神，被羌族人民奉为智慧之神。

3. 释比唱经

释比学徒的必修之课是背诵经文。经文在羌族又被称为唱经、释比经典,内容丰富多彩，时空跨越几千年，可以说是羌族人的创世纪史诗、羌族人的百科全书。释比唱经大多源于自然崇拜、万物有灵，分为上坛、中坛和下坛三个部分，分别侍神事、人和鬼事，内容包罗万象，涉及羌人的生产生活、社会形态、民风民俗、宗教文化、衣食住行等，对待人接物、婚丧嫁娶、修房造屋、采蜂蜜等具体事务都有指点和常识的普及。由于有经无书、有典无文的特点，经文只能口传心授，世代相袭。神圣而珍贵的经文，从头至尾文学性强，人物个个形象生动，个性鲜明并富有浓烈的感情色彩。上坛经中，有天神一百，地神一千，众神形形色色。采用的排比手法使经文琅琅上口，极易记住唱诵。相传唱经有 300 多部，目前已经整理出版了 10 部。

上坛经的内容分为序经和正经两部分。序经 9 部，正经 13 部。序经是在释比正式请神、敬神、还愿之前唱诵的经典。具体为：《出学》，即解秽；《滴雪儿皮》为还愿开始；《木姐珠》，即天女，羌人的祖先；《国》，说好和坏的神；《默勒格》，说明黑和白，好的来坏的去；《不灰》，即释比制旗、插旗时要念的经文；《色国作》，向神通白；《尕》，包括《羌戈大战》《白痴》等 3 段；《勒》，意为家中出怪事的原因。正经是释比做正规法事唱诵的经典，主要有：①得为（开坛鼓经唱词）。其开篇唱道：左手握白鼓，右手拿鼓槌，还愿鼓嘛驱邪鼓，驱邪赶鬼为天愿。鼓是天爷为民造，千秋万代不绝响。千秋鼓哦是神鼓，识字之人传下来，神鼓之神两边站……天皇阿爸木比塔，千秋神鼓自古传。如今继承是新鼓，天皇阿爸木比塔。神鼓传下有三种：白鼓用来还天愿，黑鼓用来保平安，黄鼓用来驱凶邪。②勿邪(神分万物)。③玉奚初(请祖先神)。④莫河而格(修房造屋)。⑤索初(启亮神)，意为天边亮了，天门开了，还愿的时刻到了请神灵归位。⑥啊日耶(排神位)。⑦厄。唱诵一年四季 12 个月的节气，花草、树木、牲畜、庄稼随季节变化的生长。⑧磋唦刹格(说吉利话)。⑨阿吧白耶(祖师神）等。

中坛经主要有：①植（请神开坛）。②咭(铁)。③耶(太平经)。④迷啊(家事不顺)。⑤择吉格驳(叙事长诗)。⑥罗(驱鹿鬼)。⑦如姑(五谷种子唱词)。⑧格扭(吆猪唱词)。⑨别(评是非)。⑩补吾昔（养蜂酿酒)。多为男方为女方过礼或办喜事时所唱，祝愿新人成家立业，勤劳工作，生活幸福。

下坛经主要有：①咄（解秽驱邪)。②独(毒药鬼)。③而目(驱邪赶鬼)。④九敬经之一:壳（释比开坛祭仪唱词)。⑤九敬经之二:拾八（引喻万物唱词)。⑥九敬经之三:白莫及苦（柏木老人唱词)。⑦九敬经之四:石（牛祭，牛经唱词)。⑧九敬经之五:垮（祭刀，杀牛刀唱词)。⑨九敬经之六:格觉（还罪愿唱词)。⑩九敬经之七:耶（猴童，猴童经唱词)。⑪九敬经之八:嗡（银、银子、祭品唱词)。⑫九敬经之九:哦（祭神坛唱词）等。

在这些唱经中，最重要的是《羌戈大战》和《木姐珠》。释比每逢做上坛、中坛之事必唱。《羌戈大战》是羌族的英雄史诗、创世纪史诗。它分序歌、羊皮鼓的来源、大雪山的来源、羌戈相遇、羌戈大战和重建家园六个篇章，生动叙述了古羌人民从西北向岷江上游迁徙途中的艰难困苦，与魔兵、戈基人的殊死战斗；歌颂了祖先阿巴白耶的智慧和英勇，同时充满了对天神、天女木姐的敬佩和感恩。史诗序歌开篇唱道："左手拿着羊皮鼓，右手握着打鼓槌，鼓点咚咚不断响，伴我歌声入云霄。这支古歌歌声长，就像岷江江水淌，日夜奔流永不歇，诉说着祖先的英勇与坚强。虽然句句是古话，前人的智慧记歌上，古歌代代传下去，千秋万代闪光芒。"《羊皮鼓的来源》中唱道："远古岷山多草原，羌族儿女乐无边。忽然魔兵从北来，烧杀抢掠逞凶焰。羌人集众经西行，找寻幸福祈草原。前面荆棘难行路，后有魔兵紧追赶。重重艰难重重险，人间苦难说不完……阿巴白耶好首领，本是神人来凡间。阿巴白耶看经书，人事兵事记心间。千人万众能统帅，百万军中真神勇。"在《大雪山的来源》中，生动形象地描绘了羌人与魔兵的血腥生死之战和天神之女木姐援救羌人的动人场面："阿爸白耶率羌人，过了一岭又一岭，补尕岭上把营安。凶狠魔兵在放火，羌人奋勇忙迎战，激战一夜又一天。两兵相持战仍酣，尸骨堆满地，鲜血染草原。羌人杀羊立下誓，要与魔兵决死战。羌人喊声如闪电，喊声直达九重天。木姐天宫往下看，啊！我的子孙遭灾难！白衣女神立云间，三块白石抛下山。三万魔兵面前倒，白石变成大雪山。挡住魔兵前进路，羌人脱险得安全。”史诗的尾声部分，抒发了羌人历经磨难重建家园的美好生活。他们感谢神恩，歌颂祖先的丰功伟绩：“日补坝，宽又宽，羌人战败戈基人，白石神供在房顶上。羌人能安居乐业，是前人用血汗来换，凭了祖先的智慧和勇敢，尔玛人的子孙才居住在岷江两岸。歌声鼓声响彻云天，祖先的功勋数不完。”① 英雄史诗的故事和充满神话色彩的书写，真实地反映了古羌族大迁徙的景象及其历史的发展脉络。

《木姐珠和斗安珠》则是一篇人神联姻、忠贞不渝的伟大爱情史诗，也是关于羌人起源的浪漫故事。这篇美妙的神话通过天神女儿与凡人男子的婚姻，展示了远古羌人与神、神权以及反神权的互动场面。故事主要有倔强公主、牧羊少年、龙池巧遇、赠发定情、大胆求婚、火后余生、创造幸福等10多个篇章，真实地反映了羌族青年恋爱自由、敢于追求幸福婚姻的信念和精神，歌颂了羌族人民的勤劳和智慧。在茂县，《木姐珠》的唱词共有16个部分，前面部分详细讲述木姐珠在天宫思凡尘，在西北汶山牧羊初次邂逅凡间的斗安珠情意绵绵，再次在祭祀谢神的吉祥日相遇，木姐珠带斗安珠上天宫，聪明伶俐智斗天爷，迫使天爷发话：“木姐你不把神嫁，也不把龙宫嫁，既然愿嫁凡间去，凤冠霞帔穿戴起，绫罗绸缎任你穿。荆棘种子作奁礼，杉木种子也赠你，羊角花种随嫁带，柏木种子赏三斗。母亲赠言记心中。”② 木姐珠和斗安珠至此终成眷属。后半部则着重叙述木姐珠在凡间忘记天爷嘱咐吃尽苦头，寻求天爷帮助，请释比驱灾祸，作法驱魔，用白石、柏枝、红铁白铧等治愈身上疮疤的故事。其他羌区的《木姐珠》最后唱词还讲到了木姐珠和斗安珠在凡间勤劳致富、成家立业：木姐珠和斗安珠，为了幸福的生活不怕吃苦受累，用石头砌楼房，将三块白石供奉立在屋顶上；中间一层干干净净人居住，屋脚楼房专养禽畜；他们在山坡地上种青稞，河坝地里种玉米粮食，在高高的山上放牛羊。从此羌族人跟着他俩学会了种庄稼，牛羊成群满山放养，宽阔的原野尽为羌属，羌族子孙繁荣昌盛。

4. 释比作法的神秘符号

释比具有超人的能力，这些能力主要体现在他能使用法术辟邪驱鬼治

① 羌族词典编委会编：《羌族词典》，成都，四川出版集团巴蜀书社，2004。

② 茂县羌族文学社整理：《西羌古唱经》，茂县羌族文学社，2004。

病，招回财物，使羌人远离灾祸。因此释比法术也是羌族释比文化的重要符号标识。法术符号常见的是打油火、化骨化签、打太平保护、踩铧头、耍铁链、跳红锅、招牛财、招魂出黑、打油火、日魁、祝殖、送花盘、羊骨卜、鸡蛋卜、羊毛线卜、吊白狗卜等。踩铧头、耍铁链和跳红锅（也叫坐红锅），都是驱鬼治病，让病魔脱体的法术符号。羊骨卜、鸡蛋卜、羊毛线卜等主要用来问卜，判断病因、吉凶祸福，如何医治。

（1）踩铧头。释比将犁地的铁铧头烧红后，用铁钳夹住绕火塘一周，让围观者将纸或柴火放在铧头上当即烧焦。释比先用舌舔，再赤脚踩铁铧头，然后以脚踩或用铧头碰病人患处，以驱鬼治病。

（2）日魁。一种驱农害的法事符号，与送花盘符号配合进行。日魁是每年秋收后，羌人以寨为单位，请释比进行还愿和驱农害的法事。释比作法时，边念经文边将手中的月亮馍馍、太阳馍馍各三个对掰两半，再撕成四块，分到最小，向最洁净、最显眼的地方撒出去，以示供野禽野兽。完后问大家：有树看到没有？大家回答：看到了！又问：有人烟看到没？大家回答：看见了！到了晚上，释比再将用面粉做成的各种野兽，叫一个名字，用刀砍杀一个，都砍杀完后问大家：消灭了没有？大家说：消灭了。释比将这些碎物扫在一起，加上水，捏成一团埋在一个洞里封住，来年庄稼就不会被侵扰了。

（3）羊骨卜。释比用羊骨卜病因、卜时运、卜家人或出门在外的吉凶祸福，是一种古老的占卜术。文献多有记载羌人羊骨占卜的文字。明嘉靖时编的《四川总志》记载松潘地区风俗说："炙羊膀以断吉凶。"《茂州志》也载有："占卜……或取羊膊，以薪炙之，验纹路，占一年吉凶，曰炙羊膊。"占卜所用的羊膀（羊膊），需是从祭祀神灵所杀的羊中取出。占卜时，问卜者需在家中，手握青稞秆，在火神前点燃柏树枝，祈祷后，到释比家说明来意。释比在神前点燃柏树枝，烧掉问卜者带来的青稞秆，一边念经一边取艾叶搓成小粒，数目为三、五、七、九，点燃后放在羊骨上烧灼，灼出纹路后，释比再据纹路判断处理。

二、羌族仪式符号——祭山会等

羌族万物有灵的多神宗教信仰，表明羌人对大自然怀有虔敬之心，对生命极为尊重。随着社会历史的变化发展，生产生活环境方式的改变，围绕神话故事和传说而形成的祭祀仪式逐渐成为联系羌族民众的精神纽带。神话是仪式的基础，仪式是神话内容的再现。神话用言语的表达方式揭示了推动羌族社会生存、发展与维护社会秩序和谐安定的力量。神话因此成为人们精神支柱的核心内容。仪式则再现了神话情景或场景，以有限的形式表达无限的内容。羌人通过神话仪式这一符号，体验和感受神话给心灵带来的净化和再生。仪式是羌族社会民众思想、生活的表现，是羌族人民共同的心理愿望。羌族神话既是仪式的情感凭依，也是羌族世俗行为的意志支撑。

羌族对神的敬畏与膜拜，除表现在日常生活中以外，还突出地表现在一些重大的节庆仪式中，如羌历年、祭山会、锅庄、牛王会、丧葬、冠礼等。

（一）祭山会

祭山会在每年农历五月、八月、十月举行，各地时间不一。一年一次或两次的祭山会，是羌人最隆重的祈求还愿祭祀仪式。《汶川县志·风土志》载："羌人尝于二、八月朔日，烹羊煮酒祀山神，为社。"在3~5天的祭祀活动中，各寨寨主筹备，释比头天洁身，准备整套服饰和法器。届时，全村寨男子准备好刀头、敬酒、三叉形和月亮形的面粉馍馍，和未婚女子一起，跟随释比从村寨来到山上高处空地的祭祀塔旁。祭祀仪式中，释比身着醒目服饰，手持羊皮鼓，先在祭祀塔前点燃柏枝、香蜡，唱念开坛鼓经、神分万物、驱邪等经文，举行"领牲"仪式：即将水和几粒青稞放入作为祭牲的洁白羊子的耳朵里，再浇水；羊发抖则表示神已领受，即可杀来祭神了。祭神中，释比给在场的未成年男性胸前系上一根羊毛线，带他们到祭祀塔前饮咂酒。这也是羌族男性冠礼的另一种形式。随后释比敲打羊皮鼓，诵唱经书请神，感谢神恩。经书包括《开天辟地》《人类起源》《羌戈大战》《木姐珠》《燃比娃盗火》等羌族远古神话故事和传说。随着释比诵唱节奏的变化，释比的"禹步"跳跃变为激烈疾速的抖动舞蹈。通过羊皮鼓鼓点节奏的稀疏与密集的交错推进，羌族远古的历史画面仿佛一一浮现出来，祭祀活动渐入高潮。羊皮鼓舞与经文交相呼应的庄严威武场面，使祈求与神沟通的人们的内心充满了对神的敬畏。释比的诵唱和舞蹈使羌人回到了遥远的时代，看到了令人惊骇的神秘世界，感受和领悟到大自然和神的力量。在最后的封山仪式中，释比伴着羊皮鼓舞施咒，人们向山岭叩首，整场仪式结束。这种古老的祭祀仪式，每年重复描绘羌人来自何处、去向何处的历史，强化了羌人的民族记忆、族群的集体记忆，使羌族民众在精神上受到洗礼，有了和平、向善、欢乐、信赖的内心感受。在他们看来，仪式再现了神话所描述的行为模式，打开了获得神圣力量之门。祭山会成为羌族民众的精神纽带，成为羌族世代相传的共同祭祀、共同信仰活动。这是羌族民众赖以团结奋斗、英勇进取的力量源泉。

（二）羌历年

羌历年起源于秦汉之前，是一年丰收之后，羌人祭祀神灵和祖先，向神还愿、许愿的重大节日。每年农历八月初一，全寨的男女老少着新装，用荞面做成牛、羊、鸡、马等形状，作为祭品，在释比的带领下，汇聚在村寨碉楼前，祭祀白石上供奉的牛羊骨头。同时，村寨山林的祭祀塔前，人们杀羊牛祭天神，将牛羊的头供奉在祭祀塔上，祭祀祖先和诸神，谢万物以感恩，并祈祷来年五谷丰登，人丁兴旺。祭完后，小伙子们抬着大块白石遍游全寨，显示白石神的威严与神圣。这几天里，羌民有的叙旧，有的跳“萨郎”、唱歌，有的跳“盔甲舞”，通宵达旦，载歌载舞，庆祝丰收。

（三）瓦尔俄足节

每年农历五月初三，是羌族民间传统的瓦尔俄足节，又名“领歌节”（是羌族的妇女节）。节日里，本寨出生的妇女都盛装参加，带上食物到山上去踩露水、采艾蒿，到神泉沐浴，到山上的祭祀塔前敬祭女神“萨朗”（在神话传说中，是萨朗教会羌族妇女唱歌跳舞）。妇女们回到村寨后，还挨家挨户跳传统歌舞，再齐聚村寨碉楼下继续欢庆三天，预祝当年丰收。

（四）冠　礼

冠礼是羌族男性进入成年的一种盛大仪式，需要请释比做法事。在每年的农历十月到十二月，羌族刚成年的男子都要通过祭山会或者是在家里举行的仪式，接受冠礼。在家举行时，所有的家族成员、亲友均到来围火塘而坐。受礼者戴着新的冠帽。释比手持杉杆，杉杆上有羌族始祖像。受礼者跪拜像下。释比将五色公羊毛线围在他的脖子上，代表始祖赠与他礼物，寓意可以得到始祖的庇护。这时，长辈向受礼者讲述羌人及其家族的历史，讲述神创世界、开万物，帮助羌人过上好日子的神话故事。随后释比念经，祭祀家中诸神。经过冠礼仪式，意味着一个不成熟的男子（儿童）从此转变成一个新人——成人，成为村寨成年人共同体中的一分子，他的一言一行都属于并要符合这个集体。这种转变使受礼者对本民族、家族甚至自己有了新的认知和了解，明白了作为成年人应有的神圣的义务和责任，获得了人生进步的知识与立世做人的精神力量。

三、羌族神话形象化的象征符号——羌绣

羌绣是羌族文化的重要组成部分，是羌族人民物质文化和精神文化的结晶。心灵手巧的羌族妇女将来源于神话故事的核心内容，大自然山水、花果绿叶、飞禽走兽，以及人物、世相等，借助可见、简洁的足以胜过千言万语的符号表达出来，形成自己民族独特的图案纹样艺术。正如英国著名人类学家马林诺夫斯基所说："神话，实际说来，不是闲来无事的诗词，不是空中楼阁没有目的的倾吐，而是若干且极为重要的文化势力。"[①] 像日月星辰、花果龙凤、飞禽走兽等图案纹样，既是自然崇拜的表现，也是远古记忆的保存。例如牡丹雍容华贵、艳丽非凡，象征幸福；粮食瓜果象征丰收；凤鸟象征喜庆等。羌族妇女常把牡丹与凤凰绣在一起，形成羌绣中经典的"凤穿牡丹"纹样，表达对美的不懈追求。深深蕴藏着羌族文化民族记忆的羌绣，是羌族文化之根的延续。羌族神话中蕴含的优秀文化内涵在羌绣纹饰中表现出了积极的生命活力与审美价值。

（一）羊头纹

羊在羌人的生活中具有重要的作用，羌人至今仍保留着供奉"神羊"的习俗。释比上坛经《勒日卡》唱道："羌人养羊一大群，羊子多了好敬

① ［英］马林诺夫斯基著，李安宅编译：《巫术宗教科学与神话》，117 页，上海，上海文艺出版社，1987。

神。许愿还愿不离羊，神灵领羊心欢喜。”① 远古至今，羌族的大事小事都需要羊。在每年农历正月初五，羌族民众都要赶羊到羊神前，用香、酒祭祀羊神。有些村寨的寨神，即是石羊。盘卷的羊头纹在羌绣中运用广泛：茂县一带用羊头纹装饰长衫和围腰，理县桃坪将羊头纹用于包袋装饰，汶川一带流行的围腰刺绣纹饰则有“四羊护花”“三羊开泰”，等等，羊头纹无论绣于何处，都是曾以牧羊为生的羌族人对羊神深厚的情感记忆。

（二）羊角花

羌族称杜鹃花为“羊角花”，这是羌绣纹饰中另一重要纹饰。其绣纹有杜鹃花（“羊角花”），也有羊角纹和杜鹃花配搭绣在一起的“羊角花”。据神话故事《羊角花的来历》和《羊角姻缘》叙述，远古时代，天神阿爸木比塔让女神俄巴巴瑟设法解决人间婚姻问题。女神便住在鲜艳的杜鹃花丛中，凡经过此的人，男的从女神右边走过，取一只右羊角，采一束杜鹃花；女的从左边走过，取一只左羊角，也采一束杜鹃花，然后男女才能投生。凡是拿了一只羊头上双角的男女，到凡间就是一对夫妻。女神就这样安排了人间的羊角姻缘，从此结束了人间乱配的情形。直到现在，每当农历四月，羊角花开的季节，男女青年都要到山上林间对唱情歌、嬉戏、谈情，若彼此情投意合，女方赠送男方羊角花一束表示羊角姻缘对上号；男方将羊角花捧回家中，插在白石神台前，表示向天神阿爸木比塔谢恩，向女神致谢。男方就可以正式向女方家提出订婚了。订婚叫做“插花”。羌族的歌舞女神萨朗姐也就是羊角花女神。在《阿补曲格创世造人种》神话中，阿补曲格听取了红满西的主意，用羊角花枝造人。羊角花象征着爱情、姻缘，是善良、美丽的象征。它鲜活地延续和传承着羌族远古图腾崇拜、始祖崇拜、生殖崇拜等观念，是羌族妇女善良、美丽、爱情、姻缘的象征，表达了羌族妇女对美好生活的向往与憧憬。

（三）云云纹

云云纹是羌绣中运用最广泛、最经典而又最富于变化的一种纹饰，是

① 羌族词典编委会编：《羌族词典》，成都，四川出版集团巴蜀书社，2004。

天上五彩祥云的抽象表达。它象征着爱情，寓意吉祥如意、幸福美满。据羌族民间传说，远古时期，大禹治水，三过家门而不入，日夜操劳于治水之中。他的爱人涂山氏把对大禹的思念和担忧全部倾注在为丈夫制鞋上。为了使大禹在对水神的较量中，不怕洪水，涂山氏特别用五彩金线为大禹做了一双鞋尖微翘，形似小船，鞋帮有各色云彩、水波、虎头、灵芝等图案的鞋，让大禹犹如脚踏祥云，健步如飞，来去安全，逢凶化吉。后来人们就将它称为云云鞋。茂县《云云鞋的传说》还讲道：鲤鱼姑娘顺手撕来一片天上的云彩，摘来一束湖畔的羊角花给牧羊少年，做了一双漂亮的云云鞋。由此，云云鞋便发展成了羌族男女定情之物，这一习俗一直保留到今天。云云纹作为“云朵上的民族”的视觉象征性符号，被广泛装饰于男人的云云鞋、女人的尖尖鞋和孩子的帽子上，还有羌族服饰的袖口、胸前，绣花围腰等处。云云纹满载着羌人对大禹丰功伟绩的缅怀，凝聚着羌人对宇宙世界的理解与对生活的美好愿景和追求。

（四）火苗纹

火在羌族人们的心中是神圣的。据羌族神话故事《燃比娃盗火》所述，火来之不易。羌民认为只要家中的火塘里永远有火种，生命就会存在。火是生命延续的象征，是人生希望的象征，也是人类不畏艰难、勇敢前行的象征。羌族妇女创作的火苗纹，主要用于释比和男性的服饰中，以呼唤和激励羌族人民的坚强斗志与进取精神。

四、结　语

羌族神话经历了由原始自然崇拜到人神崇拜以及现代社会的发展历程，几千年来流播不衰。传统神话《人类的来源》《羊角花的来历》《羌戈大战》《木姐珠与斗安珠》《求雨》等，反映了羌族对自身价值的认识，对民族生存环境、生产生活方式的认识。这些远古神话以接近历史的真实，通过口口相传，借助释比的演绎，以及寓意深刻的各种符号，紧紧地将羌族民众联系在一起，成为羌族人民共同信仰的精神纽带，具有强大的民族凝聚力和文化认同感。这是羌族人民代代相传、无比宝贵的共同的民族记忆。定期、不定期的系列祭祀仪式，将羌人牢牢聚集起来，以重温历史，不断解读和更新生命的意义，从而在艰难而又漫长的历史长河里形成一个稳固的民族共同体，推动了羌族社会的不断发展与进步。

羌族神话中蕴含的传统文化与伦理道德观念通过仪式唱诵，在羌族人民心里扎下了根，潜移默化地影响着羌人的思想和行为。随着羌族社会的向前推进，羌人的愿望和需求也不断变化，仪式可能逐渐消失，可是神话故事传说则通过戏剧、舞蹈、音乐艺术而得以继续讲述和演绎，成为羌族传统文化中不可或缺的一部分。羌族神话以特有的民族印记和强烈的感情色彩符号为羌族文化流传千古提供了源源不竭的活力与生命力。

（作者系西南民族大学图书馆副研究馆员）

清水出芙蓉，天然去雕饰

——论羌族情歌的内容、特点及艺术风格

侯丁月

中国民歌有着悠久的历史，它是劳动人民的集体智慧结晶，是劳动大众在生活与劳动中积淀和创造出来的巨大精神财富，表达的是劳动人民自己的思想、感情、意志和愿望。民歌是一种独特的艺术形式，也是人们在日常生活、生产劳动与现实斗争中的有力武器，因此它才有幸被记载和传承下来。这也就是第一部诗歌总集《诗经》的来由。

《诗经》是我国的第一部“诗歌总集”，也可以说它是我国的第一部“民歌大全”。《诗经》分“风”“雅”“颂”三章，其中的“风”就是民间小调、俗曲、歌谣之类，有160首，超过了全书的二分之一，记载的是那时北方15个地区的民歌。这是《诗经》中数量最多、最有价值、最精华的作品，后来的人喜欢阅读和朗诵并在社会上广为流传的也是那些诸如“关关雎鸠，在河之洲。窈窕淑女，君子好逑”；“蒹葭苍苍，白露为霜。所谓伊人，在水一方”这种通俗易懂的民歌类诗章。

羌族是具有悠久历史的民族。在历史的长河中，他们用自己的勤劳和智慧创造了丰富的具有民族特色的文化，音乐舞蹈是其中非常重要的部分。在音乐文化中，来源于他们生活方面的民间歌曲记录了他们在大山里豪放欢畅、田园牧歌似的生活。与《诗经》一样，在羌族民歌中最多的是叙述男女之情的情歌，它是羌族人民历代口耳相传下来的民间文学，在羌民族中流传得最多最广。

一、羌族情歌的内容

羌族情歌的内容非常丰富，按羌族的习俗，男女青年不能在家里谈情

说爱，他们寻找对象是选在户外或田野劳动场合，通过对歌谈情。不过，他们并不是一开始就表现出对对方的狂爱，而是首先在树下、塘边、山上山下自由对歌，尽情倾诉自己的情怀，探寻对方心灵深处的秘密，然后再作定夺。所以，情歌的内容，往往是叙述男女之间的爱慕、初识、试探、称赞美丽、起誓、思念、送郎、苦情，等等，反映了羌族男女青年从恋爱到结合的全过程。

羌族男女青年对唱情歌，以此来相互认识和了解，建立感情，进而选择情投意合的伴侣。所以，羌族情歌热烈大胆，目的真实淳朴。如小伙子找借口接近心上情妹：

我与妹家做天活，话都没有多余说；
看到看到天黑了，挨挨擦擦踩一脚。
踩一脚来踩一脚，黑了回去睡不着；
脑袋放在床沿上，眼泪汪汪没奈何。①

聪明的小伙温柔体贴人，曲线亲近：

太阳当头像盆火，晒得贤妹没处躲；
我把草帽让给你，等那太阳来晒我。

姑娘的心房本来就不平静，丢颗小石子就会起波澜：

太阳出来晒西墙，贤妹下河洗衣裳；
衣裳搭在肩头上，瞟眼瞟眼盯小郎。

相恋的人总想时时在一起，对方不来，心里乱如麻：

月落往西下，思想奴冤家，
冤家不在我家耍，心里乱如麻。

① 本文所引羌族情歌，来源于中国音乐家协会四川分会编：《羌族民间歌曲选》；阿坝藏族自治州文教处编：《羌族民歌选》（第1集），1959年5月；万光治主编：《羌山采风录》，北京，人民音乐出版社，2011。

他也不来耍，奴也不怪他，
写封书信拜托他，奴有知心话。
……

但是，恋爱往往不是一帆风顺、如愿以偿的。特别是在旧社会，男女青年即便有谈恋爱的自由，却往往没有结婚的自由。那种父母之命、媒妁之言的包办婚姻制度，常使他们的恋爱结局具有悲剧色彩。因而在羌族情歌里，描写妇女命运和生活的题材较多，感情真挚动人：

十八姐儿九岁郎，夜夜把你抱上床；
不看堂前公婆在，你当儿子我当娘。
六月麦子正扬花，丈夫还是奶娃娃；
哪天等得丈夫大，落了叶子谢了花。

羌族情歌是羌民心声的艺术再现，其生动的歌词配上悠扬、质朴的旋律，带着大山的深情、泥土的芬芳，洋溢着浓郁的民族特色；语含亲昵、关心、挑逗、辩解和真情，直抒胸怀，非常直白。这些情歌内容丰富，形式多样，写得爽快热烈、痴情缠绵、凄楚哀婉，表现了羌族人民对爱情的向往和大胆的追求，以及对不幸婚姻的愤怒控诉。其与《诗经》中的《关雎》《汉广》《静女》《子衿》《蒹葭》《东出其门》这些篇章非常类似，充盈着强烈的现实主义情怀和积极向上的浪漫主义精神。

二、羌族情歌的特点

羌族情歌最大的特点，一是它的即兴性，也就是随意性；二是它的直白性，也就是通俗性。这实际也是羌族民歌的基本特点。羌族情歌的特点与羌族英雄，中华民族的“人文始祖”大禹有很大的关系。

考察中国民歌发展的历史踪迹，可以发现，中国最早有文字记载的一首情歌是被称为《候人歌》的民歌。

《吕氏春秋·音初》记载：“禹行功，见涂山之女。禹未之遇，而巡省南土。涂山氏之女乃令其妾候禹于涂山之阳。女乃作歌，歌曰：‘候人兮猗！’实始作为南音。”① 意思是：大禹治水经过涂山，娶涂山氏之女为妻，而后就到南方巡视水情。涂山氏之女就叫她的侍女，在南面山坡上迎候大禹，同时作了一首“候人兮猗”的歌让其演唱。这首歌就是中国最早有文字记载的情歌。

“候人兮猗！”虽只有一句，却是我们今天所能见到的比较可信的夏代诗歌的遗文。这是中国第一首爱情诗，确切说是第一首爱情歌，是中国情歌之鼻祖。

这首情歌虽然歌词只有一句，但却是一首完整的诗歌。它短小质朴，纯真可爱。赵沛霖的《兴的源起》一书引用过俄罗斯学者柯斯文《原始文化史纲》中的一句名言：“最原始的歌唱中的歌词常常是同一呼声或同一言辞的重复。”② 学者注意到通过反复“延扩”内容，加强表现力是原始诗歌的一个重要特点。在人类大量的早期诗歌中可以找到很多只有一句的原始歌谣。而《候人歌》作为一首完整的原始诗歌，早已得到古今学者的认可，如清人杜文澜将它收入《古谣谚》，现代文学家闻一多的《神话与诗》、郭沫若的《屈原研究》、刘大杰的《中国文学发展史》等对它都屡有称引。

“候人兮猗”这句话只有四个字，而且只有前面两个字有实际意思。在这四个字中，有两个是语气词：“兮”是助词，相当于现代的“啊”或“呀”；“猗”是叹词，用于句末，相当于“啊”。两个字只是强化作者心中所想：候人！它们意译成现代语言就是：你知道我在等你吗？我的爱人！

涂山之女等候的对象，就是那个同时存在于神话传说和正史文本里的大名鼎鼎的“出自西羌”的治水英雄、我国第一个朝代——夏的建立者大禹。而《候人歌》也因此成为有史可查的羌族第一首诗歌，具体而言，是第一首民歌，或者第一首情歌。

“候人”两字，即兴，直白，奠定了羌族民歌的基本特点。

羌民族的历史虽然悠久，但是，这个民族一直没有自己的文字。因为没有文字，它的历史和文化只能口耳相传。包括羌族情歌在内的羌族民歌，从体裁到种类及歌曲数量都没有较多的记载。羌族民歌的传承方式为

① （汉）高诱注，（清）毕沅校正：《吕氏春秋》，上海，上海古籍出版社，1996。

② 赵沛霖：《兴的源起》，北京，中国社会科学出版社，1987。

自然传承，即主要靠在劳动及民俗活动等各种场合“听”“学”各类民歌，大体不存在拜师学艺的传承方式。所以，羌族民歌可以说一直还处于原生状态，除几首典型歌曲如汶川的《格姆幺幺》《花儿纳吉》，茂县的《纳吉纳那》《新格尔松》之外，大部分主要在各偏远村寨流传，其中的山歌、苦情歌、劳动歌，尤其是情歌，即兴演唱成分较强。

例如，有首羌族情歌是这样唱的：

隔河看见妹穿青，心想过河水又深；
丢个石头试深浅，唱支山歌试妹心。

与此相似的另一首羌族情歌是这样唱的：

大河流水小河清，不知小河有多深；
丢个石头试深浅，唱个山歌试妹心。
太阳出来喜盈盈，叫声阿妹仔细听；
要学松树万年青，莫学花椒黑了心。

这类轻快的情歌，歌词内容较为丰富。歌唱者即兴编词，感情淳朴、真切，以景物比喻，抒情性较强。

情歌是羌族青年男女进行社交活动时所唱的歌曲，其特点是善用比喻，纯真动人，常常是男女对答而唱，以表达相互的爱慕之情。

例如，有些小伙子的思想活络些，见了情妹是又吹又捧，又抹粉又灌蜜：

幺妹长得像朵花，十人见了九人夸；
鱼儿见了不沉底，和尚见了不出家。
马桑树儿开红花，贤妹长得像菩萨；
走路好比风送云，坐到好像一朵花。
妹儿长得白如银，好像壶中酒一瓶；
过路君子尝一口，你看醉人不醉人。

这些即兴而编描写青年男女内心世界的歌谣完全就是生活口语，却细致入微地刻画出了羌民族争取婚姻自由、追求幸福的质朴意识和坚贞纯洁的人生信念，同时又不失羌民族风趣、幽默地排遣忧愁、笑对艰难生活的情调，所以在传唱中也易于被受众接纳和继承。羌族情歌经羌族儿女世代传唱，锤炼加工，成为羌族青年男女沟通感情、交流思想、喜结连理、共建家业的主要表达手段。

三、羌族情歌的艺术风格

羌族情歌的艺术风格借用"清水出芙蓉，天然去雕饰"① 这句唐诗来形容最为恰当不过。它以独特的艺术形式表达出羌族青年对爱情的热烈大胆追求以及淳朴、健康的恋爱观。

常言说"诗以言志，歌以抒情，舞以舒心"，美好的爱情是每个时代、每位青年都会有的自由追求，但是在封建社会，封建统治者和世俗的主流社会用所谓正统伦理观念禁锢人们的思想，婚姻没有自由，男女之间的交往受到极大的限制，真诚美好的情感被虚伪的伦理体系极度打压和抑制。然而思想总是禁锢不住的，追求美好爱情和美好生活是古今人们共同的梦想。梦想总会寻找一切机会去冲破牢笼，去大胆地自由飞翔。这飞翔的翅膀之一就是产生于民间中那些绚丽多彩的情歌。民间情歌是所有文学艺术表达方式中最纯者和最美者。例如羌族情歌中一首是这样对唱的：

男：高上岩上有好柴，为啥贤妹还不来？
只要我看妹一眼，弯刀一响两背柴。
女：郎在山上唱一声，妹在山下乱了心；
四脚板凳坐不稳，手纳鞋底忘抽针。

虽然各自都只有短短四句，却把一个羌族青年与一个羌族姑娘彼此思念情人的心情描绘得逼真、传神。以"看妹一眼"，干劲倍增，"弯刀一响两背柴"和"山上唱一声"到"山下乱了心"，使人听了有一种言犹尽

① （唐）李白：《经乱离后天恩流夜郎忆旧游书怀赠江夏韦太守良宰》。

而意无穷之感。

清早起来走三弯，抬头看见火烧山；
火烧茅草根不断，要我丢妹心不甘。

这是多么坚贞和诚挚的爱情！与汉族情歌“生要恋，死要恋，不怕刀枪架门边”有着异曲同工之妙。这种山盟海誓般的爱情，是任何外来力量都不可能拆散的。

贤妹担水扁担长，双手捧着桶脊梁；
屋里还有半缸水，假装担水望情郎。

这首情歌，生动地描绘了一对男女在热恋期间那种缠绵悱恻的深切依恋之情。

雪白帕儿四角方，姑娘拿来绣鸳鸯；
劳动模范你当上，大大方方送一张。

这首情歌，无疑具有当代色彩，但它通过女方对男方的热情鼓励，亲切嘱咐，同样反映了羌族情歌的一般特点：那就是快人快语，直抒胸臆。

羌族情歌与其他民族情歌相比较，有其独有的可爱动人之处。有对爱情的大胆表白，有对爱情的热烈追求，有对不合理婚姻制度的诅咒，也有对美好生活的热烈歌颂或向往。它绘声绘色，惟妙惟肖。在表现手法上，多采用比喻，比喻得新鲜、贴切、朴实，具有浓郁的民族地方色彩。

（作者系阿坝师范学院中文系讲师）

古羌之声：羌笛音乐文化考源及保护

李天义　侯李游美

一、唐诗中羌笛的意境及美感效应

研究羌族文化，绕不开这个民族最具特色的一种乐器——羌笛。羌笛是羌族先民在游牧生活中驱赶羊群和遣散寂寞的一种小小乐器，它音色优美，造型独特（双管）。我们不妨利用中国唐诗中对羌笛的赞誉，来一番对羌笛文化的巡游。羌笛频繁出现在唐代诗人诗句中是一大奇观。唐代诗人并不擅长演奏羌笛，为何要以这种乐器为宗，穷极一生精力去描写羌笛。此问题与中国表现西北寥寞、苍凉的“边塞诗”风有关。在中国唐诗中最为引人注目的莫过于那些描写“大漠孤烟直，长河落日圆”的边塞诗。边塞诗人的诗句苍凉、寥寞、悲壮、肃静，给人留下十分美好的感觉。在王之涣、王昌龄、高适、李颀、王维、岑参、崔颢、王翰等边塞诗人的诗句中，一种名之为“羌笛”的乐器，自始至终都很抢眼。其原因只有一个，那就是这种乐器不仅能够表达乐人的心中快感，也能够释放诗人高远的志向。用著名美学家宗白华的一句话来说，这是“文学搭建音乐的翅膀”而飞翔。

羌笛，作为中国历代军士们随身携带的一种乐器，在狼烟四起、烽火连天的古代战场上，扮演着十分特殊的角色。作为唐代边塞诗人之首的王之涣，其《凉州词》被广为传唱。而该诗最脍炙人口者则是末二句：“羌笛何须怨杨柳，春风不度玉门关”。诗以羌笛之乐来表达关内的一种温馨生活。诗中虽然没有提及黄沙、戈壁、荒原的景色，却让人感觉到羌笛声消失在关内，关外的苍茫与寂寞渐入眼帘。诗人的高明之处在于借“羌笛”和“杨柳”二字，表达出一种大唐盛世、皇恩浩荡的场景；又以“春风”和“玉门关”造成一种失去欢乐与亲人的假象，再用一个“度”字表达出诗人心灵漂泊四方与感情四溢的心境。诗中的杨柳，不是我们常人理解的那种生长在河岸的柳树，而是指唐代的一种著名乐曲《折杨柳》。王之焕在《凉州词》中以羌笛与杨柳的巧妙搭配，表现出诗人优雅的情趣和悲凉而慷慨的心境。

王昌龄也在他的作品中提及到羌笛这一乐器：“烽火城西百尺楼，黄昏独坐海风秋。更吹羌笛关山月，无那金闺万里愁。”这首《从军行七首（其一）》是诗人诸多边塞诗之一，也是他表达中原将士行走边关那种凄苦、悲凉生活的一个写照。诗中将羌笛乐器与“关山月”一词连在一起，这里的关山月不是地名，而是一种曲牌。唐代诗中有很多这样的曲牌，便于咏唱和吟诵。关山月这首曲牌属乐府旧题，为横吹曲辞，多抒离别哀伤之情。诗人王昌龄在诗句中最后一句点出“金闺万里愁”。“金闺”指金马门（汉代宫门名，学士待诏处），代指朝廷，也是闺阁的美称。李白在《关山月》中亦有这样的佳句：“明月出天山，苍茫云海间，长风几万里，吹度玉门关。”李白的诗对于音乐节律的驾驭能力无人企及，《关山月》以一支游牧人的羌笛描绘出边塞大漠的绝佳美景。

羌笛采用竹子制成，小巧玲珑，易于携带。声音尖利明亮，能够穿透浩瀚戈壁在大漠回响。行游在大漠深处，荒野给人带来的寂寞难以言表；一曲羌笛穿越戈壁，给游牧者一种深深的慰藉。中国在汉代就有编钟、编磬、竽、笙、瑟、琴、筝等，可是这些乐器不便携带，尤其不利于行军，行走在荒野大漠，羌笛因小巧便捷，就成了军中艺人演奏时常携带的乐器。难怪羌笛总出现在边塞诗句里，慰藉、安抚军中将士，成为征战者思念家乡、怀念妻室儿女的一种寄托。

另一首值得一提的关于羌笛的边塞诗为高适的《塞上听吹笛》，这首诗句将羌笛与“胡天”“牧马”“梅花落”联系在一起，形成很好的审美效应。“雪净胡天牧马还，月明羌笛戍楼间。借问梅花何出落，风吹一夜满关山。”《塞上听吹笛》是诗人中年时期的作品，诗中描写了这样的情景：在一个夜深人静的时候，军中将士驱赶牧马回军营途中，突然传出一阵凄迷的羌笛声响，这是从戍楼飞出的一首《梅花落》曲调，在军士眼前仿佛出现梅花飘零的景象。这首诗里，羌笛不仅是一种乐器的美妙声音，更是诗句前后关联的一种工具，也是引发诗人畅想无限的源头。唐诗宋词是中国文学中表现音乐美学最集中的地方。张明非先生说："中国文学上的诗词本是为配乐歌唱的歌词，可称为'音乐文学'，是一种融歌、舞、乐为一体的综合性艺术形态。这就决定了从生产到消费都带有音乐性，从形体到内质都具有音乐美的特征。"①

唐诗中羌笛与边塞的苍凉总是连在一起。军中将士在刀光剑影之后必将思念家乡的妻室儿女、故园的乡情旧事，羌笛就成了征战军士的一种慰藉物。那凄迷尖利的声响，和着幽怨感伤的旋律在军营中四处弥漫。"晚唐边塞诗审美主调为萧飒，色彩阴郁，景象悲苦，感情压抑，情绪低沉，是其特色。"② 羌笛之音正合这个特色。它可以用来慰藉军中将士，安抚那些战死的亡灵，抚平幸存者心灵的伤口。

在唐代边塞诗句中，岑参的《白雪歌送武判官归京》是最耐人寻味的一首，诗中有"中军置酒饮归客，胡琴琵琶与羌笛"句，羌笛与胡琴、琵琶并用，进一步加深了诗句中将士们打了胜仗那种难以言表的喜悦。诗中提及的胡琴和琵琶均来自龟兹，是早年为西域胡人所操的两种乐器。汉代开始，中国内地与西域诸民族交往甚密，边塞胡人通过丝绸之路经商渠道，把大量的西域文化引进中原。羌笛作为中原最具代表性的一种乐器，与自西域传入的胡琴、琵琶融为一体，表现出汉文化的兼容胸襟与盛唐的开放情怀。

边塞诗是中国"诗海"中最绚丽的一朵浪花，它之所以夺人眼目，乃在于将西北边陲的寂寞与欢腾喧嚣的乐舞联系在一起。诗人利用非凡的想象力表现战争、长途行军、思念故园等复杂的心情，尤其是对羌笛的描写，唤起人们无穷的回味与想象，在审美效果上具有极大的震撼力。

二、羌笛音乐文化研究

笛是中国历史上最早出现的乐器之一。早在石器时期，中国先人就用野兽的骨头制造出了骨笛。1986 年，考古学家在位于河南省舞阳县北舞渡镇西南 1.5 公里的贾湖村，出土了 20 只骨笛。这些骨笛造音为五声结

① 张明非：《唐诗宋词专题》，161 页，北京，高等教育出版社，2008。

② 刘怀荣：《二十世纪以来先秦至唐代诗歌研究》，196 页，济南，齐鲁书社，2006。

构，这为中国音乐五声音阶框架找到了实证。河南出土的这批骨笛，由于笛面为6～7孔，就很难说它是一种模仿鸟鸣的工具，而应是带有娱乐性质的，具有大脑思维能力的智慧之物。据考古学家科学论证，河南出土的这批骨笛距今大约7500年的历史，这是中国考古文化的一次重要发现。制笛材料由兽骨转化为竹子经历了约3000年的历史。中国文献最早记载的笛为黄帝时期。《太平御览·东部》记载："黄帝使伶伦伐竹于昆溪、斩而作笛，吹之作凤鸣。"伶伦是中国音乐的始祖，相传为黄帝时代的乐官，是中国古代发明律吕、据以制乐的始祖。《吕氏春秋·古乐篇》也记载了伶伦是中国制律的第一人："昔黄帝令伶伦作为律。伶伦自大夏之西，乃之阮隃之阴，取竹于嶰溪之谷，以生空窍厚均者，断两节间，其长三寸九分而吹之，以为黄钟之宫，吹曰舍少，次制十二筒，以之阮隃之下，听凤凰之鸣，以别十二律。"从这段文献里，我们不仅认识到中国音乐旋律结构与西方十二平均律制乐有所不同的源头，更让人惊喜的是，发现了羌笛材料由兽骨向竹子转换的原始依据。羌笛发轫于悠远的黄帝时代，沿着岁月的长河来到今天，以竹为本，制造出愉悦一方民众的乐器。《史记》中说黄帝好乐，命伶伦在昆磎伐竹制作乐器。昆磎，历史上没有准确的记载，史学界部分学者认为可能指的是昆仑山、昆仑丘或玉山。昆仑山是亚洲中部大山系，也是中国西部山系的主干，西起帕米尔高原东部，横贯新疆、西藏，伸延至青海境内，全长约2500公里。传说昆仑山上的竹子为一种神竹，用它制作的乐器音色嘹亮。秦汉时期已有了七孔竹笛，并发明了两头笛。东汉时期的音乐家蔡邕也曾采用竹器制作十二律笛，即一笛一律。竹笛沿着中国文人活动的足迹延伸、繁衍、变异成后来各种各样的竹质乐器。与此同时，笛的音色、外观也有了长足发展。羌笛，中国历史最早出现这一乐器的文字在汉代。东汉马融《长笛赋》："近世双笛从羌起，羌人伐竹未及已，龙吟水中不见已，截竹吹之声相似。"马融所言是说其时羌笛乃双管并立，而羌笛之美、之异则正在于此。2006年5月，"羌笛演奏及制作技艺"被列入国家级非物质文化遗产目录。

羌笛这一名称为汉语言文学所赋，羌语中的羌笛谓之"其篥"。由于羌语所称谓的"其篥"中的"篥"字缘故，学术界很容易把它误认为是文献中的"筚篥"乐器。笔者发现不少以"筚篥"之名介绍羌笛的文章，这不能不说是一种误解。筚篥也称为觱篥，为西域传入，高亢清脆，或哀婉悲凉，质感鲜明，在法曲等演奏中常为领奏器乐。唐代诗人李颀《听安万善吹觱篥歌》记载了这种乐器的出处：“南山截竹为筚篥，此乐本自龟兹出。流传汉地曲转奇，凉州胡人为我吹。”由此可见，羌笛与筚篥不是同一种乐器。羌笛音色明亮，清脆婉转，主要用于独奏。它是羌族最具代表性的文化标识，承载了羌族这个游牧民族数千年四处飘零的历史，反映出羌族生生不息的顽强生命力。

2014 年 4 月 29 日，由北川羌族自治县人民政府、成都市文化馆、绵阳市文化馆和成都大学主办，县文广新局和成都大学艺术学院承办的成都文化四季风“城际大巡演”暨北川“禹羌部落歌舞展演”在成都大学演出，羌笛之声给师生留下了深刻的印象。值得一提的是，乐团中的羌笛演奏，那飘逸悠扬的笛声令笔者至今难以忘怀，这也是笔者撰写本文的原始动力，促成了对羌族文化羌笛的生存现状的关注与思考。

羌笛在四川主要流行于阿坝藏族羌族自治州的茂县、汶川、理县，绵阳北川羌族自治县、平武县等地。该乐器由于音色独特，文化内涵深邃，在四川原生态文化系列中享有很高的声誉。羌笛取材于竹。由于四川盆地的地理位置，现把羌笛制造的竹子定位在箭竹上。箭竹主要生长在位于岷山腹部四川省九寨沟县的九寨沟自然保护区，一般生长在 4000 米左右的高山，质地坚硬皮实，制造中不容易被折断。箭竹分为糙花箭竹、华西箭竹、大箭竹等。四川大熊猫保护区是不允许砍伐箭竹的，尤其是大箭竹，因为大箭竹的竹笋是熊猫宝宝最喜欢吃的一种食物，所以羌笛乐器制造只能限制于沿着岷山河谷，在较低的地势中采集的成熟箭竹。羌笛材料箭竹的直径为 1 厘米左右，筒孔大小一致的竹管并在一起，用丝线缠绕，管头插着竹簧。用于制作羌笛的箭竹也很讲究，一般选用杆直、筒圆、节长，且头尾粗细较均匀、竹肉厚薄有度、质地坚韧、纤维细密、不易开裂的箭竹，并根据筒管的长短、厚薄及筒管大小测定音准，孔距必须精确相等。

据历史推演，羌笛制造最初并非始于箭竹。在古羌人生活的甘肃生长着两种竹子，均能制作羌笛：一为黄古竹，一为紫竹（即墨竹）。黄古竹的学名是“*Phyllostachys angusta*”，为禾本科刚竹属下的一个种。紫竹学名为“*Phyllostachys nigra*”，幼竿绿色，密被细柔毛及白粉，箨环有毛，一年生以后的竿逐渐先出现紫斑，最后全部变为紫黑色。紫竹是制作传统箫最常用的竹子。箫音色暗淡、抑郁，是古代文人士大夫喜好的一种乐器。紫竹同样也是羌笛的首选。羌笛采用紫竹制作，音色比箭竹音色稍微淡雅朴质。黄古竹箨鞘乳白或带黄绿色，具稀疏小斑点，无毛，无箨耳和鞘口遂毛；箨舌甚发达，淡黄绿色，先端撕裂，具灰白色长纤毛；箨叶矛状至带状，绿色，边缘淡黄色，反转。其竹材性韧，篾性好，宜编制细竹器及工艺品。另外甘肃陇南还有几种竹子也是羌笛的材料，如巴山竹和青川竹。这两种竹子质地没有箭竹那样坚实，受西北高寒地域的影响，竹身易于破损。在甘肃境内也有一种乐器采用双管并立，造孔4~5孔的乐器，谓之“咪咪”。它的长度为10厘米左右，正好是羌笛笛身的一半，这与竹子的材质不无关系。

三、关于羌笛其他学术性问题

（一）羌笛的音色研究

羌笛音色高亢尖利，低音区郁闷压抑，当使用腹部颤音时声音迷茫、幽怨，凡此种种，都是后人对这种乐器的一种主观感受。关于羌笛悲戚、幽怨、抑郁、苦楚之声的主观情绪描述，多来自中国古代文人对它的感受，如果不是受制于诗人文字的影响，我们很难听辨出羌笛声中那些独具魅力的哀怨情绪和戚戚之声。“羌管悠悠霜满地。人不寐，将军白发征夫泪。”范仲淹《渔家傲》中将羌笛之声与秋色、大雁南归、长烟落日孤城闭等萧疏悲凉的景象并用，很好地表现出羌笛那种凄迷、幽怨的音色与情绪。另一首绘声绘色描写羌笛悲凉情景的是晚唐的贯休。他的《古塞上曲七首》中的“白雁兼羌笛，几年垂泪听。阴风吹杀气，永日在青冥”句，深刻地描绘出羌笛这种乐器的音色和悲怨情绪，将人的情融于乐的声之间，折射出周遭阴霾气氛和冥界的那种难以言表的气氛。此诗的巧妙在于将笛声与青冥大胆加以联系，“冥”字在中国文字中本身具有昏暗、幽怨、深沉、恐怖之含义。这个大胆的贯休不惧羌人对他的抱怨，把笛声与冥界加以联想，给人造成另一种审美空间。

（二）羌笛与其他相似乐器的渊源

中国乐器由于制作材料各异而形成不同的乐器种类，用八个字分别代表不同乐器的质地，它们是金、石、丝、竹、匏、土、革、木；在竹乐器中有笛、箫、笙、筝、竽、筑、筚篥等。这些乐器与我们所研究的羌笛有所不同，它们不是单管就是多管，如箫、笛属于单管，笙属于多管，唯有羌笛属于双管。羌笛又称为羌管，采用箭竹或油竹制成。羌笛属于单簧鸣器乐器，双管并立。制作者将羌管削成类似筷子一样的方形，然后用胶水粘合。羌笛比竹笛稍短，身长为13～19厘米不等，管口内径2厘米左右，笛管上端装有4厘米长的竹质吹嘴，正面用刀削平，并在上端约3厘米处，用刀切开一薄片作为簧片。羌笛制作工艺精良，外形质朴，音色独特，是其他乐器无法效仿的。

在甘肃临夏回族自治州的东乡族有一种叫“咪咪”的乐器与羌笛同形。“咪咪”采用双管构造，其形制、发声原理、音色等都与羌笛酷似。东乡族是甘肃省特有民族，该民族很可能是党项羌的后裔。而这大概是羌笛与“咪咪”造型相近的一个根源吧！

“咪咪”流行于甘肃临夏境内，是东乡族乡民在农耕、放牧时常玩的一种乐器。“咪咪”最早见于骨质，后演变为竹形。“咪咪”可用当地的黄杆京竹、黄槽竹、苦竹、京竹、四季竹、青皮竹、棕竹制成。这类竹子耐干耐寒，有些可以在－20℃以下的温度下存活。“咪咪”采用双管并置而成，每根竹管上造有对称的四个音孔，这与古代羌笛造四孔的形状相同。“咪咪”在演奏时，管身竖置，双手持握此器，左手在下，中指、食指分别横按两管第一、二两孔，右手在上，中指、食指分别横按两管第三、四两孔。口含两管上端管哨吹奏，可发出同度双音。

羌笛与“咪咪”相形比较，在外形、材质、工艺制造、音色、发声原理等方面都极为近似。羌笛经由历史的演变，制作工艺大大改良，所采用的材质为箭竹，最好是深秋季节处于“冬眠”不生长的竹子，此时的竹子质地坚实，便于制作时的造型和掘孔。现制羌笛虽然为双管，与流行甘肃东乡族的“咪咪”一样，但它在制作时要将其笛身削为方形，这样以便两竹管粘合。羌笛在演进中外观有所变化，但并没走出多远。它的发声原理、两管并行、四孔、以竹为本的原始模样与甘肃东乡族的“咪咪”完全一致。掀开历史，原来东乡族正好居住在古羌人过去放牧的那片土地上。东乡族居住在甘肃临夏回族自治州境内洮河以西、大夏河以东的山麓地带。由民族出版社出版、马自祥编著的《甘肃少数民族民俗文化概览》一书，记载了这个民族无文字，有语言，传承文化十分艰难："东乡族有民族语言，无民族文字。东乡语属阿尔泰语系蒙古语族……部分语言构词有部分阿拉伯语、波斯语、突厥语的词。"① 甘肃由于地处古丝绸之路要道，其文化特色突出，有16个民族生活在风沙弥漫、缺水少植被的盐碱地环境下，对生活的美好向往与遐想往往比生活在沿海城市的人浓郁。国家第一批公布的甘肃非物质文化中，甘肃有85项名列榜上，其中莲花山"花儿"、甘南佛宫音乐"道得尔"、敦煌艺术、兰州高跷、庆阳唢呐、兰州鼓子等，均为大家所熟悉和喜爱。作为一种民间音乐演奏乐器"咪咪"，也正在申报国家非物质音乐文化。"咪咪"是甘肃地区东乡族具有代表意义的一种民间乐器，其文化内涵和历史所留下的印记，远胜于乐器本身的价值。透过这一乐器，可以使我们窥见大漠深处的流金岁月、民族与民族文化的演进进程。2011年，兰州大学艺术学院一行七人到甘肃和政县进行田园采风，甘肃松鸣岩"花儿王"马金山向到访的人演奏了"咪咪"这种乐器，笔者当年采风亦曾驻足于此，聆听过东乡族这一乐器精彩的演奏。"咪咪"音色高亢尖利，音量虽不如羌笛，但是，在幽静的松鸣岩国家自然生态文化保护区内，"咪咪"的声音传遍山谷，响彻云端。生活在甘肃省临夏回族自治州的东乡族与四川羌族妇女都有一个共同的习俗，那就是头上均戴有盖头。盖头是西部少数民族妇女头饰的显著标志，象征着居留于黄沙漫漫的西北，终日饱受沙尘侵害的妇女们的一种防卫"武器"。新疆、青海、陕西、甘肃、内蒙古的少数民族都有这种装饰。它一来阻挡风沙，二则显示出另样的美丽。羌族妇女也兴头饰，所不同的是，羌族移居四川后，在山清水秀的环境里生活，不受风沙的侵袭，妇女盖头于是就掀起来，改为朝后系的一块饰品。尽管羌族妇女的头巾有所演变，但它与羌笛"咪咪"乐器一样，出于同源，难断"手足之情"。

西北古羌人，经历岁月的冲刷，尽管民族的名称有所变异，生活习惯与语言也各不相同，但是，人类延伸、繁衍、生息的痕迹却从未因此改变。如果说甘肃东乡族演操的乐器"咪咪"与四川汶川地区的羌笛同源，那么，生活在贵州境内有一种名之为姊妹箫的乐器，同样与羌笛有着千丝万缕的联系。

---

① 马自祥编著：《甘肃少数民族民俗文化概览》，79页，北京，民族出版社，2005。

贵州的姊妹箫为双管箫，与羌笛同形。姊妹箫长为 25 ~ 40 厘米，上端内径 1.3 ~ 1.5 厘米，上、下两端管口通透。箫管采用内塞式进气道，即在上端管口置入一个木塞，木塞一侧削出一条宽、深各 0.2 厘米的沟槽，在距上端管口 3 厘米处，正对进气孔道开一发音孔，孔长 1 厘米、宽 0.3 厘米。发音孔多设在管身的背面。姊妹箫是布依族吹鸣乐器，布依语称“乌里乌鲁”，流行于贵州省黔西南、黔南、安顺等地区的兴义、惠水、平塘、荔波、平坝、清镇、贵定、龙里和花溪等地。据一些做过田园采风的音乐人士说，苗族同样喜欢这一乐器，他们称这种双管竹乐器叫“占得息”“力布”“咪咪”。而“咪咪”一词不是苗族语言中固有的名称，而是借用东乡族对这一乐器的称谓。古羌人在多次的民族大迁徙中，北抵内蒙古，西至新疆，东达陕西，南下终端达贵州、云南一带。贵州省境内的羌族现有 0.16 万人，主要居住在贵州的铜仁市石阡县、江口县，民族习俗沿袭古羌人的传统，其中，姊妹箫就是羌笛的变种乐器。所不同的是，姊妹箫比羌笛略长一些，最长的为 40 厘米，羌笛为 20 厘米，东乡族的“咪咪”为 10 厘米。三地的乐器取材大致相同：羌笛取材于岷江高山的箭竹，“咪咪”采用黄土高原的黄杆京竹，姊妹箫则选材贵州武陵山河谷的水竹。姊妹箫是羌族南下在贵州所留下的文化痕迹。它比四川境内的羌笛要长一倍，音色粗犷，音域宽阔。有些双管箫制孔为八孔，这也比羌笛多出一些音孔，无疑扩展了音域，丰富了乐器的表现力。

四、羌笛文化的传承与保护

民族传统音乐是民族文化标识符号之一，也是族群承载历史创造、精神寄托的族群记忆。然而今天羌笛从曲目演奏、乐器制作、传承人现状，到接受市场，都面临极大的困境。昔日诗歌中经常出现的“落梅曲”“闻柳曲”，已渐行渐远。这些曲调的情韵，只剩下在千古流传下来的诗句中去寻觅。据悉，流传至今的羌笛曲目大都通过口耳相传而来，只剩 30 多首，主要反映羌族人民的历史迁徙及与自然做斗争的内容，风格偏悲壮。其中最典型的是表现羌族人民举家南迁的《羌魂》。而羌笛的制作也面临传承困境。其制作原材料须取材于生长在山中海拔 2500 米以上的油竹，4—5 月采摘，哨口部分须选材于 9—10 月的竹子，放置在火炕坑槽中一年左右，再在清油里泡上一个月以上，等阴干后才算是一个哨片。做一支羌笛，从头到尾，至少要花上一年多的时间。如此高的“门槛”，对追求时效性的今人而言，的确“望而生畏”。

当下全球范围中的音乐都面临严峻现状，尤以民族音乐受到的全球化音乐浪潮冲击最为强烈，许多民族音乐处于边缘化或非主流化境地；少数民族群体的民族音乐，如羌笛音乐，更是处于文化发展的弱势地位。纵观其当下生存态势，正被多元文化、商业价值异化倡导下的多种现代音乐同化，其本身独立音乐身份正被异化。在多元文化的影响下，在同时面临机遇和挑战的今天，若要坚守羌笛音乐文化传统的精神内涵，为避免出现羌笛传统民族音乐文化传承的断裂，必须确认和保持羌笛民族音乐文化的认同性、稳定性和民族性，进而深入思考其作为音乐文化基因的活态保护与传承问题。

首先，研究民族音乐本身，须遵循音乐的学科属性、定位和研究对象。涉及羌笛音乐文化的活化与传承，应该从人类学研究中汲取其成年礼方法，即田野调查。从此出发，研究者须将书斋思索与现实境遇相结合，以传承和保护心态面对民间艺人，面对研究对象。这不仅涉及是否出于兴趣与爱好的临时查找，还必须出于音乐文化研究者的社会责任心，以多视角、多侧面、多元化的视角真正熟悉并掌握研究对象，对其真正的学术意义有所把握，才能产生具有科学意义的研究成果。作为研究者，我们要看到，欧洲音乐学家将欧洲传统民族音乐的每一个单音都做了深入分析，总结出和声学、复调学、曲式学等理论。有的西方民族音乐学家还对异民族传统音乐做了大量的实地考察，其研究成果不仅对本民族音乐的可持续发展提供了明晰的“他山之石”，更为学术界提供了方法论范式。我们作为中国的音乐学家和音乐研究者，更应该为中华民族音乐文化的传承与发展承担责任。

其次，对羌笛音乐文化的保护与传承可以采用多种方式，完整性活态保存是我们的理想化追求，同时也必须对传统纸质保存方式做必要补充。对传统民族音乐，如果不活态化对待，而只是以平面文献方式，如民歌谱、戏曲谱方式保存，则后续乏力。我们应该在原有传统的纸质保存方式基础上，充分发挥现代科技手段的优势，利用互联网大数据、数据库的平台与空间，将无声文献（静态的图、谱、文等）与有声文献（动态的音、像等）融汇，集合分散的民间化碎片，使得艺术事系瞬间凝固，为羌笛音乐留下一个当下的完整本貌。为此，还可以做一个特色资源数据库，其中包括原始制作材料、乐段、历史，以形成一个活态的整体形象。自 1877 年爱迪生发明了滚筒铁皮留声机，到 1899 年全世界第一家音响档案馆——“奥地利国家音响档案馆”成立，从此结束了音乐文献资料“哑巴史”的状况。从无声音乐文献到有声音乐文献，是人类音乐文化传承技术手段史上的一次飞跃。如今世界范围内的现代化进程速度日益加剧，数字技术、网络技术、信息技术已进入社会生活，为我们提供了研究的空间和契机，拓宽了音乐学研究的视野和领域。针对羌笛音乐文化，在不改掉其标识性东西的条件下，我们应该充分利用现代科技的有利契机，在科学技术的支持下，在传承过程中，处理好个性张扬、意义重构在传播无限发达情况下的平衡关系。作为纸质文献资料的有力补充，数据库的建设不仅能使音乐事象不再受制于传统纸质文献容量的限制，使资源覆盖量最大化，而且还能彻底改变从院校音乐研究到民族民间存在方式“重藏轻用”的局面，使音乐资源的价值最大化。时代在发展，数字化的高速发展带来了社会的突飞猛进，人们的观念思维和生活节奏都在经历深刻变化，人们对音乐的追求和欣赏习惯也给民族音乐提出了新的要求。所以对待羌笛音乐内容的传承上要不断地丰富，格式上也要不断地趋于多样化；换句话说，如果有羌笛民族文化相应的数据平台增强传播，在当今信息化的今天，是会扩大影响力，推动羌笛音乐文化繁荣和发展的。可以说，民族音乐在互联网上“安营扎寨”是必要的。世界化的过程需要民族音乐的大舞台，而数字平台和传播渠道则能进一步推动中国羌笛音乐和民族文化艺术的发展，提升中国民族音乐在国内外的形象与品牌知名度。

再次，应该有“本态”概念，即羌笛音乐自己本身生命的状态，由此提出对应的保护与活化机制。这涉及如何对待传承人的问题。“本态”对应“活态”。在已经从“本态”移到市场化的今天，那么单纯追求“本态”是不可能的。由此则可看到，真正意义上的“原生态”是不存在的。今天对羌笛的活化，应该通过“绿色哺育”实现，即“给羌笛音乐喂养其本该吃的东西”。以教学为例，对于“有谱没谱”也是需要进一步研究的课题。如要认识到大师班不仅是“本态”的现场传承、感性记忆，还必须与现代音乐的理论、技巧等“活态”的东西加以结合。另外，自然文化移到市场化的今天，必然需要一个格式化的过程。当我们进行格式化的时候，要有文化自觉，知道自己在做什么。市场影响力的运作也需要有“大文化”的研发制作队伍，只有这样才能产生文化影响力，形成传播民族音乐当以“审美为核心”的音乐理念。笔者认为，音乐的审美经验既是一种具有普遍意义的法则，又是个别文化的产物。“审美”这个动态术语，本质上既有单一性，又有普适性。如果说在全世界普遍崇信“西方音乐中心论”的时代，中国人意识中已经形成的音乐审美经验还需进一步确认和发挥作用的话，那么在多元文化视野下，就必须重新审视中国人在不同民族视域下，经过多年好不容易建立起来的、丰富的审美判断经验，并让羌笛音乐的独立性和稳定性得到更好的发挥。众所周知，民族音乐的活化与重构是理解、传播这一民族音乐的重要方式，若我们只对其结构外在层面与音响内在层面进行理解，会失去该民族音乐所负载的重要精神内涵。因而，当我们对其进行传承时，更应该将它所承载的民间文化内涵一并传承下去。在今天多元化音乐现状之下，当尊重音乐的平等性和认同感已成为东西方人的共识时，我们更应看到用羌笛音乐在此种多元化背景下所呈现的发展趋势，并将此作为我们的自觉意识而有所作为。

最后，保存与活化羌笛音乐，必须在确保其原汁原味的基础上进行。比如建立羌笛音乐文化博物馆，通过全面收集、集中储存、科学使用的方式，对羌笛音乐进行妥善保护。根据保存对象性质的不同，博物馆可分为以下三种类型：

一是羌族地区民族音乐文化实物陈列馆。从羌族地区民间收集其民族乐器，与民族音乐相关的生活用品，包括实物、道具、图片、资料等。陈列品既要有历史文化收藏价值，又要有研究价值和展示价值。同时，还可通过开展羌族地区民族音乐文化实物展的方式，让更多的非羌族地区的人们接触、了解羌族地区音乐生活的现状，增进他们对该类音乐文化的兴趣，有利于羌笛音乐的传播与扩展。

二是羌笛传统音乐档案馆。以羌族地区民族音乐历史文献资料和专业羌族音乐学者收集、整理的民间现存乐谱、音像资料等为保存对象。在中国西南部，以四川为主要范围，羌族音乐文化还有一笔数量庞大的无形遗产，其以口传心授的方式在孕育它们的地域和人群中代代相传，保存至今。现在这种传承日渐式微，所以我们应该运用多种形式和手段，将那些易变易失的羌族地区无形音乐文化遗产转化为可以长久保存的文本资料，如以乐谱的形式将其音响给予书面记录，以录音、录像等手段录制原始音像资料，对羌族各种音乐事象的实际状态予以客观描述等，从而为羌族传统音乐文化建立起一份完备的档案。

三是羌族音乐文化生态展览馆。即在小范围内人为地保留羌族音乐原生态环境，使这种珍贵乐种在其中能以“活”的形式存在，从而在更大的生存范围内具有生命力。倘若对少数民族音乐品种仅以静态的形式在博物馆给予被动保存，则是对民族音乐资源的一种浪费。西部少数民族地区，特别是羌族地区，蕴含着丰富的旅游业资源。独特的自然风光和浓郁的民族风情，完全能以其内在魅力吸引无数游客。近年来，羌族许多地区的旅游景点建立了民族文化生态村。在这里，非本地区的人们可以亲身体验到羌族传统的生活方式、生活习俗，接触到其独具风格的音乐文化。从某种层面讲，我们可以将此称为动态博物馆。

另外，传统文化基因的保护是对传统音乐承载体“人”的保护。羌笛传统音乐除了在数据库平台帮助下完整再现此刻本貌外，还可以在人们的现实生活中使之得以鲜活地维护与传承，让其“活”在当下。所谓“留得青山在，不怕没柴烧”，只要作为传统音乐承载体的“人”在，就不必担心艺术形式丧失。这个“人”，除了羌笛民间音乐的传承人外，我们还要强烈呼吁受过教育的年轻人，特别是羌族年轻人和相关院校，特别是羌族地区的民族院校不要放弃这个“阵地”。

人类社会的进步与发展，都与文化休戚相关，且会通过文化现象表现出来，“一个社会的整体力量无一不是文化力与经济力、政治力共同作用的结果”①。社会发展基础之上的民族音乐文化，必须体现民族文化本身的凝聚力。羌族地区拥有丰富的文化基因，羌族音乐文化要和社会发展趋势相适应，给整体社会营造一种温馨和谐有竞争力的文化大环境。民族音乐体现着民族凝聚力，社会经济的发展也离不开音乐文化的传承。在羌族地区的音乐传承中，要认真研究该民族音乐的文化价值属性与意义，找到该民族音乐和其他少数民族音乐的差别和特点，增强对羌笛音乐的认同感。作为研究者，必须正确引导音乐发展的趋势，做好羌笛音乐在多元文

① 顾伯平：《论文化力与社会发展》，载《理论前沿》，2005（2）。

化背景下的传承工作，创作出更加符合社会发展的优秀民族音乐，从而提高全社会对民族音乐的认同感，增强国家的凝聚力。在机遇与挑战并存的今天，要科学有序、积极热情地推进羌族音乐的传承工作，以更好地适应世界多元文化的发展趋势。

（李天义系成都大学美术与影视学院教授；侯李游美系成都大学美术与影视学院讲师）

《羌族释比图经》的武术文化特征解读

卢永雪

在人类发展的历史长河中，羌族人创造了丰富多彩、具有历史底蕴的传统文化。由于羌族没有自身的文字，因此，羌族的传统文化均由羌族的“释比”以言传身教的方式加以传承和延续，羌族的武术文化是羌族传统体育文化不可或缺的组成部分，羌族民众在悠久的历史文化发展进程中创造的武术活动具有重要的历史价值，是羌族传统体育文化的重要体现。由于羌族特殊的社会、生活环境因素，至今他们仍然保留着尚武的习俗。在《羌族释比图经》这部画卷中，依稀能看到有关羌族武术方面的记录痕迹，因此，研究《羌族释比图经》中的武术文化特征有益于对羌族文化的更多层面的了解。

一、解读羌族释比与《羌族释比图经》

（一）羌族释比

羌族释比（又称“许”“比”或“诗卓”）是羌语里对羌族民间祭师的一种称谓，相传释比是从天上的神转化到人间来的，由于特殊的历史原因，释比在羌族人的眼中成为神的化身和代表，也是羌族心目中最权威的文化者和最渊博的知识者。平时，他们同本族中的所有人一样，可以娶妻生子，可以住在家中，也要参加日常的生产劳作。但一旦村寨中有重大事件发生时，他们就会戴法帽、穿法衣、持法器，成为上晓天文、下知地理的集大成者，出席并主持该项重大活动。活动期间，他们会带领羌族民众进行各种繁杂而又神秘的仪式，即做所谓的法事——在没有本民族文字的情况下，这种仪式套路主要靠口传心授的方式得以延续传承。为此，有学者认为，羌族传统文化的传承，始终与民间释比息息相关，后者在羌族文化的传承中起着尤为重要的作用。

（二）《羌族释比图经》

羌族有本民族语言，但没有文字，《羌族释比图经》是迄今为止羌族唯一使用本民族符号记载日常生产生活的无字图画。据有关羌学专家和个别老释比证实，《羌族释比图经》约形成于唐代。宋、元、明、清时，此类图经已在羌族地区流传。[①] 根据阿坝藏族羌族自治州图书馆羌族史学研究专家余耀明先生的考证，《羌族释比图经》在羌族民间流传的已不多见，除茂县肖永庆释比的图经外，北部羌族释比和南部羌族释比还有为数极少的几部图经。[②]《羌族释比图经》是羌族释比文化中最为绚丽、最为丰富、最具神秘色彩的一部无字画卷，被羌族民众尊称为《摩萨》或《刷勒日》（羌语音译，意指“圣书”）。据笔者田野调研证实，现存民间的《羌族释比图经》共有5部，其内容大同小异。现今公之于众的较为完整的版本当属由四川民族出版社于2010年3月公开发行的《羌族释比图经》。[③] 该书籍分为上、下两卷，为折叠式双面彩绘书籍。图卷总长度为4.2米，分正、反两面绘画印版，共计图画277幅，每幅画卷的宽约为10厘米、高为16.5厘米，均为彩绘原版扫描而成。原画卷偶有残缺，整幅画卷无文字说明。出版时，为了便于后人研究学习，作者通过和当今释比逐一探讨、解读大意，加上作者的理解，给每幅图画添加了简单备注。《羌族释比图经》图景包括羌族的婚姻、丧葬、修建房屋、狩猎、行舟、祭祀、军事、兵器等场景，其构图逼真，设计巧妙，蕴含着丰富的哲学思想、民间文学、音乐、舞蹈、体育、民俗等内容，反映了自然性、社会性、人文性等诸多特征，可以说是研究羌族文化的极宝贵史料。

---

① 于一等：《羌族释比文化探秘》，北京，中国戏剧出版社，2003。

② 余耀明：《羌族释比图经〈刷勒日〉的收藏与利用》，载《四川图书馆学报》，2007（4）。

③ 陈兴龙：《羌族释比图经》，成都，四川民族出版社，2010。

二、解读《羌族释比图经》中的武术文化特征

（一）羌族武术的存在方式多以宗教祭祀为载体

《羌族释比图经》实际上是一个图画符号象征体系，它以图像的形式表述了古羌民族在生活方式、宗教信仰、民族习俗等方面的内容。由于古羌民族生活的自然地理环境恶劣，生产力发展水平低下，因此，对自然界中发生的众多现象无法做出科学的、详尽的解释，于是对自然界诸神万物（如白石、羊、猴、生活用品）都充满了崇拜和敬畏，从而形成了敬重万物、“万物有灵”的自然崇拜，并沿袭至今。生活中，宗教祭祀无处不在，各种宗教祭祀活动成为人与神交流的最佳媒介，成为人与天、人与神相通的最佳方式。古羌民族渴求上天（神）赐予他们强大力量，而体育活动中的“武”正好符合这种需求。在祭祀活动中，由羌族的释比通过拳打脚踢、劈杀砍刺等“武”术驱赶邪魔。他们按照师传或比照《羌族释比图经》绘制的套路顺序依次进行“武术”表演。在每年的转山会（又称祭山会、塔子会或者碉会）上，羌族的男子都会聚集在议事坪比试武艺、枪法等技艺，胜出者以此来展现神赐予自己的强大力量，在族人中获得较高的声望，并获得一定的奖励。

在《羌族释比图经》中，能印证以“武”为媒介的宗教祭祀活动共有60幅，占了21.66%，如上卷“‘二十八宿’中之‘亢星神’，‘二十八宿’中之‘角星神’”中，左边一作法者手持如意，气定神闲，右边提朴刀之人，精神振奋，撩袍提膝跃跃欲试的样子；下卷“择日后：释比做太平保福”中，其形态各异，有盘膝打坐的，有推掌发力的，有挥舞刀枪的，图中人物形象、生动。从《羌族释比图经》来看，古羌民族的巫觋乃是沟通天、地、人的中介。古羌民族通过巫觋（即今释比）来表达对神的敬畏与祈愿，以达到娱神、祈福的心理慰藉，以期实现生存与发展的美好愿望。

（二）《羌族释比图经》的人物绘画体现了古羌民族的尚力、尚武精神

羌人历来有尚力、尚武好胜的传统。2008 年 12 月出版的《羌族释比

经典》载，古羌族民族英雄赤基格布“头如斗，耳如扇，目如环，齿如指粗，臂长八尺，身高二丈，足长三尺。一岁吃母乳，与另一乳搏战；两岁坐父怀，手足不停作战；三岁持棍棒，指天戳地而战；四岁在屋内呼跃而战；五岁泼水而战；六岁与家神战；七岁在独木梯上跳跃；八岁耕田，与土地战；九岁牧羊，与草地战；十岁播种；十一岁跟所遇到人们而战；十二岁骑牦牛应战；十三岁从赐丈南下……”这虽然是传说，但是却反映了羌人从小接受武艺训练，以养成尚力、尚武的习惯。现今羌寨均保留有形态各异的“石敢当”。无论何种形态的“石敢当”，其口中都含着一把匕首，可见古羌民族对武器和武力的崇尚之深。《理番厅志》描述羌人擅长使用和随身携带剑：“人皆用剑，不战以负剑行。”而在古羌民俗中，均以家人战死沙场为荣。晋代袁宏的《后汉纪》叙述羌人：“男子兵死有名，且以为吉”；《理番厅志》载：“其战，必下马列行而阵，死刚递收之，终不肯退。”①

从《羌族释比图经》中能看到很多关于羌人使用拳脚，使用刀、箭、棍、刀、叉、戟等兵器，以及各种骑射等场景图。书中的“文武将领营救阿巴玛培”，最能说明习武之风在羌族民间盛行。据史料记载，远古羌族大多生活在今青海湟水谷地及以西地区，从事农业和畜牧业。他们因长期居住的环境偏远、条件恶劣，为求得生存和捍卫自己的家园，在抗击其他部族抢掠的战争中养成了尚力、尚武的风气。“不立君臣，无相长一，强则分种为酋豪，弱则为人附落，更相抄暴，以力为雄……其兵长在山谷，短于平地……以战死为吉利，病终为不祥。性坚刚勇猛，得西方金行之气焉。”② 这段材料记述了羌人剽悍粗犷、尚武善战的民族个性。当然，这种尚力、尚武习俗的形成还与当时动荡的社会环境，以及对当时封建统治者的不满有关。历史上有多起羌人与当朝者的抗争，如《后汉书·列传·西羌传》中述：“中元元年，武都参狼羌反，杀略吏人，太守与战不胜”，“其（西羌）内属者，或倥偬于豪酋之手，或屈折于奴仆之勤。塞候时清，则愤怒而思祸；桴革暂动，则属鞬以鸟惊。”由此可见，古羌人既受到豪酋的盘剥掠夺，又被地方的官吏随意驱掠和杀害，民不聊生，迫于生活需求，不堪被虐待和屠杀，“于是诸羌怨怒，遂寇金城”，“揭木为兵，

① 龙正印：《羌族体育研究》，成都，西南交通大学出版社，2012。

② （南朝·宋）范晔：《后汉书》，北京，中华书局，2012。

负柴为械”。史料记载，东汉时期即有三次波澜壮阔的斗争。可以这样认为，部落或民族之间的战争以及反抗掠夺与压迫的斗争促成羌人尚力、尚武习俗的形成。

随着社会的变迁和时代的发展，羌族的尚力、尚武之风仍世代相传，经久不衰。据悉，明、清时期，羌族地区参加武举并考取的就有 30 余人。时至新中国成立初期，羌族仍然保留着尚力、尚武的传统。羌族民众常常聚在一起互相切磋技艺，强身健体，提高抵御能力。而今尚力、习武之风，在一些村寨仍很兴盛。笔者家乡茂县白水寨附近的村落几乎每户家里都有以下一些装备：不同样式的刀具、石锁、自制火药枪、火药袋和一圈火绳。每年的转山会（又称祭山会），男丁都会检查自己装备的性能，并聚集在议事坪一较力量大小，比试枪法或交流武功高低。而有的村寨尚存石墩、石锁等习武器械。

（三）《羌族释比图经》展现出古羌社会人际交往的和谐意境

古羌民族崇尚原始古朴的万物有灵时期，敬拜身边一切自然之物。在走访羌族聚居区过程中，茂县羌族释比传承人肖永庆老人是这样概述羌人朴素的人文观的：羌人信奉自然万物，人道与天道、人性与天性是相连相通的，在人与自然相处的关系上，羌人追求人与自然万物以及人与社会之间的和谐共存。

在《羌族释比图经》祭拜神灵图画中有许多展现人与动物和谐共处的例证，如“还太阳星”中有骑水兔、火马、火蛇、木龙、水羊和土虎；“还太阴星”中有骑火牛、木鼠、木猪、土狗、火鸡、土猴等，这些都说明羌人与身边自然和谐共处，并有驯养驾驭动物的能力。图中人和物都表现得灵活生动，栩栩如生，动作形态直观，气韵生动，通过身体活动传达了特定意识的文化符号；同时也反映了古羌人注重身体形态的展现、力量的展示、技能的展演，既有精神的充沛、练习时的专注，又与动物和谐相处，这些图画阐释了练习者追求人与自然和谐统一的思想，符合中华传统武术练习要求和谐意境的文化特征。

（四）《羌族释比图经》反映了羌族武术的技击性特征

中国的武术之所以称“武”，主要在于它源于战争和生存需要，从而在所有的动作设计原则体现了技击性。因此，无论从传统武术的健身功能，还是从娱乐功能来讲，都是通过以技击性为动作设计原则形成一套攻防技术动作的演练、比试并实现传承。《羌族释比图经》中反映这一技击性特征的图很多，如“恶鬼”图中的马步托举，展现出练习者气沉丹田、力贯双臂犹如托举千钧之物；“飘零鬼”图中的虚步挑掌展现练习者脚底虚实难辨，双手向前推出，犹如力排泰山之势；“还太阳星”图中的弓步勾手劈掌之势亦是犹如千钧之刀雷霆劈下；“择吉祭祀图”中的推掌、亮掌、冲拳、探爪等图画更是栩栩如生，展示出古羌人武术技击形式。《松潘县志》记载：羌人“酋长衣冠如中国，其卒衣皮铠绘虎钩……云可以避刃，插羽其上，多寡有无，别贵贱，其器执方则操刃，小如弩镞，旁有钩，人肉不可出；执盾牌，则操刀，锋尖能刺，不能击”。可以说《羌族释比图经》既反映了以拳法、腿法为主的技击技术，又反映了相击形式的搏斗特点，更有“舞”练意境的运动形式，从而体现了技击性的文化特征。

从《羌族释比图经》的许多绘图中还可以看到古羌人骑射的印迹，如“还太阳星”“还太阴星”图中或徒手，或手持各种兵器，或以各种驯服的兽物为坐骑，展现了羌人骑射风采。“骑火牛”动作形态犹如疾风骤雨般风驰电骋，“三界图”之“恶鬼”（见图4），其四肢强壮、顶天立地、威风凛凛。画中人物背上长出一对翅膀，如雄鹰展翅高飞。这些或许是《后汉书·西羌传》记载羌人能够“日行数百里，来如风雨，去如绝弦”[①]的根据。

（五）羌族武术双器械同时使用的独特技能

从《羌族释比图经》中能看到有关器械图约50幅，其主要器械有“还计都星”中的叉，“还太阳星”中的剑，“还太阴星”中的锤、刀、枪，“生肖相冲”中的刀、斧，“文武将领营救阿巴玛培”中的双锤、蛇矛，以及“二十八星宿”图中左手抱锏、右手持斧，“箭位图”中的二十四连珠神箭，等等。而在众多的器械图中，独特的有“还太阳星”图中的左肩扛锤、右手持大刀；有“释比做太平保福”图中的左手长枪、右手斧

① （南朝·宋）范晔：《后汉书》，北京，中华书局，2012。

头；下卷“祭祀还愿”图中，有仆步右手斧头、左手短匕；“二十八星宿”中，左手抱锏，右手持斧。其独特之处在于双手使用不同技击特性的器械。双手同时使用不同技击特性的器械，这在其他民族或国家中是少见或没有的。这需要身体具有一定的控制能力和协调能力，以控制动作的速度和肢体的交替活动。这种技能的获得取决于练习的刻苦程度。只有通过持之以恒的千锤百炼，方能熟能生巧地应用于当时弱肉强食的生活环境中。这也说明独特的双器械使用技能在羌族的体育武术技艺中具有悠久的历史。

传统武术双器械中，练习者多以双手持握形制相同、左右对称的器械，比如双刀、双剑、双钩、双鞭等。少有双手持握不同种器械者，偶尔能见同时持不同器械者，但多以软硬区分，使用时也有先后之分，如刀里加鞭；而《羌族释比图经》中却有好几处双手持不同技击特性的图画，可见古羌民族在武术双器械使用中独特技能的高超。

三、解读《羌族释比图经》武术文化特征之意义

由于羌族没有自己的文字，使用本民族文字符号历史文献记载的缺失是显而易见的。关于《羌族释比图经》中的武术图例解读记载亦极其匮乏，甚或为零，因此，作为羌人的笔者在解读《羌族释比图经》时，结合访谈羌族释比，拜访相关权威专家学者，以及 40 多年羌区生活感悟等方式对其相关内容进行记录、整理，从而解析了《羌族释比图经》中所包含的羌族武术文化的深层含义，个人认为，这对弘扬古羌民族尚武精神，完善羌族人文史料研究无疑具有重要作用。

《羌族释比图经》是羌族非物质文化遗产的重要内容，蕴含着羌人的原始哲学思想、民俗民风、音乐舞蹈、体育娱乐等内容，反映出诸多的文化现象。它或许是我们解开羌族武术存在的方式与历史文化、宗教信仰、民族精神等方面关系的密钥。解读《羌族释比图经》中武术文化的特征，有利于我们研究羌族武术文化，弥补羌族体育文化史料，尤其是对弥补中华武术史料的不足、丰富我国武术文化具有特殊的、积极的现实意义。

四、结束语

《羌族释比图经》具有承载羌族历史文化的作用，其中所涉及的武术图表现了羌族的武术文化，体现了羌族追求和谐、崇尚勇敢的民族精神。随着历史的不断演变、社会的不断发展，羌族武术的文化特征也在不断变化，它所蕴含的艺术精神、生命精神都体现了个体、社会、自然协调发展的终极思想。其丰富的人文精神内涵已渗透到人们的生活、娱乐和教育之中。羌族武术文化的价值是毋庸置疑的。

参考文献：

［1］李旺华，白永正．论传统武术的文化特征．山西师大体育学院学报，2001（2）．

［2］程志理，谢坚．武术的文化特征分析——武术文化的三层次．天津体育学院学报，1990（1）．

［3］邓宏烈．羌族释比图经的宗教人类学解析．贵州民族研究，2012（3）．

［4］余耀明．值得关注的羌族释比图经//钱中文，曹顺庆．中外文化与文论．成都：四川大学出版社，2009.

［5］母春生．羌族释比图经的绘画艺术特征．芒种，2012（13）．

［6］覃荣周．羌族武术探微．体育科技文献通报，2014（11）．

［7］李建民．我国岩画中的原生态体育文化特性考析．体育科研，2008（3）（总第111期）．

（作者系阿坝师范学院体育系副教授）

羌族传统体育文化起源与发展探析*

余宗贤　甲　华

一、古代羌族

今天的羌族正是古代羌支中保留羌族族称以及部分传统文化的一支。羌族尊称周武王为灭商复羌的大英雄，而周武王是黄帝姬姓的直系后代，所以羌族是黄帝的后代无误。大禹也是黄帝的直系后代，可以说汉羌同源。迄今为止，在我国境内发现的最古老而又是比较成熟的文字甲骨文中，有一个关于民族（或氏族、部落）称号唯一的文字，即“羌”，这是中国文字对族号最早的记载。《说文·羊部》：“羌，大禹西羌牧羊人也，从人从羊，羊亦声。”羌，属他称，即当时中原部落对西部（甘肃、宁夏、新疆、青海、西藏、四川）游牧民族的泛称。应该说，氐羌族群绝不是一个单一的民族，他们有不同的语言、服饰、习俗等，唯一的共同点可能就是“逐水草而居”的游牧生活方式。

巴蜀出自氐羌，蚕丛（故居蚕陵，在今四川省阿坝藏族羌族自治州茂县叠溪镇，遗迹毁于1933年8月25日15时发生的叠溪大地震）是蜀国第一代王。李白在《蜀道难》里吟道：“蚕丛及鱼凫，开国何茫然。”就在同一地域，古羌人还建有冉駹国，乃今日30万羌人之故居地，统辖区域包括今四川阿坝之茂县、汶川、理县、黑水、松潘、九寨沟、马尔康、金川、小金、壤塘、阿坝、红原、若尔盖等县地。三国刘备帝蜀时（221年），其疆域包括今都江堰（古称都安县、齐基县、灌县），彭县（古称

* 基金项目：四川羌学研究中心一般课题“羌族传统体育项目‘蛾捉’的传承与创新策略研究”（QXY1505）

白马县、兴乐县），北川（羌族自治）县（古称石泉县），青川县（古称广武县），平武县（古称刚底县），甘肃文县（古称阴平县）。

二、现代羌族

现代羌族主要聚居在四川省阿坝藏族羌族自治州的茂县、汶川、理县、松潘，绵阳市北川羌族自治县、平武县，甘孜藏族自治州丹巴县，其余散居在阿坝的黑水、九寨沟、马尔康等县。2005 年，户籍登记羌族人口为 32.65 万。在 2008 年“5·12”特大地震灾难中，羌族人口损失将近 10%。但是令人欣慰的是，在党中央、国务院的高度重视下，羌族文化的拯救与保护工作正在稳步进行中。

现代羌族自称“日麦（四川话发音 mei，入声）”“麦”“尔咩”“尔玛”“玛”，书面多用“日麦”与“尔玛”，意为“本地人”“人民”，“日”为发语词，无实意，“麦”或“玛”为实词。

羌族聚居区处于青藏高原的东部边缘，这里山脉重重，地势陡峭。羌寨一般建在高半山，故而羌族被称为“云朵中的民族”。羌区境内有岷江、黑水河、杂谷脑河、青片河、白草河、湔江、清漪江。这些河流水势湍急，自然落差大，从天空望去，那富有特色的羌族石碉房、碉楼和梯级电站如明珠万斛般散落在羌山的怀抱里。羌区气候温差较大。初秋季节，当河谷地区紫罗兰盛开的时候，高山上却已有了皑皑白雪。

三、羌族教育

羌族人民自古注重社会教育，在旧社会，由于民族歧视，羌族的社会教育直到 20 世纪 40 年代仍处于以口耳相传和观察模仿为主的原始状态。新中国成立后，从中央到地方，包括羌区所在的人民政府高度重视发展社会教育，把发掘、搜集、整理羌、藏民族文化遗产和开展民族文艺创作等作为重要任务。羌区各县既不断优化和繁荣传统的社会习俗教育、民族文艺教育和社会性体育等，还把群众卫生教育、成人扫盲教育和干部培训等逐步推向深入。不少乡镇和机关单位组建了农友之家、职工俱乐部等，电视差转台、教育电视台也逐步设立和开通。

自1988年起，茂县、汶川、理县、北川四县轮流举办庆羌年活动。这种综合性的社会活动包括羌族历史教育、文艺演出、体育比赛、书法美术摄影展览、羌区建设成就展览，以及经济、科技、文化和商品交流等，融民族传统、风情习俗、艺体科技等内容为一体，属于当代羌族社会教育的一种，是广泛增强民族团结、富有娱乐性和科学性的别具一格的新形式。

羌族教育不断发展，现已初步形成从学前教育到高等教育的结构层次完整的学校教育系统，各类社会教育内容丰富、形式多样，手段日趋现代化，从而构成了具有羌族特色的立体教育体系。

四、羌族传统体育文化

羌族是我国古老的少数民族之一，在历史的长河中，创造了灿烂的传统体育文化。这些文化历史悠久，底蕴丰富，是人类社会的一大宝贵遗产，成为我国传统文化中不可或缺的重要组成部分。有学者将其分为三大类：竞技类、表演类和健身类。虽然每种类型各有自身的特点和文化特征，但是三种类型都有一定的共性特点。羌族传统体育活动受到当地气候环境、地理环境和民族信仰的影响，使得体育活动与羌族居民的生活密不可分，表现形式丰富多样，表现内容具有浓郁的民族特色和文化内涵。

（一）羌族传统体育的产生

体育作为人类一种特有的社会现象，随着人类社会的出现而出现，随着人类社会的发展而发展——这一论点不会有太大争议。关于体育的起源，则有游戏说、军事说、生产劳动说等诸种，有人还认为它产生于人类心理需要以及宗教活动等，至今仍争议不休。笔者认为，关于羌族传统体育，它应是伴随着羌族民众生产与生活实践而发展起来的一种民族体育文化形态。它的延续与发展，与羌族的传统习俗节日、生活方式、伦理道德、宗教信仰、行为准则、思维方式、地理环境等都有联系。它既是羌族民众表达信任交情、和谐互惠等人际关系的一种平台，更是中华传统体育的重要组成部分。

1. 游戏是羌族传统体育形成发展的动因

人生来就具有游戏的潜在欲望。最早羌族过着原始部落生活，属集体生活形式。当狩猎满载而归时，其生理、心理的满足感自然流露，为之高兴，所有成员共同欢呼雀跃，共同模仿各种禽兽动作，于是形成了又跳又唱的舞蹈。这种植根于人类与生俱来的运动本能需求的活动，后来在人类精神需要和社会需要的双重作用下超越了自然本能，达到更高的、更复杂的文化境界，以至于成为古代民众信仰的一种物化形态。

2. 羌族传统体育产生于生产劳动

体育起源于劳动，这是艺术和体育起源观中最为典型和流行的一种观点，其最一般的逻辑前提是人类的生存需要。社会对人体发展的需要被社会认识并转变为社会的体育，这是体育形成发展的动力。羌族传统体育也大多从生产劳动中直接产生。许多传统体育活动的内容和形式，都直接反映了社会生产劳动。今天，我们仍旧可以感觉到一些羌族传统体育项目是当时生产劳动的一部分。羌族最初以游牧生活为主，因此羌族的传统体育活动的内容和形式多与游牧有关。对于羌族民来说，掌握骑马技术是放牧的必要本领，否则就无法生存。因此，在这种背景下，各种各样的赛马以及马上运动便应运而生。

《韩非子》和《礼记》记载，远古时期“人民少而禽兽众”，“食草木之实，鸟兽之肉”，“未有麻丝，衣其羽皮”。这可以证实，在原始社会，由于生产力水平低下，居住在山区、丛林的每个氏族部落都是靠狩猎、捕鱼、采集等生产活动来维持自己的生存和繁衍。古代岷江两岸和岷山山系原始森林茂密，雨量充沛，气候温和，各种动植物繁衍，是古羌人蚕丛蜀山氏部族生息的理想地带。蚕丛王带领民众从事畜牧、狩猎和农耕。虽然有了生存的物质条件，但获取这些食物仍必需一定的技能。司马迁在《史记·货殖列传》中称巴蜀地区“栈道千里，无所不通”，其实这里面还应包括羌族人民穿越沟壑山川而发明的溜索。羌族人民在生活、生产实践中亦发明或发展出“爬天杆”“射箭”等运动项目，前者最初用来丛林中登高望兽，后者则为了获取兽皮来取暖，或获得兽肉这类富有高蛋白、高热量的食物来抵御寒冷和饥饿。

3. 羌族传统体育产生于军事、尚武

羌民族聚居的地区，大部分位于祖国的边疆国防要地，在长期的战争中，积累了丰富的持器械或徒手格斗的经验。这些经验先用于军事训练，以后逐渐在民间传播。这样，各种带有军事体育性质的运动便产生和发展起来。《后汉书·西羌传》载，春秋之际，“义渠、大荔最强，筑城数十，皆自称王”。他们在西北地区大力发展牧业、农业生产，以从事畜牧善骑射的羌人组成快速的骑兵，在关口要隘、城池重地置重兵把守，建立巩固的根据地。《隋书·地理志》称羌“人尤劲悍，性多质直……工习猎射”。羌族“骑射”类体育项目遂由此产生。羌人有尚武好胜的传统，如《后汉书·西羌传》中有羌族“以力为雄”的说法，《元史·张廷瑞传》则记载羌人“以斗杀为勇”。在羌族《释比图经》中亦能看到羌族使用刀棍、拳脚、骑射等活动，说明习武之风在羌族民间一直盛行。“箭”是羌族很崇尚的器物，在《释比图经》中有很多“还箭愿”的场景。射箭多采用固定靶和活动靶两种。羌人骑射，在历史上是有据可查。《后汉书·西羌传》记载：“今虏皆马骑，日行数百里，来如风雨，去如绝弦。”跑马射击的方式沿用至今，只是由于近代火器的兴起，箭弩才被火药枪取而代之。

综上所述，羌族传统体育是在长期的历史发展中因时因地因习俗形成的，具有独特的内容和形式，有助于促进人民身心健康。其在发展过程中，还被包括汉族在内的各民族群众所接受，具有极强的生命力。

（二）羌族传统体育内容

根据羌族体育的运动形式和运动特点，可以将羌族体育分为休闲娱乐、竞技类、棋牌、水上运动、武术和舞蹈六大类。其中休闲娱乐类是指人们在闲暇时为了满足生理、心理需要而开展的各种活动。这些活动一是生活、生产活动之后身体的本能需要；二是使内心得到满足感，以减缓心理压力。当然，这些活动的产生与发展仍与生活及生产劳动紧密相连。例如劳动闲暇时就地取材，用3～5块石头在田间地角进行的“抱蛋”；开展某项比赛时奖赏或惩罚式的“筛糠”；儿童在屋前高大树枝上的“荡秋”；考验身体柔韧性和协调性的“拳下翻身”；为暖和手脚的“踢花鞋”；用自制竹管水枪对射的“打水枪”；成人之间比臂力的“扭棍子”等。

（三）羌族传统体育发展趋势

我们认为，羌族体育的保护、传承和发展，要走规范化、科学化、普及化的道路，应通过各类学校的层层推广、普及、训练、提高、完善，使羌族传统体育项目成为全人类共有的体育文化财富。可与之作为参照物的是，从足球到橄榄球的流行，从德式体操到军事学堂里的兵操，大多数游戏都是在近代以学校作为中介，完成了向高水平竞技项目发展的过程。我们高兴地看到，绚丽多彩的羌族传统体育文化正在有序地融入全民健身的行列中，并得到改良和发展，其在学校体育教育运动训练和比赛中，深受越来越多的人们喜爱。挖掘、整理、提高和发展民族传统体育项目，对于发展我国的民族体育事业，贯彻落实党的民族政策，提高少数民族的健康水平，促进各民族间的大团结，共同建设高度文明、繁荣富强的社会主义国家具有十分深远的意义。

参考文献：

［1］启明，何亦红，林木．汶川寻羌．文明，2009（5）．

［2］陈兴亮，刘锐．羌族传统体育对羌族传统文化的传承及启示．武汉体育学院学报，2007（6）．

［3］邱琳．羌族民族文化价值探析．河南工程学院学报：社会科学版，2012（10）．

［4］万德权．羌族体育文化形态与保护性开发策略．黑龙江民族丛刊，2012（4）．

［5］明伟．云朵中的民族——羌族．中国民族教育，2008（9）．

（余宗贤系阿坝师范学院体育系讲师；甲华系阿坝藏族羌族自治州体育局干部）

羌族刺绣在旅游工艺品设计开发中的应用研究

——以首饰为例

刘　珂

一、羌族刺绣的沿革

中国刺绣是中国古代农耕文化的产物，有着深厚的文化积淀，承载着博大精深的民族精神。所谓“男耕女织”，是古代农业社会的立命之本；“女红”是当时社会分工对妇女的要求。古代妇女从小便必须学习纺纱织布，刺绣裁衣，也因此造就了历代知名或不知名的刺绣高手。刺绣又名“针绣”，俗名“绣花”。刺绣需要根据设计好的纹样图案，在织物上运针刺制，以绣迹构成纹样图案。刺绣工艺精美绝伦，是一门独特的艺术，寓意着美好事物，寄予和表达情思。“中国刺绣的历史源远流长。据考证，我国织绣技术的产生不晚于新石器时代早期。在5500年前的红山文化遗址中，曾发现用韦绣技法绣制的皮件。由日、月、星辰、山、龙、华虫、宗彝、藻、火、粉米、黼、黻等组成的十二章，据传是周天子冕服上特有的纹样，采用画和绣的工艺制成。从此，在帝王的冕服上绣十二章便成定制，历代沿袭直至清朝。”① 中国地大物博，不同的生存环境和民俗文化催生不同的刺绣风格和品种。在四川省羌族地区，羌族刺绣以观赏性和实用性并举的工艺形式流传至今，是承载羌族传统文化的重要载体，体现的是羌族人文精神和宗教信仰。其绣品不仅图案精美，具有很高的装饰价

---

① 李友友：《民间刺绣》，北京，中国轻工业出版社，2005。

值，同时广泛运用在羌族人民的日常生活中。通过羌族服饰、日常织物用具等所展示的羌族刺绣，表现了羌族人民的民族情感和审美取向。

二、羌族地区旅游工艺品的开发现状

（一）旅游工艺品的民族区域性

2008 年汶川特大地震给羌族人民带来巨大灾难，也使羌族地区的非物质文化遭受空前的破坏，一时间，抢救羌族优秀的非物质文化遗产迫在眉睫，而传承和创新地发展羌族优秀的传统文化也成为国内外专家学者和政府的重大课题和对象。从 2008 年至今，在国家的扶持和政府的投入下，羌族地区的灾后重建工作成效显著。浴火重生后的羌族地区，以崭新的面貌出现在外界面前。以汶川、茂县、北川为代表的羌族地区，也已成为国家级旅游区。而独具特色的羌族旅游工艺品也成为炙手可热的商品，不仅在羌族旅游区非常受欢迎，在羌区以外的海内外都非常有市场。在不同种类的旅游工艺品中，将羌族刺绣文化元素融入其中的旅游工艺品更是独树一帜，极具民族性和时代性。从李连杰“壹基金”羌绣帮扶计划开始，羌绣逐渐被越来越多的人认识。在拯救羌绣的过程中，人们非常重视将现代设计元素融入羌绣这一古老的文化艺术中去，设计出具有现代感的羌绣钱包、羌绣抱枕、羌绣床上用品等，一改地震前羌族地区简单而缺乏设计感的旅游工艺品状态。在各方力量的帮助下，汶川、茂县、理县、北川等多个地区，开始成立羌族旅游工艺品设计开发公司和工厂。它们以羌绣为设计内容和设计元素，广泛地应用在旅游工艺品的设计中。从羌绣色彩、图案文艺、羌绣材质以及工艺多方面吸取灵感而设计出的旅游工艺品，不仅蕴含浓郁的羌族文化特色，同时表现了时尚感和独特性。

（二）旅游工艺品的种类多样性

羌族地区的旅游工艺品种类繁多，大致分为摆设类、纺织品类、服饰类等几种。羌族刺绣在这些不同种类的旅游工艺品设计中应用非常广泛。摆设类有身穿羌绣服饰的羌族娃娃摆件，有羌绣制品挂件，有带有羌绣图案的陶瓷绘品等。纺织品类有在边角或者中心绣着羌族刺绣的抱枕，有在尾部绣着羌绣羊角花的围巾，有边角绣着羌族图腾的床上用品四件套，有绣着羌绣花鸟动植物图案的屏风等。服饰类更多，有在背带和包盖绣着羌绣的羌族背包和手绘羌绣图案的钱包，有以羌绣色彩为元素设计的衣裙，有以羌绣某一基本图案元素设计的耳环项链，有将羌绣和银饰结合而设计的手镯，等等。在这些不同的旅游工艺品设计中，处处都融入羌绣的文化元素，使羌绣以新的形式和面貌被更多的人欣赏和使用，古老的羌绣在现代旅游工艺品设计的传承和创新中，绽放出新的生命。

三、羌绣在首饰设计中的运用

（一）羌绣色彩与首饰设计

“羌绣具有民间艺术所共有的特征——色彩具有很强的装饰性，饱和度高，不太追求色块与色块之间的渐变效果，对比强烈，色彩更质朴、浓烈、饱和度高，更平面化，装饰感更强。不追求写实性的立体效果；不注意色彩的阴阳相背。”① 羌绣主要是在黑色、白色、玫红、花青等纯色的底布，采用彩色丝线绣制，色彩明快大方。羌绣所用彩色丝线的色彩包括：玫红、大红、深蓝、黄色、湖蓝、翠绿、金黄等颜色。羌族人民从自然生活中的植物、动物、花卉、虫鱼鸟兽、山川景色等得到启发，在色彩的搭配上热情奔放，无拘无束又天真烂漫。羌绣的色彩搭配主要有四种固定的模式。

图1　羌绣围裙（笔者摄于汶川水磨）

① 陈晓曦：《羌绣视觉元素在新北川旅游商品包装设计中的应用研究》，成都，西南交通大学硕士学位论文，2013。

第一种是以黑色底布作为背景，以玫红为主色刺绣，旁边镶嵌金黄、翠绿、宝蓝色作为辅助色，对比强烈。玫红是羌族人最喜爱的寓意吉祥的羊角花的色彩，翠绿和金黄都是花卉植物提取的象征生命的色彩，蓝色象征着天空的广阔。这几种色彩搭配在一起，将羌族刺绣的色彩符号化和以此而具有的高辨识度，广泛运用在云云鞋、腰带、头饰、服饰等的刺绣上，使人过目难忘。如图 1 羌绣围裙的色彩，便是在黑色背景上，以玫红为主，展现花卉的娇艳，旁边以金黄的花茎和翠绿的叶子色彩对比玫红，蝴蝶的翅膀和花心正中点缀宝蓝色，这个色彩搭配使围裙上的羌绣生机勃勃，显示出羌族独特的审美特色。在羌族旅游工艺品设计中，首饰类的手镯、耳环、项链等设计，也经常采用这样的搭配。如图 2 羌绣耳环的设计，便巧妙使用了这样的色彩搭配，耳环的吊坠是玫红色的花卉简化造型，仍然是视觉的中心对象，外衬宝蓝色和金黄色的花瓣简化造型，色彩清新明快。翠绿色包裹的玫红小圆形虽然占的面积非常少，但却十分醒目，翠绿反衬玫红，更加鲜艳。耳钉的金黄色和耳环吊坠上的金色铃铛，都使整个耳环的色彩更具现代感和时尚感。采用传统的羌族刺绣色彩搭配又不完全照搬，而是与现代首饰的设计理念契合，使首饰不仅满足了旅游工艺品本身的需要，反映了旅游地区的风土人情，还符合现代审美情趣，传递出现代风尚的信息。

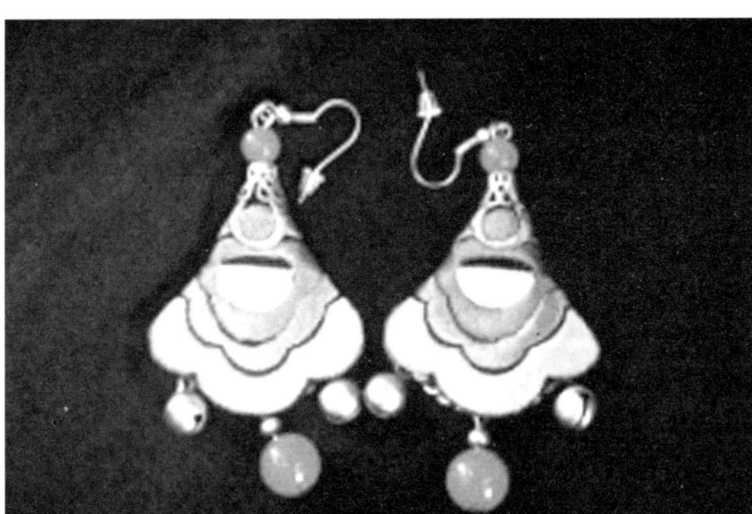

图 2　耳环（笔者摄于汶川水磨）

第二种常见搭配方式是在白色底布上，以玫红为主色刺绣，辅助群青色和黄色，这样的色彩搭配虽没有第一种组合方式对比强烈，色彩对比弱一些，但色彩显得温和细腻。它主要应用在腰带的羌绣和包袋的羌绣上，多为羌族年轻女性的服饰装饰和羌族儿童服饰的羌绣色彩装饰。

第三种搭配是藏青色和白色的搭配，这样的搭配方式非常朴实和素雅。羌族很多中老年人很喜欢在藏青色的底布上刺绣白色的花纹。因为色彩本身朴素，故在藏青色底布上绣的白色花纹便非常繁琐和复杂，使单调的色彩搭配变得趣味十足。如图 3 羌绣围裙便是在藏青色的纯色底布上绣的白色花纹，繁密的白色花卉图案中透出藏青色底色，让人先饱览色彩整体统一的眼福又忍不住要品味其中的诸多细节。在现在的旅游工艺设计首饰中，也运用了此种色彩搭配。如图 4 项链设计便采用这样的色彩搭配，项链的吊坠是羌绣服饰上的花卉图样，色彩上采用藏青和白色两种，花瓣一层层由白色渐变到藏青色，表达花瓣的层层罗叠，色彩淡雅自然，毫不矫揉造作。其细节也很精彩：花朵下吊坠珠串，也是在黑色珠子中点缀白色和蓝色的珠子，以呼应花朵上的白色和蓝色。项链的设计整体协调统一。旅游工艺品具有民族味并非一定是明艳欢快的色彩，羌绣这样素雅的色彩搭配也独具民族味又不失现代气息。

图 3　羌绣围裙（笔者摄于汶川博物馆）

图4　项链（笔者摄于汶川水磨）

第四种羌绣色彩搭配是黑色配大红色，辅助以橙色或者黄色。这样色彩搭配多使用在羌族人的围裙和鞋子等绣品中。深沉的黑色与鲜艳夺目的大红色搭配在一起，极具色彩张力，再辅以橙色或黄色协调其中，让色彩搭配沉着稳重。在旅游工艺品的首饰手链设计中常采用这种色彩搭配，如图5手腕带。手腕带是手链饰品的一种，直接扣在手腕上。这款手腕带采用黑色和红色搭配，其中图案纹样为羌绣的几何漩涡纹，色彩中渐变有橙色。

图5　手腕带（笔者摄于汶川水磨）

这些色彩搭配在一起既有黑和红搭配的大气，又有橙色的生动活泼，色彩和谐统一。

（二）羌绣图案与首饰设计

艺术来源于生活。羌绣的图案的创作都来源于羌族人民对生活的观察，是羌族人民通过自身生命体验创造出的艺术智慧的结晶。纵观历史的发展和变迁，羌族人民在所生活的自然环境和所处的宗教信仰中逐渐有了感悟或发现，创作出独具本民族特色的羌绣图案。从羌绣图案的种类上分，主要有三类，即植物类、动物类、抽象纹样类。

第一种羌绣图案类型是植物纹样类。主要有牡丹、羊角花、菊花、梅花、荷花、菊花、太阳花、莲花、金瓜花、杉枝等植物。植物纹样中的羊角花、菊花等都是羌族人喜欢的对象，特别是开在羌族聚居的高海拔山区的羊角花，其艳丽的色彩和旺盛的生命力很得羌族人喜欢。羊角花花瓣层层叠开本身就具有图案美感，很适合运用在挑花刺绣里。同时羊角花寓意美好和幸福，常常被待嫁少女绣在云云鞋上和围腰上，作为爱情的定情之物。在旅游工艺品首饰设计中，以植物纹样为设计元素设计的耳环、项链、手链、腰链等多不胜数。如图6手镯，本身材质为银，外包手工羌绣绣片，手镯外面的图案是黑色底布上绣羌绣植物图案羊角花的花卉形象，花卉两边以抽象的叶子和茎脉为辅衬。手镯里面是黑色的布包裹，反衬着手镯外面的明艳花卉图案。整个手镯简洁大气，具有民族时尚感。

图6　手镯（笔者摄于汶川水磨）

第二种羌绣图案类型是动物纹样类。主要包括牛、狮、马、虫、鱼、蝴蝶、羊、老虎、凤凰等。“羌是中国最早创造游牧文明的民族之一，以牛羊为其图腾。中国古籍中所说的炎帝，姜姓，牛首人身。长江上游考古发现的陶双耳罐，是为羌崇拜的羊牛角的取形。在四川理县浦溪羌族的头饰中，羌族女性的黑布头帕或者白布头帕笔包饶攒集为左右两个高出团状头帕的帕角骨朵，都是典型的牛角头造型。”① 故在羌绣动物图案中，出于图腾崇拜，羊头纹样和牛头纹样大量使用，而且象征着生命和力量，常使用在羌族男性服饰中。而蝴蝶常与花朵相伴出现，主要在羌族女性服饰上。在旅游工艺品的首饰设计中，挂饰等饰品的设计常采用蝴蝶等动物图案，如图7挂饰，以蝴蝶图案造型为主，将蝴蝶图案立体化，上下装饰珠链，设计巧妙，造型美观，非常具有市场吸引力。

图7　挂饰（笔者摄于汶川水磨）

第三种羌绣图案类型是抽象图形类。包括连续折线纹样、波浪线纹样、三角形纹样、“井”字纹样、漩涡纹样、斜十字纹样、万字纹样、圆圈纹样、盘长纹样、卷草纹样、如意结纹样等。这些抽象图形纹样在羌绣中的呈现，一般都是对称组合或者二方连续和四方连续组合等形式组合出现。对称图案纹样常以中轴线或者是中心点为对称线（点），体现图案纹样的对称均衡美，让纹样具有庄重的感觉。而羌绣图案纹样的二方连续和

① 赵曦：《神圣与亲和——中国羌族释比文化调查研究》，北京，民族出版社，2010。

四方连续组合则适合面积较大围裙等织物上使用，在连续组合中又有变化，根据布面的需求灵活安排。在旅游工艺品首饰设计中，这样的抽象图案纹样也运用较多，如图8手链，其上的主要装饰采用的便是羌绣的漩涡纹对称组合成三个组合，固定在手链带上，由绿的布条制成漩涡纹，用黄色珠子将其头固定相连，在漩涡纹的绿条下坠铃铛。整个设计民俗风情浓郁，现代感强。

图8　手链（笔者摄于汶川水磨）

（三）羌绣材质与首饰设计

材料也是一种审美文化美感的体现。羌绣主要是以麻和棉为原料。羌绣的传承乃是基于羌族劳动人民对生活的需要，而并非像蜀绣等刺绣具有身份和地位的象征功能。因此传统的羌族刺绣品多用绵线在粗布上绣成。羌族刺绣以其精致细密的针法将美丽的图案绣在棉麻布等原生态的材料上，用以表现羌族人民朴实而真挚的审美情趣，具有浓郁的乡土风味和民族风情。如色泽艳丽的羊角花等图案等绣在具有质感的棉麻帽子和围巾上，显示唯美的情调，契合当代对回归田园、返璞归真的精神需求和价值取向。按照羌乡的思路，我们今天在首饰的设计上，无论是项链、手链还是耳环的设计，在材质上可以尝试不同的非传统的材料，或者使用改造过的原材料，以寻求全新的设计质感。例如，可以尝试将羌绣绣片和玉石结合设计手镯，在玉镯的部分外面包裹上绣片，或者雕刻羌绣图案，以彩色锆石点缀等。另外，“在设计过程中可以充分借用羌族刺绣一些比较典型的刺绣技法，例如利用打籽绣实现对平面材料的肌理重塑；或在绣品内塞入棉花等，在平面装饰上创造三维空间。”① 除在绣品中塞棉花外，还可以在绣品中用银饰或者铜饰将其撑开，设计上可以镂空，配以珠链，构成项链或者戒指。在当下人们注重生活细节，注重个性化的人文氛围下，羌族旅游工艺品首饰的设计不仅要利用羌族刺绣民族符号做设计，而且要用得巧、用得精，才能抓住消费者的心态，符合当代人的审美，从而将羌族刺绣精髓真正融入首饰设计中，开发出优秀的受欢迎的羌区首饰作品。

四、结　语

只有深入研究羌族传统文化，才能准确提炼羌族刺绣文化元素，才能巧妙利用并转化成独具特色的羌族刺绣旅游工艺品。同时在对羌族刺绣艺术的传承和发展中，我们不应只限于形式造型以及材质的开发，更重要的是要加深对羌绣中独特的美学思想和深厚的文化意蕴的理解与弘扬。在多元艺术的当代，紧跟时尚的步伐，将现代的设计理念和审美精神融入羌族旅游工艺品的设计实践中，多层次、多角度地深入探索和挖掘羌族刺绣的文化内涵，结合新时代社会的需求和生活理念，将羌族刺绣艺术的精髓自然贴切地渗透到以首饰为代表的旅游工艺品设计中，让羌族刺绣文化在这些独具特色的旅游工艺品中绽放新的生命，闪耀新的光芒。

（作者系阿坝师范学院美术系讲师）

① 甄建兰：《探索时尚语境中羌族刺绣元素与现代平面设计的契合点》，载《艺海》，2013（3）。

羌族核心区发展低碳旅游的SWOT分析

廖光萍

一、羌族核心区概况

现代羌族主要聚居在四川省阿坝藏族羌族自治州的茂县、汶川、理县、松潘，绵阳市北川羌族自治县、平武县，甘孜藏族自治州丹巴县，贵州省江口县、石阡县。据第六次全国人口普查数据，我国羌族人口为309 576人，四川阿坝藏族羌族自治州的汶川、茂县、理县和绵阳的北川羌族人口累计237 727人（见表1），占羌族总数的77%，且以上四县在地域上连成一片，是公认的羌族核心区域。① 羌族核心聚居区处于青藏高原的东部边缘，这里山脉重重，地势陡峭，羌寨一般建在高半山，故而羌族被称为“云朵中的民族”。

表1　羌族核心区概况

羌族核心区	主要旅游资源（旅游品牌）	森林覆盖率	羌族人口	2015年全年接待游客（单位：万人次）	2015年旅游总收入（单位：亿元）
汶川	大禹故里、熊猫家园、羌绣之乡、卧龙自然保护区、汶川特别旅游区	48%	37 353人	732.27	35.48

① 周连斌：《羌族文化旅游产业跨越式发展战略研究》，载《西南民族大学学报》（人文社科版），2010（8）。

续表

羌族核心区	主要旅游资源（旅游品牌）	森林覆盖率	羌族人口	2015年全年接待游客（单位：万人次）	2015年旅游总收入（单位：亿元）
理县	米亚罗红叶风景区、毕棚沟自然风光、孟屯河谷原始生态、桃坪羌寨、甘堡藏寨、古尔沟温泉	43.7%	13 894 人	400	26
茂县	羌乡古寨、溪·松坪沟、九鼎山、叠溪地震遗址、黑虎羌寨碉楼群、营盘山新石器时代文化遗址、宝鼎沟国家自然保护区、土地岭国家森林公园	31.3%	102 535 人	172	11.8
北川	北川羌城旅游区、药王谷、九皇山	46.93%	83 945 人	401.3	32.57

（表中数据来源于各县2015年政府工作报告）

二、低碳旅游发展概述

在人类活动的影响下，全球气候环境日益严峻，在此形势下，世界各国各领域均提出相应应对策略，“低碳”概念应运而生。2003年，英国政府发布的能源白皮书《我们能源的未来：创建低碳经济》中，首次出现“低碳”一词，并首次明确提出“低碳经济”概念。随后“低碳”一词风靡全球，迅速和各领域结合。2009年5月，世界经济论坛“迈向低碳旅游业”提出“低碳旅游”的概念；同年，国务院《关于加快发展旅游业的意见》明确指出要倡导低碳化的旅游方式。据统计，旅游碳排放占总排放的5%左右。[①] 在全球气候环境越来越恶劣的今天，我国要实现哥本哈根会议目标，截至2020年，单位GDP二氧化碳排放量将比2005年下降40%～45%，旅游业也应承担相应的“碳责任”。低碳旅游成为旅游发展

① 张瑞英、席建超、葛全胜：《基于生命周期理论的旅游者碳足迹分析：一种“低碳旅游”测度框架及其实证研究》，载《干旱区资源与环境》，2015（6）。

的新形式、新方向。

低碳旅游是在不影响旅游体验的前提下通过对旅游景区的打造、有意识的低碳引导、旅游者的低碳行为等低碳措施，使经济、生态和社会效益达到最优化，实现旅游的可持续发展。

三、羌区发展低碳旅游的 SWOT① 分析

（一）羌族核心区发展低碳旅游的优势

1. 低碳旅游资源优势

优美的自然风光与极富特色的民族文化有机融合，形成了羌族核心区丰富独特的旅游资源。目前该区有 2 处国家 5A 级旅游景区，分别是绵阳北川羌城旅游区（中国羌城—老县城地震遗址—“5·12”特大地震纪念馆—北川羌族民俗博物馆—北川新县城—吉娜羌寨）和阿坝藏族羌族自治州汶川特别旅游区（震中映秀—水磨古镇—三江生态旅游区）。羌区拥有丰富的低碳旅游资源，区域内森林覆盖率高、地热资源丰富、负氧离子含量高、空气质量好，具有碳汇旅游资源优势。

（1）森林资源

森林能提供优良的生态环境和气候环境，是重要的碳汇旅游资源。截至 2015 年年底，中国森林覆盖率为 22%，四川森林覆盖率为 36%，据以上统计数据（表 1），羌族核心区平均森林覆盖率高达 42.5%。

（2）气候资源

旅游业离不开气候，气候是旅游业中不可或缺的一种资源。特殊气候条件之下形成的特殊自然景观与人文景观，更是重要的旅游资源。由于特殊的地理位置，羌族核心区拥有得天独厚的避暑型气候资源，加上优质的空气资源，该区有发展康养旅游、低碳旅游的气候资源优势。

（3）生态环境优势

生态环境是羌族核心区最具竞争力的独特优势，有利于发展低碳旅

① SWOT 分析法是用来确定企业自身的竞争优势、劣势、机会、威胁，从而将公司的战略与公司内部资源、外部环境有机结合起来的一种科学的分析方法。这里借用 SWOT 来谈羌区发展。

游。该区地处西部偏僻地区，尚处于未开发或较少开发的工业化初期，因而具有良好的生态环境，保存了浓郁的民族文化，为“低碳经济”的发展创造了生态资源条件。因此，羌族核心区应运用比较优势理论突出该区良好的生态环境、浓郁的羌族文化，将生态环境优势转化为生态经济优势，来大力发展以低碳旅游为主的旅游业。[①]

（4）民族文化环境优势

该区是全国最大的羌族聚居区，羌族有着悠久的历史文化。该区享有中国“长寿之乡”美誉，这与羌族居住的环境、食材主要来自当地等因素有关。羌族饮食特色与其生活环境和生活习惯密切相关。食材主要来自自产的玉米、豆类、小麦、洋芋、野菜、腊肉及蔬菜为主。自然与生态低碳，是羌族饮食文化最显著的特色。[②]

2. 低碳能源优势

低碳能源是替代高碳能源的一种能源类型，它是指二氧化碳等温室气体排放量低或者零排放的能源产品，主要包括核能和一部分可再生能源等。[③] 羌区拥有发展低碳旅游的能源优势。首先，水能资源丰富，水电是优势产业。其次，政府大力倡导结合实际开发清洁能源。该区年平均日照1700余小时；汶川东南部漩口等6乡镇，年平均日照900～1000小时；在涪江水系河谷地带，年平均日照922～1100余小时。[④] 丰富的水电资源和光能资源为羌区低碳旅游的发展提供了能源保障。

（二）羌族核心区发展低碳旅游的劣势

1. 粗放开发和盲目利用旅游资源

由于缺乏细致深入的调查、论证、评估与规划，有关部门在开发旅游资源时，盲目地进行粗放式、掠夺式的开发。重开发、轻保护的行为造成许多不可再生旅游资源的损害与浪费。由于羌族核心区旅游产品结构单

---

① 韩琼慧：《大力发展低碳乡村旅游　推进西部民族地区新农村建设》，载《农业经济》，2012（7）。

② 焦虎三：《羊皮书——中国羌族的历史与文化》，159页，桂林，广西师范大学出版社，2013。

③ 万晓霞：《南昌构建低碳交通体系》，http：//www.china5e.com/news/news－254021－1.html，2016－06－30。

④ http：//www.cnqiangzu.com/a/20130125/1358.shtml.

一，仅以观光旅游为主，尚处于浅层次发展阶段，主要是短时间内在客源地和目的地间的往来的观光旅游方式，必然导致碳排放量的增加，并不利于低碳发展。

2. 生态破坏和环境污染严重

良好的生态环境是旅游业发展的基础。一旦生态环境遭受破坏，势必影响景区品质，降低旅游吸引力，影响旅游活动。但就目前羌族核心区旅游业发展的现状来看，旅游发展带来的环保问题已影响到旅游业的发展，主要聚焦在以下三个方面：一是旅游资源开发和建设过程中造成的生态破坏和环境污染问题；二是旅游经营活动中重效益轻保护造成的生态破坏和环境污染问题；三是旅游者旅游活动中产生的大量垃圾缺乏科学处理，二次污染严重。羌族旅游地大多远僻，公共交通欠发达，旅游者多以自驾游为主，客观造成较严重的尾气污染，旅游交通高碳化严重。

科学、合理的生态规划是保持良好的生态环境的必要条件，而现实问题是羌族核心区很多景区对生态规划不够重视：一是重点在旅游吸引物、旅游基础设施及旅游专用设施等的规划，对旅游生态的规划相对较弱；二是大多忽视周边地区和旅游沿途的规划，沿途的生态环境破坏和污染往往会给游客留下非常不良的印象。生态环境问题使低碳旅游的发展面临着严重的威胁。[①]

3. 管理混乱，落实不到位

目前，羌族核心区还缺乏有效的机制和规划来推动低碳旅游的发展。各景区均存在由于管理部门各自运营，没有必要的运作联系和相互协调机制，在管理经营上，责、权、利不清晰，难以有效履行旅游景区资源利用、保护和监管的管理职能。即使有相应的环境管理条例和法规，也由于种种原因很难落实。政府相关部门没有充分发挥管理、指导职能，在旅游项目开发上缺乏统一规划、管理和引导，监督效率低下，监督力度不足，导致盲目建设和重复建设。

（三）羌族核心区发展低碳旅游的机遇

1. 政府支持

旅游业一直以来是羌区的支柱产业之一，为区域经济的发展做出了巨

① 廖光萍：《低碳旅游发展途径的研究》，载《旅游纵览》（下半月），2013（9）。

大贡献。各级政府给予羌族核心区极大支持，借助旅游业的推动，加快传统服务业和现代服务业的融合，带动区域经济发展，以推动全域、全时、多元景区建设。在各级政府的鼎力支持下，汶川县成功承办阿坝藏族羌族自治州2015年庆祝羌年主会场活动、第二届阿坝特色美食烹饪大赛暨美食展，举办了行游汶川、甜樱桃采摘节、汶川·理县旅游推介会等系列活动，“生态汶川·康养福地”旅游品牌影响力不断提升。理县2015年成功承办四川省第六届乡村文化旅游节（秋季）。茂县强力推进全域全时多元景区和羌文化旅游康养体验区建设，增强旅游吸引力、影响力，开展了羌年暨非物质文化遗产文化庆祝活动、阿坝特色美食烹饪大赛暨美食展等系列文化旅游活动。在羌区2015年政府工作报告和“十三五”规划中，均将生态建设作为一项重要的建设指标，政府的举措和决心为羌族核心区低碳旅游的发展带来了良好的机遇。

2. 旅游业的快速发展

据《中国旅游报》报道，2015年，中国国内旅游人次达到40亿人次，平均每人出游2.8人次，中国旅游已经属于刚性需求，旅游产品呈现出供不应求的现象。在此背景下，大量旅游地和旅游景区获准开发建设。羌族拥有极富特色的民族文化，羌族核心区有优美的自然风光和优质的民族文化资源，是旅游开发的重点区域，该区旅游开发处于初级阶段，因此探讨该区旅游的可持续发展和深度发展，有其必要性，在全球气候环境日益严峻的大背景下，低碳发展无疑是该区旅游发展的最佳选择。

旅游业作为羌族核心区支柱性产业之一，震后提升为先导性产业和优势产业的战略地位。随着现代城市居民对回归自然的向往，近年来民俗旅游呈现不断升温之势。羌族核心区旅游资源丰富，发展旅游业的潜力巨大，是四川旅游产业发展重点。2015年，该区接待海内外游客共计1705.57万人次，实现旅游收入105.85亿元（见表1）。旅游业的快速发展为该区低碳旅游提供了很好的发展机遇。

3. 公众环保意识加强

人类行为是造成环境问题的重要因素。要解决环境问题，首先要提高公众环保意识。近年来，随着环境问题越来越突出，已经严重影响了人们的生活，并对健康构成严峻威胁——人们大多认识到这一点，随着公众文化素质不断提高，环保意识也逐渐加强。这也让“低碳”得到社会广泛认可，使低碳旅游成为实现可持续旅游的重要途径。

（四）羌族核心区发展低碳旅游的挑战

1. 生态脆弱

羌族核心区地处龙门山地震带西南段以及松潘地震带南段，大多属于生态脆弱区，地质灾害频繁，常有滑坡、泥石流、地震等灾害发生。长期以来，由于受气候和地形限制，当地农民大多陡坡开荒，民间企业炸山挖矿，超标排放。粗放式经济模式加剧了原本脆弱的生态系统恶化。尤其是2008年的“5·12”汶川特大地震和之后引发的次生灾害，进一步恶化了当地生态环境，导致该区处于生态保护与发展社会经济的两难状态。

2. 低碳意识淡薄，传统观念难以改变

低碳理念自2009年在国内首次提出以来，旅游者、地方政府、旅游企业、社区居民四维关系体普遍缺乏低碳意识，营造社会低碳氛围的力度不够。随着经济条件的改善，人们日趋依赖高耗能来追求生活舒适度，但高档、舒适的生活方式往往造成更高的碳排放量。由于羌区在经济等各方面相对落后，通常地方政府“经济增长比环境保护更重要”的举措，导致该地区不惜以牺牲资源、环境为代价来追求经济增长。低碳化发展普遍还没有被纳入当地发展规划之中。旅游企业为追求更高的经济利益，往往忽视注重旅游产品的低碳属性，不太注重整个旅游销售过程中所产生的碳排放量。社区居民低碳环保观念淡漠，主动参与和积极维护生态环境的意识薄弱，为了生产生活不惜破坏生态、污染环境。①

3. 低碳旅游人才匮乏

高端旅游技术和专业管理人才的培育，在很大程度上决定了低碳旅游的成败。然而，由于受到地域因素的影响，羌族核心区难以引进和留住高水平旅游人才，阻碍了现代旅游业的发展，更使低碳旅游雪上加霜。该区想要发展低碳旅游，应尽快培养或引进一批具备现代旅游管理思想和技能的专业旅游人才，并将其才能充分利用。

① 《羌族》，http://baike.baidu.com/link?url=8sYfBKt8j1j7R2D_O-ymG47dqbiJr39yZlcBLoEGls7dwo_Ao509sOugXqTi1VwiXDTG88SBls9K8UBeUSJk2a，2016-06-30。

四、羌族核心区发展低碳旅游的对策和建议

通过以上对羌族核心区低碳旅游开发的SWOT分析，该区发展低碳旅游的优势大于劣势，机会与挑战并存。因此，应利用内部优势，抓住外部机遇，加快羌族核心区低碳旅游的开发。

（一）旅游者低碳践行

旅游者是旅游活动的主体，其消费偏好、旅游意愿、旅游行为等对低碳旅游的实现具有至关重要的作用。低碳旅游的关键是培养低碳旅游者。低碳旅游者的培养，一方面，可通过各种渠道的宣传教育，使旅游者认识到环境保护的重要性，强调低碳旅游不但不会降低旅游质量，更能让旅游者体验到独特的乐趣，激发旅游者的低碳意识，从而自觉践行低碳旅游。另一方面，在旅游者还未养成自觉践行低碳旅游的行为前，可通过创建低碳旅游积分制，推行低碳旅游积分卡。如旅游者自带洗漱用品，减少一次性用品的使用等可进行低碳积分，低碳积分累计达到一定数值后便可成为景区低碳会员，抵扣景区门票等。总之，利用各种手段激发旅游者的内部动机和外部动机，使其在“吃、住、行、游、购、娱”各方面有意识地减少碳排放量，从而培养低碳旅游者。

（二）政府低碳规划

政府做好低碳旅游的战略规划，要立足羌族核心区的具体旅游环境，也要借助发达国家和经济发达地区的低碳旅游规划的成果。政府要制定、出台旅游低碳化的行业标准与政策，加强宣传、教育和引导，从资金、技术和政策上给予帮扶和支持。低碳化政策应奖惩并施，对主动践行低碳旅游政策、积极开发低碳旅游产品的景区和企业给予合理的补贴或税收减免；反之，对不落实低碳发展政策、不改变高耗能经济发展模式、不采用低碳经济模式的景区和企业加征费用和税收。管理部门还应有计划地对旅游从业人员进行低碳知识、低碳技术的培训与指导，向社会公众提供低碳

资讯与服务。[①]

（三）旅游企业低碳运营

旅游企业是旅游低碳化顺利推行的先导和主体，旅游企业要通过提供低碳服务，将低碳的理念融入旅游地的管理和服务运营之中，积极引导游客参与节能减排活动。旅游业界应吸收国内外先进的低碳经济经验和模式，积极引进节能减排技术，注重构建低碳体系，大力开发低碳旅游产品。在住宿方面，建设低碳客房和民宿，采用清洁能源和节能系统，使用节水马桶，尽量不提供一次性盥洗用品等；在饮食方面，倡导和鼓励游客在旅途中自备环保餐具，以本土化食材为主，避免和减少因食品包装、存储和运输等环节产生的能耗和碳排放；在交通方面，推行景区内低碳交通，限制自驾车的通行以减少尾气危害；在购物方面，提供有特色的简易环保包装；在游览方面，开发绿色低碳旅游项目，少提供高能耗的项目，引导游客通过植树造林来实现“碳中和”，并进行相应的低碳积分。[②]

（四）社区居民低碳示范

社区居民既是旅游地的主要成员，又是旅游活动的重要参与者。他们应当分享低碳旅游带来的收益，同时也应当对低碳旅游的发展担起责任，以身示范，积极参与节能减排活动。羌族核心区地处偏远地带，当地老百姓大多环保意识淡薄，首先要解决的是观念问题，通过各种方式学习低碳知识，培养社区居民的低碳、环保意识。社区可以举办低碳主题讲座，开辟低碳知识宣传栏，有计划地对从业人员进行节能减排知识和技能培训。政府牵头成立低碳旅游志愿服务队，深入社区和居民，宣讲低碳旅游概念，发放低碳旅游资料，普及低碳知识，传授低碳技能，营造低碳生活氛围。[③]

（作者系阿坝师范学院人文社科系副教授）

① 魏卫、黄杜佳：《低碳乡村旅游驱动“美丽乡村”建设》，载《农林经济管理学报》，2015（4）。

② 徐晓庆：《扬州市发展低碳旅游 SWOT 分析及其对策》，载《市场论坛》，2013（12）。

③ 冯清：《低碳乡村旅游发展对策》，载《合作经济与科技》，2011（17）。

图书在版编目(CIP)数据

禹羌文化研究．第一辑/《禹羌文化研究》编委会编．—北京：民族出版社，2017.12

(禹羌文化研究丛书)

ISBN 978-7-105-15211-7

Ⅰ.①禹… Ⅱ.①禹… Ⅲ.①禹—人物研究—文集 ②羌族—文化研究—文集 Ⅳ.①K827=1 ②K287.4-53

中国版本图书馆 CIP 数据核字(2017)第 315845 号

策划编辑：虞　农
责任编辑：千　日
封面设计：金　晔
出版发行：民族出版社
地　　址：北京市和平里北街 14 号
邮　　编：100013
网　　址：http://www.mzpub.com
印　　刷：北京市艺辉印刷有限公司
经　　销：各地新华书店
版　　次：2017 年 12 月第 1 版　2017 年 12 月北京第 1 次印刷
开　　本：787 毫米×1092 毫米　1/16　字数：351 千字
印　　张：20.75
定　　价：66.00 元
ISBN　978-7-105-15211-7/K·2646(汉 1503)

该书如有印装质量问题，请与本社发行部联系退换
汉文编辑一室电话:010-64271909　　发行部电话:010-64224782